과학과 종교
새로운 공명

Science and Theology: The New Consonance
ed. by Ted Peters

Copyright ⓒ 1998 by Ted Peters

First published in the United States by Westview Press, A subsidiary of the Perseus Books, L.L.C.
Korean language edition published by arrangement with Perseus Books
and Shin Won Agency Co., Seoul
Translation Copyrights ⓒ 2002 by DongYeun Publishers.

과학과 종교
새로운 공명

2002년 2월 5일 초판 인쇄
2002년 2월 15일 초판 발행
2010년 3월 16일 초판 2쇄 발행
엮은이·테드 피터스 / 옮긴이·김흡영 외
펴낸이·백규서 / 펴낸곳·도서출판 동연
출판등록·1992. 6. 12. 제1-1383호
서울 마포구 망원2동 472-11(2층)
전화·335-2630 / 팩스·335-2640
ⓒ 2002 동연출판사
ISBN 978-89-85467-38-4 03200

* 값 18,000원
* 무단 전재와 복제를 금합니다.

과학과 종교
새로운 공명

테드 피터스 엮음
김흡영 배국원 윤원철 윤철호 신재식 김윤성 옮김

차례

옮긴이의 말 · 7
머리말 · 13
제1장 과학과 신학: 공명을 향하여 / 테드 피터스 · 29

제1부 물리학과 신앙

제2장 과학과 종교에서의 논리와 불확정성 / 찰스 H. 타운즈 · 79
제3장 물리학자에서 사제로 / 존 폴킹혼 · 101
제4장 우주는 불합리한가? / 폴 데이비스 · 117
제5장 '행위하는 신'은 진정 자연 안에서 활동하는가? / 로버트 존 러셀 · 139
제6장 신학, 우주론, 윤리학 / 낸시 머피 · 184

제2부 진화, 윤리학, 종말론

제7장 너무나 인간적인 동물: 진화와 윤리학 / 프란시스코 J. 아얄라 · 213
제8장 인간의 생명: 창조인가 진화인가 / 월프하르트 판넨베르크 · 240

제9장 진화와 살아 계신 하느님 / 교황 요한 바오로 2세 · 258
제10장 진화론과 인간: 대화하는 교황 / 조지 V. 코인, S.J. · 265
제11장 생물학적 진화와 인간 영혼: 발생설을 위한 신학적 제안 /
앤 M. 클리포드, C.S.J. · 279
제12장 생명문화적 진화와 창조된 공동 창조자 / 필립 헤프너 · 299
제13장 과학 지식의 지도: 유전학, 진화, 신학 / 아서 피콕 · 322
제14장 과학, 신학, 윤리학의 생태주의화 / 오드리 R. 채프먼 · 359
제15장 진화, 비극, 희망 / 존 F. 호트 · 386
지은이와 옮긴이 소개 · 414
수록지면 · 418
찾아보기 · 420

옮긴이의 말

눈부시지만 동시에 많은 염려를 불러일으키고 있는 현대 과학의 폭발적인 발전은 다시 한 번 종교 전통들에게 새로운 기대와 임무를 부여하고 있다. 이에 발맞추어 북미와 유럽에서는 그 동안 과학과 신학 간의 학제간 연구가 활발하게 진행되어 왔다. 대부분의 일반대학들과 신학교들이 과학과 종교에 관한 과목들을 개설하였고, 그 과목들에 대한 교재들이 쏟아져 나오기 시작했다. 그러나 21세기에 가장 중요한 주제가 될지도 모를 이 분야에 대해서 우리 학계는 그 동안 너무나도 소홀하게 대하여 온 듯하다. 그러던 중 존 템플턴 재단(The John Templeton Foundation)과 버클리 연합신학대학원(Graduate Theological Union, GTU)에 있는 신학과 자연과학 센터(The Center for Theology and Natural Sciences, CTNS)의 후원으로 이 책을 번역하여 출판하게 된 것은 무척 의의 있는 일이며, 우리 역자들 모두는 이를 무척 기쁘게 생각한다.

종교와 과학 분야에서 가장 권위 있는 서양 신학자들과 일부 과학자들이 총망라되어 서로 교차 논쟁하는 형식으로 구성되어 있는 이 책은 오늘날 광범위하게 이루어지고 있는 과학과 신학 간의 대화들을 적절하게 소개하고 있어 교재로 사용하기에 매우 적당하다. 단지 학술적이고 전문적인 내용을 담고 있는 논문들도 수록되어 있어, 대학보다는 대학원 수준의 강의에 좀더 적합할 것으로 여겨진다. 물론 이 책에는 치명적인 약점이 있다. 그것은 곧 이 책의 집필에 참여한 학자들이 지닌 서구 중심적, 기독교 중심적 한계다. 이 책의 원본 제목이 '과학과 신학'(Science and Theology)이라고 되어 있는 데서 드러나듯이, 이 책은 어디까지나 기독교라는 특정 종교의 신학과 자연과학 간의 대화에 머물고 있는 한계를 지닌다. 기독교 이외에 다른 종교들, 특히 동양종교들이 과학에 대해 어떻게 반응하고 과학과 어떻게 대화하고 있는가 하는 점이 전혀 다루어지지 않고 있는 것이다.

그 동안 필자는 종교와 과학에 관련된 국제 학술대회에 참석할 때마다 계속해서 오늘날의 지구촌 시대에서 과학과 종교 간의 온전한 대화를 위해서는 이런 약점이 보완되어 반드시 다양한 종교들의 목소리가 이 대화 속으로 수렴되어야 한다는 것을 주장해 왔다. 하지만 결국 이 일은 서구 학자들의 몫이라고 하기보다는 바로 우리들 자신이 앞으로 감당해야 할 우리의 임무일 것이다. 우리가 원본 제목과 달리 번역본 제목을 '과학과 종교'라고 붙인 것은 바로 이러한 취지에서다. 다시 말해, 비록 이 책의 논지가 특정 종교의 하나인 기독교가 과학과 대화하며 공명을 이루려는 노력에 국한되기는 하지만, 우리가 이런 작업을 우리 것으로 소화하여 바로 우리 자신의 문제를 풀어 가는 범례로 삼는다면, 과학과 종교의 대화에서 동양종교들에 대한 우리의 성찰이 중요한 기여를 할 수 있게 되리라는 기대를 담고 있는 것이다.

그런 의미에서 이 책의 출판과 더불어, 강남대학교와 CTNS의 주관으로 "신학, 과학, 그리고 동양종교들: 세 이야기들의 만남"이라는 주제를 가지고 2002년 1월 18일부터 22일까지 서울교육문화회관에서 "종교와 과학 서울 워크샵"이라는 국제 학술행사를 개최하게 된 데 대한 기대가 남다르다.

이 책을 번역하는 데는 적지 않은 어려움이 따랐다. 과학과 신학을 넘나들며 온갖 개념과 지식을 자유자재로 구사하는 필자들의 박학함을 따라가기가 힘겨웠고, 무엇보다도 큰 어려움은 서구적이고 기독교적인 맥락에서 쓰여진 이 책을 동아시아에서 살아가는 우리가 자신의 종교적 배경과 무관하게 공감하며 읽을 수 있는 책으로 만드는 데 있었다. 이를 위해 역자들은 신학적 은어나 전문 용어를 최대한 평이한 용어로 풀어 쓰려 애썼다. 특히, 우리는 이 책에 나오는 'God'이라는 용어를 기독교(개신교)의 신 호칭인 '하나님'이라고 표기하는 대신에, '궁극적 실재'(the Ultimate Reality)를 지칭하는 보편적 용어인 '신'(神)으로 번역하는 방식을 택했다. 한 가지 예외가 있다면 교황 요한 바오로 2세의 글인데, 이 글은 일반적인 학술논문이 아니라 교황청 과학원에서 행했던 연설문이므로 그 생생한 현장감을 살리기 위해 가톨릭의 신 호칭인 '하느님'이라는 명칭을 그대로 사용하였다.

이 책은 여러 사람들의 노고의 결실이다. 침례교신학대의 배국원 교수가 6장과 9장, 서울대 종교학과의 윤원철 교수가 4장과 7장과 13장, 장로회신학대의 윤철호 교수가 8장과 10장과 12장과 15장, 호남신학대의 신재식 교수가 3장과 11장과 14장의 번역을 맡았다. 귀한 시간을 아낌없이 내어 번역에 수고해 준 이들 교수님들에게 심심한 감사를 드린다. 그리고 원문과 일일이 대조해 가며 꼼꼼히 교정을 보아준 서울대 종교학과 대학원의 박종천, 윤대영 군과 과학사 협동과정의 장대익 군에게도 드린다. 특별히 2장과 5장을 번역했을 뿐만 아니라 이 책이 나오기까지 총무로서 여러 가지 어려운 역할을 감당한 서울대 종교학과의 김윤성 선생에게 깊은 감사를 드린다. 그리고 판권을 허락한 미국의 웨스트뷰 출판사(Westview Press)와 어려운 출판 여건과 촉박한 출간 일정에도 불구하고 기꺼이 출판을 맡아 준 동연출판사의 백규서 사장에게도 감사를 드린다. 마지막으로, 이 번역본이 나올 수 있게끔 지원해 준 CTNS의 테드 피터스(Ted Peters) 교수와 게이몬 베넷(Gaymon Bennett) 선생에게 다시 한 번 감사를 드린다.

2002년 1월
용인 산자락에서
김흡영

감사의 말

이 책이 나올 수 있었던 것은 존 템플턴 재단(The John Templeton Foundation)이 버클리 연합신학대학원(The Graduate Theological Union, GTU)에 있는 '신학과 자연과학 센터'(The Center for Theology and the Natural Sciences, CTNS)와의 협력하에 북미와 세계 여러 나라에서 CTNS-템플턴 기금 대학 강좌를 후원해 온 덕분이다.

CTNS-템플턴 기금 대학 강좌의 지적인 목적은 두 가지다. 우선 강사들은 과학적 작업을 통해 밝혀진 자연 세계에 영적인 측면이 있는지 여부를 탐구한다. 다음으로 강사들은 점증하고 있는, 신학과 자연과학 간의 교차 학문적 상호작용을 탐구한다. 일련의 강좌들은 과학자나 신학자가 나름의 연구성과를 발표하고 이에 대해 신학자나 과학자가 교차 논평하는 방식으로 진행되었다. 이 책에서 특히 찰스 타운즈, 낸시 머피 그리고 볼프하르트 판넨베르크의 글은 처음부터 이 강좌 시리즈의 일환으로 발표된 글들이다.

CTNS의 동료들에게 감사하고 싶다. 앤 바데, 커크 빙어만, 피터 헤스, 앤 허브리그, 보니 존스톤, 스탠 래니어, 노리스 팔머, 리차드 랜돌프, W. 마크 리차드슨, 로버트 존 러셀, 프래드 샌더스, 캐스린 스미스, 캐서린 톰슨, 커크 웩터-맥넬리, 그리고 칼 요크. 그들은 이 책에 절실한 조언을 제공했으며, 원고를 다듬고, 지속적인 격려를 보내 주었다. 또한 존 템플턴 재단의 프랜 새펄이 보내 준 후의와 지도에도 감사한다.

테드 피터스
캘리포니아 버클리에서

머리말

과학과 종교 간의 전쟁이라는 이미지가 대중들 사이에 공공연히 퍼져 있기는 하지만, 자세히 들여다보면 과학자들과 신학자들 사이에 동반자 의식의 증가까지는 아니더라도 적어도 좀더 평화롭고 그러면서도 흥미진진한 관심의 합류가 이루어지고 있다는 사실을 알 수 있다. 다소 평화로운 협력의 한 형태가 바로 가설적 공명(hypothetical consonance)이다. 제1장에서 밝히겠지만, 이 책은 가설적 공명에 관한 탐구다. 다시 말해, 이 책은 과학과 신학이 공유하는 물음의 영역을 드러내려는 시도이다.

공명(共鳴)이라는 용어를 사용할 때, 우리는 과학이 바라본 자연에 대한 이해와 신학이 바라본 신의 피조물로서의 세계에 대한 이해 사이에 서로 상응하거나 연관되는 영역을 찾고 있는 셈이다. 문자 그대로의 의미에서 보자면 '공명'은 완전한 일치나 조화를 의미한다. 하지만 과학과 신학 간의 대화가 처한 현 상황에서, 세계의 창조자이자 구원자로서 신이 하는 역할에 관해 양자의 의견이 완전히 일치한다거나 조화된다고 보는 것은 지나친 속단일 것이다. 이 두 학문 분야는 그 접근 방법에서도 크게 다르며 그 지식의 범위에서도 크게 다른 채로 남아 있다. 그러나 우리가 '공명'이라는 용어를 좀더 온건하고 약한 의미로 사용한다면, 양자의 연계성을 찾아보려는 시도는 결실을 맺을 수도 있다. 좀더 온건한 형태에서 볼 때, 공명은 하나의 가설로 기능한다. 오직 하나의 실재밖에 없고 또 과학과 종교가 모두 같은 실재에 대해 말한다면, 조만간 이해의 공유가 진전되리라고 기대해도 되지 않을까? 과학과 종교는 모두 진리를 추구한다. 그리고 비록 방법이 다르긴 해도, 궁극적으로 이 두 분야는 각각 상대방의 영역에서 밝혀진 진리의 일부 차원을 인식할 수 있어야 한다.

다음으로 가설이라는 용어를 사용함으로써, 우리가 신(God)이라고 부르는 절대적 신비에 대한 신학적 주장들은 자연과학에서 획득된 자료에 비추어 비판적으로 평가된다. 신학적 진리 주장들은 과학적 지식으로부터 정보를 제공받고 더 첨예하게 다듬어져야 한다. 더욱이 과학적 사고는 과학 자체에 대한 성찰을 하며, 신 관념을 상정하는 것이 과연 우리가 사는 자연 세계를 이해하는 데 어느 정도까지 더 큰 빛을 비추어 줄 것인가에 대한 철학적 물음을 던진다.

지난 수십 년 동안 우리는 과학적 연구와 성찰의 영역에서 초월에 관한 물음——신 관념이 하나의 해답이 되는 물음——이 제기되어 온 것을 보았다. 무엇이 자연을 초월하면서 동시에 자연에 참여하는지 물음을 던짐으로써 과학은 신학의 물음 영역을 공유한다. 이는 결코 신의 존재를 증명하려던 과거의 노력을 계속 이어 가는 것이 아니다. 오히려 이 물음은 다음과 같은 가설을 제기한다. 그것은 곧 자연 세계를 창조하고 계속해서 거기에 참여하는 신의 존재를 인정하는 것이 실재에 대한 우리의 앎에 더 많은 빛을 비추어 줄 수 있지 않을까 하는 가설이다.

강한 의미에서든 약한 의미에서든 가설적 공명은 한 분의 신과 하나의 우주가 있다고 가정한다. 이는 결국 과학과 신학이 실재를 이해하려는 시도를 하고 있다는 것을 의미한다. 이 가정은 가설의 차원으로 상승되고, 그에 따라 우리는 확증이나 반박을 찾는 학문 분야들 간의 대화로 이루어진 연구 프로그램에 참여하게 된다. 종교적으로 독단적인 접근을 할 때와 달리, 신학자는 여기서 신에 대한 가설을 확증하거나 반박할 수도 있는 대화에 열려 있어야 한다. 또 세속적으로 독단적인 접근을 할 때와 달리, 과학자는 여기서 신에 대한 가설을 확증하거나 반박할 수도 있는 대화에 열려 있어야 한다. 우리는 신에 대한 가설을 결정적으로 증명해 내기에 역부족일 수도 있다. 그러나 원칙적으로 볼 때 신에 대한 가설을 가지고 작업하는 것이 이 가설 없이 작업하는 것보다 더 큰 빛 ─ 즉, 더 큰 적합성을 갖는 설명 ─ 을 제공한다면, 지적인 진보가 이루어질 수도 있다. 가설적 공명은 풍성한 지적 결실을 추구하는 대화의 태도를 구성한다.

이 방법이 신 존재 증명을 구성하는 것은 아니라는 점을 분명히 해 두자. 그보다 신에 대한 관념을 가지고 작업을 할 때 우리가 묻는 것은, 신학과 과학을 아울러 작업하는 것이 과연 신학과 과학 중 어느 한 쪽에서만 독립적으로 작업한 것보다 우리가 사는 세계에 대한 이해에 더 큰 빛을 제공하는가 하는 점이다.

이 책에 실린 글의 저자들 중에는 노벨 물리학상 수상자, 저명한 진화 이론가, 미국과학진흥협회 전임 회장, 그리고 그 밖에 자연과학 여러 분야의 학자들이 포함되어 있다. 이들은 과학적 연구가 제기하는 초월과 가치에 대한 물음들을 성찰한다. 또 이 책에는 신학적 관심과 성찰을 위해 과학적 사고에 매진하는 교황 요한 바오로 2세와 신학자들의 생각이 담겨 있다. 또한 이 책에는 신학과 과학을 모두 훈련받은 사람들의 글도 포함되어 있다. 저자들의 의견은 서로 일치하지 않을 수도 있다. 그러나 그들은 각자 새로운 통찰과 진전된 논의를 위해 허심탄회한 마음으로 교류를 주고받으면서 과학과 신학 분야에 종사하고 있는 이들이다.

내가 쓴 제1장("과학과 신학 : 공명을 향하여")은 두 가지 작업을 수행한다. 우선, 이 글은 현재 과학과 종교 사이에 이루어지고 있는 상호작용의 다양한 방향들을 보여 주는 지도를 제공한다. 이 글은 과학자들과 신학자들이 일치하거나 일치하지 않는 여덟 가지 방식을 구분한다. 이 글은 한 가지 선택 가능한 방식이 전쟁이며, 실제로 자연과학과 종교적 사유가 치명적인 전투를 치르고 있다고 여기는 사람들도 있다는 사실을 인정한다. 그러나 전쟁이 유일한 방식은 아니다. 좀더 평화로운 대안들이 가능하다. 공명은 우리가 따를 수 있는 좀더 평화로운 대안들 중의 하나다. 다음으로, 이 글은 잠정적으로 볼 때 과학과 신학 간의 상호작용에서 가장 풍성한 결실을 맺어 줄 수 있는 최첨단 분야가 바로 공명을 추구하는 것임을 강조한다. 이 글은 낸시 머피(Nancey Murphy), 벤첼 반 호이스텐(Wentzel van Huyssteen), 볼프하르트 판넨베르크(Wolfhart Pannenberg), 토마스 토렌스(Thomas Torrance), 아서 피콕(Arthur Peacocke), 존 폴킹혼(John Polkinghorne), 로버트 존 러셀(Robert John Russell), 필립 헤프너(Philip Hefner) 같은 많은 학자들의 방법론적 논의들 속에서 작동하고 있는 가설적 공명의 다양한 형태들을 읽어 낸다.

이 책의 나머지 부분은 크게 두 부분으로 나뉘는데, 그 첫번째 부분은 "물리학과 신앙"이다. 20세기 후반의 30여 년 동안에 걸친 과학과 신학 간 상호작용의 역사를 생각하다 보면, 상호작용을 증진하려는 추세 속에서 서로 중첩되는 세 국면이 나타난다는 사실에 주목하게 된다. 최초의 국면은 1960년대에 과학적 방법의 성격을 재평가하는 데서 비롯되었다. 이 시기 동안 과학철학자들은 과학적 연구에서 가정하는 객관성을 상대화하고 역사화하며 주관화하였다. 흔히 주장되곤 하는 과학의 객관성이 방법론적 논의를 통해 상대화됨으로써, 자연과학은 인간 지식이 지닌 상대성과 씨름해 온 신학과 같은 인문학 분야들과의 대화에 나서게 되었다. 이러한 방법론적 국면은 물리학적 국면으로 바뀌었다. 상대성 이론, 양자역학, 아원자적 불확정성(sub-atomic indeterminacy) 등은 아주 난감한 문제를 제기하였으며, 빅뱅 우주론은 물리학을 그 자체를 넘어선 형이상학으로 이끌었다. 폴 데이비스(Paul Davies) 같은 이들이 드라마틱하게 서술했듯이, 신의 문제는 물리학 내부로부터 생기기 시작했다. 아원자적 입자와 같은 극소 실재의 차원이든 빅뱅 우주처럼 극대 실재의 차원이든 간에, 물리적 세계는 한 세기 전보다는 오늘날의 우리에게 더욱더 신비스러운 것이 되었다. 알게 되면 알게 될수록 더 많은 신비가 드러나는 법이다. 물리학은 신앙의 문제를 고취한다. 그래서 이 책에서는 이 대목은 물리학자들에게 넘긴다.

제2장("과학과 종교에서의 논리와 불확정성")의 저자는 물리학자인 찰스 H. 타운즈(Charles H. Townes)이다. 버클리 캘리포니아 주립대에서 교편을 잡다 은퇴한 후 지금까지 마이크로파 분광기와 적외선 천문학 분야의 연구를 계속하고 있는 그는 메이저(maser, 분자증폭기)와 레이저를 공동 발명한 공로로 노벨상을 받은 바 있다. 이 장에서 그는 우리에게 레이저를 발명하도록 이끌어 준 통찰에 관한 이야기를 들려 준다(아마 이를 종교 경험이라 부를 수도 있을 것이다). 그는 공명이라는 용어를 거의 사용하지는 않지만, 자연과학과 종교적 사유 간의 공명을 증진시키고 나아가 실제적인 상호 관계를 증진시킬 것을 주장한다. 자연은 아름다움이라는 목소리를 내며, 아름다움은 의미와 목적이라는 목소리를 낸다. 시인이 보기에는 과학자의 언어가 생명력이 없거나 죽어 있는 것처럼 보일지도 모르지만, 정작 과학자 자신은 종종 우주의

광대함, 물질 세계의 복잡성, 자연의 내적인 아름다움을 민감하게 느끼기도 한다. 자연에는 과학이 해석할 수 있는 것 이상이 있다. 그리고 자연이 부르는 진짜 노래를 듣기 위해서는 과학자와 시인의 이중창이 필요하다.

제2장과 제3장은 공통점이 있다. 두 글 모두 물리학자들의 개인적인 성찰이다. 제3장("물리학자에서 사제로")은 『대화, 신학 저널』(*Dialog, a Journal of Theology*)을 펴낸 바 있는 존 폴킹혼의 지적 자서전이다. 캠브리지대학의 수리물리학 교수였던 폴킹혼은 신학을 공부한 후 성공회 사제로 안수를 받았으며, 최근까지 캠브리지에 있는 퀸즈대학 총장으로 재직하였다. 그가 1994년에 쓴 책 『한 물리학자의 신앙』(*The Faith of a Physicist*)은 대학 사회에서 널리 읽히고 있다. 제3장에서 그는 자신이 생각하는 중요한 주제들 중의 하나를 개진한다. 즉, 인식론이 존재론을 규정한다는 것이다. 폴킹혼은 인간 정신과 물질적 자연——'세계의 재료'——이 서로 조화롭게 기능할 수 있다고 본다. 자연은 인간 정신에 말을 걸며, 우리는 자연이 말하는 것을 듣는다. 그렇기에 물리학자 출신 사제인 폴킹혼은 실재론, 특히 비판적 실재론(critical realism)의 입장을 취한다. 이를 신학에 적용한다면, 신에 대한 진술들은 하나의 실재, 즉 신과 관련된다. 캠브리지의 이 학자에게, 과학의 실재론은 신학의 실재론과 조화를 이룬다.

이후의 글들은 자서전적 성찰이 아니라 좀더 학술적인 글들이다. 제4장에서 물리학자 폴 데이비스는 "우주는 불합리한가?"에 대해 묻는다. 데이비스는 대중적인 저서를 많이 펴낸 학자이다. 베스트셀러 저서인 『신과 새로운 물리학』(*God and the New Physics*)과 『신의 마음』(*The Mind of God*)에서 그는 양자(quantum) 수준에서 자연 세계를 연구하는 것이 어떻게 영혼의 문제로, 실재의 신적 차원에 관한 문제로 이어지는지를 보여 준 바 있다. 이 글에서 그는 우주가 합리적이고 법칙적인 방식으로 정렬되어 있다고 주장한다. 그는 자연이 우연적인 것이라고, 다시 말해 자연이 다른 방식으로 존재할 수도 있었다고 본다. 또 그는 인간 정신이 자연을 이해할 수 있고, 자연을 가득 채운 법칙은 완벽하게 신뢰할 만하며, 자연은 우연, 비결정론, 창조성, 생명을 포함한다고 본다. 한층 더 나아가 데이비스는 다음과 같은 물음을 던지는 일이 타당하다는 것을 인정한다. 물리 법칙들은 어디서 왔는가? 왜 하필 이 법칙들인가? 이 법칙들은 신의 마음에서 나온 것일 수 있을까? 데이비스는 이 물음들이 물리학 자체의 영역 내에는 자리잡을 곳이 없다는 것을 인정한다. 하지만 물리학 분야는 이미 자체의 방법론적 울타리를 넘어서는 이런 형이상학적 물음들을 제기하고 있다. 이러한 물음을 던지기를 거부하는 것은 세계를 불합리한 것으로 보는 암묵적인 전제를 갖고 있는 것이다. 그러나 세계가 불합리한 것이라고 생각할 필요는 없다. 세계는 의미 있고 목적 있는 것으로 여겨질 수도 있다. 신에 관한 일정한 신학적인 결론으로 재빠르게 안착하는 대신, 데이비스는 우리가 열린 마음으로 겸허하게 의미와 목적에 대한 물음들을 제기해야 한다고 주장한다.

자연의 이해 가능성을 신학적 주장의 이해 가능성과 결합한 물음은 로버트 존 러셀의 글인 제5장("'행위하는 신'은 진정 자연 안에서 활동하는가?")에서도 계속 제기된다. 러셀은 물리학자이자 신학자이다. 그는 특별섭리(special providence)에 대해 말하는 것이 이해 가능한 일인지, 자연 사건 속에서 활동하는 신에 대해 말하는 것이 이해 가능한 일인지 묻는다. 그리고 이에 대해 그렇다고 답한다. 버클리 연합신학대학원에 있는 '신학과 자연과학 센터'(The Center for Theology and Natural Sciences, CTNS)를 창립한 러셀은 우리가 특별섭리를 자연 속에서 벌어지는 신의 객관적 활동으로 이해할 수 있으며, 과학과 모순되지 않는 비개입주의적인(non-interventionist) 방식으로 이 활동들을 이해할 수 있다고 주장한다. 계몽주의 시대 이후, 특히 데이빗 흄(David Hume)이 기적을 부인한 이후로 우리는 대체로 자연법칙이 고정되어 있으며 신이 거기에 개입하지 않는다고 상정해 왔다. 물론 그렇다. 인간의 주관성이 자연을 해석할 때 신이 그 주관성에 현존하는 것일 수도 있다. 이것이 자유주의 신학 전통의 생각이었다. 그러나 우리는 또한 자연법칙을 파기하는 개입으로서의 신적 활동에 대해 말할 수 없다고 가정해 오기도 했다. 필요한 것은 세계 속에서의 신의 활동에 대한 비개입주의적인 이해이며, 이를 위해서는 양자물리학에서 도출된 새로운 통찰이 필요하다. 러셀은 우리에게 바로 그러한 이해를 제시한다.

제6장("신학, 우주론, 윤리학")에서 철학적 신학자 낸시 머피는 대학들이 가정법 신학(subjunctive theology)을 가르쳐야 한다고 주장한다. 가정법 신학이란 대학에서 자연과학과 사회과학을 가르칠 때, 창조자이자 사랑인 신이 마치 존재하는 것처럼(as if) 전제하고 가르쳐야 한다는 것을 말한다. 오늘날 진행 중인 근대 세계의 쇠퇴를 포스트모던적 의식의 도래와 대비시키면서, 머피는 사실과 가치를 구분하고 자연과학을 사실의 영역에 그리고 신학을 가치의 영역에 할당하는 통상적인 구분이 사실상 근대의 지적 세계에서 신에 대해 이야기하는 것을 배제시켜 왔다고 지적한다. 포스트모더니티의 도래에 힘입어, 머피는 지적으로 이해 가능한 신-이야기(God-talk)를 부활시키고자 한다. 머피는 환원주의(reductionism)에 강력히 반대하면서, 학문 분야들이 자연을 좀더 포괄적인 차원에서 다루기 위해 어떻게 다른 기초 분야들을 통합하고 있는지를 보여 줌으로써 과학들 간의 전체적인 위계를 그려낸다. 예를 들어 화학은 화학적 반응을 다루기 위해 물리학을 통합한다. 생물학은 생명을 다루기 위해 물리학과 화학을 통합한다. 윤리학과 신학은 인간 환경과 신을 다루기 위해 모든 기초적인 물리적 영역들을 총체적인 체계들 속으로 통합한다. 존재하는 모든 것과 관련해 창조자로

서의 신을 생각하는 것은 의미가 있다. 또 가장 포괄적인 전체와 관련해 신을 생각하는 것도 또 다른 의미가 있다. 이 모든 것은 결국 윤리학으로 이어진다. 물론 그것은 도덕들이나 가치들의 자율적인 집합으로서의 윤리학이 아니라, 우리가 신이나 자연과 맺는 관계로부터 생겨나는 통합적 산물로서의 윤리학이다. 한 마디로, 대학의 교과과정에서 자연과학을 가르칠 때 신의 존재가 중요한 것처럼, 그리고 인간이 가치 있는 행위를 하는 것처럼 가르쳐야 한다는 것이다.

이 지점에서 이 책은 과학과 종교 간의 상호작용이 증진되는 추세 속에서 나타난, 세 번째 국면으로 옮겨 간다. 그것은 곧 진화론과 유전학이 제기하는 신학적 물음들이다. 이 부분은 "진화, 윤리학, 종말론"으로 제목이 붙여졌다. 1920년대에 진화론자들과 근본주의자들 사이에 벌어졌던 전쟁 때문에, 우리는 이 문제가 오랫동안 지속되어 왔다고 여길지도 모른다. 그러나 현재는 약간 다른 양상을 띠고 있다. 신학 진영은 돌연변이와 자연선택의 기나긴 역사를 실제 사실로 암묵적으로 받아들여 왔다. 진화 과정에 목적이 내재해 있는지 그렇지 않은지 하는 것이 중심적인 문제이기는 하지만, 대부분의 신학자들은 이에 대해서도 기꺼이 양보를 하고 있는 듯하다. 적어도 방법론적으로는, 과학자들이나 신학자들이나 모두 우리가 자연 과정 안에서 목적을 발견해야 한다고 요구하지 않는다. 그러나 분명 자연은 목적을, 신이 정한 목적을 가질 수 있다. 어떻게 그럴 수 있을까? 우리는 어떻게 인간 본성을 우리의 진화적 과거와 종말론적 미래에 대한 신의 약속에 비추어 이해할 수 있을까?

목적은 인간처럼 목적을 지니는 존재가 있는 한 존재한다. 유전학이라는 첨단 연구 분야가 발전하면서 분자생물학은 현 세대의 과학자들에게, 호모 사피엔스의 후속 세대들이 겪을 진화 과정을 변경시킬 수 있는 기술력을 안겨 줄 것으로 예측된다. 설령 과거에는 진화에 목적이 없었다 하더라도, 이제는 인간의 목적이 개입함으로써 상황이 바뀌고 있는 것이다. 이는 윤리적인 문제를 제기한다. 우리는 우리 자신에게 벌어질 미래의 진화를 조작하려고 해야 하는가? 아니면 우리의 기술을 자제하고 우리의 미래를 무작위적인 자연 과정에 그저 맡겨 두어야 하는가? 만일 우리가 사전 행동을 취한다면, 우리는 어떤 방향으로 가게 될까? 우리가 생명 기술에 대한 구상의 방향을 정하는 데 신이 약속한 새 창조의 전망을, "더 이상 죽음도 슬픔도 눈물도 고통도 없는"(「요한계시록」 21:4) 세계에 대한 전망을 지침으로 활용할 수 있을까?

제7장("너무나 인간적인 동물: 진화와 윤리학")에서 프란시스코 J. 아얄라(Francisco J. Ayala)는 인간 본성이, 진화 과정을 통해 확립된 연속체인 생명 세계의 나머지 부분들과 연속성을 지닌다고 주장한다. 진화생물학자이자 미국과학진흥협회 회장을 역임한 바 있는 아얄라는 여기서 인간 문화가 생물학적 기원에서 비롯한 것이면서 동시에 이를 넘어선 것이라고 주장한다. 인간 진화에 관해 커다란 이야기의 윤곽을 그려본 후에 그는 우리의 고매한 윤리적 판단들은 그 자체로 진화의 산물이면서 동시에 생물학적 결정론을 초월한다고 주장한다. 사회적·종교적 전통이 풍부한 인간 역사는 이를 낳은 생물 역사를 초월한다. 그는 과학이 우리에게 자연 안에서 우리의 위치를 이해하는 데 필요한 무언가를 제공해 주기는 하지만, 과학만으로는 인간 존재의 의미를 이해하는 과제를 완성할 수 없다는 말로 결론을 맺는다. 데이비스가 물리학에서 그랬던 것과 마찬가지로, 아얄라는 생물학에서 과학적 방법의 한계와 철학적·신학적 물음을 추가할 필요성을 보여 준다.

제8장("인간의 생명: 창조인가 진화인가")는 우리가 목적 있는 진화와 목적 없는 진화 중 어느 것을 선택해야 하는가 하는 문제를 다룬다. 뮌헨의 신학자인 볼프하르트 판넨베르크는 진화론이 그 문제점들에도

불구하고 지구상의 유기 생명체가 겪어온 역사에 대해 가장 적확한 해석을 제공한다는 것을 인정한다. 그러나 목적 없는 메커니즘으로서의 엄격한 자연선택에 의존하는 것은 신이 자연 과정을 통해 합목적적으로 활동한다고 말하는 창조신학과 상충되는 듯이 보인다. 두 입장은 서로 배타적일까? 아니면 우리는 이들을 동시에 긍정할 수 있을까? 판넨베르크는 두 입장을 동시에 긍정하고자 한다. 공명의 분위기 속에서, 그는 무기물에서 유기물로 전환된 이후 생명의 진화 과정에서 나타난 창조적인 자기조직화가 성서에서 말하는 바 신의 바람이 부는 것, 즉 신의 영이 움직이는 것과 상응한다고 주장한다. 우리가 예수 그리스도의 부활에서 보아 왔듯이, 이 신의 영의 움직임은 궁극적으로 모든 죽음의 힘을 극복할 것을 약속한다. 판넨베르크는 진화를 마치 죽은 자의 종말론적 부활을 향한 현재의 단계를 넘어 신과 피조물 간의 교제로 나아가는 것으로 이해함으로써, 진화에 대한 기독교적 설명을 제공한다.

교황 요한 바오로 2세(Pope John Paul II)는 바티칸 천문대((the Vatican Observatory))와 신학과 자연과학 센터의 협조 속에 1996년 여름 바티칸에서 학술 심포지엄을 열어 진화론의 신학적 함의를 면밀하게 분석했다. 같은 해 10월 교황은 교황청 과학원(Pontifical Academy of Sciences)에서 이 주제에 관해 연설을 했다. 제9장("진화와 살아 계신 하느님")에는 그 메시지의 핵심이 담겨 있다. 교황은 "진리와 진리가 상충될 수는 없다"고 확언함으로써 과학과 신학 간의 대화에 대한 확신을 보여 준다. 교황은 진화 개념이 하나의 가설 이상의 것이라고 강조한다. 그것은 의미 있는 하나의 이론, 또는 다르게 말해서 다양한 이론들의 집합이다. 교황은 우리들이 자연과학으로부터 배우는 것을 신학자도 알아야 한다고 말한다. 특히 교회 신학자들은 진화가 우리의 인간 이해, 즉 그리스도교적 인간론에 대해 갖는 함의를 이끌어내야 한다. 교황 비오 12세(Pope Pius XII)의 전례를 따라, 교황 요한 바오로 2세는 진화과학을 교의적 신념과 결합한다. 인간의 몸이 그 전부터 존재하는 물질로부터 비롯된 것이라면, 영적인 영혼은 신에 의해 직접 창조된 것이다. 후자는 우리 각자에게 영혼을 부여하는 신적 행위이며, 인간 존엄성의 토대가 된다. 제10장("진화론과 인간: 대화하는 교황")에서 천문학자이자 바티칸 천문대 소장인 조지 코인(George Coyne, S. J.)은 교황의 이러한 성찰이 갖는 직접적인 맥락과 역사적 의의를 자세하게 설명한다.

제11장("생물학적 진화와 인간 영혼: 발생설을 위한 신학적 제안")은 교황 요한 바오로 2세와 조지 코인이 시작한 논의를 이어 간다. 저자 앤 M. 클리포드(Anne M. Clifford, C. S. J.)는 교황의 입장이 과학적 연구가 손대지 않은 채 남겨둔 계시 영역의 진리들, 특히 개개인의 영혼을 만든 신의 특별한 창조에 관한 진리를 담고 있다고 해석한다. 두퀘슨대학에서 신학을 가르치고 있는 클리포드는 성서적 인간론이 인간을 분할되지 않는 완전한 전체로 이해한다고 주장한다. 이는 우리가 진화론과 신학적 인간론 사이의 단절보다는 연속성을 볼 필요가 있음을 뜻한다. 몸을 자연선택의 몫으로 돌리고 영혼을 신적 행위의 몫으로 돌리는 것은 너무 단순하다. 몸은 영혼을 필요로 한다. 영혼이란 생명, 곧 영원한 생명을 주는 것이기 때문이다. 클리포드는 몸과 영혼 사이에 밀접하고 폭넓은 일체성이 있다는 점을 인정하면서 발생설(generationism) 개념을 제시한다. 발생설이 과학과 신학의 공명을 확립시켜 주리라고 믿으면서, 클리포드는 호모 사피엔스가 (몸과 영혼 모두에서) 떼어 내기 힘들 정도로 진화 과정에 연루되어 있다고 주장한다. 신은 인간 영혼을 통해서 우리로 하여금 생물학적 기원을 넘어 신이 약속한 운명을 향해 나아가도록 초대한다. 인간의 존엄성은 바로 이러한 신의 부르심에 근거한다.

필립 헤프너는 제12장("생명문화적 진화와 창조된 공동창조자")에서 독자에게 일종의 선언을 제시한다. 그 선언은 헤프너의 인간학을 보여 주는 일종의 창문이며, 그 창을 통해 우리는 자연을 전체적으로 볼 수 있게 된다. 시카고 과학과 종교 센터(The Chicago Center for Science and Religion, CCSR)의 소장인 헤프너는 인간을 창조된 공동창조자(created co-creator)로 묘사한다. 창조된 공동창조자는 모든 자연을 대신해 행동하면서 자연의 다양한 체계들이 기계적인 결정론을 넘어 자유의 양태로 확장되게끔 하며, 이로써 그 체계들이 신의 목적에 참여하게 할 수 있다. 한편으로, 인류는 진화 과정을 통해 창조되어 왔다. 다른 한편으로, 진화로부터 파생되어 자유로 도약한 문화는 인류 역시 창조자라는 사실을 증명한다. 기술 문명의 발생과 종교의 발생은 인간 문화가 비록 진화의 역사에 의존하기는 하지만 동시에 과거가 결정해 놓은 것을 뛰어넘어 왔다는 사실을 보여 준다. 인간의 자유와 창조성 그리고 새롭게 생성되는 자기 규정(self-definition)의 과정이 현재와 미래를 특징짓는다. 창조된 공동창조자가 출현했다는 사실은 자연 자체가 무엇이 되어왔는지, 자연 자체가 무엇을 할 수 있는지, 그리고 자연이 무엇을 출현시켜 왔는지에 대한 진술이다. 신학적 맥락 안에서 헤프너는 신이 계속적인 창조 과정 속에서 자연을 통해, 그리고 생명문화적(bio-cultural) 진화를 통해 일한다고 주장한다. 예수 그리스도(그는 자유롭고, 목적이 있으며, 사랑을 지니고 있다)는 인간을, 자연에 온전히 속하면서 동시에 신의 계속적인 창조 활동에 온전히 참여하는 존재로 이해하기 위한 패러다임이 된다.

제13장에서 옥스퍼드대학 교수인 아서 피콕은 "과학 지식의 지도: 유전학, 진화론, 신학"이라는 글을 제시한다. 낸시 머피와 마찬가지로 피콕은 환원주의에 반대하면서 과학들 간의 전체적인 위계를 구축한다. 전체론의 기본 가정은 전체가 부분의 합보다 크다는 것이다. 이를

과학에 적용한다면, 생물학과 같은 좀더 포괄적인 학문 분야는 화학이나 물리학 같은 구성 요소들로 환원될 수 없다. 생명에는 화학이나 물리학의 공식으로 환원될 수 없는 무언가가 있기 때문이다. 마찬가지로 인간 문화에 관한 연구도 생물학으로 환원될 수 없다. 더 높이 올라가면 이는 곧 신학의 주제인 신과 세계가 세계의 부분들에 대한 과학적 분석만으로 다 설명될 수 없다는 것을 의미한다. 신학은 과학적 연구를 통해 밝혀진 자연에 관한 지식에 의존하지만 그것으로 환원되지는 않는다. 유전학자이자 신학자인 피콕은 행동유전학, 사회생물학, 인지과학 등을 검토하면서 이들을 좀더 포괄적인 신학적 인간학의 맥락 안에 놓는다. 머피와 피콕의 작업이 도달한 결론은, 제반 자연과학과 신학을 포함하는 다양한 학문 분야들이 각자의 독자성을 유지하면서 대화에 참여하는 한 방식을 보여 준다.

제14장("과학, 신학, 윤리학의 생태주의화")에서 오드리 채프먼(Audrey Chapman)은 과학과 신학 그리고 윤리학을 통합해야 할 근본적인 이유를 제시한다. '환경 위기'라 불리는 것의 긴급성은 우리를 연합 전선으로 불러 낸다. 만일 윤리학의 근본이 신학이라면, 게다가 신학이 과학이 밝혀 낸 것에 무지하거나 이와 모순된다면 우리의 윤리적 토대는 무너지고 말 것이다. 따라서 워싱턴에 있는 미국과학진흥협회의 종교와 과학 간 대화 프로그램 소장인 채프먼은 신학이 과학과의 공명을 추구해야 한다고 역설한다. 공명으로 나아가기 위한 방도로서 그녀는 공통된 관심과 대화를 추천한다. 그녀는 자연에 대한 20세기의 견해가 합리성을 얼마나 강조하는지, 그리고 자연의 모든 차원들 간의 상호관련성을 얼마나 강조하는지에 주목한다. 이는 세계를 신의 피조물로 보는 신학적 견해를 보완해 준다. 이는 또 우리가 모든 것이 복잡하게 관련되고 연결되어 있는 생태권(ecosphere)을 다룰 때 제대로 준비할 수 있도록 경각심을 일깨워 준다. 채프먼은 우리에게 특정한 환경 문제와

현안에 관해 과학적으로 정확한 정보를 갖추라고 충고하면서, 과학을 통해 배운 것을 우리의 윤리적 책임에 대한 신학적 전망과 결합시키라고 권한다.

마지막 제15장("진화, 비극, 희망")은 진화론을 기독교 종말론과의 대화 속으로 데려온다. 이 글은 자연의 과거를 신의 미래와 대화하도록 이끌어 온다. 이 글의 저자인 존 호트(John Haught)는 진화론이 단독으로 자연의 의미에 대한 적절한 신학적 설명을 제공해 주리라고 기대하지 않는다. 반대로 그는 바로 신학이 그런 역할을 하리라고 기대한다. 조지타운대학의 조직신학 교수인 호트는 신을 자기를 비우는 사랑(kenotic love)과 미래의 힘(power of the future)으로 이해한다. 신적 계시를 통해 선명해진 렌즈로 진화의 역사를 들여다볼 때, 신학은 그러한 계시를 떠나서는 결코 볼 수 없는 의미의 차원들을 볼 수 있게 된다. 계시라는 이 렌즈의 중심에는 「요한복음」 3장 16절("하느님이 이 세상을 극진히 사랑하셔서 외아들을 보내 주시었다")이 놓여 있다. 아들을 내어 준 신의 사랑을 이해하지 않고는 세계가 무엇을 위해 존재하는지 이해할 수 없다. 또 신의 궁극적인 구원, 다시 말해 죽은 자의 부활을 포함하는 종말론적인 구원의 약속을 이해하지 않고는 세계를 온전히 이해할 수 없다. 창조는 아직 완성되지 않은 새 창조에 비추어서 바라보아야 한다. 호트는 신다윈주의적 생물학이 궁극적 실재에 대한 종말론적 전망과 매우 잘 조화될 수 있을 것이라고 믿는다.

파블로프(Pavlov)의 개 조건반사 실험에서 사용된 자극과 반응이라는 용어를 떠올린다면 이 책의 저자들 대부분이 과학을 자극으로, 신학을 반응으로 여기는 것처럼 보일 수도 있다. 아마도 이것은 우리 시대의 불가피한 일일지도 모른다. 진지한 과학적 연구의 선구자들은 들불처럼 벌판을 가로질러 나아가고 있다. 그 진보를 주시하는 것만으로도 상당한 노력을 요하는 일이다. 그리고 그 노력은 대접받을 만한 가치가 있다.

　더욱이 오늘날은 신학자들에게 힘든 시대이기도 하다. 과학과 종교 간 의 전쟁이 남긴 유산들은 아직도 산더미처럼 쌓여있다. 과학자 칼 세이건(Karl Sagan)의 작품을 원작으로 한 <콘택트>(Contact) 같은 영화들은 여전히 종교인들을 편협하고 독선적인 훼방꾼으로 묘사한다. 상상력을 마음껏 펼쳐 왔고 호기심 속에서 더욱더 흥미로운 주제들을 탐구해 온 신학자들은 오늘날의 문화적 풍토 속에서 사실상 아무런 주목도 받지 못한다. 따라서 공명을 추구하는 최소한의 동기는, 이렇게 말하는 것이 거대한 과업을 주변적인 관심으로 지나치게 축소시키는 것이 될 수도 있겠지만, 바로 신뢰를 추구하려는 것이다. 좀더 핵심적인 것은 오늘날 과학 연구에서 일어나고 있는 일들이 적지 않은 흥미를 자아내고 있으며, 이것이 과학자들뿐 아니라 신학자들까지도 흥분시키고 있다는 사실이다. 세계는 점점 더 커지고 있으며, 점점 더 신비롭고 외경스럽고 아름다워지고 있다. 신의 피조물을 감상하는 것은 점점 더 복잡하고 매혹적인 일이 되고 있다.

　그러나 아무리 그렇다고 해도, 어떤 이들은 특정한 과학적 자극을 받으면 주저 없이 신학적 입장을 내놓기도 한다. 이 책에서 우리는 로버트 존 러셀, 낸시 머피, 볼프하르트 판넨베르크, 아서 피콕, 그리고 어느 정도까지는 존 호트도 과학과 신학 사이의 공명을 추구하면서 신학에 지도적인 역할을 부여하고 있음을 알 수 있다. 이 학자들은 우리가 신에 대해 알고 있는 것들이 우리가 과학을 통해 자연에 대해 알게 된 것들에 빛을 비추어 준다고 말한다. 신으로부터 온 계시는 자연에 새로운 빛을 던지며, 우리가 자연의 실재에 대해 좀더 제대로 이해할 수 있게끔 이끌어 준다. 이는 용기 있는 움직임이다. 그것은 학문의 더욱 흥미진진한 미래를 약속한다.

제1장

과학과 신학
― 공명을 향하여 ―

테드 피터스

"종교와 과학을 둘러싼 새로운 혈전." 「뉴욕 타임즈」는 유전학과 생명공학에 관련된 특허에 반대하는 교회 지도자들의 입장을 잘못된 것이라고 서술하는 머릿기사의 첫마디를 이런 말로 시작한 바 있다.[1] 여기서 두 가지에 주목해 보자. 하나는 과학과 종교의 상호작용이 머릿기사가 되고 있다는 점이고, 다른 하나는 그 상호작용이 전쟁이라는 군사적 은유로 묘사되고 있다는 점이다. 전쟁 은유는 한 세기 전에 A. D. 화이트(A. D. White)가 『과학과 신학의 전쟁사』(*A History of the Warfare of Science with Theology*)[2]라는 악명 높은 저서를 통해 남겨 놓은 이미지를 반영하는 듯하다. 그러나 이들 지식의 두 분야가 맺는 관계를 전쟁으로 압축하는 것이 과연 정확한 것일까? 아마 모든 사람이 다 이런 식으로 생각하지는 않을 것이다. 마가렛 버트하임(Margaret Wertheim)은 이렇게 말한다. "과학과 종교가 기나긴 전쟁을 치러왔다는 생각은 19세기 후반에 날조된 역사적 허구다."[3]

내가 보기에 전쟁은 그림의 일부일 뿐 전체가 아니다. 과학과 종교는 서로 다양한 관계를 맺고 있으며, 이 관계들이 어우러져 좀더 커다란 그림을 이루고 있는 것이다. 이 장에서 우리는 오늘날 인간의 노고가 담긴 이 두 분야가 서로간에 맺고 있는 다양한 관계들을 살펴보고, 가설적 공명(hypothetical consonance)이라는 평화로운 대안에 특별히 주목하고자 한다.4)

한편 여기서는 전쟁 은유와 비슷한 은유가 유용할 수도 있다. 우리가 당장 전쟁을 치르고 있지는 않지만, 우리는 혁명을 목격하게 될 수도 있다. 혁명 은유는 복잡성과 미묘함을 더해 주며, 따라서 이제 과학과 종교를 단지 불구대천의 원수지간으로만 간주하는 것은 더 이상 정확하지 않다. 혁명은 예전에는 생각지도 못했던 놀라운 지적 동향, 즉 자연 세계에 대한 과학적 논의의 틀 안에서 신에 대한 물음을 다시 묻게 된 변화에 의해 주도되고 있다. 과학 진영 안에서 신학적 물음이 제기된다면 이는 전쟁 모델에 딱 들어맞지 않는다.

더욱이 현재 우리가 막 벗어나고 있는 혁명―이전의 상황 역시 끝없는 전쟁 상황으로만 묘사되어서는 안 된다. 오히려 그 상황은 휴전 상태로 묘사되는 것이 더 낫다. 다시 말해 지난 수십 년 동안 우리는, 우리가 과학을 통해서 자연에 대해 알고 있는 것과 종교적 사고를 하는 사람들이 초월적 실재로서 신에 대해 말하는 것 사이에 경계선이 존재해야 한다는 가정하에 작업해 왔다.

계몽주의 이후로 우리는 거의 대체로 과학과 종교가 인간 지식의 독립된 두 영역을 대변한다고 가정해 왔다. 우리는 교회와 실험실 사이에 높은 장벽을 설치해 두었다. 그러나 혁명이 일어나기 시작하고 있는 지금, 이런 상황이 더없이 불행한 것이라는 인식이 점차 증가하고 있다. 이 상황이 불행한 이유는 우리 모두가 오직 하나의 실재만이 존재한다는 사실을 잘 알고 있기 때문이다. 그러므로 머지 않아 우리는 지식의 영역들을 폐쇄적으로 분리시키는 차이를 상정하는 데 만족하지 않게 될 것이다.

혁명—이전의 분리주의자들이나 신에 대한 물음을 던지는 혁명적인 과학자들은 여전히 그림의 일부만을 보여 줄 뿐이다. 1960년대 이후 줄곧 병행, 접점, 공명, 중첩, 융합 등을 조용히 모색해 오고 있는 혁명주의자들이 제3의 집단으로 존재하기 때문이다. 이제 막 출현하고 있는 그들의 분야는 아직 무어라 이름 붙여지지는 않았지만, 자연과학—특히 물리학과 생명과학—의 발전을 연구하면서 동시에 기독교 교리의 다양한 궤적에 대한 진지한 성찰에 관여하고 있다. 과학자들과 신학자들은 함께 공통의 이해를 추구하고 있다. 그들의 목적이 단지 공통된 하나의 학문 분과를 설립하기 위한 것은 아니다. 또 그들이 단지 분리된 물음 영역들 간의 화해만을 모색하고 있는 것도 아니다. 오히려 과학자들과 신학자들은 증진된 지식을, 실재에 대한 인간 이해의 실질적인 진전을 추구하고 있다. 어떤 이름을 부여할 수 있기 전까지 우리는 이 새로운 기획을 신학과 자연과학으로 부르고자 한다.

이 장에서 나는 오늘날 과학과 신학이 서로 관련을 맺고 있는 다양한 여덟 가지 방식을 간략히 살펴보고자 한다.5) 나는 학계의 지배적인 견해분리에 근거한 휴전이라는 견해가, 내가 말하는 '두 언어 이론'(two-language theory)에 다름 아니라는 것을 보여 줄 것이다. 그러나 이어서 나는 이제 막 성장하고 있는 최첨단 분야들이 우리를 가설적 공명의 방향으로 이끌어 가고 있다는 점을 지적할 것이다. 그 다음에는 핵심적인 방법론적 문제, 즉 신앙과 이성의 관계에 대한 고전적 관심을 다룰 것이다. 낸시 머피(Nancey Murphy)나 벤첼 반 호이스텐(Wentzel van Huyssteen) 같은 오늘날의 학자들은 신앙을 통해 알 수 있는 것과 이성을 통해 알 수 있는 것을 날카롭게 대립시키지 않고, 오히려 양자 사이의 중첩을 극대화하고 있다. 이어서 나는 신학과 자연과학 분야에서 비교적 중요한 몇몇 학자들의 작업을 계속 다룰 것이다.

그들은 이안 바버(Ian Barbour), 윌리엄 드리스(William Drees), 랭던 길키(Langdon Gilkey), 필립 헤프너(Philip Hefner), 낸시 머피, 볼프하르트 판넨베르크(Wolfhart Pannenberg), 아서 피콕(Arthur Peacocke), 존 폴킹혼(John Polkinghorne), 로버트 존 러셀(Robert John Russell), 토마스 토렌스(Thomas Torrance) 등이다. 그리고 나서 가설적 공명의 장점들과 자연에 대한 신학적 해석의 가치 등에 대해 나름대로 살펴보면서 결론을 맺을 것이다. 이를 통해서 우리는 자연적 우주를 신의 피조물로 볼 수 있게 될 것이다.

과학과 신학이 싸우거나 화해하는 여덟 가지 방식

과학과 종교는 서로 어떻게 관계 맺어야 할까? 모든 사람이 이에 대해 같은 생각을 갖고 있지는 않다. 전쟁 은유를 좀더 넓혀 본다면, 우리는 과학과 종교가 관계 맺는 방식들이 격렬한 전투에서부터 불편한 휴전에 이르기까지 다양하다는 것을 알 수 있다.

과학주의
내가 '과학주의'라 부르는 것은 때로 '자연주의'(naturalism)나 '과학적 유물론'(scientific materialism) 또는 '세속적 휴머니즘'(secular humanism) 등으로 불리기도 한다. 과학주의는 실제로 전쟁 모델에 딱 들어맞는다. 하나의 관점으로서 과학주의는 어느 한 쪽의 완전한 승리를 위한 전쟁을 추구한다. 다른 '−주의들'(-isms)과 마찬가지로 과학주의 역시 하나의 이데올로기로서, 과학이 우리가 알 수 있는 모든 지식을 제공한다는 전제 위에 서 있다. 이에 따르면 세상에는 오직 한 가지 실재 즉 자연밖에 없으며, 과학은 우리가 자연에 대해 갖는 지식에 독점적인 권한을 지닌다.6) 그리고 종교는 자신이 초자연적인 것들에 관한 지식을 공급한다고 주장하지만, 실제로는 사이비-지식을, 다시 말해 존재하지 않는 허구에 대한 거짓된 인상을 제공한다.

20세기 초에 영국의 철학자이자 무신론자인 버트란드 러셀(Bertrand Russell)은 BBC 방송에서 이렇게 말한 바 있다. "과학이 우리에게 말해 줄 수 없는 것을 인류는 알 수 없다." 20세기 중반의 천문학자 프레드 호일(Fred Hoyle)은 현대 과학으로 인해 유대교나 기독교 같은 종교들이 구시대의 유물이 되어 버렸다고 주장했다. 그는 종교적 행동이 도피주의이며, 우주의 신비로부터 공상적인 안전을 추구하는 사람들이 추종하는 것이라고 설명했다.7) 이들에 이어서 자크 모노(Jacques Monod)는 "오직 객관적 지식만이 진리의 진정한 원천"이며, 이제는 현대 과학이 과거의 종교적 설명들을 대체하고 있다고 주장하곤 했다.8)

물리학자 스티븐 호킹(Stephen Hawking)과 칼 세이건(Carl Sagan)은 한 목소리로, 우주는 존재하는 또는 존재했던 또는 앞으로도 존재할 모든 것이라고 주장했다. 또한 그들은 빅뱅의 시초에는 그 어떤 절대적 시작도 없었다고 주장했다. 시작이 없다는 것은 무슨 까닭에서일까? 만일 하나의 절대적 시작이 있었다면 시간은 경계를 가질 것이다. 그리고 이 경계 너머에서 우리는 창조주 신과 같은 초월적 실재를 어렴풋이 보게 될 것이다. 그러나 그것은 과학주의가 받아들이기 힘든 일이다. 따라서 세이건은 호킹의 『시간의 역사』(*A Brief History of Time*)에 붙인 서문을 통해 우주가 시간적으로 자기-충족적이라고 서술하고, 그리하여 "창조주가 할 일은 아무것도 없다"라는 주장을 토대로 "신의 부재"를 자신 있게 말할 수 있었다.9) 과학과 신학의 전쟁에서 과학주의는 적을 섬멸할 것을 요구한다.

과학 제국주의

이 입장은 약간 다른 형태의 과학주의다. 과학 제국주의는 적을 섬멸하기보다는 이제껏 신학이 점령했던 영역을 정복해서 이를 자신의 영역이라고 주장하려 한다. 과학주의가 무신론적인 반면, 과학 제국주의는 신적인 어떤 것의 존재를 인정한다. 하지만 신적 존재에 대한 지식은 종교적 계시가 아닌 과학적 연구를 통해서만 얻어질 수 있다고 주장한다. 폴 데이비스(Paul Davies)는 "새로운 물리학 (덕분에) …… 과학은 실제로 예전까지 종교적인 것에 속했던 물음들을 진지하게 다룰 수 있는 위치에 이르게 되었다"10)라고 쓰고 있다. 물리학자 프랭크 티플러(Frank Tipler)는 빅뱅과 열역학을 결합한 양자 이론이 미래에 있을 죽은 자의 부활에 대해 기독교보다 더 뛰어난 설명을 제공할 수 있다고 주장하면서, 신학이 물리학의 한 분야가 되어야 한다고까지 주장한다.11)

마가렛 버트하임의 해석에 따르면, 스티븐 호킹은 이 두 번째 범주에 속한다고 할 수 있다. 비록 그가 신이 할 일이 아무것도 없다고 주장하기는 하지만, 그는 물리학에 대한 자신의 견해를 제시하기 위해 신적인 이미지나 신학적 용어를 계속해서 사용한다. "그(스티븐 호킹)는 두 가지를 동시에 원하는 듯하다. 그는 신을 우주 바깥으로 완전히 추방해 버리면서 동시에 신을 자신의 작업을 위한 지속적인 하위 맥락으로서 불러들인다."12) 다시 말해, 그는 과학자가 자연법칙을 알게 됨으로써 신의 마음을 알 수 있다고 보는 것이다. "그(스티븐 호킹)는 신에 대해 쓸 때 마치 독자에게 똑똑한 형에 대해, 그가 존경하면서 동시에 그가 그 업적에 대해 충분히 이해하고 있는 그런 대상에 대해 말하는 것처럼 쓴다. …… 호킹과 그의 신은 거의 같은 차원에 서 있다."13)

물리학에서 유전학으로 초점을 옮겨 보면, 우리는 진화심리학자들 — 일명 사회생물학자들 — 이 자신의 과학성을 주장하면서 자신들이 종교보다도 더 종교에 대해 잘 설명할 수 있다고 주장하고 있는 것을 알 수 있다. E. O. 윌슨(E. O. Wilson)은 사회생물학(sociobiology)을 "인간을 포함한 모든 유기체에서 나타나는 모든 사회적 행위들의 생물학적 기반에 대한 과학적 연구"라고 정의한다.14) 이에 따르면 종교는 사회적 행위의 한 형태이며, 따라서 생물학적으로 설명될 수 있다. 윌슨은 과학적 유물론으로 완전히 돌아선 이후 다음과 같이 주장하고 있다. "존재의 모든 부분은 그 어떤 외부 조작도 필요 없는 물리 법칙들의 지배를 받는다고 여겨진다. 과학자는 최대한 설명을 자제하려 하며 따라서 신적 영혼이나 그 밖의 외부적 작인 따위를 배제한다. 가장 중요한 것은, 종교 자체가 자연과학으로 설명될 때 우리는 생물학의 역사에서 결정적인 단계에 도달하게 되었다는 점이다."15)

종교와 유사한 것으로 도덕이 있다. 진화생물학자들은 그들이 도덕도 설명할 수 있다고 믿는다. 윤리적 가치들은 생물학적 차원에, 특히 인간의 출산을 통해 스스로를 어김없이 복제하려 하는 이기적 유전자(selfish gene)에 뿌리를 박고 있다는 것이다.16) 로버트 라이트(Robert Wright)는 이렇게 말한다. "사람들은 그들의 유전자를 다음 세대로 전달하는 데 도움이 되는 도덕적 판단을 선호하는 경향이 있다. 우리가 기존의 도덕 규범들을, 신적 영감이나 공평무사한 철학적 탐구에 의해 터득된 어떤 더 높은 진리의 반영이라고 생각할 아무런 분명한 이유도 없다."17) E. O. 윌슨과 마이클 루즈(Michael Ruse)는 이를 이렇게 설명한다. "도덕, 좀더 엄밀히 말해서 도덕에 대한 우리의 신념은 단지 재생산이라는 우리의 목적을 달성하기 위해 생겨난 적응일 뿐이다. 따라서 윤리의 토대는 신의 의지에 있지 않다. …… (오히려 윤리는) 우리를 협력하게 만드는 유전자가 우리를 기만하는 환상이다."18)

요약하자면, 우리가 '과학 제국주의'라 부르는 입장은 신학자가 기껏해야 그들의 종교에 대해 부적절한 설명만을, 그것도 신을 준거로 한 잘못된 설명만을 제공한다고 여긴다. 반면 그들은 자연과학이 종교를 더 잘 설명할 준비가 되어 있으며, 초자연적인 것을 자연의 이치에 맞게 설명할 준비가 되어 있다고 여긴다.

교회 권위주의

교회의 계시가 지니는 권위에 호소하는 것은 과학과 과학주의를 위협으로 느끼는 일부 로마 가톨릭 전통이 취하는 방어 전술이다. 이 입장은 진리로 나아가는 길에는 두 단계의 과정이 있다고 전제하면서, 자연적 이성 뒤에는 신적 계시가 수반된다고 본다. 따라서 여기서 신학적 교리는 신의 계시에 근거해 있다는 이유로 인해 과학보다 우월한 권위를 부여받는다. 19세기 중반은 로마 교회에게 불안한 시대였다. 계몽주의는 교리와 성직 권력의 형태를 띤 권위에 반대했다. 민주적 제도들이 등장하면서 오래된 과거에 뿌리를 둔 전통들에 대한 문화적 불만이 생겨나기 시작했다. 또한 산업혁명은 교회의 울타리를 벗어난 새로운 부와 새로운 경제 권력을 제공하기 시작했고, 군대는 교황의 영토와 토지를 빼앗기 위해 진군하고 있었다. 그리고 무엇보다 중요하게도, 자연과학이 대학 생활을 점령하고 과학의 여왕인 신학에게서 그 왕관을 탈취하고 있었다. 이 시대는 교회가 포위 당하고 있다고 느끼던 시기였다.

    1864년에 교황 비오 9세는 『유설표』(謬說表, The Syllabus of Errors)를 공포했는데, 제57항은 과학과 철학이 교회의 권위를 빼앗을 수 있다는 생각이 오류라고 진술하고 있다. 1870년에는 제1차 바티칸 공의회가 열렸는데, 여기서는 교황직을 지닌 자는 신앙과 도덕에서 오류가 없다는 선언이 이루어졌다. 한 세기 후에 제2차 바티칸 공의회는 자연과학이 교회의 권위로부터 자유롭다고 선언함으로써 그 방어적 태도를 철회했으며, 자연과학이 '자율적인' 학문임을 인정했다(*Gaudium et*

Spes: 59). 신학과 자연과학 간의 대화를 육성하는 데 진지한 관심을 갖고 있는 교황 요한 바오로 2세는 신앙과 이성 간의 새로운 평화를 위한 협상을 진행 중이다.19)

과학적 창조론

때로 '창조과학'(creation science)이라 불리기도 하는 과학적 창조론은 종종 개신교 식의 교회 권위주의로 오해받기도 하지만, 반드시 그런 것은 아니다. 오늘날 과학적 창조론의 조상은 근본주의자들이다. 분명 근본주의는 로마 가톨릭이 교회의 권위에 호소한 것과 비슷한 방식으로 성서의 권위에 호소하였다. 그러나 근본주의적인 권위주의와 오늘날의 창조과학 사이에는 분명한 차이가 있다. 오늘날의 창조과학자들은 성서의 권위가 아니라 과학의 영역 안에서 자기들의 주장을 개진하고자 한다. 그들은 성서적 진리와 과학적 진리가 동일한 영역에 속한다고 여긴다. 과학적 주장과 종교적 주장이 상충될 때면, 그들은 공공연하게 과학적 이론들에 반대하는 입장을 취한다. 창조론자들은 「창세기」 자체가 세계가 어떻게 물리적으로 창조되었는지를 우리에게 말해주는 하나의 이론이라고 주장한다. 그들에 따르면, 신은 창조의 첫 순간에 개별적인 유기체들의 종류, 즉 종(種, species)을 고정시켜 놓았으며, 종들은 진화하지 않는다. 그들은 성서의 진리가 지질학적 사실들과 생물학적 사실들을 통해 증명된다고 주장한다.

과학적 창조론자들은 대체로 그 신학적 신념의 목록 속에 다음과 같은 내용들을 포함시킨다. (1) 세계가 무로부터 창조되었다는 것, (2) 돌연변이와 자연선택을 통해 진화 과정을 설명하는 것이 불충분하다는 것, (3) 현존하는 종들은 고정되어 있으며 한 종이 다른 종으로 진화하는 것은 불가능하다는 것, (4) 원숭이와 인간의 조상은 다르다는 것, (5) 지질학적 형성은 대이변을 통해 설명 가능하다는 것, 예를 들어 산에서 바다 생물의 화석이 발견되는 것은 대홍수를 통해 설명될 수 있다는 것, (6) 지구가 6,000년 내지 1만 년 전에 생성되었다는 것.[20]

주류 과학자들은 창조론자들을 무시해 버림으로써 창조론자들에 대해 손쉬운 승리를 얻으려 한다. 다채로운 활동을 하고 있는 하버드의 고생물학자 스티븐 제이 굴드(Stephen Jay Gould)는 '과학적 창조론'이라는 용어 자체가 무의미하며 자기-모순적이라고 말한다.[21] 과학적 창조론자들과 주류 과학자들 간의 전투는 전면전인 것처럼 보인다. 하지만 사실은 그렇지 않다. 현직 과학자들이 상당수 포함되어 있는 창조론 진영은 그들이 과학이라는 군대에 소속된 군인들이라고 여긴다.[22]

캘리포니아 주립대 법학 교수인 필립 E. 존슨(Phillip E. Johnson)이 쓴 글은 이 전투에 관한 커다란 이야기 속에서 흥미로운 한 장(章)을 이룬다. 그가 종교적 신념인 창조론을 옹호하는 것은 아니다. 하지만 그는 또한 과학 내부의 차원에서 다윈 진화론이 충분히 과학적이지 못하다는 비판을 가한다. 과학적 증거를 분석하는 법률가로서 그는 다윈주의자들이 유물론적 자연주의를 교조적으로 옹호해 왔다고 주장한다. 즉 단순한 화학 물질에서 박테리아로, 그리고 박테리아에서 인간으로 이어지는 진화 과정을 설명하기 위해 비약을 상정하는 이론은 유물론적 자연주의의 근간이 되는 신념을 저버린, 증거 불충분의 억측이라는 것이다. 그리고 이른바 '진화의 사실'로 표현되는 다윈주의 교리는 반증 증거의 존재 가능성을 과학적으로 정직하게 고려하지 못하게 막는, 사실상의 반(反)종교적 편견이라는 것이다.

존슨은 다음과 같이 말한다. "주된 문제는 편견이다. 왜냐 하면 과학 지도자들은 자신들이 종교적 근본주의자들과 처절한 전투를 벌이고 있다고 여기기 때문이다. 여기서 근본주의자란, 세상의 일들 속에서 능동적인 역할을 하는 창조자의 존재를 믿는 사람 모두에게 과학자들이 붙이는 꼬리표다." 하지만 억지주장을 하는 쪽이 어느 쪽인지를 수사적으로 물으면서, 존슨은 다윈주의자들이 종교적인 태도와 편협한 교조주의를 갖고 있으며 그들의 소중한 이론에 도전을 제기할 수 있는 증거를 검토하기를 꺼린다고 고발한다. "과학 기구들은 다윈주의를 검증하려 하기보다는 이를 비호하는 데 전념한다. 그리고 과학적 검증의 규칙들은 이들의 성공을 돕는 방향으로 형성되어 왔다."23)

나는 이 논쟁의 어느 한쪽 편을 들고 싶지는 않다. 그 대신 미묘한 부분을 지적하고자 한다. 여기서 분위기는 과학과 종교 간의 전쟁 분위기, 과학 제국주의에 대한 보복의 분위기다. 그러나 무기가 다르다. 존슨은 자신이 편협한 종교에 대항하여 진정한 과학을 지켜내고 있다고 믿는다. 그의 책략은 다윈주의가 진정한 과학이 아닌 편협한 종교로 간주된다는 사실을 보는 데 있다. 존슨의 관점에서 보면, 전쟁은 진정한 과학과 사이비-과학 사이에서 벌어지고 있는 것이다.

두 언어 이론

과학과 종교를 별개의 영역에 묶어두는 것이 양자 사이의 휴전을 영구적인 평화로 정착시키는 길처럼 보일지도 모른다. 이는 이 입장이 과학과 신학 각각의 고유 영역을 존중하고, 또 과학계나 종교계의 존경받는 인사들 역시 이 입장을 지지하기 때문이다. "종교 없는 과학은 절름발이이며, 과학 없는 종교는 장님"이라는 말을 한 것으로 유명한 알버트 아인슈타인(Albert Einstein)은 사실의 언어와 가치의 언어를 구분했다. 그는 프린스턴에서 열린 한 강연회에서 다음과 같이 말한 적이 있다. "과학은 오직 이것이 무엇인지(*is*)에 대해서만 확증할 수 있을 뿐, 이것이 무엇이어야 하는지(*should be*)에 대해서는 확증할 수 없다. 반면 종교는 오직 인간의 사고와 행위에 대한 가치평가만을 다룬다."

여기서 '오직'이라는 말에 주목하자. 각각의 언어는 나름의 독자적인 영역에 국한된다.

스티븐 제이 굴드는 이를 '중첩되지 않는 공평함'(nonoverlapping magisteria)이라는 의미에서 NOMA 원칙이라고 부른다. 그는 이렇게 말한다. "과학의 그물은 경험적 우주를 포괄한다. 과학은 우주를 이루는 것(사실)과 왜 우주가 이런 방식으로 작동하는지(이론)를 다룬다. 종교의 그물은 도덕적 추론과 가치에 관한 물음으로 뻗어 있다." 양자는 각자의 독자적인 영역을 지니며, 서로 중첩되지 않는다. "낡은 표현을 인용하자면, 우리는 바위들의 시대를 다루고 종교는 시대들의 바위를 다룬다. 우리는 하늘이 어떻게 움직이는지를 연구하고, 그들은 천상에 어떻게 올라갈지를 결정한다."24)

신정통주의자이자 자유주의자인 신학자 랭던 길키는 오랫동안 두 언어적 접근에 대해 논의해 왔다. 그는 과학이 오직 가까운(proximate) 기원들에 관한 객관적이거나 공적인 지식을 다루는 반면, 종교와 그 신학적 표현은 궁극적인(ultimate) 기원들에 관한 실존적이거나 사적인 지식을 다룬다고 말한다. 즉 과학은 '어떻게'에 대해 묻는 반면, 종교는 '왜'에 대해 묻는다는 것이다.25) 길키가 원하는 것은 물론 한 사람이 두 나라의 시민이 되는 것이다. 다시 말해 그는 기독교 신앙과 과학적 방법을 갈등 없이 포괄할 수 있기를 원한다.26) 두 언어를 말한다는 것은 두 개의 모국어를 갖는 것을 의미하며, 두 개의 모국어를 갖는 지식인은 두 영역 모두에서 평화롭게 작업할 수 있다.

낸시 머피는 두 언어적 입장이 보수주의나 복음주의 개신교가 아닌 자유주의 기독교의 특징이라고 지적한다. 자유주의 신학은 종교와 과학이 인간의 삶에서 독립적이면서도 상호보완적인 역할을 부여받는다고 전제하며, 과학과 신앙이 갈등을 일으키지 않도록 지적 영역을 양분한다. "극단적인 경우, 언어를 들먹이는 설명들은 심지어 과학과 신학 간의 대화조차 불가능하게 만든다. …… 보수주의자들의 상황은 전혀 다르다. 거기서 과학언어와 종교언어는 정확히 동일한 유형이며, 서로 공통적이다."27)

과학과 신학을 구분하는 자유주의적인 두 언어 이론은 근대적인 이론이다. 이를 두 권의 책에 관한 전근대적 개념과 혼동해서는 안 된다. 중세에는 신의 계시를 두 권의 책, 즉 자연의 책과 성서의 책을 통해 읽어 낼 수 있었다. 과학과 신학은 모두 신적인 것들에 대해 말할 수 있었다. 자연계시와 특별계시는 모두 우리에게 하나의 방향, 즉 신을 가리켜 보여 주었다.28) 이와 달리 두 언어 이론은 우리에게 두 개의 다른 방향을, 즉 한편으로는 신을 다른 한편으로는 세계를 가리켜 보여 준다.

내가 보기에 두 언어 이론에는 문제가 있다. 그것은 분리를 통해서, 다시 말해 소통을 방해하는 비무장 지대를 설정함으로써 평화를 얻는다. 과학자가 신적인 것들에 대해 말하고 싶어할 수도 있고 또 신학자가 신이 창조한 실제 세계에 대해 말하고 싶어할 수도 있다. 이런 경우에, 두 진영은 이해의 공유가 불가능하다는 전제 아래 서로 대화를 피해야 할 수도 있다. 가설적 공명의 방법은 바로 이와 정반대의 전제를 갖고 있다. 즉 가설적 공명은 오직 하나의 실재가 있으며, 과학자들과 신학자들은 머지않아 이해의 공유 영역들을 발견할 수 있어야 한다고 전제한다.

가설적 공명

가설적 공명이란, 두 언어 전략 너머에서 나타나고 있는 듯 보이는 새로운 분야에 대해 내가 부여한 이름이다. '공명'이라는 용어는 어난 맥멀린(Ernan McMullin)의 작업에서 유래한 것이다. 이 용어는 우리가 찾고 있는 영역이, 자연 세계에 대해 과학적으로 말할 수 있는 것과 신의 창조에 대해 신학적으로 이해할 수 있는 것이 서로 상응하는 그런 영역이라는 점을 보여 준다.29) 강한 의미의 '공명'은 일치와 조화를 의미한다. 일치나 조화는 우리가 찾고자 하는 보물일 수도 있다. 그러나 우리는 아직 그것을 찾지 못했다. 우리가 지금 처해 있는 상황에서 필요한 것은 약한 의미의 공명을 염두에 두고 작업하는 것, 다시 말해 문제 제기의 공통 영역들을 찾아내는 것이다. 물리학의 진전, 특히 빅뱅 우주론과 관련된 열역학 이론과 양자 이론의 진전은 그 나름의 방식으로 초월적 실재에 대한 물음들을 제기해 왔다. 신에 대한 물음은 과학적 추론 내부에서 진술하게 제기될 수 있다. 신학자들과 과학자들은 이제 공동의 주제를 공유하게 되었으며, 가설적 공명에 대한 관념은 더 큰 협력을 독려한다.

공명을 주장하는 이들은 또한 신학자가 그들의 학문을 약간 다르게 보아야 한다고 요구한다. '가설적'이라는 용어는 신학자에게, 침해할 수 없는 진리라는 경직된 입장에서 출발하지 말고 자신의 주장을 이후의 탐구와 가능한 확증이나 반론에 대해 열어 놓을 것을 요구한다. 새로운 것을 배우려는 신학자와 과학자 모두의 열린 태도야말로 가설적 공명이 우리를 전진하게 하는 데 필수 불가결한 요소이다.

공명의 가설적 차원은 존 마크 템플턴(John Mark Templeton)의 작업에서 드러나는 중요 주제인 겸손과도 부합한다. 템플턴과 그의 동료 로버트 L. 허만(Robert L. Herrmann)은 과학과 종교 두 영역에서 제기되는 새로운 지식 앞에서의 겸손을 추구한다. "무신론적 과학주의자와 종교적 분리주의자에게서 강한 오만과 자기중심성의 요소를 발견하기란 그리 어렵지 않다. 이들은 모두 진리의 다른 원천이 있을 수 있다는 사실을 배제한다. 겸손한 태도는 이들의 정신과 마음을 열어 주고, 그들에게 좀더 커다란 이해의 자유를 줄 것이다. …… 겸손한 과학자들과 신학자들이 공동의 교차 학문적 연구를 통해서, 일종의 실험적 신학을 통해서 서로 만난다면 인간의 이해와 발전에 엄청난 진전이 있게 될 것이다."30)

겸손과 가설적 사고를 보완해 주는 것이 있다면, 그것은 다리놓기이다. 이는 공명이 지닌 적극적 측면으로서, 과학자와 신학자 양측이 긴밀한 교섭 관계를 구축하도록 밀어붙인다. 마크 리차드슨(Mark Richardson)과 웨슬리 와일드만(Wesley Wildman)은 다리놓기 은유가 "오늘날 우리의 문화적 맥락에서 신학과 과학 사이에 균열이 있다는 사실을 표현하는 것"임을 인정하면서 "구축(construction) 없이는 지적 소통이 불가능"하다고 말한다.31) 과학과 신학 사이에 다리를 놓는 것이야말로 공명을 염두에 둔 학자의 과제이다.

윤리적 중첩

이 입장은 신학자들이 오늘날 산업 기술 사회가 야기하는 인간 의미의 문제와 그보다 훨씬 더 절박한 문제인, 환경 위기가 제기하는 윤리적 도전 그리고 지구의 장기적인 미래를 위한 계획에 관해 발언할 필요성을 인식하면서 대두하게 된 것이다. 생태적 도전은 인구의 과잉, 재생 불가능한 자연 자원을 고갈시키고 공기와 땅 그리고 물을 오염시키는 공업 및 농업 생산의 증가, 후속 세대의 복지에 대한 책임감 결여 같은 요인들이 복합적으로 뒤엉키면서 생겨난다. 생태 위기의 주범은 현대의 과학기술이다. 따라서 신학자들은 세속적인 도덕주의자들과 함께, 그냥 방치해 둔다면 우리를 파멸시킬지도 모를 기술적·경제적 힘들을 윤리적으로 통제하기 위해 분투하고 있다.

나는 비록 가설적 공명의 옹호자이지만, 동시에 윤리적 중첩 진영에 속해 있기도 하다. 나는 근본적으로 생태 위기가 영적 문제를, 다시 말해 세계 문명의 윤리적 전망에 대한 절실한 필요성을 제기한다고 생각한다. 윤리적 전망──환경과 조화를 이루고 그 자신과 평화롭게 공존하는 정의롭고 지속 가능한 사회에 대한 전망——은 미래를 설계하고, 세상 사람들에게 결실 있는 행위를 할 동기를 불어넣는 데 핵심적인 것이다. 생태학적 사고는 미래를 내다보는 사고다. 그 논리는 이해-결단-통제(understanding-decision-control)의 형태를 따른다. 과학의 모델을 차용함으로써, 우리는 생태 위기를 해결하기 위해서는 파괴의 힘들을 이해할 필요가 있으며, 더 나아가 우리의 미래를 통제하고 지구의 자연 환경과 조화되는 인간 경제를 확립할 수 있게 해 주는 결단과 행위를 취할 필요가 있다는 암묵적인 전제에 이르게 된다.

신학적 자원들이 생태적 도전에 대응하도록 하기 위해 대부분의 신학자들은 창조 교리 안에서 풍부한 윤리적 자원들을 발굴해 왔다. 하지만 나는 우리가 창조 이상의 것을 필요로 하며 종말론적 구원에, 다시 말해 새로운 창조에 호소할 필요가 있다고 생각한다. 우리가 무언가 잘못되어 온 창조에서 시작할 때에도, 신의 구원 사업은 똑같이 중요하다.

종말론적 갱신의 약속은 방향 감각과 정의롭고 지속 가능한 사회의 도래에 대한 전망, 그리고 이해-결단-통제 공식에 대해 적절하게 발언하는 원동력을 제공해 줄 수 있다. 우리는 창조를 재창조와 결합해야 한다. 신학자들이 종말론적 자원들에 근거하여 다가오는 세계의 새로운 질서에 대한 전망을 제시할 수 있다면, 다시 말해 신의 약속된 왕국을 선언하고 그 전망을 우리의 현재 상황에 되돌려 비출 수 있다면, 그들은 공적인 논의에 참된 공헌을 할 수 있을 것이다. 이 전망은 우리의 세계를 (a) 단일한 세계적 규모의 지구 사회, (b) 신의 뜻에 대한 봉헌으로 연합된 사회, (c) 지구의 생물학적 수행 능력 안에서 존속 가능하며 생물권의 원칙들과 조화되는 사회, (d) 정치적으로 정의로운 권리와 모든 개인의 자발적인 공헌을 보존할 목적으로 조직된 사회, (e) 경제적으로 모든 사람의 기본적인 생존 요구를 보장할 목적으로 조직된 사회, (f) 사회적으로 모든 곳에서 존엄성과 자유를 존중하고 보호할 목적으로 조직된 사회, 그리고 (g) 후속 세대를 대신해 삶의 질을 증진시키는 일에 봉헌하는 사회로 그려야만 한다.32)

원칙적으로 과학과 종교 간의 윤리적 중첩은 수많은 접점들에서 일어날 수 있었으며, 그 중 가장 두드러진 것은 바로 둘 다 진리를 추구하는 데 헌신한다는 점이었다. 그러나 오늘날의 상황에서 가장 중요한 공동 활동이 이루어지고 있는 곳은 바로 생태학이다. 과학자들과 종교 지도자들은 지구의 쇠망을 초래할 가능성들을 긴박하게 감지하면서 이에 대응하고 있다. 여기에 전쟁 은유를 적용한다면, 우리는 공동의 적 —— 여기서는 생태계 파괴라는 위협 —— 으로 인해 과거의 적들이 서로 연합하게 되었다고 말할 수도 있을 것이다. 여기에 두 언어 이론을 적용한다면, 우리는 인류가 지구적 도전에 부응하는 결단과 자원을 총동원하려 한다면, 사실의 언어가 가치의 언어로 보완될 필요가 있다고 말할 수도 있을 것이다. 이러한 윤리적 동반자 의식을 육성하는 데에는 공명이나 수렴 같은 긴밀한 관계가 굳이 필요치 않다.

뉴에이지 영성

뉴에이지 영성은 '가설적 공명'이나 '윤리적 중첩'과 마찬가지로 과학과 종교 간의 단절 위에 다리를 놓고자 한다. 뉴에이지 사고의 핵심은 전체론(holism)이다. 그것은 다시 말해 과학과 영혼, 생각과 느낌, 남성과 여성, 부자와 빈자, 인간과 자연 등을 대립시키는 근대적 이원론을 극복하려는 시도다. 뉴에이지의 동맥 안에는 세 가지의 폭발적인 일단의 사고가 흐른다. 그것은 (1) 20세기 물리학, 특히 양자 이론의 발견, (2) 인간의 지식에서 상상력이 담당하는 역할의 중요성에 대한 인정, 그리고 (3) 우리의 지구를 환경 파괴로부터 지켜내야 한다는 윤리적 급선무에 대한 인식이다.

힌두 신비주의를 물리 이론과 결합하고 있는 프리초프 카프라(Fritjof Capra)와 데이빗 봄(David Bohm)은 잘 알려진 뉴에이지 물리학자들이다. 예를 들어, 봄은 우리가 자연 세계라고 받아들이고 있고 실험실에서 연구되는 사물들의 명시적인 질서가 근본적인 실재가 아니며, 그 아래와 그 너머에는 함축적인 질서, 즉 나누어질 수 없는 전체성(undivided wholeness)의 영역이 있다고 주장한다. 이 전체성은 홀로그램과 마찬가지로 명시적인 부분들 각각 안에 온전히 현존한다. 봄에 따르면 실재는 궁극적으로, "유동하는 움직임 속의 나눌 수 없는 전체"이다.33) 우리가 객관적 지식이나 주관적 감정에 초점을 맞출 때, 우리는 이들을 묶는 통일성을 일시적으로 망각한다. 뉴에이지 영성은 근본적이고 지속적으로 변화하는 이 통일성에 대한 인식을 계발하고자 한다.

뉴에이지 이론가들은 진화론을 물리학, 특히 빅뱅 우주론과 결합함으로써, 우주(우리 인간은 우주를 이루는 통합적이면서도 의식적인 부분이다)의 역사와 미래에 대한 거대 이론——신화——을 구축한다. 이 거대 신화의 토대 위에서 뉴에이지 윤리학자들은 생태학적 문제를 해결하는 데 적합한 행위를 이끌고 독려할 미래의 전망을 제시한다. 여기서 과학은 윤리적 중첩을 위한 배경뿐 아니라 근본적인 종교적 계시를 위한 배경을 제공한다. 브라이언 스윔(Brian Swimme)과 토마스 베리(Thomas Berry)는 이에 대해 다음과 같이 말한다. "우리가 우주에 대해 갖게 된 새로운 인식은 그 자체가 일종의 계시 경험이다. 현재 우리는 지금까지 인간에게 알려졌던 모든 종교 경험을 넘어서 메타-종교적 시대로 나아가고 있으며, 이 시대는 모든 종교들을 위한 새로운 포괄적 맥락이 될 것이다. …… 자연 세계는 그 자체가 주된 경제적 현실이요, 주된 교육자이며, 주된 통치자이고, 주된 기술자이며, 주된 치료자이고, 성스러움의 주된 현존이며, 주된 도덕적 가치이다."34)

나는 여기서 뉴에이지적 영감이 지닌 윤리적 전망을 발견한다. 그러나 나로서는 솔직히 그 메타-종교적 자연주의를 인정하지 못하겠다. 내가 보기에 그것은 인위적이며 설득력이 없다. 이와 거의 동일하면서도 사회 정의를 훨씬 더 강조하는 생태 윤리가 기독교 종말론으로부터도 나올 수 있기 때문이다.

과학과 종교의 좀더 이론적인 연관으로 되돌아가자면, 나는 가까운 미래를 위한 가장 가능성 높은 대안으로 가설적 공명을 제안한 바 있다. 가설적 공명은 우리로 하여금 애초에 자연과학이나 기독교 신학 각각의 통합성을 해치지 않으면서 두 언어 이론의 한계를 넘어서게 해준다. 내 해석에 따르자면, 이 분야의 지도적인 학자들이 서 있는 자리는 한 발을 두 언어 이론에 두면서도 다른 한 발로 이를 넘어서는 걸음을 내딛고자 하는 그런 자리이다. 이제부터 우리는 우선 인식론과 관련된 과학과 신학의 방법론적 화해를 살펴보고, 이어서 이 새로운 걸음을 과감하게 내딛고 있는 영국과 미국의 몇몇 학자들을 간략히 살펴볼 것이다.

우리는 신앙과 이성에서 공명을 찾을 수 있을까?

신앙의 추론 과정과 과학의 추론 과정 사이에는 공통점이 있을까? 우선 공명을 위해 애쓰는 학자들이나 적어도 공명에 부분적으로나마 공감하는 학자들이 제기하는 현안에 대해서는, 과학적 추론과 신학적 추론간의 중첩을 증명하려는 노력이 이루어지고 있다. 첫째, 과학적 추론은 부분적으로 신앙의 요소에, 즉 근본적이면서도 증명 불가능한 전제들에 의존한다. 둘째, 신학적 추론은 검증 가능한 가설적 특성을 띠기 위하여 고쳐져야 한다. 그러나 약간 논란의 여지가 있는 것은 신학적 주장들이 무언가를 지시하는지 그렇지 않은지 하는 점, 다시 말해 신학이 일종의 실재론인가 하는 점이다. 신학적 진술들은 단지 종교 공동체의 신앙을 표현하는 것일 뿐인가? 아니면 신학적 진술들은 예를 들어 신처럼 그 진술 자체를 넘어서는 실재를 지시하는가? 신학자들은 과학철학이 말하는 비판적 실재론(critical realism)이 과연 신학적 방법에 어느 정도로 통합되어야 하는지에 대해 묻고 있다.

과학은 신학과 마찬가지로 철두철미하게 신앙에 의존한다. 과학은 실재의 성격과 이에 대한 우리의 이해에 관련하여 근본적인 전제들에 의존해야만 한다. 그리고 그 전제들 자체는 과학적 추론의 영역 안에서는 증명 불가능하다. 외견상은 전혀 그렇게 보이지 않지만, 분명 과학은 종교적이며 신화적이다. 랭던 길키는 다음과 같이 말한다. "지식 활동은 그 자체를 넘어서서 궁극성의 토대를 가리키고 있다. 이 궁극성은 담론 형태들로는 유용하게 주제화될 수 없고, 오직 종교 상징만이 그에 적합하다."35) 과학적 추론은 세계가 합리적이며 이해 가능하고 진리는 추구할 만한 가치가 있다는 깊은 확신 —— 과학자의 열정 —— 에 의존한다. 길키는 이렇게 주장한다. "이는 엄밀한 의미의 종교적 '신앙'도 아니고 분명 기독교적 '신앙'도 아니다. 그러나 그것은 개인의 삶 속에 궁극적인 것을 수용하고 확증하는 인격적 행위라는 의미에서 하나의 봉헌(commitment)이다.36)

과학자 폴 데이비스는 이에 동의한다. 길키와 마찬가지로 그는 합리성에 관한 전제들을 근거로 과학에 신앙적 차원이 있다는 사실을 인정한다. 여기서 그는, 우주가 지닌 합리적 구조와 그에 상응하여 인간 마음 속에 나타나는 합리성의 불꽃이 서로 영지주의적 스타일로 연결된다고 상정한다. 인간 이성이 일반적으로 믿을 만하다는 것이 그의 "낙천적 견해"를 구성한다.37) 그러나 그는 과학적 지식을 추구하더라도 모든 신비가 제거되지는 않을 것임을 인정한다. 왜냐 하면 추론의 모든 연결 고리는 종국에 가서 자체의 한계에 부딪치기 마련이며, 우리에게 초월에 대한 메타-과학적 물음을 던지게 만들 것이기 때문이다. 그는 다음과 같이 말한다. "얼마 가지 않아 우리는 모두 그것이 신이든, 논리든, 일단의 법칙이든, 또는 다른 어떤 존재의 토대이든 간에, 무언가를 주어진 것으로 받아들여야만 한다. 그러므로 '궁극적인' 물음들은 언제나 경험 과학의 영역 너머에 놓여 있을 것이다."38)

신앙이 전제의 차원에서 작동할 수 있다는 사실은 신학자들과 과학자들—— 적어도 과학철학자들 —— 이 모두 동의하는 바이다. 여기서 이와 관련된 두 번째 문제가 제기된다. 그것은 곧 신학이 과학과 마찬가지로 설명을 추구하는가 하는 것이다. 만일 그렇다면, 신학은 개인적 주관성이나 공동체적 주관성은 물론 신학을 평범한 인간 이성으로부터 고립시키는 권위주의적 정당화의 방법들에만 한정되지 않는다. 바로 이 점이 필립 클레이튼(Philip Clayton)이 주장하는 바이다. 그는 이렇게 말한다. "신학은 합리적 논증과 설명적 적합성을 위한 좀더 포괄적인 규준에 호소하지 않을 수 없다."39) 클레이튼은 여기서 더 나아가 상호주관적인 비판의 가능성을 옹호하면서 신학이 초-공동체적인 설명에 종사하고 있다고 간주한다.

만일 신학이 설명을 추구한다면, 신학은 무언가를 지시하기도 하는가? 바로 이것이 지금부터 살펴볼 비판적 실재론의 물음이다.

실재론과 지시 사이에는 공명이 있을까?

프린스턴의 신학과 과학 교수인 벤첼 반 호이스텐은 신에 대한 신학적 주장들이 신을 지시한다고 주장한다. 그는 '비판적-신학적 실재론'을 옹호한다. 비판적-신학적 실재론이란 자연과학에서 발견되는 것과 병행되는 조직신학 이론들을 정당화하는 방법이다. 정당화는 전통적으로 그래왔던 것처럼 교회의 권위나 논박할 수 없는 어떤 다른 권위에 호소함으로써가 아니라, 신학 이론이 제공하는 점진적인 조명을 통해 이루어진다. 반 호이스텐은 신학 담론과 과학 담론을 포함한 온갖 담론으로 넘쳐나는 인간의 말이 상대적이고 상황적이며 은유적이라는 사실을 인정한다. 진리로 나아가기 위해서는 구성적인(constructive) 사고가 필요하다. 다시 말해 은유들과 모델들을 좀더 큰 통찰력을 낳는 방식으로 구축해야 한다.40) 그리고 가장 중요한 것은 신학적 주장들이 무언가를 지시한다는 사실이다. 신학적 주장들은 신을 지시한다. 그것은 실재적이다. 반 호이스텐은 이렇게 말한다. "신학자가 가진 궁극적인 종교적 신념과 우리가 가진 종교적 언어의 은유적 성격을 모두 부여받은 신학은 과학적으로 실재론적 관점에 헌신할 수도 있다. …… 우리의 신학 이론들은, 실제로 우리를 넘어서며 우리보다 더 큰 '하나의 실재'(a Reality)를 지시하고 있는 것이다."41)

한편으로 비판적 실재론은 실증주의나 도구주의 같은 비문자주의적 방법들과 구분되어야 한다. 또한 다른 한편으로 비판적 실재론은 '소박한 실재론'(naive realism)과도 구분되어야 한다. 소박한 실재론은 상응적 진리론(correspondence theory)을 낳는데, 이 이론은 어떤 사람의 생각 속에 있는 그림과 그 그림이 지시하는 대상 사이에 문자 그대로의 상응 관계를 전제한다. 이와 반대로 비판적 실재론은 비록 지시적이기는 하지만 문자적이지는 않다. 그 간접성은 계속해서 은유들과 모델들 그리고 이론들을 사용하기에 생기는 것이다. 이안 바버는 이렇게 지적한다. "모델과 이론은 추상적인 상징 체계로서, 이들은 특정한 목적을 위해서 세계의 특정 측면들을 부적절하게 그리고 선택적으로 재현한다. 이러한 관점은 과학자의 실재론적 의도를 유지하는 한편, 모델과 이론이 인간의 상상적 구성물들이라는 사실을 인식한다. 이렇게 본다면 모델은 진지하게 받아들여야 하되 문자 그대로 받아들여서는 안 된다."42) 아서 피콕은 신학자가 비판적 실재론을 받아들여야 한다고 촉구하면서 다음과 같이 주장한다. "신학에서의 비판적 실재론은 신학적 개념들과 모델들이 부분적이고 부적합하다고 간주해야 함과 동시에, 그 개념들과 모델들이 필수적이며 사실상 '신'이라 불리는 실재나 인간이 그 신과 맺는 관계를 지시하는 유일한 방식들로 간주해야 한다."43)

공명에 공감하는 모든 학자가 비판적 실재론의 입장을 받아들이는 것은 아니다. 낸시 머피는 우리가 탈근대적 추론을 향해 나아가고 있음에도 불구하고 비판적 실재론이 여전히 근대적인 채로 머물러 있다는 점에서 신학자들에게 이를 피하라고 충고한다. 비판적 실재론은 근대 정신의 세 가지 한계 요소 안에 갇혀 있다. 그 한계는 (1) 의심할 여지가 없는 신앙을 제공하려고 하는 인식론적 근본주의, (2) 상응적 진리론을 지닌 재현적 사고, (3) 극단적인 개인주의와 공동체에 대한 부적절한 관심 등이다. 그녀가 신학적 현안을 위한 탈근대적 요소로 드는 것들은 (1) 근본주의적이지 않은 인식론적 전체론, (2) 언어 철학에서 말하는 사용으로서의 의미 등이다.44) 머피에게 중요한 것은 연구 프로그램의 점진적인 성격이다. 그리고 이는 신학적 연구를 그것이 지닌 지시성과 무관하게 그 자체로 평가할 수 있게 해 주는 충분한 기준이다.

판넨베르크 : 가설로서의 신학적 주장

설명과 지시라는 과제가 신학을 그 자체로 과학적이게 만드는가? 이에 대해 뮌헨의 조직신학자 볼프하르트 판넨베르크는 그렇다고 답한다.

그는 신학을 신의 과학이라고 부르면서, 모든 신학적 주장이 가설의 논리적 구조를 갖는다고 주장한다.45) 이로 인해 신학은 자신이 설명하고자 하는 관련 사태의 상태에 반대되는 확증(verification) 아래 놓이게 된다. 그런데 신학의 대상인 신 자체는 논란의 여지가 있으며, 또 신 — 판넨베르크는 신을 모든 것을 결정하는 실재(all-determining reality)라고 정의한다 — 은 재생 가능한 유한한 실체가 아니다. 그렇다면 과연 우리가 신에 대한 주장을 확증하거나 부정할 수 있을까? 하지만 간접적인 확증은 가능하다. 판넨베르크는 칼 포퍼(Karl Popper)의 비판적 확증과 반증(falsification) 절차에 따라 우리가 어떤 주장들을 그 함의를 통해 검증할 수 있다고 주장한다. 신적 생명과 행위에 대한 주장들은 그것이 유한한 실재 전체를 이해하는 데, 즉 일상적인 의미 경험 안에서는 암묵적으로 예견되는 전체성을 이해하는 데 지니는 함의를 통해 검증될 수 있다.

유한한 세계에서는 끊임없이 변화하는 시간적 과정 때문에 전체, 즉 모든 경험 목록이 명확한 의미를 갖게 되는 데 핵심적인 틀이 되는 전체는 아직 전체성으로 존재하지 않는다. 만일 하나의 전체가 있다면, 그것은 미래이어야만 할 것이다. 따라서 그것은 오직 상상되고 예견될 수만 있다. 그 예견으로서 시간적 전체를 설정하는 것 자체는 가설의 요소를 포함한다. 심지어 신의 실재도 이 범주에 들어맞는다. 신의 실재는 오직 유한한 실재의 전체성에 대한 주관적인 예견 안에서만, 우리가 모든 특수한 경험 안에서 전제하는 전체적인 의미의 개념적 모델 안에서만 우리에게 현존한다. 기독교인들은 세계에 대해 시간적으로 그리고 종말론적으로 사고한다. 우리 역사 속의 종교 전통에서 생겨난 종말론적 신의 왕국에 대한 신학적 관념은 어떤 일이 벌어지느냐에 따라 앞으로 확증될 수도, 반박될 수도 있다. 신학적 주장이 가설적이 되고 따라서 과학적이 되도록 만들어 주는 것은 바로 확증에 대한 이러한 개방성이다.

판넨베르크의 방법을 작동시켜 주는 핵심 요인은 평범한 인간 경험 안에서 의미의 전체성을 예견하는 것이다. 우리는 아직 충분히 현존하지 않는 의미의 전체성을 예견한다. 그리고 우리가 가정하는 그 전체성은 미래에 한 분이신 신의 종말론적 행위가 선사하는 선물로 다가오게 될 것이다. 이 가설에 대한 직접적인 확증은 이 종말론적 전체성이 실제로 도래하는지 여부에 달려 있다. 한편 우리가 종말론적 성취를 기다리는 동안, 미래에 대한 우리의 신앙은 우리가 경험하는 유한한 실재에 대한 이해를 제공함으로써 이해 가능성을 증가시키고, 따라서 간접적인 확증을 얻을 수 있는 가설의 형태를 띤다. 사실상 신이 모든 것을 결정하는 실재라면, 자연 세계를 포함해서 우리가 연구하는 다른 모든 것은 궁극적으로 이 실재에 의해 결정되는 것으로 간주되어야만 한다. 모든 것을 결정하는 실재로서 신에 대한 가설을 제기하는 것이 우리가 다양한 과학들을 통해 연구하는 자연 세계에 대한 이해 가능성을 증가시켜 준다면, 그 가설 자체는 긍정적으로 평가될 수 있다.46) 판넨베르크가 과학자들과 대화를 하고 자연의 신학(theology of nature)을 구축하려고 하는 것은, 자연 세계를 신과 관련지어 고려함으로써 자연 세계에 대한 이해 가능성을 증가시키려는 이 전반적인 과업을 위해서이다.

토렌스: '과학과 종교' 대 '과학과 신학'

우리는 위에서 판넨베르크가 신학이 가설들을 만들고 이를 확증하려고 하기만 한다면 얼마든지 과학적이 될 수도 있다고 여긴다는 사실을 살펴보았다. 한편 같은 시기 1952년부터 1979년까지 에딘버러대학에서 기독교 교의학을 가르치던 토마스 포사이스 토렌스(Thomas Forsyth Torrance)는 전혀 반대의 생각을 갖고 있었다. 그는 신학을 과학적으로 만드는 것은 신학이 지닌 객관성이라고 주장한다.

토렌스가 취한 접근의 가장 우선적이고 두드러진 측면은 '과학과 종교'와 '과학과 신학'을 대립시키는 기본적인 구분이다. 이 둘은 동일하지 않다. 종교는 인간의 양심 및 행위와 관련된다. 신학은 신과 관련된다. "종교가 신을 대체할 때마다, 우리가 종교에서 관심을 갖는 대상이 종교적인 사람들의 행동이라는 사실은 어느새 인간이 종교의 자리를 대체한다는 것을 의미하게 된다.……"47) 토렌스는 분명 신학을 과학으로 규정함으로써 명확한 신학적 과제를 선호하는 입장을 취하고 있다. 그는 신학(또는 종교철학)을 "신과의 직접적인 인지 관계에 관한 메타과학"으로 서술한다. 그에 따르면 "과학과 메타과학이 요청되는 것은 문제되는 것이 신이 아니라 바로 우리이기 때문이다. …… 우리에게 과학적 신학이 반드시 필요한 까닭은 우리와 신의 관계에 문제가 생겼기 때문이다."48) 여기서 토렌스는 신학의 대상을 종교적 의식 너머로까지 확장시키고 우리의 의식을 신학의 참된 대상인 신에 의해 형상화되도록 하고 있는데, 이는 그가 칼 바르트(Karl Barth)의 영향을 받았음을 보여 준다. 그는 이렇게 말한다. "과학적 신학이란 신의 실재와 자기희생에 대한 요구에 따라 신과의 이 인지적 관계에 능동적으로 참여하는 것이다."49)

토렌스가 강조하는 진정한 물음은 과학적인 동시에 신학적인 물음이다. 그는 우리가 무엇이 존재하는지, 무엇이 실제적인지, 무엇이 실재인지에 주목해야 한다고 주장한다. 이는 곧 우리가 실재에 선험적이거나 관념론적인 틀을 덮어씌우지 않으려 조심해야 한다는 것을 의미한다. 이런 목적하에서 우리는 우리의 물음이 그 대상에 의해, 연구하는 대상의 실재성에 의해 인도되도록 할 수 있다. 뉴턴적 세계관으로부터 아인슈타인적 혁명으로 이행한 것은 오직 과학이 믿을 만했을 때, 과학이 자연 스스로가 자연이 무엇인지를 우리에게 말해 주게끔 했을 때뿐이다.

이러한 입장에서 토렌스는 자연신학(natural theology)을 기존의 서설적 입장으로부터 고유의 실증주의 신학으로 전환시킨다. 이 전환은 아인슈타인이 기하학을 다루었던 방식과 비슷하다. 뉴턴 물리학의 토대가 된 유클리드 기하학은 움직이는 천체를 갖춘 절대적인 수학적 시간과 공간을 전제하는 물음의 배경을 제공했다. 아인슈타인이 보기에, 이는 그가 연구하고 있는 자연으로부터 유리된 이상화된 전제를 구성할 뿐이다. 상대성 이론을 통한 아인슈타인의 혁명은 기하학을 물리학의 물질적 내용 안에 위치시킨 데 있었다. 아인슈타인은 기하학을 이상화된 틀로 다루는 대신 물리학의 한복판으로 가져왔으며, 따라서 기하학은 물리학과 뗄 수 없이 결합된 하나의 자연과학이 되었다.

토렌스는 아인슈타인의 선례에서 배우고자 한다. 토렌스는 아인슈타인이 기하학을 놓았던 자리에 자연신학을 갖다 놓는다. "그러므로 자연신학이 출현하면서, 즉 실증주의 신학의 품 안으로 옮겨지고 신에 대한 우리의 실제적 지식에서 솟아나는 복합적인 합리적 구조로 발전된 자연신학이 출현하면서, 이제 그것은 새로운 방식으로 '자연적'이게, 그 고유의 대상인 신, 즉 공간과 시간 속에서 자신을 드러냄으로써 우리와 상호작용하는 신에 대해 자연적이게 된다. 그리하여 그것은 그 자체로 계시 신학의 틀 안에 있는 인식론적 기하학을 구성한다."50) 이러한 바르트-이후적 전환을 이룸으로써, 토렌스는 자연신학의 독립적인 위상을 거부하고 대신에 그것을 기독교 신학의 지식 내용을 펼치고 표현하는 도구로 만든다.

따라서 진정한 신학은 그 대상인 신에 주목한다. 그것은 신의 말씀이 우리에게 말하는 것을 듣는다. 이러한 객관성, 즉 물음의 대상에 대해 경청하는 객관성의 형태는 과학을 과학적이게 만들며 또한 신학을 과학적이게 만든다.

> 신학은 신에 대한 지식에 헌신하는 독특한 과학이다. 신학은 그 자체의 용어만으로 파악될 수 있으며, 그것이 자신을 드러내는 과정에서 우리 안에 창조해 놓은 실제 상황으로부터만 파악될 수 있는 그 대상[신]의 독특성으로 인해 다른 과학들과 구분된다. …… 그러나 하나의 과학으로서 신학은 진리를 추구하는 인간 노력의 하나일 뿐이다. 그 노력 속에서 우리는 최선을 다해 신을 파악하고, 우리가 파악한 것을 이해하고, 우리가 이해한 것에 대해 분명하고 신중하게 말하려고 한다. 그것은 특정한 과학들의 환경 안에서만, 비판적 판단과 엄격한 검증이 요구되는 인간 지식과 추론의 울타리 안에서만 존립 가능하다. 반면 그 자체를 넘어 신을 가리키는 그 궁극적 용어에 매달린다면, 신학은 다른 과학들이 차지한 토대 위에서나 그 해석의 틀 안에서 자신을 정당화할 수가 없다.51)

토렌스는 인간의 지식이 신학과 다른 과학들 안에서 작동할 때 지니는 유한하고 관점적인 한계를 인식한다. 그리고 그 진정한 물음이 그 대상에 주목하고 그 대상으로부터 배우게끔 하는 것은 바로 이 관점적인 한계이다.

토렌스는 신학이 대화 속에서 과학에 종사해야 한다고 주장한다. 이는 그의 신학적 스승인 칼 바르트가 신학이 방법론적으로 다른 학문 분야들로부터 분리될 수 있다고 보았던 입장과 다소 거리가 있는 것이다. 이렇게 신학자가 자연과학에 종사해야 한다고 보는 토렌스의 입장은 그가 바르트주의의 두 언어적 입장으로부터 공명의 입장으로 옮겨 갔음을 보여 준다.

창조 교리는 이러한 교차 학문적 대화를 요구한다. 토렌스는 무로부터의 창조(creatio ex nihilo)를 긍정하면서, 여기서 신적 초월성이 창조된 세계를 우연성에 맡겨 둔다고 지적한다. 세계의 우연성은 우리에게 세계의 비밀을 직접 풀기 위해 세계를 연구할 것을 요구한다. 신에 대한 그 어떤 관념적 지름길이나 계시도 경험적 연구를 대신할 수는 없다. 이는 과학적 과업에 대한 신학적 축복의 일종으로 기능한다.

토렌스는 신학자가 관심의 범위를 넓히고, 인간학을 넘어서 우리를 둘러싸고 있는 자연을 포괄하는 데까지 나아가기를 원한다. 그는 신학이 편협한 시각에 시달려 왔다고 불평하면서, 우리가 신학을 신과 인류의 관계에 국한해 왔다고 지적한다. 신학은 신과 인간의 관계에 국한될 수 없다. "신학은 모든 시공(時空)의 우주와 관계를 맺는 신의 무제한적인 실재에 관심을 가져야 한다."52) 그렇기에 과학자들은 신의 창조에 대한 우리의 지식을 넓혀주며 성육신과 부활이 일어나는 영역에 대한 이해를 제공해 줄 수 있다.

이렇게 신학이 모든 시간과 공간을 포괄하도록 그 범위를 넓히는 것은, 바로 신이 어떻게 물음의 대상이 될 수 있고 또 신에 대한 지식이 어떻게 객관적이 될 수 있는지를 구체화하는 틀을 제공한다. 토렌스는 삼위일체론을 받아들이는 신학자이며, 신의 성육신이 지닌 유한한 객관성은 신학의 객관성에 토대를 이룬다.53)

> 여기서 신학자가 관심을 갖는 객관적인 의미의 틀은 신의 아들이 성육신한 것, 즉 공간과 시간의 세계 안에서 그 대속적인 삶과 수난을 통해 인간을 구원하고 신 자신의 삶 속에서 세계의 토대를 창조적으로 다시 정초하는 방식으로 우리 물리적인 인간 존재와 하나가 되는 성육신과 결합되어 있다. 그리하여 그 의미의 틀도 예수 그리스도의 부활, 즉 우리들 가운데 인간적으로 살았던 그의 물리적 실재성과 결

합되어 있다. 왜냐 하면 우리를 위한 성육신과 구원이라는 신의 목적이 그 승리의 성취에 이르게 하는 것은 바로 부활이기 때문이다.54)

모든 바르트주의적 신학자—— 또는 이 문제와 관련하여 두 언어 이론을 취하는 모든 신학자——가 자연과학과의 대화에 종사할 때 부딪히는 어려움의 하나는 신학 영역의 명백한 자기 지시성(self-referentiality)이다. 신학적 물음의 대상인 신의 존재는 현대 세계에서 다만 논쟁거리일 뿐이다. 그 진리성을 전제하고 그에 따라 이것이 지식을 산출한다고 전제하는 것은 질문을 구걸하는 행위에 불과하다. 토렌스는 이 어려움을 잘 알고 있다. 따라서 그는 너마저도(*tu quoque*) 논법을 사용해서 자신의 방법을 변호한다. 그는 모든 이론들이 순환적이라고 지적한다. 즉 모든 이론들이 자신을 일관성 있게 확립하려고 애쓰는 것은 그 이론들이 그 자체가 구성하는 토대로부터 파생되거나 정당화될 수 없기 때문이라는 것이다. 이 점에서, 신학이 다른 학문 분야보다 특별히 더 문제가 있는 것은 아니다.55)

피콕: 과학화된 조직신학

내 생각에 신학의 하부 분야들 중에서 자연과학과 공조 관계를 진전시키는 데 가장 선도적이었던 분야는 조직신학 진영인 듯하다. 물론 성서학도 오랫동안 고고학의 탐사기술을 사용해 왔고, 역사신학과 윤리학도 사회과학이 개발한 방법론에 점점 더 크게 의존하기 시작하고 있다. 그러나 과학적 방법론을 신중하게 검토하고, 그 중 일부를 신학적 방법론에 적용하고, 이어서 자연과학에서 얻은 지식을 교의적 신념들의 정식으로 구체화하는 경우까지 나아간 이들은 단연 조직신학자들이었다.

여기서 아서 피콕의 작업은 의의가 크다. 생화학자 출신의 신학자인 피콕은 캠브리지에 있는 클레어 대학 학장을 지냈으며, 옥스퍼드에 있는 이언 램지 센터 소장을 역임했고, 지금은 성직 과학자 협회의 워든 명예교수로 있다. 그는 "신학이 비록 세계에 대한 과학적 견해들로부터 멀리 떨어져 있기는 하지만 그 견해들과 공명하고 일관될 필요가 있다"라고 주장한다.56) 신학의 과제는 분명하다. 그것은 곧 세계에 대해 과학이 제공하는 견해에 비추어 종교적 개념들을 재고하는 것이다.

과학에 비추어 세계를 재고하는 것은 신에 대한 물음으로 이어진다. 피콕은 신이 신비라고 주장한다. 자연신학은 인간의 이해를 넘어서는 형언 불가능하고 초월적인 신에 대해 묘사한다. 예수 그리스도의 인격 안에서 경험되는 신의 특별계시는 다만 신의 신비를 고양시켜 줄 뿐이다. 그러나 신비는 결코 신학에 국한되지 않는다. 20세기 과학의 특징은 존재의 신비를 새롭게 이해하게 되었다는 데 있다. 비결정론과 진공 파동 같은 것을 말하는 양자물리학은 우리의 지식을 증진시켰으며, 또한 인과론적 설명이 궁지에 몰렸음을 보여 줌으로써 우리가 이제까지 지녔던 오만(*hubris*)을 겸허하게 만들어 주었다. 물리적 실재의 토대는 과거에 생각했던 것보다 더 포착하기가 힘들다. "따라서 자연과학이 드러내는 우주적 파노라마에 비추어 볼 때 존재−의−신비에 관한 물음이 더욱더 강하게 제기된다."57) 인간의 인격이 생물학적 영역에서 생겨나 의식의 영역으로 옮겨 가고 이어서 그 자체로 하향식 원인이 된 것도 역시 신비다. 피콕은 "자연 안에 있는 신격의 궁극적인 형언 불가능성에 대한 이러한 인식은, 사물이나 사람이 그 자체로 무엇인지조차 말할 수 없는 우리의 궁극적인 무능에 대한 인식과 병행을 이룬다"고 믿는다.58)

자연과학에 비추어 신학적 개념들을 재고하는 피콕의 작업은 그로 하여금 신에 대해 다음과 같은 주장을 하도록 이끈다. 신은 신적 존재(being)의 영원성을 넘어 시간적인 되어짐(becoming)에 참여한다. 신은 무로부터의 창조(creatio ex nihilo)를 넘어 계속적인 창조(creatio continua)에 참여한다. 신은 창조하면서 동시에 역동적으로 '그저 있게'(lets be) 한다. 신은 우연과 필연 모두의 궁극적인 원천이자 토대이다. 신은 자기 제한적인 전능성과 전지성을 지니며, 따라서 자연의 역사 안에서의 우연과 필연을 허용한다. 창조의 선함을 위한 신의 자기 제한적 행위 덕분에 우리는 신이 사랑이라고 말할 수 있게 된다. 이러한 재개념화는 궁극적으로 고통 당하는 신 개념(theopaschism)으로 나아간다. 즉 "신은 세계의 창조적 과정들 안에서, 이와 함께, 그 아래서 고통을 당한다."59)

어떤 이들은 피콕의 작업을 해석하면서 여기에 '시간적인 비판적 실재론'(temporal critical realism)이라는 이름표를 붙이기도 한다. 어쩌면 그것이 적절할지도 모른다. 왜냐 하면 피콕은 다음과 같이 쓰고 있기 때문이다. "시간 안의 실체들과 구조들 그리고 과정들에 존재를 부여하는 신은 이들과 함께 창조된 시간과 정적인 관계를 가질 수 없다. 따라서 우리는 신적 '존재'에 대해서 뿐만 아니라 역동적인 신적 '되어짐'에 대해서도 말해야 한다."60)

폴킹혼: 거꾸로 된 조직신학

피콕이 과학과 신학에서 동시에 훈련을 받은 것과 비슷하게 존 폴킹혼은 수리물리학과 신학에서 동시에 훈련을 받았다. 현재 캠브리지에 있는 퀸즈대학의 총장으로 재직 중인 폴킹혼은 그가 '상향식'(bottom-up) 방법이라 부르는 조직신학을 추구하고 있다. 그의 출발점을 이루는 바

닥(bottoms)은 자연 세계에 관한 과학적 자료들, 예수의 전기에 관한 역사적 자료들, 그리고 교회가 사귐 속에 있는 삼위일체 신과 만나는 삼중의 만남 등이다. 그의 도달점인 위(up)는 기독교 신앙의 근본적인 신념들과 관련된 상당한 정도의 확신이며, 그 신념들은 과학 영역에서 추구되는 진리들과 완벽하게 조화된다.61)

폴킹혼은 "인식론이 존재론을 주조한다"는 전제 아래 방법론적으로 신앙과 이성에서 출발한다. 여기서 신앙이란 입증되지 않은 주장을 고상하게 표현한 것도 아니고, 신에 대한 믿음을 합리적 행위로 변명하는 것도 아니다. 그보다 신앙과 이성은 서로에게 속한다. 이들은 모두 진리에 대한 추구를 반영한다. 진리-추구는 과학자들과 신학자들이 공유하는 것이다. 그는 이렇게 말한다. "비록 신앙이 논리적으로 증명 가능한 것을 넘어서기는 하지만, 그럼에도 불구하고 신앙은 합리적 동기를 가질 수 있다. 기독교인들은 그들의 마음을 닫을 필요가 없으며, 고대의 신앙과 현대의 지식 사이에서 선택을 해야 하는 딜레마에 직면해 있지도 않다. 기독교인들은 양자를 함께 견지할 수 있다."62)

폴킹혼은 공명에 전념한다. 즉, 그는 창조에 대한 신학적 성찰이 과학이 빅뱅과 진화에 대해 말하는 것과 공명해야 한다고 주장한다. 이는 신학적 주장들을 과학적 주장들로 환원할 것을 요구하는 것이 결코 아니다. 과학적 세계관은 그 자체로 의문과 확장에 종속되며, 이는 형이상학을 통해 추구된다.

그는 우리들 중 그 누구도 형이상학이 없는 사람은 없다고 주장하면서 우리에게 의도적으로 형이상학을 하라고 권한다. 데카르트적 이원론을 거부하고 자신이 '이원적 측면의 일원론'(dual-aspect monism)이라 부르는 것을 옹호하면서, 폴킹혼은 생물학을 초-물리적인 의식이나 영혼의 존재에 대해 열어 놓는다. 또한 그는 물리학을 빅뱅의 세계와 의식을 지닌 생명체의 진화를 초월하는 실재에 대해 열어 놓는다.63) 이 지점에서 과학적 토대로부터 이루어지는 외삽과 사색은 멈춘다. 그 후에 폴킹혼은 기독교의 정통적인 신념 —— 예를 들어 신에 대한 유신론적 이해와 무로부터의 창조 같은 것 —— 으로 선회하면서 경쟁적인 입장들에 대항하여 이들을 소박하게 변호한다.

한 가지 예로 그는 자신의 입장을, 스티븐 호킹 같은 물리학자들이 태초에 있었을 시간의 경계를 지닌 빅뱅의 시작에 대해 논할 때 반대하곤 하는 이신론(理神論, deism)과 구분한다. 이신론이 함의하는 바는 창조가 태초의 한 가지 행위에 국한된다는 것으로, 이에 따르면 태초의 창조 행위 이후 신은 자연이 자체의 진화 과정을 따르도록 내버려 두었다고 여겨진다. 그러나 폴킹혼은 활동적인 신을 믿는 유신론자다. 따라서 그는 신이 자연에 지속적으로 관여한다는 것을 강조하기 위해 무로부터의 창조와 계속적인 창조를 결합한다. 폴킹혼이 말하는 활동적인 신은 전능하지만 독재자 같은 존재는 아니다. 신은 자연 안에 자유의 여지를 남겨두기 위해 자신의 능력을 자제해 왔다. 신은 이 자유를 제거하지 않으면서 여전히 자연 안에서 활동한다. "신은 우주적 독재자의 가차없는 손아귀와 신적 사색가의 무능 내지 무관심 사이에서 길을 개척해 나가고자 한다."64)

이어서 폴킹혼은 다른 쪽을 바라보면서 자신의 입장을 과정신학(process theology)의 만유재신론(萬有在神論, panentheism)과도 구분한다. 그는 과정신학이 희망의 충분한 근거를 제공하지 못한다고 본다. 화이트헤드(Whitehead)가 말하는 신은 우리의 고통을 충분히 함께 나눌 수 있다. 그러나 여기서는 악이 극복되는 종말론적 미래가 보장되지 않는다. 폴킹혼이 보기에 논리적 귀결로 도출되는 그런 성격의 신은 만족스럽지가 못하다. 그는 이렇게 말한다. "나는 신의 기억이라는 호박(琥珀) 안에 있는 파리에 불과하고 싶지 않다. 나는 죽음 이후의 운명과 지속적인 삶을 기대한다. 한 마디로 과정신학의 신은 예수를 죽은 자들 가운데서 살려 내신 신같이 보이지 않는다."65)

내 생각에는 유신론에 대한 이렇게 분명하고 강력한 옹호가 과연 과학적 논의에 실제로 필요할지 의아하다. 내가 보기에 이신론자와 유신론자 그리고 만유재신론자 사이에 벌어지는 이 고전적인 논의는 빅뱅 물리학에서 생겨나는 이슈들에 의해 제기되는 것일 뿐이다. 물리학 자체는 우리가 폴킹혼에게서 볼 수 있는 논의의 결말을 결정하는 것은 고사하고 실제로 그 방향에조차도 아무런 영향을 끼치지 않는다.

폴킹혼은 자신의 입장을 종교와 과학 분야에서 만유재신론적 입장을 취하는 이안 바버나 아서 피콕 같은 동료들의 입장과 분명히 대조시킨다. 피콕과 바버의 강점은 그들이 실제적인 과학적 사고들을 좀더 철저하게 붙들고 씨름하면서 신학적 사고들과의 좀더 온전한 통합을 추구한다는 데 있다. 폴킹혼의 강점은 기독교 신앙이 과학이 그 자료와 이론 위에서 요구하는 것과 동일한 합리적 검토에 붙여졌을 때 그 합리적 동기에 수반되는 진리에 대한 정직한 추구를 보여 준다는 데 대한 그의 확신에 있다.

러셀: 신적 행위에 대한 이해

미국의 물리학자이며 신학자인 로버트 존 러셀은 1981년에 버클리의 연합신학대학원 내에 신학과 자연과학 센터를 창립하였다. 방법론적으로 러셀은 공명을 추구하는 학파에 속한다. 그러나 그는 자기 나름의 방식으로 공명과 불일치 사이의 변증법을 강조한다. 과학과 신학은 어떤 지점들에서는 서로 다른 궤도를 밟으며 따라서 불일치가 있음을 인정해야 한다. 폴킹혼과 마찬가지로 러셀은 과학이 우주의 미래에 대해 예견하는 내용이 기독교의 종말론과 부합하지 않는다는 사실을 분명히 한다. 엔트로피로 인한 발산적인 뜨거운 죽음은 부활과 새 창조에 대한 약속과 일치하지 않는다. 이는 인정해야만 하는 불일치다. 러셀은 한때 그의 제자였던 낸시 머피가 임레 라카토스(Imre Lakatos)의 철학을 신학적 목적에 응용한 작업에 영감을 받아, 공명 / 불일치 변증법을 그 자체가 점진적인 연구 프로그램인 신학적 방법 속으로 긴밀하게 끼워 넣으려고 애쓴다.66)

러셀은 우주물리학자들 및 이안 바버나 윌리엄 드리스(William Drees) 같은 신학자들과의 신중한 대화를 통해, 빅뱅 우주론과 기독교적 창조 개념에서 발견되는 우주의 기원에 관한 이해들 사이의 공명을 제시해 왔다.67) 길잡이가 되는 물음은 다음과 같다. 무로부터의 창조라는 기독교 교리는 빅뱅과 공명을 이루는가? 이에 대해 많은 해답이 제시되었지만, 러셀은 그 대답들이 하나같이 만족스럽지 않다고 본다. 두 언어 이론은 공명이 불가능하다고 보는데, 이는 이 입장을 취하는 학파가 원칙적으로 우주의 기원에 관한 그 어떤 과학적 그림도 신학과는 아무런 개념적 관련성을 갖지 않는다고 여기기 때문이다. 이 입장은 처음부터 공명에 대한 모색을 배제한다. 또 다른 대안적 해답은 반(半)문자주의적 해답이다. 이 입장은 우주의 기원에 관한 과학적 발견이 창조에 시작의 경계가 있으며 그 앞에는 아무 것도 없었다는 기독교적 견해를 확증하기 때문에 공명이 가능하다고 본다. 그러나 이 입장은 두 가지 점 때문에 역시 만족스런 해답이 되지 못한다. 첫째, 양자 이론에 관한 현재의 논의들에 비추어 볼 때 우주—— 적어도 최초의 특이점(singularity) —— 가 절대적인 시작을 갖는다는 데 대한 과학적 합의가 이루어졌다고 말하는 것은 시기상조이다. 둘째, 무로부터의 창조에 관한 생각이 갖는 힘은 세계가 존재론적으로 신에 의존한다는 데 있으며, 이는 시초에 경계가 없더라도 얼마든지 가능한 일이다.

러셀은 자기 나름의 해답을 찾아낼 필요성을 느낀다. 내부의 핵심적인 신념(core commitment)과 외부 언저리의 보조적인 가설(auxiliary hypothesis)을 구분하는 라카토스-머피(Lakatos-Murphy) 구분법에 따라, 그는 무로부터의 창조가 존재론적 의존성을 의미한다는 사실을 핵심에 놓는다. 그 후에 그는 세 가지 보조적 가설들을 제시한다. (1) 존재론적 의존성은 유한성을 수반한다. (2) 유한성은 시간적 유한성을 포함한다. (3) 시간적 유한성은 과거의 유한성을 포함한다. 다시 말해서 유한한 시간으로 거슬러 올라가면 우리는 시초에, 시간이 0인 지점(t=0)에 이르게 된다. 이는 우리가 빅뱅 우주론을 통해 알게 된 사실과 부합한다. 빅뱅 우주론 안에서 천체물리과 일반상대성 이론 그리고 다른 요소들은 우리에게 최초의 특이점(t=0)을 보여 준다. 이 특이점이 그 자체의 양자적 삶(quantum life)을 가질 수도 있다는 사실이 러셀로 하여금 온건한 결론을 제시하지 못하게 막는 것은 아니다. 그가 내리는 결론은 이것이다. 빅뱅 우주론에서 t=0이 말해 주는 경험적 시초는 이 이론의 핵심에 수반되는 것, 즉 무로부터의 창조가 존재론적 의존성을 의미한다는 사실을 확증해 준다. 이는 증명이 아니라 부분적인 확증이다.68)

러셀이 신학 내부의 논쟁에 기여한 공헌은 그가 유한성과 경계성을 구분한 데 있다. 전통적으로 신학자들은 이들을 동일시해 왔다. 그러나 사실 이들은 동일하지 않다. 신에 대한 의존성은 세계가 유한할 것을 요구하지만 반드시 경계가 있을 것을 요구하지는 않는다. 최초의 특이점은 그 자체의 양자적 삶을 가질 수도 있으며, 따라서 시간의 경계를 갖지 않을 수도 있다. 빅뱅 우주론은 비록 우리가 목격하지는 못했다고 해도 심지어 그 양자적 형태에서조차 세계 창조에 대한 성격 증언(character witness)을 제공한다.

헤프너: 창조된 공동창조자

필립 헤프너는 러셀과 마찬가지로 라카토스-머피 방법론의 핵심-보조 구분을 차용한다. 그는 신을 가장 핵심에, "지상과 우주의 모든 자료와 관련되는"69) 핵심에 놓는다. 이어서 그는 일곱 가지 보조 가설들을 추가한다(여기서 이에 대해 열거하지는 않겠다). 그는 신학을 검증하는 기준은 그 설명적 적합성으로서, 이는 경험에 의한 반증에 열려 있으며 그 상대적인 성공은 그 결실을 통해 평가되어야 한다고 믿는다. 그는 이렇게 말한다. "신학적 이론들에 대한 반증에서 문제가 되는 것은 그 이론들이 신의 존재를 증명할 수 있는지 없는지 하는 것이 아니다. 문제는 그 이론들이 보조 가설들의 도움 아래 과연 세계와 세계에 대한 우리의 경험을 경험적으로 신빙성 있고 결실 있는——즉 새로운 통찰과 연구를 산출하는——방식으로 해석하도록 이끌어 주는지 그렇지 않은지 하는 것이다."70)

헤프너는 시카고의 루터교 신학교에서 조직신학을 가르치고 있으며, 학술지 『시공』(Zygon)의 편집자이자 시카고 과학과 종교 센터의 소장이다. 이 분야에서 활동해 온 그의 연구 경력은 우주물리학보다는 신학과 생명과학의 화해, 특히 진화론과의 화해에 더 초점을 맞추어 왔다. 그는 그가 생명문화적 진화 구도라 부르는 것 안에서 인간학, 나아가 그리스도론을 펼치고자 해 왔다. 그의 전망은 원대하다. 그리고 그 전망의 핵심에는 창조된 공동창조자(the created co-creator)로서의 인간 개념이 있다. 창조된 공동창조자 개념은 외부의 주변적인 가설에 자리잡은 것이 아니라 핵심에 자리잡은 기본 요소로서, 이는 헤프너가 신학과 자연과학 작업에 끼친 중요한 공헌이다. 그는 이렇게 쓰고 있다. "인간은 신이 창조한 공동창조자이며, 인간의 목적은 자유 속에서 미래를 낳기 위해 일하는 행위자가 되는 데 있다. 그 미래는 우리를 낳은 자연, 즉 우리 자신의 유전적 유산일 뿐 아니라 인간 공동체 전체이자 우리가 속해 있는 진화적 및 생태적 실재로서의 자연을 위한 가장 온전한 미래이다. 이러한 역할을 수행하는 것이 인간에 대한 신의 뜻이라고 할 수 있다."71)

헤프너는 인간을 신과 같은 차원에 두고 인간의 창조적 잠재력을 과대평가 함으로써 인간의 오만을 옹호한다는 비판을 받아 왔다. 그러나 이러한 비판은 뉴에이지적 사고에게나 가해질 수 있을지 몰라도 헤프너에게는 해당될 수 없다. 헤프너가 보기에, 아무리 신이 우리를 창조하기 위해 진화라는 방법을 사용했다고 하더라도, 우리 인간이 창조자 신에 의해 이리로 인도된 피조물이라는 사실은 명백하다. 이것이 그가 말하는 창조된 공동창조자가 의미하는 바이다. 그럼에도 불구하고 그는 신의 형상(imago Dei)이라는 성서적 개념을 설명하면서 신의 이미지 안에 창조력을 포함시키고 우리에게 좀더 인간적이고 좀더 정의로우며 좀더 사랑으로 가득 찬 미래를 창조할 책임을 짊어지라고 윤리적으로 권고한다.

우주를 피조물로 볼 수 있는가?

기독교 전통에 속한 우리는 자연 세계가 신의 피조물이라고 입이 닳도록 말하곤 한다. 어떤 근거에서 그렇게 말하는 것일까? 아무리 자연 영역을 관찰한다고 해도 그것이 신의 손이 만든 산물이라거나 신이 다스리는 대상이라는 사실이 직접 드러나는 것은 아닌 데도 말이다. 계몽주의 이후 근대 과학 세계에서 살고 있는 우리는 자연 세계의 모래밭 위에서는 그 어떤 신의 발자국도 찾아볼 수 없다고 전제해 왔다. 서구 과학은 만일 우리가 자연을 작동시키는 법칙들을 알아내려는 의도에서 자연의 과정들을 연구한다면, 우리가 발견하게 될 것은 결국 한줌의 자연법칙들일 뿐이라고 전제한다. 만일 우리가 우리를 둘러싼 커다란 신비들에 대한 경이로움을 느끼려는 의도에서 자연의 과정들을 연구한다면, 우리는 결국 장대한 수수께끼로 가득 찬 상상력에 놀라게 될 것이다. 만일 우리가 자연을 그 아름다움의 측면에서 연구한다면, 우리는 아름다움을 보게 될 것이다. 만일 우리가 자연을 그 폭력의 측면에서 연구한다면, 우리는 시인 테니슨이 보았던 것처럼 "이와 발톱에 묻은 붉은" 피를 보게 될 것이다. 우리가 한 세기 동안 전제해 왔고 지금도 그러고 있듯이, 자연은 자신의 궁극적 토대는 물론 심지어 자신의 존재 의미조차도 먼저 스스로 드러내려 하지 않는 듯하다. 자연 계시가 드러내는 것은 자연 자체일 뿐이지 신이 아니다. 더 많은 것을 알기 원한다면, 더 많은 물음을 던져야 한다. 그리고 이에 대한 해답을 찾으려면 우리와 자연 사이의 자연적인 관계 너머로 더 나아가야만 한다.

자연주의가 팽배한 현대 세계에서 우리 기독교 신학자들이 자연 계시의 한계에 직면하게 될 때, 우리는 예수 그리스도의 죽음과 부활이라는 역사적 사건들로, 신의 특별계시의 핵심이자 중심에 서 있는 사건들로 되돌아갈 필요가 있다는 것을 알게 된다. 물론 수난절과 부활절이 신이 세계의 창조주라는 사실을 처음으로 드러낸 사건들인 것은 아니다. 그러나 이 사건들은 고대 이스라엘에서도 이미 의심받았던 사실, 즉 세계 창조가 신의 지속적인 구원 드라마의 필수적인 첫번째 행위였다는 바로 그 사실을 확증해 준다. 우리가 사는 세계는 단지 자연법칙들이나 수수께끼들의 집합에 불과한 것이 아니다. 또 단지 아름다움이나 폭력의 영역이기만 한 것도 아니다. 우주가 존재하는 것은 그것이 신의 구원 시나리오에서 한 부분을 차지하기 때문이다. 사도 바울이 어떻게 피조물이 "허무한 데에 굴복"해 왔고, "탄식하며 신음"해 왔으며, 나아가 신이 피조물로 하여금 "썩어짐의 종노릇 한 데서 해방되어 하나님의 자녀들의 영광의 자유에 이르기"를 바라게 하셨다는 것을 알 수 있었던 것도 예수를 죽음에서 살려 낸 신에 대해 우리가 아는 것의 바탕 위에서였다(「로마서」, 8:18-25).

자연에 대한 일반적인 지식은 불충분하다. 우리에게 필요한 것은 특별한 지식을 보여 주는 신에 대한 특별한 설명이다. 우리가 알아야 하는 것은(또는 적어도 가정해야 하는 것은), 우리가 우리를 둘러싸고 있는 세계가 사실상 피조물이라는 사실을 분명히 알 수 있기 이전에도 신적인 의도를 가진 한 분의 신이 있다는 사실이다. 구약성서 저자들이 세계를 신의 창조적인 수공품으로 묘사할 수 있었던 것은 주로 이스라엘 사람들이 출애굽의 해방하는 신을 강하게 경험했기 때문이다. 현대 세계의 기독교인들이 "하나님이 세상을 이처럼 사랑하사……" (「요한복음」, 3:16)라고 말할 수 있는 것은 우리가 육신을 입으신 주님을 강하게 경험하기 때문이다. 종말론적 새 창조에 대한 신약성서의 약속은 우리에게 현재의 창조에 대해 무언가 본질적인 것을 말해 준다. 신학적으로 볼 때, 창조를 결정하는 것은 신의 약속된 왕국이며, 창조는 왕국에 대한 약속이다. 자연을 출애굽이나 성육신의 상징을 통해 이해하든 또는 왕국이나 여타 다른 유사한 종교 상징을 통해 이해하든, 우리는 자연을 적절한 신학적 관점으로 옮기고자 할 때 (즉 우리가 자연을 피조물이라고 여길 때) 우리가 신의 목적들을 드러내는 계시의 형태들에 의존한다는 사실을 안다.

이러한 생각은 어디로 이어지는가? 아주 흥미롭게도 우리는 자연신학을 뒤집어 놓은 것을 생각해 볼 수도 있다. 전통적으로 자연신학의 목적은 자연에 대한 우리의 연구가 신에 대한 우리의 지식에 어떤 공헌을 할 수 있는지를 묻는 것이었다. 하지만 그 역도 가능할까? 우리는 신에 대한 우리의 지식이 자연에 대한 우리의 지식에 어떤 공헌을 할 수 있는지 물을 수 있을까? 신이 창조자라는 사실을 아는 것은 곧 우리가 그 안에서 살고 움직이고 우리 자신의 존재를 갖는 세계가 피조물이라는 사실을 아는 것이다.

끝으로, 우리는 두 방법론 중에 어느 하나만 선택하지 않아도 될 수도 있다. 우리는 자연에서 출발한 후에 이어서 신에 대해 물을 수도 있다. 또는 우리는 우리가 신에 대해 알고 있다고 생각하는 것에서 시작한 후에 이어서 이것이 우리가 자연에 대해 생각하는 바에 어떤 영향을 끼치는지를 물을 수도 있다. 또는 우리는 이 두 작업을 동시에 할 수도 있다. 두 작업은 모두 신학과 자연과학 분야에서 작업하는 사람들의 현안이 되어야 한다.

(김흡영 옮김)

주

1) Edmund L. Andrews, "Religious Leaders Prepare to Flight Patents on Genes," *New York Times* (May 13, 1995), p. 1. 내가 여기서 잘못되었다고 말하는 것은 80개의 종교들과 교파들을 대표한다고 자처한 지도자들이 인간 태아, 신체 부위, 동물, 세포 줄기 등에 대한 특허와 관련하여 모호하고 터무니없이 잘못된 정보에 근거한 진술을 펴고 있다는 점이다. 이런 어이없는 일이 벌어진 것은 제레미 리프킨(Jeremy Rifkin)이 이끄는 워싱턴의 경제 동향 기금(Foundation on Economic Trends)과 연합감리교회의 교회와 사회 일반 위원회(The General Board of Church and Society of the United Methodist Church)가 벌인 기묘한 합동 작업 탓으로 보인다.

2) A. D. White, *A History of the Warfare of Science with Theology*, 2 volumes (New York: Dover, 1896; 1960).

3) Margaret Wertheim, *Pythagoras' Trousers: God, Physics, and the Gender Wars* (New York: Random House, Times Books, 1995), p. 7.

4) 여기서 개진한 유형론은 이전에 간행된 글들에서 개진했던 것을 진전시키고 수정한 것이다. 특히 다음 글들의 경우가 그렇다. "Theology and Science: Where Are We?" *Dialog*, 34:4 (Fall 1995), pp. 117-132; *Zygon*, 31:2 (June 1966), pp. 323-343; 그리고 "Theology and the Natural Sciences" in *The Modern Theologians*, ed. by David F. Ford (Oxford: Basil Blackwell, rev. ed., 1997), pp. 649-688.

5) 여기서 제시한 대안적 견해들의 나열은 이전에 내가 *Cosmos as Creation* (Louisville: Westminster/John Knox, 1989, pp. 13-17)에 쓴 서문에서 간단히 제시했던 것을 수정한 것이다. 그것은 이안 바버(Ian Barbour)가 기포드 강연(Gifford Lectures)에서 갈등(conflict), 독립(independence), 대화(dialogue), 통합(integration)의 네 가지 방식을 제시했던 것보다 좀더 세부적인 나열이기도 하다 (*Religion in an Age of Science*, San Francisco: Harper, 1990, pp. 3-30). 내가 말하는 과학주의와 교권주의 범주는 바버가 말하는 갈등 범주에 부합한다. 두 언어 이론은 두 체계에서 공히 독립 모델에 해당한다. 그러나 바버가 말하는 대화와 통합 개념은 공명 개념 아래서 작동하고 있는 미묘한 차이를 보여 주지 못한다. 물론 공명은 대화를 포함한다. 그러나 공명은 통합이 하나의 희망일 뿐 성취될 수는 없다는 사실을 인정한다. 또한 바버는 과학적 창조론(scientific creationism)을 '성서 문자주의'라는 용어로 이해하며, 따라서 이를 갈등 범주에 포함시킨다. 그러나 이는 창조론자들이 스스로 과학과 일정한 공통 영역을 공유한다고 생각하고 있다는 사실을 간과한 것이다. 창조론자들은 그들이 과학주의와 갈등되는 것일 뿐 과학 자체와 갈등되지는 않는다고 여긴다. 존 호트(John Haught)는 *Science and Religion*(New York: Paulist, 1995)이라는 저서에서 첫 글자의 운율을 맞춘 갈등(conflict), 대립(contrast), 접촉(contact), 그리고 확증(confirmation)의 네 가지 유형을 제시한다. 마크 리차드슨(Mark Richardson)은 세 부분으로 된 유형론을 제시한다. (1) 라이오넬 손톤(Lionel Thornton), 윌리엄 템플(William Temple), 오스틴 파라(Austin Farrar), 아서 피콕(Arthur Peacocke), 존 폴킹혼(John Polkinghorne) 등의 작업이 해당되는 통합 유형. (2) 시인 휘트먼(Whitman)이나 워즈워드(Wordsworth) 또는 브라이언 스윔(Briane Swimme), 토마스 베리(Thomas Berry), 매튜 폭스(Matthew Fox) 같은 현대 뉴에이지 인물들이 해당되는 낭만주의 유형. (3) 자연 세계와 초자연 세계에 대해 단일한 목소리로 이야기를 하는 과학적 속박 유형으로, 여기에는 폴 데이비스(Paul Davies), 프리먼 다이슨(Freeman Dyson), 스티븐 호킹(Stephen Hawking), 프랭크 티플러(Frank Tipler) 등이 해당된다. Mark Richardson, "Research Fellows Report," *CTNS Bulletin*, 14:3 (Summer 1994), pp. 24-25. 필립 헤프너(Philip Hefner)는 여섯 가지 유형을 제시한다. (1) 종교적 지혜를 과학적 개념으로 번역하는 현대적 대안. (2) 신화에 근거한 신과학을 구성하는 포스트모던적 / 뉴에이지적 대안. (3) 과학의 불명료한 주변부에서 진실을 표현하는 후기 – 계몽주의적 대안. (4) 과학적 지식의 새로운 형이상학을 구성하는 포스트모던적 구성주의의 대안. (5) 과학을 역동적인 전통적 개념으로 해석하는 구성주의적 전통주의의 대안. (6) 전통적 신앙의 합리성을 재확증하는 기독교 복음주의의 대안. (미출간).

6) Langdon Gilkey, *Nature, Reality, and the Sacred: The Nexus of Science and Religion* (Minneapolis: Fortress, 1993), p. 14.

7) Fred Hoyle, *The Nature of the Universe* (New York: Mentor, 1950), p. 125.

8) Jacques Monod, *Chance and Necessity* (New York: Alfred A. Knopf, 1971), p. 169.

9) Stephen Hawking, *A Brief History of Time* (New York: Bantam, 1988) p. 136; Carl Sagan, *Cosmos* (New York: Random House, 1980)를 참조하라. 비록 세이건이 종교가 독단주의화하고 신의 존재가 가설이라는 것을 인정하지 않는다는 점을 들어 종교를 꾸짖기는 하지만, 그는 사이비-과학에 대한 공공연한 전쟁을 선포하면서 온당한 신학과 연대를 모색하기도 한다. *The Demon-Haunted World* (New York: Random House, 1996), pp. 20, 34. DNA 이중나선 구조의 공동 발견자인 프란시스 크릭(Francis Crick)은 종교인들이 비육체적인 영혼이라 불러 온 것이 "뉴런들의 다발에 불과"하다고 일축한다. 우리의 모든 기쁨과 슬픔, 기억과 야망, 개인 정체성에 대한 감각과 자유의지 등은 "사실 신경세포와 이에 연관된 분자들의 방대한 연합체가 하는 행위에 불과"하다. *The Astonishing Hypothesis: The Scientific Search for the Soul* (New York: Charles Scribner's Sons, 1994), p. 3. 공격적인 반(反)종교적 세속 휴머니즘에 관해서는 Paul Kurtz, *The Transcendental Temptation* (Buffalo: Prometheus, 1985)과 과학으로 설명할 수 없는 주장들에 대한 과학적 탐구를 위한 위원회(The Committee for the Scientific Investigation of Claims of the Paranormal)가 펴내는 잡지인 *The Skeptical Inquirer*를 참조하라.

10) Paul Davies, *God and the New Physics* (New York: Simon and Schuster, Touchstone, 1983), p. ix.

11) Frank Tipler, *The Physics of Immortality* (New York: Doubleday, 1994), pp. ix, 10, 17, 247. 티플러는 볼프하르트 판넨베르크로부터 종말론적 신학의 일부를 빌려와서 이를 물리학자 프리먼 다이슨의 과학적 종말론 안에 위치시킨다 (Freeman Dyson, Infinite in All Directions, New York: Harper, 1988).

12) Wertheim, *Pythagoras' Trousers*, p. 219.

13) Wertheim, *Pythagoras' Trousers*, p. 218.

14) Edward O. Wilson, *On Human Nature* (New York: Bantam, 1978), p. 230.

15) Wilson, *Human Nature*, p. 200.

16) Richard Dawkins, *The Selfish Gene* (Oxford and New York: Oxford University Press, 1976).

17) Robert Wright, *The Moral Animal* (New York: Pantheon, 1994), pp. 146-147.

18) Michael Ruse and Edward O. Wilson, "The Evolution of Ethics," *New Scientist* 108:1478 (17 October 1985), pp. 50, 52.

19) *John Paul II On Science and Religion: Reflections on the New View from Rome*, ed. by Robert John Russell, William R. Stoeger, and George V. Coyne (Notre Dame: University of Notre Dame Press, and Vatican City State: Vatican Observatory Publications, 1990). 1992년 10월에 교황은 갈릴레오 사건에 관한 13년 간의 연구를 완성한 후 코페르니쿠스의 태양중심적 우주론에 관한 가르침과 관련하여 교회가 천문학자에게 교회에 복종하지 않는다고 비난했던 것이 잘못이었다고 선언했다. 교황 요한 바오로 2세는 갈릴레오를 '신실한 신자'로서 "그를 비난하던 신학자들보다 [성

서 해석에서] 더 순종적이었다"고 서술했다. 과학주의 신화 속에서 갈릴레오가 신학의 편협한 정신에 대항하여 진리를 사수한 순교자로 지나치게 부각되었기 때문에, 오웬 깅그리치(Owen Gingerich)는 사실을 명백히 밝히기 위한 글을 쓰게 되었다. 주목할 만한 한 가지 사실은 갈릴레오가 결코 이단으로 비난받은 적이 없으며, 다만 불복종에 대해서만 비난받았다는 점이다. "How Galileo Changed the Rules of Science," *Sky and Telescope*, 85:3 (March 1993), pp. 26-32.

20) Duane T. Gish, *Evolution: The Fossils Say No!* (San Diego: Creation-Life Publishers, 1973)와 Roger E. Timm, "Scientific Creationism and Biblical Theology," in Peters, *Cosmos as Creation*, pp. 247-264.

21) Stephen Jay Gould, *Hens' Teeth and Horses' Toes: Reflections on Natural History* (New York: Norton, 1983), p. 254.

22) 혹자는 이 전쟁을 미학적 과학과 신학적 과학 간의 싸움으로 묘사할 수도 있다. 랭던 길키는 과학주의(그는 이를 과학적 실증주의라 부른다)가 과학의 한계를 넘어 미학적 우주론으로 심화되는 데까지 나아가며, 이것이 과학적 창조론으로 귀결되는 반작용을 촉발한다고 주장한다. Gilkey, *Nature, Reality, and the Sacred*, p. 55.

23) Phillip E. Johnson, *Darwin on Trial* (Downers Grove IL: InterVarsity Press, 1991), p. 153.

24) Stephen Jay Gould, "Nonoverlapping Magisteria," *Natural History*, March 1997, p. 18.

25) Langdon Gilkey, *Creationism on Trial* (San Francisco: Harper, 1985), p. 49-52. 108-113.

26) 최근 저서에서 길키는 과학과 종교 간의 더 밀접한 관계—상호의존—를 주장한 바 있다. 길키는 과학주의—그는 이를 자연주의 또는 과학적 실증주의라 부른다—가 자연을 무가치하거나, 결정되어 있거나, 성스러움이 없는 것으로 묘사하면서 그 근거로 이런 것들이 초과학적이거나 철학적인 판단들로서 과학 자체를 넘어선다는 점을 들먹일 때는 가차없이 과학주의를 공격한다. 따라서 실재를 온전하게 이해하려면 과학은 철학과 종교에 의해 보완되어야 한다. *Nature, Reality, and the Sacred*, pp. 3, 11, 75, 111, 129.

27) Nancey Murphy, *Beyond Liberalism and Fundamentalism: How Modern and Postmodern Philosophy Set the Agenda* (Valley Forge, PA: Trinity, 1996), p. 58.

28) '두 책' 접근은 오늘날 '신앙을 위한 이성'(Reasons to Believe)이라는 기관이 옹호하는 접근이다. 이 기관은 "자연의 사실들과 성서의 진리들이 어떻게 우리들 각자에게 신앙을 위한 이성을 제공해 주는지를 검토하는" 출판사이다. Reasons to Believe, P.O. Box 5978, Pasadena CA 91117, fax 818/852-0178.

29) Ernan McMullin, "How Should Cosmology Relate to Theology," in *The Sciences and Theology in the Twentieth Century*, ed. Arthur Peacocke (Notre Dame: University of Notre Dame Press, 1981), p. 39. Peters, *Cosmos as Creation*, pp. 13-17

도 참조하라.

30) John Marks Templeton and Robert L. Hermann, *Is God the Only Reality? Science Points to a Deeper Meaning of the Universe* (New York: Continuum, 1994), p. 168.

31) W. Mark Richardson and Wesley J. Wildman, *Religion and Science* (New York and London: Routledge, 1996), p. xii.

32) Ted Peters, *GOD-the World's Future: Systematic Theology for a Postmodern Era* (Minneapolis: Fortress, 1992) 12장과 *Futures-Human and Divine* (Atlanta: John Knox Press, 1978)을 참조하라.

33) David Bohm, *Wholeness and the Implicate Order* (London: Routledge and Kegan Paul, 1980), p. 11. 다음 책들도 참조하라. Fritjof Capra, *The Tao Physics* (New York: Bantam, 1977); Ted Peters, *The Cosmic Self: A Penetrating Look at Today's New Age Movements* (San Francisco: Harper, 1991) 4장.

34) Brian Swimme and Thomas Berry, *The Universe Story* (San Francisco: Harper, 1992), p. 255. 한 가지 변형이 빅뱅의 확장 우주론과 중세 유대교 카발라로부터 하나의 신화를 구축하려고 하는 물리학자 조엘 R. 프리맥(Joel R. Primack)과 음악가 낸시 엘렌 아브람스(Nancy Ellen Abrams)의 공동 작업이다. 이는 이 신화가 진리여서가 아니라 우리 문화가 가치 지향적인 우주론을 필요로 하기 때문이다. "태초에 …… 양자 우주론과 카발라가 있었다." *Tikkun*, 10:1 (January-February 1995), pp. 66-73.

35) Langdon Gilkey, *Religion and the Scientific Future* (San Francisco: Harper, 1970), p. 41.

36) Gilkey, *Religion and the Scientific Future*, p. 50.

37) Paul Davies, *The Mind of God* (New York: Simon and Schuster, 1992), p. 24; p. 232도 참조하라.

38) Davies, *Mind of God*, p. 15. Paul Davies, *Are We Alone?* (London and New York: Harper Collins, Basic Books, 1995)도 참조하라.

39) Philip Clayton, *Explanation from Physics to Theology* (New Haven and London: Yale, 1989), p. 13. Peters, *GOD -The World's Future*, pp. 74-76도 참조하라.

40) 어떤 이론의 진보적 강점을 평가하는 규준은 풍부성(fertility)인데, 이는 어난 맥멀린에게 비판적 실재론을 대신하는 주된 논의를 구성한다. Ernan McMullin, "A Case for Scientific Realism," in Jarret Leplin, *Scientific Realism* (Berkeley: University of California, 1984), p. 26. Arthur D. Peacocke, *Intimations of Reality: Critical Realism in Science and Religion* (Notre Dame: University of Notre Dame, 1984)도 참조하라.

41) Wentzel van Huyssteen, *Theology and the Justification of Faith* (Grand

Rapids: Eerdmans, 1989), pp. 162-163. 이안 바버는 다음과 같이 쓰고 있다. "나는 비판적 실재론(critical realism)을 지지한다. 비판적 실재론은 두 공동체 [과학 공동체와 종교 공동체] 모두가 인간 세계를 넘어서는 실재들에 대한 인식의 주장들을 펼친다는 사실을 인정한다." *Religion in an Age of Science*, p. 16.

42) Barbour, *Religion in an Age of Science*, p. 43. Ian Barbour, *Myths, Models, and Paradigms* (San Francisco: Harper, 1974), p. 38. Sallie McFague, *Metaphorical Theology* (Minneapolis: Fortress, 1982), pp. 133-134.

43) Arthur Peacocke, *Theology for a Scientific Age* (Oxford: Basil Blackwell, 1990; Minneapolis: Fortress, 증보판, 1993), p. 14.

44) Nancey C. Murphy, "Relating Theology and Science in a Postmodern Age," *CTNS Bulletin*, 7:4 (Autumn 1987), pp. 1-10. 머피의 템플턴 저작상 수상 저서인 *Theology in an Age of Scientific Reasoning* (Ithaca: Cornell, 1990)과 그 밖에 머피와 조지 엘리스 George F. R. Ellis의 공저인 *On the Moral Nature of the Universe* (Minneapolis: Fortress, 1996), 그리고 앞에서 언급한 *Beyond Liberalism and Fundamentalism*도 참조하라.

45) Wolfhart Pannenberg, *Theology and the Philosophy of Science* (Louisville: Westminster/John Knox, 1976)와 *Systematic Theology*, 3 Volumes (Grand Rapids: Eerdmans, 1991-1996)를 참조하라.

46) Wolfhart Pannenberg, *Toward a Theology of Nature*, ed. Ted Peters (Louisville: Westminster/John Knox, 1993) 1장을 참조하라. 마찬가지로 존 호트는 접촉과 확증이라는 두 미묘한 범주들에 공감하는 데까지 확장한다. 확증의 몸짓으로서 그는 신학자가 자연적 실재에 대한 과학적 이해에 공헌할 수 있다고 주장한다. "세계가 창조되었다는 (따라서 필연적이지도 영원하지도 않다는) 신학적 개념은 세계를 바라보는 다른 방식들이 제공하지 못하는 진보를 경험과학에 제공한다." *Science and Religion*, p. 63.

47) Thomas F. Torrance, *Theological Science* (Oxford: Oxford University Press, 1969), pp. iv-v.

48) Torrance, *Theological Science*, p. v.

49) Torrance, *Theological Science*, p. v.

50) Thomas F. Torrance, *Reality and Scientific Theology* (Edinburgh: Scottish Academic Press, 1985), p. 39. 칼 바르트(Karl Barth)는 자연신학을 위한 이 새로운 입장에 전적인 동의를 보냈다고 한다. Thomas F. Torrance, *Space, Time and Resurrection* (Grand Rapids: Eerdmans, 1976), pp. ix-xiii.

51) Torrance, *Theological Science*, pp. 281-282.

52) Torrance, *Reality and Scientific Theology*, p. 67.

53) Thomas F. Torrance, *Space, Time and Incarnation* (Oxford: Oxford University Press, 1969).

54) Torrance, Space, *Time and Resurrection*, p. 13.

55) Torrance, Space, *Time and Resurrection*, 15. 볼프하르트 판넨베르크는 이러한 '너마저도'(*tu quoque*, 브루터스가 시저에게 한 말이다)가 비합리적인 봉헌에 대한 합리적 변명이 될지도 모른다고 우려하곤 했다. *Theology and the Philosophy of Science*, p. 45.

56) Peacocke, *Theology for a Scientific Age*, p. x.

57) Peacocke, *Theology for a Scientific Age*, p. 101.

58) Peacocke, *Theology for a Scientific Age*, p. 102.

59) Peacocke, *Theology for a Scientific Age*, p. 126.

60) Peacocke, *Theology for a Scientific Age*, p. 184. 1979년에 간행된 피콕의 초기 주요 저서인 *Creation and the World of Science* (Oxford: Clarendon, 1979)는 다소 조직신학 같은 구성을 취하고 있다. 그러나 이 책에서는 과학적인 현안이 프로젝트를 주도하고 있었다. 반면 최근 저서인 *Theology for a Scientific Age*에서는 신학적 현안이 주도권을 쥐기 시작했다. 명확하게 신학적인 봉헌들이 자연에 대한 과학적 이해에 비추어 재검토되고 있다.

61) John Polkinghorne, *The Faith of a Physicist* (Princeton: Princeton University Press, 1994), p. 193.

62) Polkinghorne, *Faith of Physicist*, p. 5.

63) Polkinghorne, *Faith of Physicist*, p. 21.

64) Polkinghorne, *Faith of Physicist*, p. 80.

65) Polkinghorne, *Faith of Physicist*, p. 68.

66) Imre Lakatos, *The Methodology of Scientific Research Programmes: Philosophical Papers*, Vol. 1 (John Warrall and Gregory Currie eds., Cambridge: Cambridge University Press, 1978)을 참조하라.

67) Barbour, *Religion in an Age of Science*, Willem B. Drees, *Beyond the Big Bang: Quantum Cosmologies and God* (LaSalle IL: Open Court, 1990)을 참조하라.

68) Robert John Russell, William R. Stoeger, George V. Cyone 등이 편집한 *Physics, Philosophy, and Theology* (Vatican City State: Vatican Observatory; Notre Dame: University of Notre Dame, 1988)와 Robert John Russell, Nancey C. Murphy, C. J. Isham 등이 편집한 *Quantum Cosmology and the Laws of Nature* (Vatican City State: Vatican Observatory; Notre Dame: University of Notre Dame, 1993)에 실린 러셀의 글을 참조하라.

69) Philip Hefner, *The Human Factor* (Minneapolis: Fortress, 1993), p. 260. 이 책은 1993년도에 신학과 자연과학 분야에 관한 템플턴 저작상을 수상했다.

70) Hefner, *The Human Factor*, p. 261.

71) Hefner, *The Human Factor*, p. 264; p. 32도 참조하라.

제1부

물리학과 신앙

제2장

과학과 종교에서의 논리와 불확정성

찰스 H. 타운즈

과학과 종교는 인간 이해의 서로 다른 두 가지 측면과 두 가지 본능을 대변하며 따라서 흔히 서로 전혀 다른 것으로 여겨지곤 한다. 그러나 사실 이들은 밀접하게 관련될 수 있다. 과학은 실험과 논리를 통해 우주의 질서나 구조를 이해하고자 한다. 종교는 신학적 영감과 성찰을 통해 우주의 목적이나 의미를 이해하고자 한다. 이 두 측면은 서로 교차하며 얽혀 있다. 목적은 구조를 함축하고, 구조는 어떤 식으로든 간에 목적을 통해서 해석될 수밖에 없다.

이상이 과학과 종교에 대한 나의 생각이다. 나는 물리학자다. 나는 또한 스스로 기독교인이라고 생각한다. 나는 이 두 가지 사유 방식으로 우리 우주의 성격을 이해하려고 애쓰면서 과학과 종교 사이에 많은 공통점과 교차점이 있음을 발견하곤 한다. 심지어 과학과 종교가 언젠가는 서로 수렴하게 될 것이라는 생각도 논리적인 것 같다.

과학과 종교가 정말로 분리될 수 있을까?

서구 역사 전반에서 과학과 종교는 서로 밀접하게 묶여 있었다. 신학자들은 그들이 속한 공동체 내의 지식인들이었다. 그리고 비록 그 범위가 좀더 좁기는 했지만, 과학은 철학과 신학에 통합되려는 경향이 있었다. 계몽주의 시대에 실험 과학이 등장하자 경험적 연구가 매우 급속히 발전하여 크나큰 성공을 거두게 되었다. 과학과 교회 사이의 사소한 충돌들은 변화를 예고하고 있었다. 1616년에 로마 가톨릭 교회는 코페르니쿠스의 태양 중심적 우주론을 비난하였으며, 후에는 갈릴레오가 이를 옹호하지 못하게 막기도 했다. 갈릴레오는 최근에 요한 바오로 2세를 통해서야 비로소 그에게 아무 잘못이 없었음을 인정받게 되었다. 19세기에는 과학과 종교 간의 공공연한 충돌이 빈번해졌다. 그 중에서도 특히 주목할 만한 것은 바로 「창세기」에 근거하여 7일 동안의 창조를 주장하는 이들과 진화론을 받아들이는 이들 간의 싸움이었다.

오늘날 많은 사람들에게는 어떻게 과학적 세계관과 과학적 방법을 종교와 결합할 수 있는지를 이해하는 것이 힘들어졌다. 아주 독실한 신자였던 루이 파스퇴르(Louis Pasteur)는 이런 질문을 받기도 했다. "당신은 어떻게 과학자이면서 동시에 신앙인일 수 있나요?" 이에 대해 그는 이렇게 대답했다고 한다. "글쎄요. 나는 실험실에서는 과학을 합니다. 내 집과 내 종교는 이것과 별개의 것이죠." 이것이 그가 말할 수 있는 전부였다.

파스퇴르의 입장은 일종의 두 언어적 접근(two-language approach)이다. 즉 과학이 실험실에서 얻은 이해의 언어를 제공한다면, 종교는 우리가 다른 인간들과 관계를 맺으며 살아가는 데 필요한 사적인 신앙의 언어를 제공한다는 것이다. 이렇게 과학과 종교를 분리하려고 하는 태도는 오늘날 매우 흔하게 나타난다. 내가 보기에는 교황 요한 바오로 2세도 두 언어적 접근을 취하는 진영에 속해 있는 것 같다. 교황은 과학을 존중하고 그 중요성을 인정하지만, 과학과 종교는 서로 다른 사고의 궤적이기 때문에 서로에게 무엇을 생각해야 하는지 강제해서는 안 된다고 보는 견해를 고수하는 듯하다. 과학과 신학은 인류의 복지라는 공동의 목적 안에서 서로 협력해야 한다는 것이다. 그러나 결국에 가서 교황은 이들이 서로를 그렇게 많이 가르칠 수는 없다고 여기고 있다.

  이 점에서 교황은 인문학과 과학을 분리시키는 우리의 좀더 넓은 문화——어떤 이들은 이를 우리의 두 문화라고 부른다——에 부응하는 듯하다. 우리의 문화적 감각은 마치 따뜻한 것과 차가운 것을 구분하고 시와 망원경을 구분하고 산 자와 죽은 자를 구분하듯이, 종교나 그 밖의 인간적인 감정을 과학과 분리한다. 심지어 우리는 때로 자연까지도 과학과 분리시키고는, 자연은 따뜻한 것이며 따라서 시인만이 그 따뜻함에 다가갈 수 있다고 여기기도 한다. 반대로 과학자는 인간 영혼에게 치명적인 것만큼이나 자연에도 치명적인, 비정한 방법에 의존한다고 알려져 있다. 예를 들어 윌리엄 워즈워드(William Wordsworth)는 이렇게 노래한다.

> 자연이 안겨 주는 지식은 달콤하지만,
> 간섭하기 좋아하는 우리의 지능은
> 사물의 아름다운 형상을 망가뜨리고
> 우리는 이를 죽여서 해부한다네.[1]

또 존 키이츠(John Keats)는 이렇게 노래한다.

비정한 철학자의 단순한 손길에도
모든 아름다운 것들이 날기를 멈추네.2)

또 에드가 알렌 포우(Edgar Allen Poe)는 이렇게 노래한다.

응시하는 눈으로 모든 것을 바꾸어놓는
과학이여, 그대는 구시대의 진정한 딸이로다.
그대는 왜 그렇게 시인의 가슴에 대고 기도하는가
생기 없는 현실들이라는 날개를 지닌 그대 대머리수리여.3)

이 시인들이 전제하는 것은 미적인 것과 경험적인 것의 분리요, 인간적인 감정과 엄격한 연구 사이의 균열이다. 그러나 자세히 들여다보면 과학자에게도 역시 미적인 감정이 살아 있다는 것을 알 수 있다. 도달할 수 없을 정도로 무한해 보이는 바깥 우주의 광대함은 작디작은 미시 세계의 기묘한 복잡성과 아울러 인간 영혼에게 미적인 반응을 불러일으킨다. 자연은 의미를 소통시킨다. 그리고 과학은 실제로 이 소통을 도와 줄 수 있다. 알렉산더 포프(Alexander Pope)는 이를 이렇게 노래한다.

광대한 공간을 가로질러 관통할 수 있는 그는,
하나의 우주를 이루는 세계 위의 세계를 보면서,
체계가 체계 안에서 어떻게 움직이는지,
다른 어떤 행성들이 또 다른 태양들을 공전하는지,
모든 별마다 얼마나 다양한 사람들이 존재하는지를 관찰하는 그는,
하늘이 왜 지금의 우리를 만드셨는지 말해 주리라.4)

망원경이나 현미경을 통해서든 아니면 우리를 둘러싼 자연 경관을 통해서든, 우리는 자연 안에서 아름다움을 발견한다. 그리고 이 아름다움은 의미와 소통한다. 과학자 앙리 포앙카레(Henri Poincaré)는 자연의 단순함과 광대함이라는 쌍둥이 같은 두 사실이 지닌 미적 매력에 대해 증언한 바 있다. 그는 우리가 우주의 광대한 팽창과 물질의 미세한 입자를 찾으려 하는 것은 부분적으로 우리가 그런 것들에서 즐거움을 얻기 때문이라고 주장했다. 우리의 미적 감수성은 거대한 것과 단순한 것, 그리고 작은 것과 멀리 떨어진 것에 끌린다.

비록 과학과 종교가 자주 분리되거나 대립되기는 하지만, 나는 이들이 우리가 속한 하나의 우주를 이해하는 데서 서로 합치되는 길들을 제공할 수 있다고 믿는다. 자연은 아름다움이라는 목소리를 내며, 아름다움은 의미와 목적이라는 목소리를 낸다. 어떤 시인들에게는 과학의 언어가 생기 없이 죽어 있는 것처럼 보일 수도 있다. 하지만 과학자 자신은 종종 자연의 아름다움과 공간의 광대함 그리고 물질 세계의 복잡성을 민감하게 느끼곤 한다.

이를 약간 다른 각도에서 다시 살펴보자. 자연의 아름다움은 우리에게 과학적인 이해 방식과 시적인 이해 방식의 두 반응 모두를 불러일으킨다. 우리의 미적 감수성은 자연의 아름다움을 경험함으로써 촉발된다. 그리고 그 미적 감수성은 과학적 언어를 통해서도, 종교적 언어를 통해서도 목소리를 내게 된다.

시인 존 키이츠와 물리학자 베르너 하이젠베르크(Werner Heisenberg)에게서 아름다움과 진리가 어떻게 서로 중첩되는지를 주목하자. 키이츠는 이를 이런 식으로 표현한 바 있다. "아름다움이 곧 진리이고, 진리가 곧 아름다움이다."5) 하이젠베르크는 과학적 분석을 거친 자연이 우리를 단순하고 아름다운 수학적 형태들로 인도할 때, 어찌할 수 없이 우리는 그 형태들이 '진리'임이 분명하다는 느낌, 곧 그 형태들이 사실상 자연 세계의 실제 특성을 보여 주는 것이 분명하다는 느낌에 사로잡히게 된다고 주장한 바 있다. 우리 과학자들은 아름다워 보이는 단순한 관계를 보면서 직관적으로 그것이 진리일 수도 있다는 생각을 한다. 과학자들과 신학자들은 모두, 우리를 초월하며 우리를 초대하는 진리를 위해 몸을 바친다.

논리와 불확정성의 유사성

비록 우리 문화가 과학과 종교 사이에 커다란 차이점들을 부과하고 있기는 하지만, 나는 이들이 상당히 유사하다고 생각한다. 과학과 종교는 상당히 유사하다. 이는 아주 간단히 말해서 우리가 인간이기 때문이다. 과학이나 종교를 만들어 낸 것은 바로 인간이다. 사물에 대해 생각하는 방법과 사물에 대해 알아 가는 방법을 묻는 것은 바로 우리 인간이다. 과학과 종교는 모두 같은 인간 정신에서 생겨난 것이기 때문에, 우리는 이들에 대한 접근에 유사점들이 있으리라고 예상할 수 있는 것이다.

과학과 종교는 공통의 논리를 공유할 뿐 아니라 그 밖에 다른 무언가, 즉 불확정성(uncertainty)도 공유한다. 우리는 사물들에 대해 확실히 알지 못한다는 것을 인정해야만 한다. 지식은 절대적이지 않으며, 이는 심지어 과학적 지식도 마찬가지다. 연구를 진행할 때 우리는 타당해 보이는 일단의 가설들을 선별한다. 우리는 경험이나 실험을 통해 이 가설들을 검증한다. 우리는 무엇이 들어맞는지를 보기 위해 검증한다. 그러나 가설은 어디까지나 가설로 남을 뿐이다. 가설의 타당성과 관련된 어느 정도의 불확정성은 여전히 남아 있다.

수학자 괴델(Gödel)은 심지어 우리의 논리에서조차 불확정성(여기

서 불확정성은 괴델이 증명한 '불완전성 정리'incompleteness theorem
의 불완전성을 가리킨다 / 옮긴이 주)이 본래부터 내재해 있다는 사실
을 증명한 바 있다. 수학자들은 일단의 작업 가설을 취한 후에 논리의
규칙들을 이용하여 이 가설로부터 무언가 특수한 것을 증명해 낸다.
괴델은 우리가 출발점으로 삼는 가설들이 참인지는 고사하고 일관적
인지에 대해서조차 결코 확신할 수 없다는 것을 증명해냈다. 그 가설
들이 일관적이라는 것을 보여 줄 수 있는 유일한 방법은 일단의 새로
운 가설들에 의지해서 기존의 가설들을 증명에 의존하는 길밖에 없다.
그러나 당연히 이 새로운 가설들 역시 일관성에 관한 동일한 불확정성
의 문제를 갖고 있기는 마찬가지다. 이와 같이 우리가 참일 것이라고
가정하지만 결코 증명할 수는 없는 그런 것들은 늘 존재하기 마련이
다. 논리와 불확정성은 함께 하나의 묶음을 이루고 있다. 그리고 이것
들을 진지하게 받아들이고자 한다면 신앙이 있어야 한다.

과학에서조차도 이성은 신앙에 기초한다

신학적 성찰을 추구하는 종교는 신앙에 기초한다. 그런데 과학 역시
신앙에 기초한다. 왜 그럴까? 우리가 아는 그런 성공적인 과학이 존립
하려면, 우리는 우주가 신빙성 있는 법칙들에 의해 지배되며 나아가
인간의 탐구가 이 법칙들을 발견할 수 있다는 신앙을 지녀야 한다. 인
간이 추구하는 탐구의 논리는 자연 자체가 논리적일 경우에만 신빙성
을 지닌다. 과학은 인간의 논리가 결국에는 자연법칙들을 이해할 수
있으며, 그 법칙들이 신빙성을 가진다는 신앙 속에서 작업한다. 이것
이 이성의 신앙이다.
    과학자는 왜 풀기 어려운 문제를 붙들고 오랜 시간 밤낮으로 연구

에 몰두하는 것일까? 그러기 위해서 그 과학자는 그 문제가 해결될 수 있으며, 자연 안에 자신의 정신이 읽어 낼 수 있는 내재적인 논리가 있다는 신앙을 지녀야 한다. 문제를 해결하기 이전에 과학자는 아직 보이지는 않지만 자연 안에 존재하는 합리성에 대한 신앙을 가지고 작업한다.

알버트 아인슈타인은 바로 그러한 사례를 보여 준다. 그의 생애 마지막 20년 동안 그는 통일장 이론(Unified Field Theory)을 붙들고 씨름했다. 작업을 하면서 그는 자연법칙들에 대해 일정한 형태의 통일된 설명이 존재해야만 하며, 따라서 비록 종국에 가서 이 목표가 달성되지 않더라도 자신이 이를 발견하려고 애쓴 노력이 결코 헛되지는 않을 것이라고 생각했다. 우리 과학자들은 자연 안의 이성과 인간 정신 안의 이성에 관한 근본적인 가정 위에서, 신앙의 핵심 원칙으로 간직되는 그런 가정 위에서 작업을 한다. 그러나 이 신앙은 너무도 자동적으로 그리고 일반적으로 받아들여지기 때문에, 우리는 그것이 과학의 핵심적인 토대라는 사실을 거의 인식하지 못하고 있다.

계시 경험

혹자는 종교와 그 신학만이 계시 경험에 대한 특허권을 갖고 있다고 생각할지도 모른다. 또 혹자는 과학적 발견이 단지 기존 지식에 근거한 추론에만 달려 있다고 생각할지도 모른다. 그러나 새로운 지식의 계시는 과학적 발견의 과정에서도 일어날 수 있다.

과학적 발견에서 일어난 계시 경험의 유명한 한 가지 사례가 바로 벤젠 고리 구조의 발견에 관한 이야기다. 독일의 화학자 케쿨레(Kékulé)는 어떻게 탄소가 벤젠과 그 밖의 이와 비슷한 분자들을 구성할 수 있는지에 대해 오랫동안 의문을 갖고 있었다. 어느 날 저녁 그는 난로 앞에서 깜빡 졸던 중 꿈에서 뱀이 자기 꼬리를 문 채로 똬리를 틀고 있는 모습을 보게 되었다. 잠에서 깨어난 그는 깨달았다. 바로 이거다! 탄소 원자들이 고리를 이루고 있는 거야!

나도 이런 계시 경험을 한 적이 있다. 메이저(maser)와 레이저(laser)에 대해 연구하고 있던 당시에, 나는 4~5년 동안 단파를 생성해 내는 방법을 연구하고 있었다. 하지만 온갖 방법을 다 동원해도 내가 찾던 결과는 얻어지지 않았다. 당시 나는 단파 생성을 위해서는 어떤 연구가 필요한지를 논의하는 위원회의 위원장이었다. 워싱턴에서 열릴 위원회 회의를 앞둔 어느 날 아침 나는 신선한 바깥바람을 쐬려고 공원으로 산책을 나갔다. 나는 벤치에 앉아서 이제 막 피어난 진달래를 바라보았다. 그리고는 스스로에게 이렇게 물었다. "우리는 왜 이렇게 하지 못하는 걸까?" 나는 한 번 더 천천히 생각을 곱씹었다. 하지만 아무런 해답도 떠오르지 않았다. 나는 생각했다. 우리는 원자들이나 분자들을 사용할 수 있어야 해. 원자와 분자는 단파를 생성하는 방식으로 구성되어 있어. 아냐, 이건 이미 훤히 아는 사실이잖아. 문제는 열역학 제2법칙이 야기하는 한계들이야. 누구든 일정한 양의 힘 이상을 얻을 수는 없어. …… 잠깐만! 잠깐만! 만일 한정된 온도가 아니라면 열역학 제2법칙은 적용되지 않아! 나는 잠시 동안 더 거기에 앉아 있었다. 일종의 계시 같은 것이 떠올랐다. 나는 머릿속에서 그것을 볼 수 있었다. 나는 연필과 종이를 꺼내 그 숫자들을 옮겨 적었다. 그것으로 충분했다. 그 숫자들은 의미가 있었다. 일상 온도가 아닌 여기(勵起) 상태의 에너지를 지닌 분자들을 사용하면 사실상의 단파 진동자를 만들 수 있는 것이다.

주변 배경을 강조한다면, 이 이야기는 특정한 신비적 색채를 띠고 있다고까지 할 수 있을 것이다. 나는 A. L. 숄로(A. L. Schawlow)와 함께 호텔에서 밤을 새웠다. 잠에서 깨어나 보니 그는 아직도 곤히 잠들어 있었다. 나는 그를 깨우지 않기 위해 살며시 밖으로 나왔다. 그는 나와 함께 레이저를 발명하게 될 사람이었다. 공원 너머로 보이는 건물은, 알렉산더 그레이엄 벨(Alexander Graham Bell)이 빛을 통신에 이용하는 법을 발견하기 위해 그토록 열심히 연구했음에도 불구하고 끝내 이를 발견하는 데 실패했던 바로 그 건물이었다. 빛을 통신에 이용하기 위해서는 레이저가 중요한 역할을 한다. 이전까지 나는 벨이 작업하던 연구실이 지척에 있다는 사실조차 모르고 있었다. 하지만 실제로 그 사실은 내가 겪은 계시 경험의 배경이었던 것이다.

신학자들은 계시가 신앙을 촉발하며 동시에 신앙을 반영한다고 말할지도 모른다. 일선 과학자로서 내게 맨 먼저 찾아왔던 것은 신앙이며, 그것이 내게 계시가 일어날 때까지 계속 연구할 수 있도록 해 주었다. 그리고 그 계시는 과학적 노력에 대한 나의 신앙을 확증해 주었다.

양자역학과 불확정성

논리와 자연의 신빙성에 대한 우리의 확신에도 불구하고, 원자 이하의 차원에서는 대개 양자역학의 발견에 의해 이해될 수 있는 반(反)직관적인 현상들이 존재한다. 이 현상들의 일부는 불확정성을 통해, 또는 좀더 분명하게 말해서 비결정론을 통해 설명되어야 한다.

자주 제기되는 물음에서 시작해 보자. 빛은 입자로 이루어져 있을까, 파동으로 이루어져 있을까? 뉴턴은 빛이 입자로 이루어져 있다고 생각했다. 그러나 19세기 초반에 토마스 영(Thomas Young)은 간섭계(干涉界, interferometer) 실험을 통해 빛이 실제로 파동으로 이루어져 있음을 과학자들에게 증명해 보였다. 20세기 초에 양자역학의 태동과 더불어 빛은 입자와 파동의 측면을 모두 지닌다는 사실이 알려지게 되었다. 이 이중성은 인간의 평범한 직관과 반대되며 지금까지도 계속 문제를 제기하고 있다. 빛을 유리창에 비추면 일부는 반사되고 나머지 일부는 통과한다. 그러나 우리는 다음과 같이 물어야 하며 또 물을 수 있다. 하나의 빛 입자인 광자(光子, photon)가 반사될 것인지 통과할 것인지는 어떻게 결정되는 걸까? 이러한 질문에 답을 하려다 보면 하이젠베르크의 불확정성의 원리에 이르게 된다. 불확정성의 원리에 따르면 우리는 어떤 특정한 광자가 유리를 통과할지 반사될지 결코 확실하게 알 수 없다. 근본적인 불확정성은 물리 세계에 대한 우리의 모든 지식에 만연해 있다. 우리가 할 수 있는 것은 기껏해야 어떤 일이 일어날 수 있는지 또는 어떤 광자가 통과하거나 반사될 수 있는지 하는 가능성——개연성——을 예견하는 일뿐이다.

일상적인 결정론은 더 이상 적용되지 않는다. 이것이 바로 양자역학이나 하이젠베르크의 불확정성의 원리에서 도출되는 결론이다. 원자 크기보다 훨씬 더 큰 세계에 대한 평범한 관찰의 차원에서는 일상적인 결정론이 의미가 있어 보인다. 그러나 원자 차원에서는 우리의 과학에 자연 안의 무수한 우연 작용이 함축되어 있다. 예를 들어 아인슈타인 같은 과학자들은 일상적인 결정론을 통해 이해될 수 있는 자연의 합리성에 대한 믿음을 여전히 고수한 채, 숨은 변수들이라는 개념을 설정함으로써 불확정성을 극복하려고 부단히 애쓰기도 했다. 이러한 접근에 따르면 숨은 변수들이란 우리가 관찰하는 양자 현상들을 산출하는, 아직은 밝혀지지 않은 힘들로 상정된다. 이 과학자들에게 자연 세계는 단순히 결정론적이어야 했으며, 따라서 그러한 힘이 전제된 것이다.

1960년대에 벨의 정리(Bell's Theorem)는 설정된 숨은 변수들의 존재를 검증할 수 있는 한 가지 방법을 제안했다. 버클리 캘리포니아 주립대의 존 클로저(John Clauser)는 처음으로 이 이론을 검증하는 실험을 시도했으며, 그런 숨은 변수들 따위가 존재할 수 없다는 것을 밝혀냈다. 이후 많은 실험들이 이 사실을 확증해 왔다. 클로저는 당초에 자신이 확고하게 예측한 것과는 정반대로, 숨은 변수 따위는 존재하지 않는다는 것을 자연이 실험을 통해 스스로 선언하였다고 자기 이름을 걸고 밝혔다.

양자역학이 출현하자 아서 콤프턴(Arthur Compton) 같은 종교적 성향의 과학자들은 즉각적으로 신이 양자 차원에서 활동을 한다고 주장했다. 그의 주장에 따르면, 신은 자연은 물론이거니와 양자 사건까지도 지금 모습 그대로 일어나도록 할 수 있다는 것이다. 하지만 이런 접근에는 근본적인 문제가 있다. 하이젠베르크의 불확정성 원리를 인정하고 숨은 변수를 거부한다면, 과학에는 신이 개입할 여지가 남지 않는다. 과학적으로 관찰된 사실에서 아무런 인과론적 결정 요인도 작동할 수 없는 그런 경우에, 결정하는 원인으로 신을 끼워 넣는 것은 거의 무의미하다.

종교에서 실험을 할 수 있을까?

종교적 물음들에 대해 실험을 행하는 것이 가능할까? 과학적 연구의 성공을 위한 열쇠는 한 사람의 과학자가 행한 실험이 원칙적으로 다른 과학자에 의해서도 다시 행해질 수 있고, 그 실험이 기존의 실험을 확증해 주는 결과를 산출해야 한다는 점이다. 실험은 반복적으로 행해질 수 있다. 종교적인 문제와 관련해서도 그런 일이 가능할까? 이에 대한 나의 대답은 긍정과 부정 반반이다.

한편으로 실험과 경험은 함께 간다. 다시 말해 실험은 조직화된 경험이다. 물론 우리는 인간 경험의 일부 영역들이 반복 불가능하며, 따라서 실험이라 통칭되는 것들이 거기에는 적용될 수 없다는 사실을 인정해야 한다. 우리는 날마다 사물들을 보며, 다른 사람들의 행동에 영향을 끼치는 일들을 행한다. 우리는 역사책을 읽으면서 우리를 오늘날의 위치로 이끌어 온 일련의 사건들에 대해 배운다. 날마다의 행동들과 역사적 이해는 여러 가지 면에서 실험 관찰과 매우 비슷한 경험을 나타낸다. 그러나 그것은 대체로 독특하며 반복 불가능한 사건들이다. 일부 사회과학과 마찬가지로, 종교 경험은 전형적으로 이러한 경험 범주에 속한다. 무엇보다도 인간 경험에 대한 성찰을 중시하는 신학은 반복 불가능한 사건들의 역사에 크게 의존한다. 그러나 우리는 아마도 잠재의식 속에서, 그리고 직관적으로, 우리가 끌어댈 수 있는 모든 논리를 적용하여 이러한 경험들을 평가하며 이를 통해 우리의 종교적 견해를 구성한다.

종교적 삶의 일부 차원들이 확인 가능하다는 것은 당연한 사실이다. 예를 들어 의심 많던 사도 도마는 십자가에 못박힌 예수가 부활한 것을 보고 증거를 요구했다. 그는 부활의 진리에 대한 자신의 의심을 극복하기 위해서, 지금은 살아 있지만 한때는 죽었던 그 몸에 패인 상처들을 만져 보고 싶어했다(「요한복음」 20:26-29). 과학자가 실험 결과에서 확증을 찾길 바라듯이 신앙인 역시 이와 똑같은 신앙의 확증을 원한다. 우리는 도마를 최초의 경험적 그리스도인이라고 여길 수도 있을 것이다.

기도는 실험적 탐구가 적용되는 종교 경험의 또 다른 사례를 제공한다. 하버드의 허버트 벤슨(Herbert Benson) 박사는 최근의 한 연구에서 병자나 부상자를 위한 기도가 회복에 영향을 끼치는지를 가늠하는 실험을 행한 바 있다. 이 통계학적 연구의 결과는 기도가 실제로 환자의 건강에 긍정적인 영향을 끼친다는 것을 보여 주었다. 그러나 이 실험은 자신을 위해 기도해 주는 사람이 있다는 사실을 알고 있는 환자들을 대상으로 한 것이었기 때문에, 이러한 사실을 모르는 환자들을 대상으로 한 실험이 다시 행해질 필요가 있다.

 그렇다면 우리는 이런 실험에 대해 어떻게 생각해야 할까? 만약 우리가 과학과 종교 사이에 엄격한 경계선을 긋고자 한다면 어떤 식의 결론을 내리게 될까? 실험이 행해지기 전에 기도는 엄밀한 종교적 현상으로 간주되었을 것이다. 그런데 성공적인 실험이 행해지고 난 후 이제 기도는 과학의 영역으로 들어오게 되었다. 그러나 실험과 상관없이 기도는 여전히 기도다. 이것이 내가 과학과 종교를 갈라 놓는 높은 분리 장벽을 유지하려는 사람들에게 반대하는 또 다른 이유다. 그 대신에 나는 과학과 종교가 따로따로 분리된 영역들이 아니라는 사실을 받아들이고자 한다. 과학과 종교는 인간 이해의 상보적인 두 양태를 구성하며, 적어도 일부 영역에서는 공통된 지식 영역을 공유한다. 사실 나는 이들 중 그 어느 것에도 경계를 설정하고 싶지가 않다. 나는 우리가 과학과 종교 각각을 좀더 온전히 이해하게 될 때 이 양자가 좀더 온전히 중첩되리라고 기대한다.

창조와 인본 원리

과학과 신학적 성찰이 공유하는 가장 중요한 요점 중 하나는 우주의 기원에 대한 관심이다. 우리가 과학을 통해 우주의 기원과 역사에 관해 알게 된 내용은 신학자들이 신이 목적을 가지고 우리와 우리의 세계를 창조했다는 사실을 믿는 것과 어떤 관련이 있을까? 첫째, 이제 우리는 우주의 역사에 유일무이한 시간이 있었다는 사실을 알고 있다. 우주는 약 150억 년 전에 '빅뱅'의 폭발과 더불어 극소 크기에서 현재와 같은 거대한 규모로 팽창했다. 그 후 태양과 달과 지구가 생겨나고 생명이 시작되었다. 이는 우주가 언제나 거의 동일한 상태로 있었으며, 우리에게나 우리 우주의 역사에는 별다른 독특한 것이 있을 수 없다고 여겼던 과거의 많은 과학자들의 직관적 신념과 배치된다. 이러한 우주의 시작의 이면에는 많은 과학적 사고와 사색의 원천이 깔려 있다. 신학자들은 그 시초가 바로 신의 창조였다고 말하지만, 신의 기원이 무엇이냐는 물음은 회피한다. 과학자들이 이 시작 너머의 영역을 탐구하려고 애쓰고는 있지만, 그래도 여전히 우리는 '시작'이라는 개념과 마주치지 않을 수 없다.

우리는 또한 과학을 통해 우리가 여기 존재하기 위해서는 아주 특별한 환경이 필요하다는 사실을 알게 되었다. 우주의 수명이 지금처럼 오래 유지되면서 동시에 은하들과 별들이 생겨나기 위해서는, 빅뱅 폭발 초기의 운동 에너지와 물질 덩어리가 1,000억 분의 1 이상 정확하게 들어맞아야 했다. 이 우주가 우리 생명에 필요한 다양한 화학적 요소들을 풍부하게 갖추기 위해서는 원자 속에 있는 핵과 전자의 힘들이 적절한 비율을 이루어야 했다. 수명이 긴 별들이 형성되기 위해서는 중력과 핵반응 특성들이 매우 잘 조화를 이루어야 했다. 산소와 탄소가 우리에게 필요한 만큼 그 양이 풍부해지기 위해서는, 산소의 핵과 탄소의 핵이 보유한 에너지 준위(準位)가 절묘하게 잘 맞아떨어져야 했다. 이런 것들을 비롯해 그 밖의 두드러진 '우연의 일치들'을 생각하다 보면 '인본 원리'(anthropic principle)에 대한 관념으로 나아가게 된다. 인본 원리란 자연법칙들이 인간 삶이 필요로 하는 것들에 꼭 들어맞아야 한다는 원리를 말한다. 그러나 이는 따라서 물론 우리가 여기 존재한다는 말의 동어반복일 뿐이다. 흥미로운 것은 인간의 삶에 필요한, 매우 특별해 보이는 조건들이다.

우리의 이 지구라는 행성과 생명체간의 밀접한 관련성도 특별한 관심을 끈다. 지구와 마찬가지로 많은 행성들이 다른 별들을 공전하고 있다. 따라서 생명체가 있을 법도 하다. 원칙적으로 우리는 많은 별들에서 생명체가 생겨났을지도 모른다고 가정해야 한다. 하지만 우리 태양계의 다른 행성들을 보면 지구만이 독특하다는 것을 알 수 있다. 목성과 토성 그리고 그 밖의 행성들은 너무 춥고, 가스가 가득하며, 우리 같은 생명체가 살기에 너무 혹독하다. 언뜻 보기에 화성과 금성은 지구와 비슷해 보인다. 화성에 한때 생명체가 존재했을 수도 있지만, 오늘날의 화성은 추우며 또한 적합한 대기가 형성되어 있지 않다.

지구의 자매 행성인 금성 역시 과거에는 생명체를 기대할 수 있는 행성으로 여겨졌지만, 이제 우리는 금성이 이산화탄소로 이루어진 육중한 대기로 뒤덮여 있고 그 표면 온도가 납을 녹일 정도로 뜨겁다는 것을 알고 있다. 실제로 금성과 지구의 대기는 모두 비슷한 상태에서 출발하였다고 한다. 두 행성의 대기층 모두 행성 내부에서 발생한 이산화탄소가 축적되어 형성되었던 것이다. 그러나 온실 효과가 압도적이 되어 행성의 온도가 과열되기 바로 직전, 정확히 바로 그 순간에 지구의 역사에서는 생명이 시작되었다. 지구상의 생명체는 지구가 성립된 지 약 십 억 년 뒤, 이산화탄소에서 산소가 발생할 수 있었던 정확히 바로 그 시점에서 생겨났다. 생명체는 계속해서 이산화탄소의 양을 통제함으로써 지구가 금성처럼 과열되는 것을 막아왔다. 그렇다면 이를 어떻게 평가할 수 있을까? 나는 단정적인 결론을 이끌어내고 싶지는 않다. 하지만 이러한 관찰들은 인상적이다. 프리먼 다이슨(Freeman Dyson)은 이런 상황을 직시하며 다음과 같이 말하고 있다.

나는 물리학과 천문학에 이러한 우연적 사건들이 존재한다는 사실로부터, 우주가 우리처럼 살아 있는 피조물들이 거처로 삼는 데 상상외로 적합한 장소라는 결론에 이르렀다. 18세기가 아닌 20세기의 사고

습관과 언어 습관에 길들여진 과학자로서 나는 우주의 구조가 신의 존재를 증명한다고 주장하지는 않는다. 나는 단지, 우주가 기능을 하는 데에 정신이 핵심적인 역할을 한다는 가설과 우주의 구조가 서로 부합한다고만 주장한다.6)

이 말을 신에 대한 것으로 볼 수도 있을 것이다. 그러나 그것과는 무관하게 여기서 이목을 끄는 것은, 과학적인 증거가 우리로 하여금 자연의 역사가 흘러온 과정이 적어도 어느 정도는 정신과 목적의 지배를 받는다고 느끼고 그런 가정을 하게끔 만든다는 점이다.7)

물리학자들이 우리 우주의 기원과 자연법칙의 본질을 더 근본적으로 파고드는 데 성공하면서, 그들은 신학자들이 관심을 갖는 물음들에 더욱 가까워지게 되었다. 또한 지난 한 세기 동안 상대성 이론과 양자역학은 우리가 갖고 있는 기본 개념들을 변화시켜 왔다. 예를 들어 엄밀한 인과론적 결정론은 무너져 버렸다. 그리고 상대성 이론과 양자역학의 발견 같은 진보가 이루어짐에 따라 이제 우리는 19세기 사람들보다 훨씬 더 많은 것을 이해하게 되었다. 하지만 나는 물리학자들이, 우리가 우주를 얼마나 완벽하게 이해하고 있는지에 대해 한층 더 겸손한 태도를 갖게 되었다고 생각한다.

우리의 실험과 사고가 새로운 영역으로 (예를 들어 상대성 이론의 경우는 고속 분야와 고중력 장 분야로, 양자역학의 경우는 원자 크기의 미세 입자에 관한 분야로) 파고들 때, 한편으로 우리의 근본적인 개념들이 변화하면서도 다른 한편으로 우리가 예전에 알고 있던 대부분의 물리 법칙이 과거에 그 법칙이 검증되었던 상황에서만큼은 여전히 그 타당성을 잃지 않고 있다는 사실은 매우 놀라운 일이다. 비록 뉴턴 역학의 의미에 대한 우리의 견해가 근본적으로 달라지기는 했지만, 우리는 여전히 거시적 차원의 대상들과 관련해 뉴턴 역학을 가르치고, 이를 사용하며, 이에 근거해 사고한다. 또 일상적 속도나 일상적 중력 장과 관련해 우리는 여전히 단순한 3차원 공간과 독립적인 시간을 사용하고, 이에 근거하여 사고한다. 비록 일반 상대성 이론이 이와는 다소 다른 견해를 제시하더라도 말이다. 여기서 우리는 비록 먼 훗날에 우리가 과학과 종교에 대한 우리의 사고에 혁명을 일으킬 정도로 충분한 이해를 갖게 된다고 해도, 이 두 영역에서 오랜 시간 동안 검증되어 온 생각들이 계속해서 일정한 타당성을 가질 것이라는 결론에 이르게 된다.

생물학과 우연

언뜻 보기에 생물학자들은 행운아인 것처럼 보일지도 모른다. 그들은 물리학자들이 너무나 낯설고도 특이한 양자 현상이나 상대성 현상을 발견하고서 부딪쳐야 했던 것과 같은 그런 단단한 벽과 맞닥뜨려 본 적이 없으니까 말이다. 하지만 어쩌면 이는 이제까지 생물학자들이 근본적인 관점 전환이 절실히 요청되는 진정 어려운 문제 속으로 충분히 더 파고들지 못했기 때문일지도 모른다. 어쨌든 이제 생물학은 자신이 진보해 나가는 데 어떤 새로운 현상도 필요로 하지 않는 그런 단계에 이르게 되었다. 그리고 현재의 작업은 이미 알려져 있는 화학 법칙들과 통계학으로도 충분히 해석될 수 있다. 그러나 사실 우리는 천혜의 조건을 갖춘 이 지구 위에서 어떻게 최초의 유기 생명체가 출현하게 되었는지, 또 생명이 어떻게 시작되었는지 전혀 모른다. 우리는 심지어 지구 위의 어떤 환경하에서 생명체가 출현했는지 그 자세한 내용들도 전혀 모른다. 그러나 많은 과학자들은 우리가 아는 물리 법칙들과 지구의 특성을 고려해볼 때 생명이 자연발생적이고 거의 자동적인 사건이라고 여기고 있다. 자크 모노(Jacques Monod)는 이에 대해 이렇게 강력히 주장한 바 있다. "모든 혁신의 원천, 생물권 안의 모든 피조물들의 원천에는 오직 우연밖에 없다."8) 스티븐 제이 굴드(Stephen Jay Gould)도 "우리는 계획되지 않는 과정의 우연적인 결과들"이라고 말한다.9) 그러나 이런 생각들과 달리 진화론자인 에른스트 마이어(Ernest Mayer) 같은 이들의 발언은 인상적이다. 그는 이렇게 말한다. "사실상 모든 생물학자는 세상 사람들이 말하는 가장 깊은 의미에서 종교적이다. …… 우리가 알지 못하는 것들과 아마도 끝내 알아낼 수 없을 그런 것들은 우리 안에 겸손과 경외의 느낌을 불어넣어 준다."10)

나는 생물학이 우리의 견해를 근본적으로 뒤바꾸어 놓을 수도 있는 그런 문제들에 여전히 봉착하고 있다고 생각한다. 그리고 다가오는 새로운 세기에 생물학이 달성할 진보를 목격하면서 이것이 사실인지 확인할 수 있었으면 좋겠다. 예를 들어 인간의 두뇌를 제대로 이해하는 일은 실로 경외감을 불러일으키는 과업일 것이다. 분명 우리는 우리가 지금 이해하고 있는 것보다 훨씬 더 많은 것을 이해할 수 있게 될 것이다. 예를 들어 우리는 우리 두뇌가 하는 일들 가운데 많은 것들을 똑같이 할 수 있는 '지적인' 컴퓨터의 발명을 상상해 볼 수도 있다. 그렇다면 그 컴퓨터는 과연 의식이나 자유의지에 대해 인간이 갖고 있는 감각과 똑같은 감각을 가질 수 있을까? 두뇌는 상상을 초월할 정도로 복잡하다. 거기에는 수백 억 개의 뉴런이 들어 있으며, 이들 각각은 수만 개의 시냅스로 연결되어 있다. 이는 두뇌가 복잡한 방식으로 상호작용 하는, 약 100만 기가비트의 정보를 수용할 수 있음을 의미한다. 인간의 두뇌는 많은 복잡한 장치들을 이해할 수 있다. 하지만 과연 그 어떤 장치가 자기 스스로를 이해할 수 있을까? 아니면 그것은 자기 스스로를 이해하는 것보다는 상대적으로 이해하기 쉬운, 더 단순한 다른 장치만을 이해할 수 있는 것일까? 두뇌는 과연 자기 스스로를 이해할 수 있을까?

자유의지

우리는 자유의지에 대해 진정 무엇을 알고 있을까? 나는 대부분의 사람들과 마찬가지로 모든 과학자들도 자유의지의 존재를 상정한다고 생각한다. 그것은 우리 인간이 날마다 부딪치는 현실의 일부다. 양자역학의 출현 이후 세계는 이제 더 이상 결정론적으로 이해되지 않게 되었다. 그러나 현대 과학은 양자역학이 펼쳐내는 우연성의 방향들이 신적인 힘이나 일상적 의미의 자유의지 따위에 영향을 받을 수 없다고 말한다. 하지만 일상적인 자유의지 개념이 오늘날의 과학적 이해와 일치하지 않는다고 해도, 우리는 대부분 우리가 일정한 자유의지를 갖고 있으며 이에 따라 살아간다고 여긴다.

    우리가 갖고 있는 자유의지의 감각이 어떻게 현대 과학과 조화될 수 있을까? 우리가 경험하는 자유의지는 환상일지도 모른다. 어쩌면 그것은 실제로는 존재하지 않을 수도 있다. 어쩌면 자유의지란 인간이 진화 과정에서 살아 남을 만한 가치가 있었음을 입증해 주는, 일종의 환상 같은 것일 수도 있다. 또한 자유의지와 마찬가지로 종교 역시, 인간 사회가 존속될 수 있는 잠재력을 증진시켜 인간이 진화에서 유리할 수 있게 도움을 준 일종의 환상으로 설명할 수 있을지도 모른다. 따라서 우리가 자신이 자유로운 선택을 하고 신의 의지에 반응한다고 생각할 때, 어쩌면 이는 단지 스스로를 놀리는 것에 불과할 수도 있다.

    모든 불확정성에도 불구하고, 나는 다른 많은 것들과 마찬가지로 자유의지가 존재한다는 근본적인 감각을 갖고 있다. 자유의지는 존재한다. 나는 내가 자유의지를 갖고 있다고 느끼며, 자유의지에 따라 행동한다. 나는 사물들을 살펴보고 이들에 대해 판단을 내린다. 나는 결단을 내리고 행동을 취한다. 또한 나는 우주와 내 삶 안에 신이 현존한다는 감각을 갖고 있으며, 그 현존에 수반되는 자유의 감각에 따라 행동하려고 한다. 우리가 갖고 있는 자유의지의 감각은 설명될 필요가 있거나, 아니면 설명되기보다는 받아들여야 하는 것인지도 모른다. 나는 신적 존재에 대한 우리의 감각도 마찬가지라고 생각한다. 우리가 과학적 이해와 종교적 이해를 추구할 때, 이런 문제들에 대한 우리의 견해는 과연 어떻게 전개될까?

결론

일단 생명의 필연성이 유효하다면, 과학이 강조하는 우리 우주의 구조에 대한 물음보다는 종교가 강조하는 생명의 지향점과 가치, 의미에 대한 물음이 더 긴요하고 결정적인 물음이 된다. 이는 아마 인간 사회가 과학적 사고보다 종교적 사고를 훨씬 더 일찍부터 개발하고 정식화해 왔기 때문일 것이다. 그러나 종교와는 대조적으로 과학은 지난 수 세기 동안 괄목할 만한 발전을 이루었으며, 그 결과 그 방법과 타당성이 중요해지게 되었다. 그러나 과학과 종교에 대한 우리의 사고는 모두 인간의 추론과 증거 그리고 믿음에 의존한다. 그리고 과학과 종교는 모두 심오한 불확정성을 내포한다.

우리는 인간으로서 삶을 대면한다. 결단을 피할 수는 없다. 비록 우리의 이해가 불완전하다 해도, 우리는 우리의 지향점과 행위 그리고 방향을 선택해야 한다. 그러나 우리는 모두 자신의 경험, 부모들이 가르쳐준 것, 주변의 사람들과 사회에 대해 본 것, 인간 역사에 대한 우리의 이해, 우리가 갖고 있는 증거, 그리고 우리가 끌어올 수 있는 모든 논리와 직관에 근거하여 이러한 결단들을 내린다. 우리는 삶에 대한 가정과 결단을 피할 수는 없지만, 또한 우리는 계시에 귀를 기울이고 실재에 대한 새로운 이해를 추구함으로써 변화를 향해 열려 있어야 한다. 상대성 이론과 양자역학은 과학에 혁명을 불러일으켰다. 우리는 과학에서나 종교에서나 우리의 사고에 일어날 혁명을 기꺼이 맞이해야 한다. 그러나 그와 동시에 우리는 과거에 우리가 지녔던 추론과 믿음이 비록 불완전하기는 하지만 중요한 타당성을 가진다고 기대할 수 있다.

(김윤성 옮김)

주

1) "The Tables Turned," *William Wordsworth: Selected Poetry*, ed. Mark van Doren (New York: The Modern Library, 1950), p. 83.

2) "Sonnet to Science," *John Keats: Poems*, ed. Gerald Bullett (London: J. M. Dent and Sons, 1974), p. 163.

3) *The Complete Poems and Stories of Edgar Allen Poe*, texts established by Edward H. O'Neill (New York: Alfred A. Knopf, 1967), vol. 1, p. 28.

4) Alexander Pope, "An Essay on Man," *Alexander Pope's Opus Magnum, 1729-1744*, ed. Miriam Leranbaum (Oxford: Clarendon Press, 1977), p. 51.

5) "Ode on a Grecian Urn," *John Keats: Poems*, p. 192.

6) Freeman Dyson, *Disturbing the Universe* (New York: Harper and Row, 1979), p. 251.

7) 다른 책에서 프리먼 다이슨은 다음과 같이 쓰고 있다. "전체로서의 우주는 정신의 성장에 호의적이다. 여기서 논점은 단지 인본 원리를 우주적 규모로 확장시키는 데 있다. …… 디자인에 빗대는 논의는 철학적 원리로서의 장점을 여전히 갖고 있다. 나는 디자인에 빗대는 논의에 인본 원리와 동일한 위상을 부여할 것을 제안한다. 그것은 비록 과학으로부터 추방되었지만 메타-과학 차원에서는 용인된다. 디자인에 빗대는 논의는 과학적 논의가 아니라 신학적 논의다." *Infinite in All Directions* (New York: Harper, 1988), p. 297.

8) Jacques Monod, *Chance and Necessity* (New York: Random House, 1972), p. 112.

9) Stephen Jay Gould, "Extemporaneous Comments on Evolutionary Hope and Realities," *Darwin's Legacy*, Charles L. Hamrum, ed., Nobel Conference XVIII (San Francisco: Harper and Row, 1983), p. 102.

10) Ernest Mayer, *The Growth of Biological Thought* (Cambridge: Harvard University Press, 1982), p. 181.

제3장

물리학자에서 사제로

존 폴킹혼

나는 시골에 있는 기독교 가정에서 자라났다. 부모님은 동네 영국 성공회 교회의 예배에 정기적으로 참여하는 교인이었으며, 품행이 단정한 아이였던 나는 어린 시절부터 기꺼이 부모님과 함께 교회에 다녔다. 어린이를 위한 특별 순서는 없었지만, 목사님은 성서 구절을 생생하고 살아 있게 전달할 수 있었던 능숙한 설교자였으며, 나는 그분의 설교를 듣기를 좋아했다. 나는 개인적인 성찰을 통해 기독교에 심취하게 되었다. 종교는 부모님께 분명 중요한 것이었지만, 부모님은 본래 종교에 대해 말을 많이 하는 분들이 아니셨기 때문에 나는 집에서 공식적인 종교적 가르침을 거의 받아 본 적이 없었다. 내가 여덟 살쯤 되었을 때 숙모 한 분이 내가 숙모 댁에서 전에 본 적이 있던 조그마한 개인 기도문집을 주셨는데, 나는 그 기도문들을 정기적으로 그리고 약간은 비밀스럽게 외우곤 했다.

그러므로 나는 아주 어려서부터 기독교인이다. 나는 내가 어떤 식으로든지 기독교 교회의 예배와 신앙 공동체의 구성원이 아니었던 때를 기억할 수 없다. 예수는 항상 나에게 중심 인물이었으며, 실재에 대한 어떤 의견이라도 그리스도에 대한 현상을 완전하게 설명하지 못한다면 그것은 전혀 부적절한 것으로 여겨졌다. 나에게는 고민하지 않는 신앙이라는 선물이 주어지지 않았지만——나는 때로 기독교가 사실이 되기에 너무도 훌륭한 것 아닌가 하고 생각한다, 그런 기분이 들 때면, 나는 "글쎄, 그렇다면 그것을 부인해 버려" 하고 스스로에게 말하기도 하지만, 실은 결코 그렇게 할 수 없다는 것을 알고 있다.

내가 열네 살 때, 우리 집은 서머셋에서 일리로 이사했으며, 나는 캠브리지 부근에 있는 학교에 다니게 되었다. 내가 다녔던 퍼스학교(the Perse School)는 규모가 작은 아주 학구적인 학교였는데, 그곳에서 나는 처음으로 신을 믿지 않는 영리한 소년들을 만나게 되었다. 우리는 종종 논쟁을 벌였지만 내 신앙은 바뀌지 않았다. 나는 1949년 10월 트리니티대학(Trinity College)에서 수학을 공부하기 위해 캠브리지로 오기 전까지 육군에서 복무했다.

복음주의적이면서 가톨릭적인 성공회 스타일

대학생이 되던 첫 주에, 나는 기독학생연합(Christian Union)이 신입생을 위해 준비한 설교 모임에 참석하게 되었다. 설교자는 죽기 위해 예루살렘으로 가는 도중에 여리고를 지나던 예수를 만난 삭개오 이야기를 통해, 그리스도에게 지금 바로 응답하고 이 특별한 기회를 붙잡으라고 촉구했다. 나는 깊은 감동을 받았으며, 설교가 끝날 즈음에 예수를 선택하기를 원했던 사람들과 함께 앞으로 나갔다. 나는 그 후 몇 년 동안 이 사건을 '회심'이라고 말하곤 했지만, 이제는 그것을 내가 이미 걸어가고 있었던 순례자의 길에 있었던 그리스도인의 보다 깊은 헌신의 순간으로 이해한다.

그 후 몇 년 동안 나는 기독학생연합 활동에 적극적으로 참여했다. 나는 그 당시에 대해 뒤섞인 감정을 지니고 있다. 내가 진정으로 마음과 힘을 다해 받아들였던 보수적인 복음주의 기독교는, 지금까지 내가 소중하게 간직하고 있는 특정한 선물을 나에게 주었다. 그리스도에 대한 인격적 헌신의 중요성과 성서에 대한 사랑이 그것이다. 그렇지만 그 기독교 전통은 또한 기독교가 지닌 경험의 다양성과 일반 문화에 대한 관련성 모두에 대해서 제한된 견해를 갖도록 했다. '건전한 것'으로 보증되지 않는 진리에 대한 출처들에 직면해서는 일종의 방어나 심지어는 두려움이 있었다. 그것은 이들이 성서를 대하는 태도에서 가장 분명하게 드러났다. 그것은 성서가 여전히 영감에 의해 씌어졌고 규범적인 위치를 가진다고 생각하면서, 성서는 또한 인간적이며 문화적 특징을 인식할 수 있게 한다는, 나 자신의 성서 이해를 더욱더 강화시켰다. 영국 성공회는 아주 너그럽고 포괄적인 교회여서, 그 구성원들은 항상 한 정당이나 다른 정당의 지지자로 자신들의 정체성을 확인하도록 권하고 있다. 나는 오늘날 내 자신의 소속을 선택하는 데 어려움을 느끼지만, '가톨릭'이라는 말이 분명히 그 일부분이 될 것이다. 나는 성사 생활(sacramental life)과 기독교 전통에서 축적된 통찰력을 아주 높이 평가한다. 나는 때때로 웰시 시골 지역에서 베네딕트 수도회 생활을 하는 조그마한 성공회 수녀 공동체인 성십자회(the Society of the Sacred Cross)를 방문하는데, 그 때 영적으로 가장 편안하게 느낀다.

캠브리지에서의 수리물리학

캠브리지에서 내 학부 전공은 수학이었다. 내가 수학을 선택한 것은,

그것을 잘했으며 사물을 올바로 이해하는 것을 좋아했기 때문이며, 또 나를 가르쳤던 뛰어난 선생님 덕분에 학교에서 나의 수학적 상상력이 불타 오르고 있었기 때문이었다. 대학에서 나는 물리적 우주의 깊은 구조를 이해하기 위해 수학을 어떻게 이용할 수 있을 것인가에 대해서 흥미를 갖게 되었으며, 그래서 1952년에 박사과정을 시작했을 때 내 전공은 이론적인 기본입자물리학(theoretical elementary particle physics) 분야였다. 이것이 1979년까지 계속된 물리학자로서 오랜 경력의 시작이었다. 이 시기는 내 전공의 발전에서 아주 흥미 있는 기간이었는데, 왜냐하면 실험적 발견과 이론적 통찰을 수단으로 해서 마침내 물질의 구조에 대해서 쿼크(quark) 수준까지 발견하게 되는 오랜 노력의 세월이었기 때문이다. 내 작업은 그 거대한 협동 기획에서 아주 수학적 측면의 것이었으며, 나는 1968년에 캠브리지대학의 수리물리학 교수가 되고, 1974년에 왕립학회 특별회원으로 선출되면서 학자로서도 적당히 성공했다.

  그럼에도 불구하고, 나는 나의 전 생애가 입자물리학에 머물러 있지 않을 것이라고 오랫동안 생각해 왔다. 그 분야는 새로운 사상과 새로운 발견에 응답하면서 항상 변하고 있었다. 사람이 젊었을 때는 이렇게 지적으로 끊임없는 변화 상태가 흥미 있었지만, 나이가 들어가면 들어갈수록 그것은 보다 더 힘들어졌다. 중년이 된 우리들 대부분은 수학적 사유에서 젊은이의 특성인 정신의 유연성을 상실했다. 우리는 여전히 낡은 이론들을 사용할 수 있지만, 새로운 것들을 배우거나 만들어 내기는 점점 더 어려워진다. 나는 자기 분야의 주제들이 그들에게서 떠나감에 따라, 많은 고참 동료들이 다소 비참해지는 것을 보았다. 나는 물리학이 내게서 떠나기 전에 내가 물리학을 떠나야 할 것이라고 결심했다. 나는 내 자신에게 뿐만 아니라, 내가 이끌고 있던 큰 연구 집단의 젊은 연구자들에게까지 빚을 지고 있다는 느낌이 들었다.

50번째 생일이 다가오면서, 그리고 표준 모델(the Standard Model)로 불리는 것이 확립되면서 입자물리학의 특정한 시기가 끝나게 되자, 이제 나는 내가 떠나야 할 시간이 되었다는 것을 깨닫게 되었다. 내가 물리학을 떠난 것은 물리학에 조금이라도 환멸을 느꼈기 때문이 아니라, 그 주제에 대해 내가 할 수 있는 조그만 일을 마쳤고, 이제는 다른 일을 해야할 시간이었기 때문이었다.

교수에서 신학생으로

나는 사람들과 함께 있는 것을 좋아한다. 나는 성만찬적인 삶(eucharistic life)을 매우 높이 평가한다. 나는 (안수 받지 않은 지역교회의 설교자인) 평신도 지도자로서 약간의 경험을 갖고 있었다. 이러한 생각이 내 마음에서 성공회 사제로 부르심(vocation)에 대한 생각을 독려했다. 다행스럽게도 아내 루스(Ruth)가 동의했는데, 그것은 당연히 둘이서 함께 내린 결정이었다. 다음 단계는 교회가 지명한 지혜롭고 경험 많은 사람들이 모인 선발 위원회가 내 소명을 시험하고 고려하는 것이었다. 그들 역시 동의했고, 나는 그 결과에 대해 매우 기뻐했는데, 이는 그 결정 때문만이 아니라 내가 그들에게서 느꼈던 배려 때문이기도 했다.

그래서 49번째 생일 직전인 1979년 10월에 나는 자유주의적 가톨릭 전통 속에 있던 캠브리지에 있는 조그만 성공회 신학교인 웨스트콧 하우스(Westcott House)의 신입생들에게 얼굴을 내밀 수 있게 되었다. 나는 그 학교에서 가장 나이 든 학생이었으며, 심지어 학장보다도 나이가 많았다. 다시 학생이 되는 것은 매우 이상했다. 나는 한 시간 강의하는 것보다 한 시간 강의를 듣는 것이 얼마나 훨씬 더 어려운 것인지 알게 되었다. 그러나 내게는 2년의 교육과정 동안 배워야 할 많은 것들이 있었다. 아마도 내가 배운 모든 것들 가운데 가장 중요한 가르침은 아침과 저녁에 올리는 기도와 찬양, 찬송가 영창과 성서 읽기와 같은 성무일과(the Daily Office)를 소중히 하는 것이었는데, 그것을 성실하게 반복하는 것이 바로 성공회 사제의 의무다. 그것은 오늘날 내 삶에 영적인 골격을 제공하고 있다.

웨스트콧으로 가기 직전에 신학 지식을 지닌 친구 한 명이, 내가 몰트만(Moltmann)의 『십자가에 달리신 하나님』(*The Crucified God*)[1]을 읽어야만 할 것이라고 말해 주었다. 나는 그 시기 동안 약간은 일관성 없는 신학적 독서를 불규칙하게 마쳤는데, 이 책은 아마도 내가 진지한 관심을 가지고 읽었던 최초의 중요한 신학 저서였을 것이다. 나는 그 책에 깊이 영향을 받았으며, 몰트만은 그 때부터 나에게 중요한 신학적 영향을 준 사람 가운데 하나가 되었다. 나는 일부 사람들이 그의 저작들에 대해 때때로 상당히 자유스럽고 풍부하게 했던 비판들을 이해할 수는 있다. 하지만 나에게 있어서, 성서의 증인들과 유대인이 학살당한 20세기의 요청이라는 두 개의 지평선에 걸쳐 있는 그의 신학적 사고는 흥분을 안겨 주는 그런 것이었다.

진지한 신학적 관심을 지닌 과학자

나는 물리학에 관심을 갖고 있었고 그 관심은 계속되었지만, 신학은 과학이 이전에 그랬던 것보다 훨씬 더 깊이 나를 사로잡는다는 것을 깨닫게 되었다. 그렇지만 개인적인 역설은 내가 결코 전문적인 신학자가 될 수 없다는 것이었다. 나는 오랜 도제 신분을 반복하기 위한 시간이나 기회를 갖지 못했으며, 자격을 제대로 갖춘 전문가가 되는 데 없어서는 안 될 전세계 학문 공동체와의 관련도 갖지 못했다. 나는 내가 이 때문에 신학적 사유에 아무 공헌도 하지 못하게 될 것이라고 생각하지는 않았지만, 내 한계들을 알고는 있다. 나는 내가 진지한 신학적 관심을 지닌 과학자 이상이라고 주장하지는 못하겠다. 나는 진지한 과학적 관심을 가진 소수의 신학자들을 만났더라면 하고 말해야만 한다. 지난 15년 이상 나를 지배하는 지적 관심사였던, 과학적 세계관과 신학적 세계관 사이의 만남이라는 학제간 영역은 참여하는 모든 사람들에게 일정한 위험을 수용하고, 다른 배경을 지닌 사람들의 노력에 특정한 사랑을 요구한다.

사제로 안수 받기 위해서 성공회 성직자는 교구 목회에서 도제 신분으로 3년을 보낸다. 이것은 성직자가 되기 위해 요청되는 사역이며, 나는 캠브리지와 브리스톨의 지극히 평범한 교구에서 그 사역을 마쳤다. 일단 단독으로 사역할 수 있는 자격을 얻고 나서, 나는 캔터베리 교외의 커다란 마을 교구를 책임지는 교구사제가 되었다. 꽉 찬 5년 동안 나는 이런 종류의 사역을 했다. 설교하고 예배를 집전하는 일에 덧붙여서, 주위를 상당히 많이 산책하고, 질병이나 사별과 같은 어떤 어려움에 처한 사람들을 방문하고 함께 차를 마시는 일을 했다. 성공회는 전 공동체에 대해 책임을 지닌 국가교회이다. 내가 방문했던 사람들 중에서 어떤 식으로든 예배에 활동적으로 참여하는 사람은 극소수뿐이었다.

캠브리지로 돌아오다

나는 이런 생활을 아주 즐겼지만, 물론 그 과정에서 아주 크게 활용되지 않았던 나의 지적 측면들이 있었다. 나는 원래 학문 세계를 영원히 떠났다고 생각했었다. 하지만 점차 과학과 종교에 대해서 생각하고 글을 쓰는 것이 내 소명의 일부라는 것을, 즉 그것이 바로 내가 기독교 공동체에 봉사할 수 있는 특별한 방식이라는 것을 깨닫게 되었다. 1986년에 트리니티 홀(Trinity Hall)의 주임사제가 되어 (학문적 '마을'의 교구 사제가 되는 것과 동일한 역할이다) 캠브리지로 돌아올 수 있는 예상하지 못한 기회가 왔을 때, 나는 잠시 생각한 후 이를 받아들이기로 결심했다. 3년 후 나는 캠브리지 퀸즈 칼리지(Queens' College)의 학장으로 (대학의 장이지만 최고 행정책임자가 아니라, 오히려 그 공동체에서 18세기 입헌 군주와 같은 그런 역할을 하는 자리다) 또다시 예상하지 못한 초청을 받았다. 이렇게 본질적으로 세속적인 역할이 나에게 가능했던 것은, 캠브리지의 다른 모든 오래된 대학처럼 퀸즈 칼리지가 종교와 관련해서 설립되었기 때문이다. 나는 우리 주임사제와 번갈아 가며 대학교회에서 성만찬을 거행하고 설교를 하면서 사제로서 목회를 계속 수행했다.

세계가 존재하는 방식에 대해 글쓰기

나의 주된 지적 활동은 글쓰기다. 나는 글쓰는 일을 좋아하고, 내가 말하고자 하는 것을 가능한 한 가장 명료한 방식으로 전달하는 것을 좋아한다. 유명한 『신에게 솔직히』(Honest to God)를 쓴 (나에게 사제 안수를 했던) 존 로빈슨 주교(Bishop John Robinson)는 언젠가 내게 말하기를, 그는 손에 펜을 가지지 않고는 생각할 수 없다고 했다. 나는 그가 무엇을 말하는지 즉시 알았다. 사람이 읽고 생각할 때는, 생각들이 마음에서 윙윙거리며 주위를 돌아다닌다. 이런 사고의 흐름을 논증이라는 일관된 맥락으로 응축시키는 것이 바로 글쓰는 행동이다. 나는 모든 원고를 마구 쓴 보통 글씨로 쓰는데, 왜냐 하면 그 구조가 실제로 형식을 갖추기 시작할 때 내 자신의 생각을 따라가기에 충분할 만큼 빨리 타자를 칠 수 없기 때문이다.

과학과 종교의 영역에 관해 내가 쓴 최초의 책은 물리학을 떠난 내 경험에서 나왔다. 나는 곧바로 그만 둘 수 없었는데, 왜냐 하면 그렇게 할 경우 학칙에 따라 학교를 그만둘 수밖에 없게 될 대학원 지도 제자들에 대해 책임을 져야 했기 때문이었다. 과학에 관련된 일을 끝마치는 데는 18개월이 걸렸다. 나는 실험실에서 커피 잔을 두고 동료들과 몇 번의 대화를 나누었는데, 그들은 나에게 무슨 일이 일어났냐고 물었다. 그들 대부분은 기독교 신념에 대한 내 동기(reasons)를 시험하고 있었다. 예술가인 친구에게 30분 안에 쿼크에 대한 내 신념의 이유를 전달할 수 없는 것과 마찬가지로, 나는 그 짧은 시간 동안 내 생각에 대해 제대로 설명을 해 줄 수가 없었다. 그래서 나는 만일 내게 마음대로 쓸 수 있었던 약간의 시간이 있다면, 내가 말했을 것에 대해서 종이에 기록하겠다고 결심했다. 그 결과물이 바로 『세계가 존재하는 방식』(*The Way the World Is*)[2]이라는 거창한 제목을 가진 조그만 책자다. 이 책에서 명백한 과학에 대해 그렇게 많이 다루지 않았지만 (내가 접촉했던 첫 출판사는 이 이유로 출판을 거절했다) 그 책은 내 저작 대부분을 가로지르는 확신을 단순한 방식으로 표현한 좋은 예가 되었다. 그 확신은 과학적 통찰처럼 종교적 통찰 역시 동기 지워진 신념을 추구하는 데 의존한다는 것이다. 책제목은 완전한 형이상학적 적절성에 대한 터무니없는 주장을 구성하는 것보다는, 합리적으로 근거 지워진 이해라는 생각을 전달하려는 목적으로 붙여졌다.

내가 보좌신부로서 일을 배우고 있을 때는 글을 쓸 시간을 갖지 못했지만, 노동자 계층이 사는 브리스톨 교구로 온 후 거리를 걸어다니면서, 과학과 종교의 유사성과 차이에 대해, 그리고 인간이 경험하는 하나의 세계에 대해 과학과 종교가 서로에게 무엇을 말해야만 하는가에 대해 생각하곤 했다. 내가 교구사제로서 켄트에 오게 되었을 때, 나는 글을 쓸 기회를 갖고 싶다는 조건을 내걸었으며, 그 덕분에 내 생각을 『하나의 세계』(One World)3)라는 책으로 결정화할 수 있었다. 이 책은 과학과 종교의 배경에 대해 개관한 것으로 상당히 지속적으로 팔리고 있다.

나는 결코 앞으로 쓸 책 한 권 이상을 생각해본 적이 없었으며, 당시에는 '과학과 종교'라는 주제로 3부작의 짧은 책을 쓰리라고는 결코 예상하지도 못했다. 그럼에도 불구하고 두 가지 다른 제의가 상당히 빨리 들어왔다. 『과학과 창조』(Science and Creation)4)는 주로 두 가지 주제에 관심을 갖는다. 하나는, 내가 보기에, 자연법칙 바로 그 자체의 구조를 근거로 해서 제공된 통찰력의 적당한 형식으로 자연신학(natural theology)을 부활시킨 것이었다. 자연법칙은, 그것이 지닌 깊은 합리적 아름다움과 이해 가능성에서 그리고 '미세하게 조율되어'(fine-tuned) 인류가 탄생한 결과에서 과학을 넘어서서 보다 깊은 실재(Reality)를 지시하는 것처럼 보인다. 기본적인 물리학에서 과학적 경험을 한 사람들에게 특별히 호소력을 갖는 것은 바로 이러한 통찰력이다. 생물학자들은 세계의 과정을 보다 너절하고 모호한 모습으로 이해하는데, 내가 말하고자 하는 두 번째 주제는 계속적인 창조에서 전개되는 행위 가운데서 필연적으로 불확실하고 희생이 성격을 지닌 것으로 '스스로를 만들어 가는' 진화론적 세계이다. 여기서 나는 내 선배 학자들인 이안 바버(Ian Barbour)나 아서 피콕(Arthur Peacocke)의 생각과, 밴스톤(W. H. Vanstone)의 놀라운 통찰력이 담긴 『사랑의 노력, 사랑의 대가』(Love's Endeavour, Love's Expense)5)의 도움을 받았다. 나는 이 책을 신학 공부를 시작하던 초기에 읽었는데, 그 영향력은 지금까지도 계속 남아 있다.

인식론이 존재론의 모형을 만든다

나는 『과학과 창조』 5장에서 그 다음에 쓴 책에서 자주 다시 제기되곤 할 한 가지 주제에 대한 시험적 탐구를 시작했다. 우리는 정신과 물질의 관계에 대해 이를 유연하고 개방된 조직 속에 있는 단일한 '세계 구성 재료'(world stuff)에 관련된 상보적인 축들(poles)의 관계로 이해하려고 해야만 한다. 이 형이상학적 문제를 적절하게 이해하려고 하는 것은 나의 그리 뛰어나지 않은 능력을 훨씬 넘어서는 것이다(내 생각에 이는 아마 오늘날 그 누구의 능력도 넘어서는 것인 듯하다). 하지만 나는 카오스 이론이 지닌 통찰력이 우리가 조심스러운 성찰 속에서 손을 흔들어 줄 수 있는 유용한 방향에 대한 단서를 제공할지도 모른다고 생각하게 되었다.

나는 이렇게 섬세하고 예민한 물리계들이 지닌 의심할 수 없는 예측 불가능성은, 인식론적 무지에 대한 불행한 표시가 아니라 존재론적 기회의 원천으로 삼아야만 한다고 제안한다. 과학적 실재론에 대한 표어로서 "인식론이 존재론의 모형을 만든다"는 구절을 만들어 내면서, 나는 결정론적 방정식의 존재론은 본래적인 예측 불가능성의 인식론에 완전하게 결합하지 않는다는 것과, 이것은 (거의 모든 사람들이 양자 불확정성의 사례에서 그랬던 것처럼) 보다 치밀하고 유연한 존재론적 설명으로 대치되어야만 한다고 제안한다. 이것은 결국 물리학에서 '상향적'(bottom-up)이며 단편적인 에너지 인과율은, 비-에너지적이며 (non-energetic) 형태를 형성하는(pattern-forming) '활동적인 정보'라고 불릴 수 있는 그런 종류의 '하향식'(top-down) 인과율로 보충되어야 한다는, 범위가 확장된 인과율의 개념으로 귀결되었다. 나는 이것이 우리가 세계에서 행동하는 방식이라고 제안하며, 또 신이 이러한 방식으로 피조 세계와 상호작용 한다고 생각하는 것은 모순이 없다고 주장한다.

신적 행위를 논의한 내 최초의 일관된 시도는 3부작 가운데 세 번째 책인 『과학과 섭리』(Science and Providence)[6]였다. 여기서 나는, 나중에 쓴 책에서 다시 다루기도 한 주제인, 신이 시간과 어떻게 관련을 갖는가를 고찰했다. 비록 현대 과학은 현재의 순간에 대한 기본적인 인간 경험에 대해 만족할 만한 아무런 설명도 제공하지 못하고 있지만, 내 견해로는 "그러면 그럴수록 과학에는 그만큼 더 나쁘다!" 나는 폐쇄우주론(a block universe account)[7]을 거부하며, 세계의 참된 시간성(temporality)을 주장한다. 신은 사물을 그 본성 그대로 알기 때문에, 나는 이것이 신이 그 시간성 속에서 피조 세계를 알고 있다는 것을 함축한다고 믿는다. 신적 본성에는 영원의 극(pole)에 덧붙여서 시간의 극이 있어야만 하며 (이것은 내가 과정신학자들의 상당수 다른 제안들을 거부하는 반면 그들로부터 받아들인 생각이다), 심지어 신조차도 아직 이루어지지 않은 미래를 알지는 못한다는 것이 나의 견해다.

내 저술의 특징은 짧은 책이 계속된 것이다. 나는 한 주제를 생각하고 책을 읽으며, 그러고 나서 내가 생각하고 있는 것에 대해 글쓰기를 시작하는 단계에 도달한다. 이 결과 100여 쪽 정도의 책들이 계속 출판되었다. 나는 할 수 있는 한 지적으로 진지하고 면밀하게 책을 쓰지만, 명백하게 학문적인 형식에 따라서 글을 쓰지는 않는다. 이것은 신중한 선택인데, 나는 초기에 나의 주된 독자는 두 부류가 되어야한다고 결정했다. 첫째 부류는 교육받은 비신앙인들로, 나는 그들에게 기독교가 지닌 합리적으로 동기를 부여하는 신뢰성을 납득시키기를 원한다. 둘째 부류는 교육받은 신앙인들로 나는 이들에게 과학을 진지하게 대하라고 설득하고 그렇게 함으로써 기독교에 대한 이해를 강화하기를 원한다. 나는 이러한 목표가 과학과 신학의 상호작용에 지적인 입력을 제공하려는 것과 모순된다고 생각하지 않는다.

3부작을 출판한 후, 나는 내가 초기에 다루었던 주제로 돌아가서 그것을 보다 자세히 논의하기를 원하고 있다는 것을 알게 되었다. 그 결과로 『이성과 실재』(*Reason and Reality*)[8]가 나왔는데, 각 장에서는 과학적 사유와 신학적 사유가 서로 어떻게 관련되는가에 대한 고찰, 자연신학의 역할, 카오스 이론의 해석에 대한 보다 넓은 논의를 포함해서, 상당히 많은 다른 이슈들의 통합을 추구한다.

기포드 강연

1993년에 에딘버러대학에서 나를 기포드 강연(Gifford Lecture)에 초청했는데, 그 덕분에 지금까지 쓴 책 중에 가장 긴 책을 쓰게 되었다. 대서양 반대편에서 각각 『과학과 기독교 신앙』(*Science and Christian Belief*)과 『한 물리학자의 신앙』(*The Faith of a Physicist*)[9]이라는 다른 제목으로 출판된 것이 분통 터지기도 하지만, 그래도 부제만큼은 "상향식 사유자의 신학적 성찰들"(Theological Reflections of a Bottom-up Thinker)로 동일하게 붙여졌다. 상향식 사유는 경험에서 해석으로 나아가는 상향식 움직임에 근거한 논증들을 사용하면서, 니케아 신조(Nicene Creed)에서 선택한 구절들에 대해서 기독교 신앙에 대한 논의를 엮어 맞추는 것이다. 과학자들은 우리가 먼저 예상하는 능력을 넘어서서 세계가 낯설고 약동한다는 것을 알고 있으며, 그들은 이것이 실제적인 사례라는 것을 보여 주는 증거에 그들이 근거하고 있다는 것을 제공했던 예기치 않았던 통찰들에 개방되어 있다. 그 강연들은 하나의 실습이나 마찬가지였으며, 이를 통해 나는 내 자신의 사유에서 아주 핵심적이었던 동기를 부여했던 믿음을 탐구할 수 있었다. 어떤 의미에서 그것들은 『세계가 존재하는 방식』에서 내가 시도했던 프로그램을 훨씬 더 발전시킨 설명들이었다. 마지막 장은 내가 중요하게 생각했던 신학적인 문제를 논의했는데, 그것은 세계의 거대한 신앙 전통들의 상호관계성을 우리가 어떻게 진정으로 이해할 수 있는가에 대한 것으로, 이 전통들은 아주 분명하게 공통의 영적 영역에 관심을 갖고 있지만, 그러나 또한 그 본질에 대한 인식론적 주장들은 아주 분명하게 충돌한다. 이 해결되지 않은 다양성은 전 세계에 아주 쉽사리 퍼진 과학적 이해의 보편성과 당혹스럽게 대비된다.

기포드 강연 후 휴가가 필요했지만, 글쓰기를 좋아하는 나는 『쿼크, 카오스 그리고 기독교』(*Quarks, Chaos and Christianity*)[10]라는 제목이 붙여진, 과학과 종교에 대한 수다스런 책을 단숨에 마치게 되었다. 이 책이 내가 가장 좋아하는 책이다.

신학자로서의 과학자

가장 최근의 책이 『신학자로서의 과학자』(*Scientists as Theologians*)[11]이다. 내 소중한 동료들, 이안 바버와 아서 피콕 역시 최근 기포드 강연에 초청되었는데,[12] 우리가 행한 세 가지 강좌들을 비교해 보면 많은 공통 주제가 드러나기도 하지만, 또한 신학이 얼마나 커다란 정도로 개념적 자율성을 주장할 수 있는가 하는 문제와, 신학적 사고가 과학적 이해의 형식과 어느 정도까지 조화를 이룰 수 있는가 하는 문제에 관련된 각 강좌들의 전반적인 방법과 결론에서는 일부 재미있는 차이가 드러난다. 우리가 세 사람을 비교하는 예민한 과제를 시도하면서 나는 우리 사이에 공명(consonance)에서 동화(assimilation)까지 이어지는 것을 특징으로 하는 스펙트럼이 있다고 결론을 내렸는데, 여기서 나는 개념적 자율성(공명)의 끝 가까이에, 바버는 통합주의자(동화)의 끝 가까이에, 피콕은 우리 둘 사이 어딘가에 위치하고 있다.

나는 과학과 신학의 논의가 현재 아주 흥미로운 국면에 와 있다고 생각한다. 지금 이 대화는 자연신학과 창조교리의 분명한 경계 지역으로부터, 기독론과 종말론 같은 핵심적인 기독교적 문제들에 보다 밀접하게 개입하는 방향으로 어느 정도까지 움직이고 있다. 과학적 사고를 특징짓는 상향식 사유방식은, 신학함에 있어서 유일무이하게 효과적인 방법으로서가 아니라, 흑인신학이나 여성신학자들이 아주 다른 방법으로 제공했던 특별한 통찰들에 비교할 만한 통찰을 제시할 수 있는 가능한 자원으로서 과학과 신학 논의에 무엇인가를 제공한다.

나는 과학과 종교에 대해서 대중 강연을 상당히 자주 한다. 나는 아주 자주 물리학자이며 동시에 사제라고 말하고, 이 두 측면을 칸막이를 치거나 부정직하게 대하지 않을 뿐만 아니라, 상당한 정도로 서로 상승시키면서 함께 유지할 수 있다고 믿는다고 말하면서 내 강연을 마친다. 내가 현재 온 힘을 바치려고 하는 것이 바로 이 과제다.

(신재식 옮김)

주

1) Jürgen Moltmann, *The Crucified God* (London: SCM, 1974).

2) John Polkinghorne, *The Way the World Is* (London: Triangle; Grand Rapids: Eerdmans, 1983).

3) John Polkinghorne, *One World* (London: SPCK; Princeton: Princeton University, 1986).

4) John Polkinghorne, *Science and Creation* (London: SPCK; Boston: Shambhala, 1988).

5) William Vanstone, *Love's Endeavour, Love's Expense* (London: Darton, Longman and Todd, 1977).

6) John Polkinghorne, *Science and Providence* (London: SPCK; Boston: Shambhala, 1989).

7) Christopher Isham and John Polkinghorne, "The Debate over the Block Universe," *Quantum Cosmology and the Laws of Nature*, ed. Robert Russell, Nancey Murphy and Christopher Isham (Rome: Vatican Observatory, 1993), pp. 135-144.

8) John Polkinghorne, *Reason and Reality* (London: SPCK; Philadelphia: Trinity Press International, 1991).

9) John Polkinghorne, *Science and Christian Belief: Theological Reflections of a Bottom-up Thinker* (London: SPCK, 1994); The Faith of a Physicist (Princeton: Princeton University, 1994).

10) John Polkinghorne, *Quarks, Chaos and Christianity* (London: Triangle, 1994; New York: Crossroads, 1995).

11) John Polkinghorne, *Scientists as Theologians* (London: SPCK, 1996).

12) Ian Barbour, *Religion in an Age of Science* (London: SCM, 1990); Arthur Peacocke, *Theology for a Scientific Age* (London: SCM, enlarged edition, 1993).

제4장

우주는 불합리한가?

폴 데이비스

내가 16살에 이론물리학을 공부하고 있던 때였다. 내가 자연계의 현상을 수학 방정식으로 나타내는 작업을 하는 것을 보고 예술을 전공하는 한 여학생이 놀라면서 내게 물었다. "자연에서 일어나는 일들을 어떻게 방정식을 통해서 알 수 있다는 거지?" 그 후로는 나 또한 내내 그 물음을 마음에 품고 살아 왔다.

과학은 유효하다

과학은 유효하다. 그냥 대충 유효한 게 아니라 굉장히 유효하다. 이론 물리학의 끝이 눈에 보인다고 한 스티븐 호킹(Stephen Hawking)의 말1)에까지 굳이 동의해야 하는 것은 아니지만, 소립자로부터 은하계에 이르기까지 자연계의 방대한 영역이 과학탐구의 범위 안에 망라되었다는 점은 누구라도 인정하지 않을 수 없을 것이다. 갈릴레오는 바

야호로 우주라는 거대한 책이 수학의 언어로 씌어졌다고 선언한 바 있다. 갈릴레오가 운동의 본질에 관한 저서를 내놓은 이후, 기초물리학의 모든 부문에서 수학 방정식이 사용되었다. 심지어는 수학을 바탕으로 한 이론이어야만 신뢰를 받을 정도였다.

궁극적인 진리가 수학이라고 한다면, 너무 단순하게 말하는 셈이 될 것이다. 그러나 고대 희랍 이래 수학은 인간의 사유에서 내내 흥미로운 지위를 누려 왔다. 플라톤은 수학과 기하학의 대상들이 눈에 안 보이고 시간의 틀 밖에 있는 그들 나름의 영역에 위치한다고 믿었다. 그리고 피타고라스 학파에서는, 물리적 세계는 수와 기하 그리고 조화가 직접적으로 현현한 것이라고 믿었다. 그러니까 수학은 애초부터 이 세상 밖의 어떤 영역, 그 어떤 지식과 정신의 영역에 뿌리를 둔 것이었다. 한편 물리학은 물리적인 질료 즉 우리의 감각에 직접 닿아오는 실체적인 사물의 세계를 다루는 것으로 여겨졌다. 그렇게 보면 수리물리학은 한편으로 추상적이고 초월적이며 정신적인 것과 다른 한편으로 물리적이고 실체적인 것 사이의 가교를 마련해 주는 셈이다. 이것은 매우 매력적인 이미지이다. 심지어, 영국의 천문학자 제임스 진스 경(Sir James Jeans)의 말을 빌리자면, 신은 순수 수학자라는 말까지 나오기에 이르렀다.

수리물리학에 관한 그런 관념이 요즘에는 과연 얼마나 타당한 것일까? 자연의 미묘한 작동 모습에서 정말로 뭔가 신성한 기미를 간파할 수 있는 것일까?

이론물리학자의 길을 걸어온 나로서는 과학 일반이, 그리고 특히 물리학이 유효한 일을 한다는 것을 처음부터 당연한 사실로 여겼다. 그러나 날이 가면 갈수록 10대 때에 들었던 의문이 자꾸 되살아나게 되었다. 우리는 어째서 과학이라는 이 멋진 일을 할 수 있는 것일까?

과학은 물리 세계에 관한 몇 가지 전제를 암묵적으로 받아들이고 그것을 바탕으로 해서 성립하였다. 그리고 그 전제들을 문제삼는 일은 거의 없다.

우주는 합리적인 질서와 법칙성을 가지고 있다. 물리학자는 자연의 질서를 가능한 한 그 근본까지 세밀하게 파헤쳐서 그 질서에 작동하는 법칙을 밝혀 내고 수학의 언어로 담아 내는 것을 본업으로 한다. 여기서 중요한 것은, 그 자연의 질서를 실재로 여긴다는 점이다. 과학자들은 자기들이 지어낸 구도를 자연에다가 덮어씌울 뿐이라는 주장도 있기는 하다. 즉 자기들이 미리 설정한 질서 관념을 자연에다가 집어 넣는 것이지 자연으로부터 읽어 내는 것이 아니라는 얘기이다. 과학도 세계에 대한 일단의 신화를 모아 놓은 것일 뿐이며, 옛날부터 내려온 민담이나 주술, 나아가 뉴에이지 신비주의 등과 똑같은 반열에서 실재에 대한 나름의 서술로서 가치를 가질 뿐이라고 보는 문화 상대주의자들이 그런 주장을 반긴다. 그러나 이것은 흉측한 억지일 뿐이다. 행성의 운동을 결정하는 태양의 중력장에 역제곱의 법칙(두 물체 사이에 작용하는 만유인력은 두 물체 사이의 거리의 제곱에 반비례한다. 예컨대 거리가 3배 멀어지면 인력은 9배 줄어든다 / 옮긴이 주)이 작용하는 것은 엄연한 사실이다. 그 사실은 인간이 지어낸 것이 아니다. 지구는 둥글다는 것과 마찬가지로 사실일 따름이다. 인간이 자기의 문화에 알맞게 지구의 모습을 결정하는 것이 아니듯이, 중력의 법칙도 인간이 선택하고 말고 하는 문제가 아닌 것이다.

우주는 지금과는 다른 모습이 될 수도 있었다. 아인슈타인은 언젠가, 신이 세상을 창조할 때 이런 모습이 아닌 다른 모습으로 만들 수도 있는 선택의 여지가 과연 있었을까 하는 문제가 아주 궁금하다고 말한 적이 있다. 물리학에서 말하는 자연의 법칙은 논리적 필연성으로부터 도출된 것일 뿐이라는 주장도 있지만, 그런 주장을 뒷받침할 증거는 없다. 대부분의 과학자들은 우리가 자연에서 관찰하는 일정한 질서가 유일하게 가능한 질서는 아니라는 데 의견을 같이 한다. 그 법칙이 애초에 전혀 다른 것이 될 수도 있었고, 또는 전혀 아무런 법칙도, 심지어는 우주라는 것조차 없었을지도 모른다는 것이다. 이론물리학자들이 하는 일 가운데 하나는, 이론적 개념들을 해명하기 위해 관념적이고 단순화된 상상의 우주들(예를 들자면, 자기 자신과 상호작용하는 단일 양자장을 가진 이차원적 우주)을 구축해 내는 것이다. 그렇게 수학적으로 고안해 낸 모델들은 논리적으로 가능한 실재의 후보들이다. 실제 우주는 그런 모델들과는 전혀 비슷하지 않다. 그러나 우주가 애초에 그런 모델들 가운데 어느 것과 같은 모습이 될 수도 있었다는 것이다. 과학에서 그런 실험과 관찰을 하는 목적은 (아마도 무한한) 여러 가지 우주의 가능태 가운데 과연 어느 것이 우리의 실제 우주인가를 정확하게 짚어내는 데 있다. 한 마디로 말하자면, 자연은 우연이라는 얘기이다.

  자연은 지적으로 파악될 수 있다. 세계를, 적어도 그 일부분만이라도, 인간의 사유로 이해하는 것이 가능하다는 믿음 없이 과학자가 된다는 것은 있을 수 없는 일이다. 그렇지 않다면 무엇 때문에 애써 과학자가 된다는 말인가? 그러나, 하잘것 없는 우리들 호모 사피엔스가 우연한 진화의 사건들을 검토해 보는 정신적 능력을 가지고 있으며, 그 능력을 동원해서 자연의 신비를 풀어나갈 수 있다는 사실은 참으로 놀라운 일이다. 어째서 우리는 그런 일을 할 수 있는 것일까? 세상은 합리적이고 질서도 있으나 인간이 이해하기에는 너무 오묘하거나 너무 복잡하다고 상상해 볼 수 있겠다. 세상을 그런 모습으로 상상하기는 쉬운 일이다. 자연의 법칙성이 한눈에도 분명히 드러나는 그런 세상을 상상하는 것 또한 쉬운 일이다(그러나 이 경우에는 좀 따분하지 않을까 싶다). 그러나 실제 세상의 질서는 대개 감추어져 있고, 아주 복잡한 실험과 계산 과정을 통해서만 간파될 수 있다. 우리가 파악하는 자연의 질서는 어쩌다 마침 그런 모습으로 알아차리는 것일 뿐이다. 한 마디로 우연한 이해 가능성(contingent intelligibility)이다. 이 점은 과학자들에게는 아주 당연하게 여겨지는 것이다. 그리고 내 생각에는 바로 이 점이, 자연에서 우리가 이제까지 알아차린 것보다 뭔가 더 심오한 일이 진행되고 있음을 보여 주는 강력한 증거가 된다. 적어도 자연에는 물리적인 요소뿐 아니라 어떤 지적인 요소도 있음을 시사해 주는 증거라고 생각된다.

뭔가 추상적인 질서가 숨어 있다는 이야기를 조금 더 끌고 나가 보겠다. 물리학자들이 자연 현상을 연구할 때, 법칙성 있는 질서는 대개 즉각 분명하게 드러나지 않는다. 그것은 오직 특별한 조건이 마련되었을 때에만 드러난다. 갈릴레오가 탐구한 낙하의 법칙이 그 좋은 예다. 아무 것이나 주변에 있는 물체 두 개, 예를 들어 컵과 휴지를 동시에 떨어뜨리면, 대개 동시에 땅에 닿지 않는다. 그러나 진공 상태에서 떨어뜨리면 어떤 물체든 똑같은 속도로 떨어진다. 그런데 이 실험에서 드러나는 중력과 운동의 법칙은 물체의 낙하에서만 적용되는 것이 아니라 훨씬 더 넓은 범위에서 작용한다. 그 똑같은 법칙이 컵과 휴지의 낙하에서만 아니라 달의 움직임에서도 작용하는 것이다. 이런 깊은 차원의 연관성이 물리 법칙의 전형적인 특징으로 보편적으로 작용하고 있는 것이다.

그런 의미에서, 물리학은 자연에 감추어져 있는 바탕 텍스트(subtext)를 드러내는 것이라고 할 수도 있다. 물리학의 탐구는 겉으로 드러나는 현상에만 국한되는 것이 아니다. 현상에는 어떤 '메시지'가 수학적 암호로 숨어 있다. 그것은 구체적인 특정 현상들보다 훨씬 더 심오하고 그야말로 근본적인 것이다. 고(故) 하인즈 페이글스(Heinz Pagels) 박사는 스스로 무신론자라고 공표했다. 그러나 한편으로는 자연의 바탕에 숨어 있는 그 텍스트가 '우주의 암호'(the cosmic code)를

표상한다고 보았고, 그 우주의 암호에 대해 갈수록 감상적인 태도를 드러내었다.2)

　예를 또 하나 들어보겠다. 전자기(電磁氣)에 관한 법칙들은 겉으로는 분명하게 드러나지 않는다. 물론 우리는 일상생활에서도 전기와 자기의 기본 현상들에 대해 아주 익숙하다. 그러나 이 힘들이 서로 교묘하게 얽혀 있다는 점은 19세기 초부터 중반에 걸쳐 오랫동안 힘들여 숱한 실험을 한 뒤에야 드러났다. 이들 실험에서는 전선과 자석을 가지고 일반인들은 생각조차 않는 복잡한 장치를 만들어 사용하였고, 자연에서는 아마도 절대로 일어나지 않을 특수한 배열과 조건하에서 실험이 진행되었다. 더욱이 그런 기이한 실험만 가지고 전기와 자기에 관한 법칙성이 밝혀진 것도 아니었다. 제임스 클럭 맥스웰(James Clerk Maxwell)의 과감한 지적 도약이 없었더라면 불가능했을 것이다. 당시로서는 아직 전자기에 관한 방정식을 확립할 만한 증거가 실험을 통해 확보되지 않았다. 그런 상태에서 맥스웰은 수학 외적인, 즉 심미적인 근거를 바탕으로 한 관찰을 동원해서 전자기와 광학 사이에 어떤 관련성이 숨어 있음을 밝혔던 것이다. 뒤에 이 연관성에 대한 수학적 분석이 더 진전되면서 또 하나의 관련성이 드러나게 되었다. 공간과 시간의 연관성이 바로 그것이다. 내가 여기에서 지적하려는 것은 흔히 우리가 과학을 하는 방식, 즉 복잡한 실험 절차를 거치고 그것을 수학적으로 처리해 내는 것이 우리에게는 이미 익숙해진 방식이지만, 실제 세상에 비추어 보자면 매우 기이하고 괴이한 짓들이라는 점이다. 우리가 하필 이런 방식으로 탐구를 하게 된 것은 역사적 정황이 하필 그렇게 형성되었기 때문이다. 실제의 표면적 현상을 파고 들어가 자연의 숨은 바탕 텍스트를 간파해 낼 수 있으리라는 생각 또한 그런 특별한 역사적 정황 덕분에 가능한 것이다.

　우주의 법칙성은 절대적으로 신뢰할 만하다. 물리법칙은 절대적이고 보편적이며 예외가 있을 수 없는 것으로 간주된다. 기적은 허용되지 않는다. 과학자들은 신이 우주 운행에 개입해서 기적을 일으킬 수 있다는 관념, 이른바 '간극의 신'(a God of the gaps) 개념을 거부한다. 그러므로 과학자들은 대신에 우주의 법칙은 타협이 없다는 신앙을 가질 수밖에 없다.

지금까지 언급한 과학의 철학적 버팀목 가운데 많은 것이 유일신 종교에도 나타난다. 유대교, 이슬람, 그리스도교 또한 우주는 꼭 지금과 같은 모습일 필연성은 없다는 신념을 바탕에 가지고 있다. 신이 마음대로 다른 방식의 질서를 도입할 수도 있는 것이다. 또는 혼돈인 채로 놓아 둘 수도 있고, 우주를 전혀 창조하지 않을 수도 있다. 그러니까 우주가 현재 지닌 실제 질서는 그 자체로 필연적인 것이 아니라 순전히 신의 뜻에 달린 우연한 것이다. 그런데 그 신은 합리적이고 지적인 조물주이며, 자기의 피조물에게 신뢰성 있고 법칙성 있는 질서를 부여한다는 것이다. 과학과 유일신관 사이의 이런 '공명'은 새삼스럽게 놀라워 할 일이 아니다. 과학은 합리적 사유를 강조하는 희랍철학과 자연의 우연성을 강조하는 유일신관, 이 두 가닥의 영향을 받으며 서구문명에서 발아한 것이기 때문이다. 갈릴레오나 케플러, 뉴턴 같은 초기 과학자들은 매우 종교적인 사람들이었다. 그들은 과학탐구란 신이 세상을 어떻게 합리적으로 구상했는지 밝혀 내는 것이라고 믿었다. 자연의 법칙은 곧 신의 뜻이며, 그 법칙에서 드러나는 수학적 질서는 곧 신의 암호라는 생각이 널리 퍼져 있었다. 그러니까 '자연신학' 즉 코스모스의 질서와 조화를 통해 신의 역사(役事)를 간파하는 작업이 신의 신비한 계시를 담은 성경과 어깨를 나란히 하게 되었던 것이다.

오늘날 대부분의 과학자들은 무신론자이고, 과학에서 신학적 차원은 완전히 제거되었다. 과학자들은 자연의 법칙을 해명하는 것 ── 또는 우주의 암호를 해독하는 것이라고 해도 좋다 ── 이 자신들의 정당한 업무라고 여기며, 형이상학적인 주제는 무엇이든지, 구태여 신학적인 언어로 제기된 것이 아니라 할지라도, 괴이쩍게 여긴다. 예를 들어 물리법칙들은 어디에서 "비롯되었는가"라든가, 왜 하필 법칙이 그런 식으로 되었는지 하는 질문을 던진다면 물리학자들은 얼굴을 찌푸리며 피해 버릴 것이다. 그들은 더 이상 자연법칙이 신의 뜻이라고 여기지 않는다. 이제 자연법칙은 신학이라는 닻줄에서 풀려나 자유롭게 떠돌게 되었다. 아무튼 그런 법칙이 도대체 왜 있게 되었는지, 또는 왜 하필 그런 형태의 법칙이 되었는지 물어 보라. 대부분의 물리학자들은 그건 자기들 소관이 아니라고 할 것이다. 그런 문제들은 엄격하게 말하자면 학문으로서의 과학의 영역 밖이라는 데 나도 동의한다. 그러나 우리가 인간으로서 그런 의문을 품는 것은 너무나 당연한 일이며, 과학에서 그 해답의 지침을 기대한다는 것 또한 이해할 만한 일이다.

빅뱅 이론에서는 '간극의 신' 개념이 필요치 않다

물리법칙들이 어디에서 "비롯되었는가"하는 의문을 다루기 전에, 우선 아주 널리 퍼져 있는 한 가지 오해를 풀 필요가 있겠다. 물리법칙은 우주가 존재하기 이전에도 이미 있었고, 따라서 그 법칙들을 설명하려면 우주의 기원이 된 빅뱅 이전에 어떤 일이 있었는지 따져 보아야 한다는 생각이 바로 그것이다. 빅뱅 이론은 아마도 '간극의 신' 개념이 마지막으로 기댈 수 있는 피난처일지도 모르겠다. 우주의 운행에 신이 개입한다는 관념을 거부하는 사람들조차도 흔히 이런 말을 한다. "아무튼 애초에 뭔가가 빅뱅을 일으켰을 것 아닌가!" 우주가 생성되기 이전에 이미 존재하고 있던 신이 창조 이전 또는 창조 중 어느 순간에 우주의 법칙들을 만들었을 것이라고 하는 짐작을 전제로 하는 말이다.

그러나 이것은 현대 물리학과 우주론에서 이해하는 시간 및 인과의 본질에 대해서는 완전히 잘못 알고 하는 소리이다. 인과개념은 보통 시간의 존재를 전제로 한다. 시간 속에서 영원히 존재하며 그러다 어느 순간 갑자기 자기 뜻대로 우주를 만드는 그런 조물주 개념은 이미 오래 전에 힙포(Hippo)의 성 아우구스티누스(St. Augustine)에 의해서 거부된 바 있다.3) 그는 "세상은 시간과 함께 만들어졌지 시간 속에서 만들어진 것이 아니다"라고 역설하였다. 달리 말하자면, 시간 그 자체도 피조물인 것이다.

아우구스티누스의 주장은 현대 물리학과 아귀가 아주 잘 맞는다. 아인슈타인은 시간도 물리적 우주의 한 부분이며, 공간 및 물체와 밀접하게 관련을 맺고 있음을 밝혀 주었다. 그러니까 우주 전체가 어떻게 해서 시작되었는가를 과학적으로 설명하려면 시간이 어떻게 존재하게 되었는가를 설명해야 한다. 빅뱅 이론은 무(無)로부터 공간과 시간, 그리고 물체가 생성되는 물리적 메커니즘을 제시함으로써 이에 대한 설명을 시도하는 것이다.4) 빅뱅 이론은 아직은 그저 개설적인 제안일 뿐이지만, 그것만으로도 우주가 물리법칙을 어기지 않고 저절로 생겨날 수도 있었음을 충분히 보여 준다. 빅뱅을 설명하는 데 신의 손길이라든가 자연법칙의 유보 같은 것을 전제할 필요는 전혀 없는 것이다. 그러나, 빅뱅을 설명하는 데 동원되는 물리법칙들이 우주의 생성과 함께 비로소 존재하게 되었다고 하는 것은 말이 안 된다. 만약 그렇다면 우주의 기원을 설명하는 데 그 법칙들을 끌어들일 수는 없을 것이기 때문이다.

추상적인 수학법칙을 물리적인 우주 그 자체와 비교하는 것 또한 범주 혼동의 오류이다. 이 둘 모두가 시간 속에서 어느 때인가 생성되어야 하는 '사물들'인 것은 아니다. 법칙이라는 것은 물리적 사물들에 대한 서술이지 어느 때인가 생성되는 그런 사물이 아니다. 법칙이란 시간과 공간 너머의 것이다. 법칙의 존재는 추상적이고 시간 외적이다. 그리고 어떤 의미에서는 그것이 서술하는 우주보다도 더 근본적인 것이다. 애초에 우주가 어떻게 해서 무(無)로부터 생성되었는가를 설명하는 데 동원되는 법칙이라면, 그럴 수밖에 없는 것이다.

그러니까 과학은 '빅뱅 이전에는 어떤 일이 있었나?'라든가 '무엇이 빅뱅을 일으켰는가?' 하는 질문이 사실상 의미가 없음을 보여 주었다. 스티븐 호킹의 말을 빌리자면, 그것은 이를테면 북극의 북쪽에는 무엇이 있는지를 묻는 것과도 같다.5) 답은 "아무 것도 없다"이다. 어떤 신비한 무(無)의 세계가 있다는 뜻이 아니라, 그 질문에서 말하는 그런 장소는 존재하지도 않으며, 워낙 그 정의(定義)상 존재할 수도 없기 때문이다. 마찬가지로 빅뱅 이전의 시간이라는 것은 존재하지 않는다. 그 이전이라는 시간은 없는 것이다.

그러므로 이야기는 아주 분명하다. 신이 이를테면 우주적인 주술사로서 창조 이전부터 시간 속에 존재하다가 어느 때인가 세상을 창조하고 그것이 스스로 굴러가도록 내버려두다가 아주 가끔 개입을 하기도 한다는 식의 관념은, 과학적으로나 신학적으로나 모두 말이 안 된다는 것이다. 물리법칙에 의하면, 우주는 빅뱅이라는 그 기원을 비롯해서 그 자체가 스스로 전개된다. 아우구스티누스는 신을 완전히 시간 밖에 위치하면서 우주의 물리적 실재를 유지하고 보장하는 존재로 보고자 했다. 이것이 그리스도교 신학자들 사이에 지배적인 견해가 되었다. 신학자들 가운데에는 심지어 신을 하나의 존재로 보기보다는 존재 그 자체로 보는 이들도 있다. 그리스도교에서 '창조' 개념은 일반 대중의 생각과는 달리 우주의 기원에 신의 조작이 작용했다는 뜻이 아니다. 그것은 우주의 존재가 언제나 신을 근거로 한다는 뜻이다.

여기에서 다시 물리법칙의 문제, 그 출처로 돌아가 보자. 그 형이상학적인 문제에 접근하는 좋은 방법 하나는 다음과 같은 질문을 던지는 것이다. 물리법칙이 지금 우리가 아는 것과는 다른 모습일 수도 있다는 것을 전제하고 지금 실제로 작용하고 있는 물리법칙들(이론상으로 가능한 후보들 말고)을 보자면, 뭔가 아주 특별하다거나 참 기가 막힌다거나 아니면 참으로 교묘하다거나 하는 그런 면은 없는가? 이에 대한 대답은 분명히 '있다'이다. 거기에는 여러 가지 근거를 댈 수 있다.

자연에는 우연성, 불확정성, 창조성, 그리고 생명이 포함되어 있다

생물학자 자크 모노(Jacques Monod)에 의하면, 자연은 우연과 필연의 혼합이다.6) 만약에 우연뿐이라면 온통 혼돈일 것이고 세상은 조리도 없고 일관성도 없을 것이다(그러나 누구나 알다시피 세상은 조리도 있고 일관성도 있다). 한편 오직 필연성뿐이라면(즉, 모든 것이 고정된 법칙에 따라 엄격하게 결정된다면), 정말로 새로운 물리적 체계나 과정도 없을 것이며, 자유도 없을 것이고 복잡할 것도 없을 터이다. 그러나 실제 우주의 법칙은 우연과 필연의 절묘한 혼합이다. 모든 것이 미리 엄격하게 정해져 있는 것은 아니면서도, 우리가 '우주'(universe)라고 부르는 전체 세상은 통일성과 일관성, 조직성이 있게 할 만큼 충분한 법칙성이 있다. 그 결과로 빚어진 것이 풍부한 다양성을 담고 있는 세상이고, 이것은 어떤 의미에서는 우주가 취할 수 있는 모든 가능한 모습 가운데에서도 최선의 것이라 할 수 있다.7) 자연에 자유와 창조성이 들어 있음에 따라, 인간의 자유와 창조성도 그 일부로 허용이 된다. 스튜어트 카우프만(Stuart Kauffman)에 의하면, 복잡한 체계는 '혼돈의 가장자리'(the edge of chaos)에서 전개되는 경향이 있다. 거기에는 전반적인 무정부 상태에 빠져드는 것을 막을 만큼의 충분한 법칙성도 작용하지만, 또 한편으로 기이한 일들이 일어날 여지도 있을 만큼 충분한 우연성(또는 혼돈)도 담겨 있다.8) 그렇게 절묘한 혼합으로 확정성과 불확정성을 모두 허용하는 법칙들은 아마도 매우 특별한 형태일 것이다. 일반적인 법칙성 개념을 거기에 적용할 수는 없다.

실제로 불확정성은 원자보다 더 미세한 차원, 즉 양자 차원에서 일어난다. 과학과 신학 사이의 대화와 관련해서 가장 중요한 시사점을 바로 여기서 찾을 수 있다. 우주가 그 자체로 생성되었다는 점을 설명할 때 과학자들이 그 근거로 동원하는 것이 양자물리학이기 때문이다. 앞에서도 언급했듯이, 우주는 무(無)로부터, 밖으로부터의 아무런 조작 없이 저절로 생성되었다고 보는 것을 가능케 하는 이론이 개설적으로나마 정립되어 있다. 어떤 물리적 실체가 그 전엔 아무 것도 없던 데에서 갑자기 생성되었다고 하는 것은 도무지 이해가 안 갈지도 모르겠지만, 물리학자들에게는 이미 익숙해진 개념이다. 아무 것도 없는 데에서 양자 처리과정(quantum processes)을 통해 물질의 소립자를 생성시키는 것은 실험실에서 흔히 해내는 일이다. 이 양자 법칙을 보외(補外, extrapolation)를 통해 확대 적용해 보면(엄청난 확대 적용이 되겠지만), 공간과 시간도 이런 식으로 생성되었을 가능성에 이르게 된다. 그러나 우주가 그렇게 저절로 생성될 가능성을 허용하는 물리법칙은 앞에서 언급하였듯이, 우연과 필연의 절묘한 혼합에 의거하는 정말 엄청나게 신기한 법칙이다. 다시 말하거니와, 여기에는 구태의연한 법칙 개념이 발붙일 데가 없다.

더욱이 우주의 생성은 한번의 빅뱅으로 끝난 것이 아니다! 빅뱅으로 막 '생성된' 우주는 사실상 별로 흥미롭지 않은 모습이었다. 그저 한결같은 아원자적 입자들의 도가니, 또는 어쩌면 그저 팽창하는 빈 공간일 뿐 다른 것은 거의 없는 그런 모습이었다. 오늘날의 우주가 보여 주는 엄청나게 풍부하고 다양한 물리적 형태 및 체계들은 그 태초 이후

기나긴 자체 조직화의 과정을 거쳐 등장하게 된 것이다. 그러니까 자연은 생성, 창조를 결코 멈춘 적이 없는 것이다.9)

자연의 그런 창조성은 물질과 에너지에 담겨 있는 여러 가지 특별한 성질에 의거한다. 그런 특질들은 최근에 와서야 비로소 해명이 되었다. 많은 물리적 체계들이 저절로 더 복잡하고 또는 더 조직화된 상태로 도약하려는 경향을 본래 가지고 있다는 것이 새로운 과학——복잡성의 과학(the science of complexity)——에 의하여 밝혀지고 있다. 그 하나의 간단한 예가 이른바 베나드 불안정성(Benard instability)이다.10) 냄비에 물을 끓이면, 처음엔 무형이며 균질적인 상태였지만 갑자기 일정한 양태로 대류가 일어난다. 그 실험을 아주 정확하게 시행한다면, 대류는 체계적인 육각형 형태를 이룬다. 화학, 천문학, 생물학, 그리고 심지어 경제학에서까지도 그와 같은 자체 조직화, 자체 복잡화 현상이 관찰된다. 그러니까 우주가 무(無)로부터 저절로 생성된 것도 물리법칙으로 설명이 될 뿐만 아니라, 그렇게 생성된 우주가 저절로 조직화되고 복잡화되어 정말로 멋진 양상에까지 이른 것에서도 또한 물리법칙을 볼 수 있는 것이다.

그런데 조직화와 복잡화가 어느 정도 충분해진 차원에 이르면, 또 하나 새로운 현상이 우주에 등장한다. 생명이 바로 그것이다. 어떻게 해서, 또는 어디에서 생명이 생성되었는지에 대해서는 과학자들도 아직 전혀 모르고 있다. 어디선가——아마도 지각(地殼) 아래 깊은 곳——화학물질들의 잡탕 속에서 어떤 형태의 화학 반응이 일어나는 와중에 우연히 생명이 생성되었을 것이라고 한다.11) 화학적인 작용들이 진행되어 차츰차츰 생명의 생성에까지 이를 확률에 대해서는 서로 다른 의견들이 날카롭게 대립하고 있다. 분자들이 우연히 조합되어서 생명체가 생겼다는 것이 대부분의 생물학자들 생각이다. 그러나 그렇다면 생명 생성이 안 되었을 확률은 그야말로 천문학적이다.12) 관측 가능한 우주의 모든 행성이 온갖 분자들의 잡탕으로 뒤덮여 있다고 할지라도, 우주의 수명 안에 그런 식의 생명 생성이 두 번 다시 일어날 확률은 거의 없다고 할 수 있다. 그러니까 이런 견해가 옳다면 자크 모노가 지적했듯이 우리는 분명히 "감각의 범위를 훨씬 초월하는 이 방대한 우주" 속에 유일한 생명의 세계라는 결론에 확실하게 도달하게 된다.13)

다른 견해도 있다. 생명은 우주가 스스로 조직화하고 복잡화하는 과정의 연장선상에서 생성된 것이라고 하는 견해이다. 이렇게 보면 생명 생성이 안 일어났을 수도 있는 확률이 현저히 줄어든다.14) 화학과 물리학에서는, 어떤 무형의 체계가 스스로 조직화하는 경향에 의하여 저절로, 그리고 정말 절묘하게 매우 특이한 조직적 복합체로 변할 수 있다. 그러니까 스스로 조직화되는 일련의 화학적인 작용들이 진행되면서 물질들이 생명의 구조를 이루는 방향으로 나아가게 되었고, 그 조직적인 복잡성이 갈수록 커지면서 다윈이 말하는 것과 같은 진화 과정이 시작되었을 가능성도 생각해볼 수 있는 것이다. 이렇게 보면 생명의 생성은 한낱 화학적 돌연변이, 즉 일어날 확률이 지극히 낮지만 아무튼 별로 중요치 않은 우주의 한 구석에서 어쩌다 일어난 우연한 사건이 아니라, 우주의 기본 법칙들이 자연스럽게 작동하는 가운데 그 한 부분으로 일어난 일이다. 생명은 우연히 생긴 것이 아니라, 자연의 한 근본적인 요소라는 뜻이 될 것이다.15) 내가 주장하듯이 우주가 그 무엇인가에 대한 것이라고 본다면—즉, 이를테면 우주의 '목적' 같은 것이 있다면,—생명이 단순히 화학적 돌연변이인지, 아니면 반대로 어떤 의미에서는 충분히 '예견된 것'인지 하는 물음이 아주 중요해진다. 우주에 어떤 목적성이 있고 그것이 생명을 자연스럽게 생성시켰다고 한다면, 생명(그리고 그 연장선상의 호모 사피엔스까지)도 그 '목적'의 일부로 간주할 수 있다. 그렇다면 과연 우주의 다른 곳에도 생명이 존재하는지, 아니면 지구라는 이 한정된 지역에만 있는지 하는 것이 이런 입장의 타당성을 가늠하는 하나의 시금석이 된다.

외계의 생명과 우주의 목적성을 인정하는 입장

화성에 생명체가 존재할 가능성이 있다고 해서 최근에 많은 흥분을 자아냈는데, 이것은 사실은 불행하게도 외계에 생명 문제에 대한 올바른 이해에 방해가 되는 듯하다. 어떤 우주적 충격 메커니즘에 의해서 미생물 화석이 담긴 화성의 바위가 지구까지 날아오게 되었다면, 그 똑같은 메커니즘에 의해서 화성으로부터 지구로, 또 지구로부터 화성으로 생명체가 옮아오고 옮겨 갈 수 있었을 것이다.16) 지구에는 아마도 38억 년 전쯤에 생명이 존재했다고 하는데, 그 때까지만 해도 행성들은 소행성과 미행성체들의 엄청난 폭격을 받고 있었다. 엄청난 양의 잔해들이 우주 공간으로 튀어 올랐을 것이고, 그 중 많은 것이 결국에는 다른 행성들에 끌려들어 갔을 것이다. 알다시피 미생물들은 바위 속 깊숙한 곳에서도 건재할 수 있다. 그러므로 행성들 간에 미생물들이 교환되는 것은 불가피했을 듯하다. 그러므로 화성에 생명이 존재한다고 해서 이 태양계에 생명의 생성이 두 번, 그러니까 지구와 화성에서 각각 따로 일어났다고 주장할 수는 없다. 그랬다고 하더라도 화성의 생명체와 지구의 생명체는 생화학적으로 전혀 다를 수밖에 없다. 물론 언젠가는 지구의 생명체와는 별도로 생성된 미생물체의 증거를 확보하게 될 수도 있다. 그럴 수만 있다면 생명이 생성되도록 하는 방향으로 작용하는 자연의 법칙이 존재한다는 것, 그리고 생명은 하나의 근본적인 우주 현상이라는 주장을 극적으로 확신할 수 있을 것이다. 다시 말하거니와, 지금까지 밝혀진 그 어떤 자연법칙도 우주는 생명이 생성되는 방향으로 움직인다는 견해를 뒷받침해 주지 못한다. 생명의 생성에 필요한 매우 독특한 방식으로 물질이 스스로 조직화되도록 하는 것은 극히 특별한 형태의 법칙일 수밖에 없다(이른바 인본 원리 anthropic principle라는 주제하에 벌어진 많은 논의에서 이 특수성의 일면이 거론되어 왔다).17) 우주 여러 곳에 생명이 풍부하다면, 그것은 우주가 어떤 의미, 목적을 지닌 것임을 강력하게 시사하는 증거가 될 것이다. 그러나 그것도 범종설(汎種說, panspermia)18)이 배제된다는 전제하에서만 그런 증거 구실을 할 수 있다.

 수십 억 년의 진화 과정이 진행된 뒤, 생명에 의식과 지능이 생겼고, 우리들처럼 과학과 추론을 통해서 세계의 의미를 파악하는 존재, 수학——우주의 열쇠——이라는 것을 개발한 존재들이 생겨났다. 이렇게 해서 우리가 아는 한 가장 복잡한 체계(인간의 두뇌)가 형성되고, 그것이 우주의 가장 기본적인 측면——우주의 수학적 법칙들——과 맞물리는 정신 활동을 가능케 한 것이다. 그러니까, 자연의 법칙에 의하여 생성된 어떤 체계가 그것을 생성시킨 바로 그 법칙을 이해할 수 있다는 이야기가 된다. 그리스도교 교리와의 이 놀라운 공명이 의미가 있느냐 없느냐는 지구의 진화가 전적으로 맹목적인 것인지, 아니면 어떤 의미에서 미리 예정되어 있는 것인지 여부에 달려 있다. 지능과 의식이라는 것이 눈썹이나 턱뼈 경우처럼 다만 진화과정에서 일어난 돌연변이 현상일 뿐이라면, 우리의 정신적인 능력은 순전히 우연한 것이며 과학과 수학을 통해서 우주를 이해하는 우리의 능력도 마찬가지로 순전히 우연일 뿐이라고 주장할 수 있을 것이다. 그러나 만약 지능과 의식의 생성이 어떤 법칙성 있는 진화 과정——자발적 조직화 이론이 시사하듯, 물질이 더 조직화된 복잡성을 지향하도록 계속해서 이끌어가는 것——에서 필연적으로 귀결된 것이라면 이야기가 달라진다. 우리는 다시금 우리 자신을 우주에 의하여 생성된 존재로 볼 수 있고, 우주는 생명 친화적일 뿐 아니라 정신 친화적이기도 한 그런 것이 된다. 그렇다면 지능이 있는 생명체는 진정으로 우주적인 의미를 갖는 셈이다.

생물학자들은 첫째 시각을 강력하게 지지한다. 즉 진화는 맹목적인 것으로서 미리 예정된 목표 따위는 없고, 목적론은 끔찍한 저주라는 것이다.19) 다윈이 말한 것과 같은 돌연변이와 적자생존만이 진화적 변화의 메커니즘이라고 한다. 자발적 조직화라는 것도 생물 발생 이전 단계에서나 어떤 역할을 할 뿐, 진화 과정이 시작되자마자 사라지게 되어 있다는 것이다. 만약 지상에서 생명을 다 말살하고 영화를 아예 처음부터 다시 돌린다면, 지능과 의식이 다시 또 생성될 가능성은 거의 확실하게 없다는 것이 그들의 주장이다. 우주의 다른 곳에 지능 있는 생물이 있을 것이라는 기대 또한 가질 수 없다고 한다. 여기에서도 다시 외계 생명체 탐색이 또 하나 새로운 의미를 갖게 된다. "외계 지능 탐색"(SETI, Search for Extraterrestrial Intelligence) 사업 같은 것을 통해서 이 우주에 결코 우리만 있는 것이 아님을 밝혀 낸다면,20) 그것은 우주에 어떤 목적이 있음을 말해 주는, 그리고 생명과 의식의 생성은 우주 법칙에 기본적으로 각인된 복잡성 지향 추세의 한 부분이었음을 말해 주는 강력한 정황 증거가 될 것이다. 그저 별 생각 없이 우주에는 지능을 가진 생명체가 많을 것이라고 언급하는 과학자, 해설자들도 많다. 그러나 그들은, 이미 상식이 된 다윈 진화론에 의하면 이티(ET) 같은 것이 존재할 가능성이 얼마나 철저하게 배제되는지, 만약 그런 지능 생명체를 발견하게 된다면 그것이 얼마나 강력한 목적론의 증거이자 반(反)진화론적인 증거가 되는지를 모르고 그런 소리를 하는 것이다. 그러니까 만약 그런 발견을 하게 된다면 코페르니쿠스와 다윈, 아인슈타인이 발견한 것을 다 합친 것보다 더 엄청난 힘으로 우리의 세계관을 바꾸어 놓게 될 것이다. 물리적 존재는 목적성이 없다고 흔히 되풀이되는 그 주장이 완전히 깨져버릴 것이다.21)

불합리에 우왕좌왕하는 무신론자들

지금까지의 이야기를 통해서, 우리는 지금까지 우리가 흔히 생각해 왔던 것과 같은 구식 우주가 아니라 일단의 기가 막히게 절묘한 법칙들에 지배되는 우주에서 살고 있으며, 인간의 존재도 아마도 그 우주의 근본적인 틀 안에 한 자리를 갖고 있으리라는 시각이 독자들에게 설득이 되었기를 바란다. 우리가 우주의 중심 또는 신의 피조물의 정상에 위치하는 존재는 아니지만, 그렇다고 해서 우리의 존재에 별다른 의미가 없는 것 또한 아니다. 우리는 아주 특별한 법칙들의 산물인 것이다.

무신론자들은 이런 주장에 대해서 어떻게 반응할까? 자연의 그 절묘한 질서는 어디에서 온 것일까 하는 의문에 대해서는 뭐라고 답변할까? 내 경험에 의하면, 대부분의 무신론자들은 이 대목에서 어물쩍거리고 만다. 세상 모든 것은 자연법칙을 가지고 설명될 수 있다고 주장하였으나, 그 법칙들 자체의 기원 문제에 오게 되면 정신적으로 일종의 뒤공중제비(backflip)를 해 버린다. 즉, 법칙체계는 그저 그대로 하나의 주어진 사실로 받아들여야 한다는 것이다. 법칙들은 그냥 이유 없이 존재한다는 것이고, 한 마디로 우주는 불합리하다는 얘기이다.

이 주장에서 역력하게 드러나는 모순은, 우주의 불합리성을 가지고 논리적이며 합리적인 세계의 기반으로 삼는다는 점이다. 어떤 무신론자들은 이 함정을 피하기 위해 선택 우주 이론(cosmic selection theory)에 의지하기도 한다. 우리가 사는 우주는 무한히 많은 다양한 우주들 가운데 하나일 뿐이라는 것이다.[22] 이에 의하면, 이 다양한 실재들 가운데 오직 아주 작은 일부에서만 생명과 의식 있는 존재에 알맞은 법칙 및 조건들이 작용한다. 그러므로 우리의 우주가 그렇게 질서정연한 것도 놀라운 일은 아니다. 대부분의 다른 우주에서는 우리가 생존할 수 없었던 것이다.

이 선택 우주 이론의 문제점은, 우리가 보는 이 우주를 설명하기 위해서는 우리가 보지 못하는 우주가 무한하게 있을 것을 전제해야 한다는 데 있다. 바로 이 점에서 이 이론은 안 보이는 신을 전제하는 유신론과 별로 다를 바가 없다. 더욱이 우리 눈에 보이는 법칙들을 어째서 우리가 보는가는 이 이론이 설명할 수 있을지 몰라도, 도대체 애초에 어째서 우주들이, 또 법칙들이 있는가는 설명해 주지 않는다.

아마도 다 우주 이론(many universes theory)에 대한 가장 강력한 반증은, 우리가 우리의 우주에서 관찰하는 법칙성의 정도가 생명의 존재에 필요한 법칙성의 정도보다도 훨씬 더 엄격하다는 데서 찾을 수 있다. 예를 들어, 양자 및 중성자 영역에서 볼 수 있는 매우 엄격한 규칙성들은 사실 생명 문제와는 아무런 직접적인 관련이 없다. 예를 들어 전하(電荷) 보존의 법칙은 기본 물리법칙이다. 그 법칙이 어긋난다면, 그리하여 전자들이 격렬하게 파동 치는 부하(負荷)를 가질 수도 있다면, 안정된 상태의 원자라는 것이 있기는 불가능한 일일 것이다(따라서 우리가 지금 알고 있는 것과 같은 화학 또한 불가능할 것이다). 그런 상태의 우주에서는 생명의 존재 가능성을 거의 생각할 수 없다. 그러니까 전하 보존의 법칙이 심하게 깨진다면 분명히 생명에 위협이 될 것이다. 그러나 생명에 관한 한 조그만 위반은 별다른 영향이 없다. 그런데도 사실상 전자의 부하는 일정하며 변동이 10억 분의 1 이내라는 것을 우리는 실험을 통해서 알고 있다. 이것은 생명에 필요한 정도보다 훨씬 더 엄격한 셈이다. 그런 변동은 생화학 차원에서는 거의 아무런 의미가 없다. 그러므로 그런 엄격한 법칙을 선택한 주체가 생명일 수는 없는 것이다. 선택 우주 이론은 무목적성, 우연성을 전제로 한다고 했다. 그러므로 [예를 들어 전하 보존의 법칙에서 보이듯이 아주 단순한 규칙성만이라도 통계로 잡히는 것이 있다면 그] 간단한 통계만 가지고도 확실한 예측이 성립된다. 즉, 자연에서 관찰되는 질서는 생명의 존재에 필요한 최소한의 양일뿐이리라는 것이 거의 확실하다고 할 수밖에 없는 것이다. 그러나 자연에서는 [생명에 직접 필요한 것보다] 훨씬 더 큰 정도의 질서가 관찰된다. 이러한 사실은 맹목적인 우연성을 전제로 하면서 생명체가 자신에 적합한 질서를 선택한다는 원칙과는 도대체 아귀가 맞지 않는다. 그 이상의 어떤 원칙들이 있을 수밖에 없음을 시사하는 것이다.

유신론자들이 대면해야 할 물음: "누가 신을 만들었는가?"

무신론자들이 궁극적인 문제에 맞닥뜨리면 우왕좌왕한다고 했는데, 유신론자들도 그보다 더 나을 것이 없다. 신이 세상을 만들고 일단의 현명한 법칙들을 선택했다고 선언하는 것만으로는 전혀 실질적인 설명이 되지 않는다. 누가 또는 무엇이 신을 만들었냐고 하는 물음이 제기될 수밖에 없는 것이다. 신은 왜 존재하며 어떻게 해서 자연에 질서를 부여하게 되었는가를 말하지 않는 한 그 설명은 공허한 주장일 뿐이다. 무로부터의 창조(*creatio ex nihilo*)라는 그리스도교의 교리는 신이 우주를 전혀 다른 모습으로 만들 수 있었다는 이야기로 귀결된다. 그렇다면 신은 왜 하필 이런 우주를 만들었을까 하는 의문이 뾰족하게 고개를 든다. 그것이 아무 이유 없이 임의로 그렇게 한 것이라고 한다면, 우리는 다시 우주는 불합리하다는 결론에 빠지게 된다. 한편으로 신의 본성에 따라 결정된 것이라고 한다면, 그 본성은 과연 어떻게 해서 하필 그렇게 정해졌는가? 신 또한 달라질 수도 있었다는 말인가?

   신이 오직 하나라면, 신의 본성도 그냥 있는 그대로일 수밖에 없다. 그러므로 신의 창조는 필연이다. 그러나 우주가 필연이라면, 하필 신을 끌어대는 이유는 무엇인가? 그러므로 우리가 자연계를 넘어 물리적 실존 뒤에 있는 것이 무엇인가 하는 질문을 제기할 때에는 무신론과 유신론 모두 당혹스러운 모순의 난무 속에 허물어져 버리고 만다. 단선적인 추론을 적용해서 설명을 시도하면 언제나 문제가 발생하게 마련이다. 모든 추론의 사슬은 항상 어떤 사실들을, 예를 들어 신이든 우주든 물리법칙이든 또는 논리적 원칙이든 간에, 이미 주어진 것으로 전제하고 그것을 출발점으로 삼아 이어지는 것이기 때문이다.

우주는 불합리한가 아니면 목적이 있는가?

내 생각에는, 유신론이 되었건 무신론이 되었건 간에 그 추상적이고 형이상학적인 주장들 가운데 어느 것이 더 그럴 듯한가는 문제가 되지 않는다. 정말 중요한 문제는, 과학이 밝혀 낸 우주에 의미와 목적의 자리가 있는가 없는가 하는 것이다(물론, 의미니 목적이니 하는 개념 자체가 간단하지 않아서 신중하게 논의를 할 필요가 있다는 점을 잘 알지만, 지면의 제한 때문에 여기서는 그것을 논하지 못한다). 바로 이것이 문제의 핵심인 것이다. 우리가 사는 우주는 아무 이유 없이 생성되었고, 아무런 생각 없이 맹목적인 어떤 힘들에 의하여 움직이는 입자들의 집합으로 구성되었을 뿐이며, 아무 의미 없는 최종의 상태를 향해 가고 있는가? 아니면 뭔가 그 이상의 것, 더 심오하고 의미 심장한 그 무엇이 있는가? 한 마디로, 우주는 결국 아무런 이치도 없는 불합리한 것인가, 아니면 무엇인가를 의미하는가? 그리고 내가 아는 한은, 겸손하고 개방적인 정신으로 우리의 과학적 탐구를 밀고 나가는 것 이외에는 이 물음들을 다룰 더 좋은 방법이 없는 것 같다.

(윤원철 옮김)

주

1) Stephen Hawking, *Is the End in Sight for Theoretical Physics?* Lucasian Chair Inaugural Address (Cambridge: Cambridge University Press, 1980).

2) Heinz Pagels, *The Cosmic Code* (New York: Bantam, 1983).

3) St. Augustine of Hippo, *Confessions*, Book 12, Ch. 7.

4) Paul Davies, *The Mind of God* (New York: Simon & Schuster, 1992); Stephen Hawking, *A Brief History of Time* (New York: Bantam, 1988).

5) Hawking, *Brief History*.

6) Jacques Monod, *Chance and Necessity* (New York: Knopf, 1971).

7) Paul Davies, *The Mind of God* (New York: Simon & Schuster, 1992), Ch. 7.

8) Stuart Kauffman, *At Home in the Universe* (Oxford: Oxford University Press, 1995).

9) Paul Davies, *The Cosmic Blueprint* (New York: Simon & Schuster, 1987).

10) Ilya Prigogine and Isabelle Stengers, *Order out of Chaos* (London: Heinemann, 1984), Ch. 5.

11) Paul Davies, *The Fifth Miracle* (New York: Simon & Schuster, 근간).

12) Bernd-Olaf Kuppers, *Information and the Origin of Life* (Cambridge, Mass.: MIT Press, 1990), Ch. 6.

13) Monod, *Chance and Necessity*.

14) Kauffman, *At Home in the Universe*.

15) Paul Davies, *Are We Alone?* (New York: Basic Books, 1995).

16) Paul Davies, "The Transfer of Viable Microorganisms Between Planets," in *Evolution of Hydrothermal Ecosystems on Earth (And Mars?)*, Ciba Foundation Symposium 202 (New York: Wiley, 1996), pp. 304-317.

17) John Barrow and Frank Tipler, *The Anthropic Cosmological Principle* (Oxford: Clarendon Press, 1986).

18) Svante Arrhenius, *Worlds in the Making* (London: Harper, 1908), Ch. 8; Fred Hoyle and Chandra Wickramasinghe, *Our Place in the Cosmos* (London: Dent, 1993).

19) Richard Dawkins, *The Blind Watchmaker* (New York: London, 1987).

20) Davies, *Are We Alone?*

21) Steve Weinberg, *The First Three Minutes* (London: Andre Deutsch, 1977), p. 149.

22) Lee Smolin, *The Life of the Cosmos* (London: Orion Books, 1997).

제5장

'행위하는 신'은
진정 자연 안에서 활동하는가?

로버트 존 러셀

> 신이 행하시는 "기적적인 행위"(「시편」, 145:4), "불가사의한 위업"(「시편」, 40:5), "기이한 일"(「시편」, 107:21)은 성서적 역사의 근본 주제이다. 그리고 성서적 신앙의 대상은, 과거에 끊임없이 자신의 권능을 행하셨고 미래에도 여전히 그러하실 것이라 기대되는 한 분(the One)이심이 분명하다.
>
> 고든 D. 카우프만[1]

> 성서는 신의 행위를 기술한 책이 아니라 히브리 종교를 기술한 책이다. …… 성서는 신이 행했을 것이라고 히브리인들이 믿었던 그 행위와 말을 기술한 책이다. 그러나 물론 우리는 신이 그러지 않았다는 것을 알고 있다.
>
> 랭던 길키[2]

그리스도교 신앙과 실천의 핵심은 바로 예수 그리스도가 제자들에게 가르친 기도에 담겨 있으며, 그 기도에서 중심이 되는 것은 다음과 같은 간구다. "당신의 나라가 임하게 하시오며, 뜻이 하늘에서 이루어진 것 같이 땅에서도 이루어지게 하옵소서." 이러한 간구가 비록 제자라는 신분에 따르는 희생을 통해 개인의 신앙에 엄청난 도전을 제기하고는 있었지만, 그래도 그 간구는 신약성서 시대에는 충분히 이해될 수 있을 만한 그런 성격의 것이었다. 그러나 20세기를 살고 있는 우리에게 이 간구가 제기하는 도전은 견디기 힘들 정도로 증폭된다. 우리 시대의 특성을 적어도 다음의 다섯 가지로 특징짓는다면, 이러한 맥락에서 이 간구가 의미하는 바는 대체 무엇일 수 있을까? 어떻게 해야 오늘날 이 간구가 그리스도교 신앙의 중심이 될 수 있을까 하는 물음은 접어두고라도, 과연 어떻게 해야 그것을 이해시킬 수나 있는 것일까? 우리 시대의 다섯 가지 특성을 살펴보자.

1. 과학적 우주론. 150억 년의 역사를 가진 우주의 광활함은 우리의 상상력에 도전을 제기하며, 우주가 지닌 한결같은 세속성은 그 어떤 분화된 창조 개념('하늘과 땅')도 거의 믿을 만하지 못한 것으로 만들어 버린다.
2. 자연에 대한 환원주의적, 유물론적, 결정론적 철학. 이들은 18~19세기에 이루어진 대대적인 신학적 발전 속에서 주도권을 잡았다. 이들은 자연을 인과 관계의 그물망 안에 갇혀 있는 것으로 기술함으로써, 자연 안에서 이루어지는 인간의 행위와 신의 행위를 통합적으로 이해할 가능성을 차단하였다.
3. 세계 종교들의 진리 주장들에서 나타나는 실질이면서도 현저한 차이들. 이로 인해 각 종교들의 진리 주장을 이해할 수 있는 어떤 규범적인 인식론이 성립할 수 없게 된 듯하다. 그리고 이렇게 이해 불가능해진 진리 주장들 중에는 지상에서 이루어지는 신의 보편적 통치라는 기독교적 언어도 포함된다.

4. '왕국'(kingdom)이라는 언어의 연상 작용으로 인해 성서 및 신학 전통 내에 생기게 된, 신적인 (그리고 인간적인) 힘에 관한 가부장적 개념의 만연 및 그것의 파괴적 영향력. 이는 우리로 하여금 신의 내재성을 새로이 강조할 것과, 세계 안에 두루 존재하는 신의 행위들을 서술할 때 페미니즘 언어를 포함시킬 것을 촉구한다.
5. 금세기의 세계를 위협하는 인간의 악과 자연의 위험에서 비롯되는 헤아릴 수 없는 손실. 작금의 세계는 상상을 초월한 기술력으로 무장된 인간의 크나큰 사악함과 타락이 황폐와 대량학살을 불러일으키고, 우리를 핵의 악몽으로 몰아 넣고 있다. 또 생태계는 인간의 탐욕으로 인해 대량 멸종의 위기에 직면해 있다. 그리고 우리가 수십억 년에 걸쳐 진화해 온 자연의 역사를 "수단 방법 가리지 않는 피비린내 나는 것"으로 인식하면서, '자연악'(natural evil)의 범위도 한층 더 확대되고 있다. 오늘날 그리스도교 신앙의 이해 가능성에 대한 도전은 실로 근본적인 것이라 할 수 있다. 특히 칸트적, 실존주의적, 또는 신정통주의적 해법에서 다소의 위안을 찾거나 아니면 신앙을 개인적 또는 사회적 실천/해방으로 축소시킴으로써 그 위안을 찾는 사람들에게 그 심각성은 더욱 두드러진다. 이들은 모두 신학을 지적인 삶의 주류로부터 추방하여 문화적 게토(ghetto)로 몰아 넣은 자들이다.

이 장의 극히 소박한 과제는 이러한 전체 그림에서 한 부분만을 지적하는 데 있다. 즉 자연과학과 비환원주의적 인식론의 관점에서 신적 행위(divine action)의 이해 가능성을 다루는 것이다. 최근의 동향인 포스트모던적 전체론과 더불어 오늘날의 물리학, 우주론, 진화생물학, 정신 및 신경 과학은 실제로 자연에 관한 새로운 사고 방식을 제공하고 있다. 이로 말미암아 그리스도교인들은 인간 삶 속에서의 신의 행위뿐만 아니라, 로렌 아이슬리(Loren Eisley)가 유려하게 표현했듯이 진화의 '광대한 여행' 속에서의 신의 행위까지도 일관되게 말할 수 있게 되었다. 이 무한한 진화의 여행은 지구상에서 30억 년에 걸쳐 진행되었으며, 더 나아가 빅뱅이 일어난 우주의 시초에까지도 거슬러 올라간다. 더욱이 만약 자연이 본래 열려 있고, 또 우리와 같은 복잡한 생물학적 체계에서 '상향식' 인과율(bottom-up causality)뿐만 아니라 '하향식'(top-down) 인과율과 '전체-부분'(whole-part) 인과율까지도 작용하는 경우라면, 신의 행위는 비개입주의적(non-interventionist)인 방식으로 이해될 수 있다. 나는 이런 추세로 진행되는 최근의 노력들이 장래성이 있으며, 그 연구를 심화하고 인식을 넓혀갈 충분한 가치가 있다고 생각한다.

이러한 노력들은 신학과 과학이 창조적인 상호 변형의 새로운 관계로 진입하고 있다는 것을 전제로 한다. 불균형과 경계를 존중하면서도 내재화된 기본 관계를 인식하는 여느 돈독한 동반자 관계와 마찬가지로, 과학과 종교 각각은 상호작용을 통해 무언가를 배우게 될 것이다. 과학과 종교 각각은 자신의 연구 프로그램에 새로운 가치가 덧붙여지는 것을 알게 되고, 더 나아가 인류 공동체를 향한 공통된 지향점을 발견하게 될 것이다. 분리된 두 세계에 갇혀 있거나 부적절하고 불필요한 갈등으로 대중의 신뢰를 고갈시키기보다는, 신학과 과학 사이에 새롭고 더 조화로운 관계를 맺어 가는 것이 양측 모두에게 필수적이다. 과거 2, 3세기 동안 우리에게는 특별섭리를 이해하는 두 가지 대안밖에 없었다. (1) 우리가 반응하는 자연과 역사 속에서 나타나는 신의 객관적 행위들로서의 특별섭리. 이 때 신의 행위들은 오로지, 자연 세계와 역사 세계에 대한 신의 개입으로만 이해될 수 있다. (2) 신의 행위들에 대한 우리의 주관적인 반응. 이 때 신의 행위들은 모든 사건에서 일률적이고 동일한 것으로 이해되어야 한다. 그러나 나는 이러한 가정들이 더 이상 지속될 수 없으며, 이제 우리가 제3의 대안을 선택해야 한다고 주장하는 바이다. 과거의 두 대안은 고전 물리학과 현대의 환원주의 철학에 기초한 것이다. 그러나 오늘날 양자역학, 유전학, 진화, 정신/뇌 문제 등과 같은 자연과학의 변화와, 환원주의에서 전체론으로의 이행, 그리고 전체/부분 분석과 하향식 분석의 타당성 확보 등과 같은 철학상의 변화로 말미암아, 이제 우리는 특별섭리를 자연과 역사 속에서 나타나는 신의 객관적 행위들로 이해할 수 있게 되었으며, 동시에 자연과학과 모순되지 않는 비개입주의적인 방식으로 그 행위들을 이해할 수 있게 되었다. 물론 신이 구체적인 특정 순간들 속에서 행위 했는지 또는 행위하는지 하는 물음은 해결되지 않은 채로 남아 있다. 그러나 이제는 더 이상 개입주의라는 혐의를 씌워 그 물음을 자동적으로 배제하는 일은 있을 수 없다. 간단히 말해서 우리는 100년 이상 동안 불가능하다고 여겨 왔던 것들을 시작할 수 있게 되었다. 즉 우리는 성서가 증언하는 '기적적인 행위'를 신이 정말로 행했을 것이라고 확실히 믿을 수 있게 된 것이다. 서두에 인용된 구절들을 보자면 고든 카우프만(Gordon D. Kaufman)이 옳을지도 모른다. 랭던 길키(Langdon Gilkey)는 성서의 패배를 통보했지만, 그 실패는 새로운 신학적 패러다임으로 대체될 수도 있다! 결국 '성서의 기이한 세계'는 놀라운 방식으로 현실 세계가 될 수 있을지도 모른다!

그 다음으로 나는 오늘날 활발하게 진행되고 있는 다양한 연구 기획들을 검토해볼 것이다. 여기에는 매우 전도 유망한 공동 프로젝트뿐만 아니라 개별 학자들의 연구까지도 포함된다. 끝으로 나는 가장 장래성 있고, 지속적인 재정 지원 및 프로그램 지원을 받을 가치가 있는 권고들을 제시할 것이다. 이 장을 미개척지로부터 도착한 보고서라고 생각하기 바란다. 그곳에서는 뜻밖의 함정들도 널려 있고, 막다른 골목들도 불쑥불쑥 나타난다. 하지만 그 와중에서도 진보는 실제로 일어나고 있다. 그 진보로 말미암아, 신은 자신이 그토록 사랑하는 세계 안에서 창조자이자 구원자로 행위하신다는 신앙의 케리그마(kerygma)가 확실하게 입증될 것이다.

역사적 조망

일반적으로 신적 행위, 구체적으로는 특별섭리가 20세기 중반에 어떻게 개념화되었는지에 관한 이야기부터 해 보기로 하자.3) 당시의 상황은 개신교 신학과 로마 가톨릭 신학 모두에 걸쳐 넓은 의미에서의 자유주의적 견해와 보수주의적 견해 사이에 깊은 골과 단절이 가로놓여 있었다. 신은 정말로 세계 안에서 무언가 새로운 일을 행하는가? 아니면, 일률적이고 규칙적인 신의 행위에 대해 단지 우리가 그렇게 반응하는 것일 뿐인가? 이 물음의 중요성은 결코 과소평가 되어서는 안 된다. 뿐만 아니라, 그 물음에 설득력 있게 답하는 것이 얼마나 어려운지 하는 것도 과소평가 되어서는 안 된다.

세계 안에서 신이 행위 한다는 관념은 성서적 증언의 핵심을 차지한다. 아브라함의 부름에서부터 출애굽, 예수의 탄생, 사역, 죽음과 부활, 그리고 오순절에 이루어진 교회 설립에 이르기까지, 신은 새로운 일이 일어나게 만드는 존재로 나타난다.4) 이 '기적적인 행위'를 통해 신은 창조하고 구원한다.

신의 섭리에 대한 믿음은 많은 다양한 형태로 전개되었지만(문제가 되는 부분이 없지는 않았다5)), 그럼에도 불구하고 교부 시대에서 중세를 거쳐 종교개혁에 이르기까지 비교적 손상되지 않은 채로 온전히 보존되어 왔다. 인간의 자유와 악의 현실성에 대한 물음들은 보편적 행위 주체인 신에 대한 믿음을 버리게 하는 동기로 작용하기보다는 오히려 진지한 신학적 관심을 요하는 문제로 간주되었다.

그러나 17세기의 근대 과학과 18세기의 계몽주의 철학이 대두하면서 많은 사람들은 섭리에 대한 전통적인 관점을 거부하게 되었다. 뉴턴 역학은 우주를 인과적으로 닫힌 체계로 서술하였고, 그러한 우주 안에서 특정한 사건에 작용하는 신의 특별한 행위는, 설령 자리잡을 여지가 있다손 치더라도, 거의 없게 되었다(따라서 이는 오직 개입에 의해서만 가능하다). 한 세기 후에 피에르 시몽 라플라스(Pierre Simon Laplace)는 뉴턴 방정식의 결정론을 인식론적, 형이상학적 환원주의와 결합시켜, 모든 자연을 비인격적인 메커니즘으로 기술하였다. 데이빗 흄(David Hume)은 신을 제1원인이자 세계의 설계자로 보는 주장에 도전장을 던졌다. 그에 대한 응답으로 임마누엘 칸트(Immanuel Kant)는 '비판철학'을 구성하였다. 칸트에 따르면, 종교는 우리의 지식(순수이성의 활동)에 있는 것이 아니라 도덕적 의무에 대한 우리의 감각(실천이성의 활동)에 있다. 그 결과 과학 영역과 종교 영역은 '두 세계'로 분리되기에 이르렀고, 이는 기독교 신학에 가늠하기 힘들 정도로 큰 영향을 미쳤다.

19세기 들어 신학은 그 내용과 구조에 대해서 뿐만 아니라 심지어 그 방법에 대해서까지도 근본적인 물음에 부딪쳤다. 아마 틀림없이 이 세기에 가장 영향력 있는 인물이었던 프리드리히 슐라이어마허(Friedrich Schleiermacher)는 칸트에 대한 응답으로써 종교를 개인의 경건성, 즉 절대 의존의 감정 안에 다시 자리매김했다. 슐라이어마허는 신이 세계와 맺는 관계를 보편적인 신의 내재성이라는 측면으로 이해하였다. 그 결과 창조와 섭리의 구별이 무너졌다. 기적에 관해 말하자면, 이것은 "······ 단지 사건에 대한 종교적 명칭에 다름 아니다. 기적에 대한 종교적 관점이 우위에 서는 순간, 모든 사건은, 심지어 가장 자연적이고 일상적인 사건까지도, 기적이 될 수 있다."6) 19세기 후반 들어 섭리에 대한 신학적 불신에 다윈주의에 관한 논쟁이 더 추가되었

고, 그로 인해 많은 사람들은 자연 안에서의 신적 행위에 대한 모든 관념을 버리게 되었다.7)

20세기 전반기의 개신교 신학은 주로 칼 바르트(Karl Barth)에 의해 형성되었고, 그 주제는 '전적인 타자'(wholly other)로서의 신으로 집약된다. 주관성에 근거를 둔 종교가 포이에르바흐나 프로이트의 작품에 대한 비판으로 나아갈 수 있다는 것을 인식한 바르트와 그 후계자들은, 세계를 창조하고 구원하는 신의 객관적 행위를 흔들림 없이 고수했다.8) '행위하는 신'(God who acts) 관념은 뒤이어 일어난 1940년대와 1950년대 '성서신학'(biblical theology) 운동의 품질보증 표시로 지속되었다.9)

그러나 바르트의 신정통주의와 성서신학 운동은 신적 행위에 대한 믿을 만한 설명을 제시하는 데 성공했는가? 서두에서 인용했던 유명한 1961년의 글에서 랭던 길키는 결코 그러지 못했다고 강력하게 주장한다. 길키에 따르면 신정통주의는 성서적/정통적 언어와, 자유주의적/현대적 우주론의 불행한 합성물이다. 신정통주의는 불가사의한 사건들을 통해 행위하는 신에 관한 성서 언어를 계속 유지하고 또 계시를 객관적 행위에 포함되는 것으로 파악함으로써, 자유주의 신학으로부터 거리를 두려 하였다. 그러나 자유주의와 마찬가지로 그것은 고전 물리학이 기술한, 자연은 닫힌 체계라는 근대적 전제를 받아들였다. 결과적으로 정통주의가 언어를 일의적이고 명확하게 사용했던 데 비해, 신정통주의는 언어를 기껏해야 유비적으로, 나쁘게 말하면 모호하게 사용하고 있는 것일 뿐이다.10)

신정통주의가 신적 행위를 만족스레 설명하는 데 실패한 덕분에, 우리는 이 장을 통해 바로잡고자 하는 문제의 핵심에 다다르게 된다. 그것은 바로 신적 행위의 문제를 둘러싼 자유주의와 보수주의 간의 크나큰 간극이다. 닫힌 기계론적 우주에 대한 과학적 설명과 부분이 전체를 결정한다는 근대 환원주의 철학을 전제로 한다면, 마치 우리에게는 단지 두 가지 대안밖에 없는 것처럼 보인다. 즉, 신은 자연법칙을 깨뜨리거나 일시 중단시킴으로써 특별한 사건들에 객관적으로 개입하거나('보수주의적' 접근법), 아니면 비록 우리가 주관적으로 어떤 일부의 사건들에만 이러저러하게 반응한다 할지라도 결국 신은 모든 사건들 속에서 일률적으로 활동한다('자유주의적' 접근법).11) 이 둘 중의 하나인 것이다. 이밖에 제3의 선택이 있겠는가?

섭리론의 중심

간략하게나마 문제가 놓인 맥락을 분명히 함으로써, 그 문제를 신학적으로 첨예화해 보기로 하자. 신적 행위의 문제는 섭리론(doctrine of providence)의 핵심을 이룬다.12) 섭리론은 창조론을 전제로 하면서도, 동시에 창조론을 더욱 의미심장하게 해 준다.13) (이 점은 과정신학 process theology이 공유하고 있지 않은 점이다. 그러나 나는 과정신학까지도 유형론에 포함시키고자 한다. 더 상세한 논의는 과정신학자들을 다루는 뒤의 절로 넘기겠다.) 창조론이 신이 존재하는 모든 것의 존재 원인이라는 점을 강조한다면, 섭리론은 신이 존재하는 모든 것이 지닌 의미와 목적의 원인이라는 점을 강조한다. 신은 우주를 창조했을 뿐만 아니라, 그 우주를 신의 목적들이 실현되는 방향으로 인도하고 이끌어 간다. 비록 자연적, 역사적 사건들의 과정 속에서 이 목적들이 부분적으로 드러나기도 하지만, 그 대부분은 우리에게 감추어져 있다. 신이 그 목적을 이루는 방법 또한 숨겨져 있다. 우주의 역사 전체에 걸친 신의 행위는 종말론적 미래에 가서야 비로소 완전히 드러날 것이다 (「고린도전서」 13:12).

일반섭리(general providence)란 모든 사건을 이끌어 가는, 신의 보편적인 행위를 지칭한다. 특별섭리(special providence)란 특정한 사건에서의 신의 구체적인 행위를 일컫는다. 이 구분을 위한 전통적인 근거는, 섭리에 대한 확신이 개인의 삶과 역사 속에서 특정한 구원의 순간을 맥락으로 해 생겨나는 경향이 있으며, 따라서 그 확신은 특별섭리의 측면에서 가장 쉽게 이해된다는 데 있다.

특별섭리는 신의 일률적이고 미분화된 행위에 대한 우리의 반응이라는, 본질상 주관적인 용어로 이해되어야 하는가? 아니면 그것은 특수한 사건들 속에서의 신의 특정한 행위에 대한 우리의 반응이라는, 객관적인 용어로 이해되어야 하는가? 앞서 살펴보았듯이, 이 물음이 지난 세기 동안 자유주의 (그리고 실존주의) 신학을 보수주의 신학에서 분리시켰다. 루돌프 불트만(Rudolf Bultman), 고든 카우프만, 모리스 와일즈(Maurice Wiles) 등은 주관주의적 해석의 중요한 대표자들이다.14) 찰스 핫지(Charles Hodge), 도날드 블뢰쉬(Donald Bloesch), 밀라드 에릭슨(Millard Erickson) 등은 객관주의적 관점을 취한다.15)

그렇다면 문제는 우리가 이 사건들을 '특별한' 것이라 부르는 게 과연 옳은지 하는 것이다. 왜냐 하면 우리는 이 사건들과 더불어, 이 사건들을 통해, 그리고 이 사건들 안에서 작용하는 신의 특유한 행위에 실제로 반응하고 있기 때문이다. 주관적 반응은 객관적인 신적 행위에 기초해 있는가? 이 물음은 훨씬 더 명확하게 바꿀 수도 있다. 만약 신이 어떤 특정한 사건 속에서 특정한 방식으로 행하지 않았다면, 그 사건은 평소 일어나는 것과는 다른 방식으로 일어났을 것인가? 다시 한 번, 흉내낼 수 없을 정도로 독특한 길키의 글을 인용해 보자. "신자들에게 [신의 행위]는 여타의 사건들과 객관적으로 또는 존재론적으로 다른 것임에 틀림없다. 만약 그렇지 않다면 그 어떤 기적적인 행위도 존재할 수 없으며, 다만 이에 대한 우리의 믿음만이 존재하게 될 것이다. …… 신과 일상적 사건들과의 관계가 어떠한지, 그리고 신이 특별한 사건들과 어떤 관계를 맺을지를 구체적으로 일러주는 사건의 존재론만이 현재 텅 비어 있는 기적적 행위의 유비를 채워 줄 수 있을 것이다.……"16)

요약하면 특별섭리의 의미를 둘러싼 논쟁의 본질은, 신이 특별섭리에 해당되는 사건들에서 행위를 할 때 일반 섭리의 범주에 들어가는 사건에서와는 다른 식으로 행하는가 하는 것이다. 주관적 관점을 채택한 사람들은 특별섭리가 일반 섭리에 흡수되는 경향이 있으며, 일반 섭리는 신적 행위에 대해 미분화된 단일한 관점을 제시하는 창조론과 대체로 잘 융합된다고 본다. 객관적인 특별섭리를 고수하는 사람들은 특정한 사건이나 경험에 대한 우리의 반응이 그 사건과 경험 내에서 작용하는 신의 특별한 행위에 기초해 있다고 본다.

객관적인 특별섭리와 개입

계몽주의 이후, 객관적인 특별섭리의 관념은 신적인 개입에 대한 믿음을 불러일으켜 온 것으로 보인다. 즉 그것은 신이 특정한 사건 속에서 활동하기 위해서는, 신이 자연에 개입해서 자연법칙을 위반하거나 적어도 잠시 중단시켜야 한다는 믿음이다. 객관적인 특별섭리와 개입 사이의 연결 고리가 포착된 원인이 기계론적 물리학과 환원주의 철학의 결합이라는 사실은 아무리 강조해도 지나치지 않다. 만약 물리적 세계가 인과적으로 닫힌, 결정론적 체계라면, 또 전체로서의 세계의 작용이 궁극적으로 그 전체를 구성하는 물리적 부분으로 환원될 수 있다면, 자유로운 주체――그것이 신이든 인간이든――의 행위는 자연 과정에 대한 위반을 수반할 수밖에 없다.17) 따라서 자유주의자들, 실존주의자들, 그리고 신정통주의 및 보수주의자들은 거의 모든 것에서 견해차를 보였지만, 객관적 특별섭리와 개입 간의 연계성에 대해서만큼은 대부분 당연한 것으로 받아들였다.18) 그리하여 대체로 선택은 둘 중 하나로 좁혀졌다. 즉, 개입주의자라는, 더 극단적인 경우 반(反)과학적 신학이라는 비난을 감수하고서라도 객관적인 특별섭리를 긍정할 것인가, 아니면 과학과는 아무 상관없는 신학, 또 많은 경우 사사화된 신학(privatized theology)이라는 비난을 무릅쓰고서라도 객관적인 특별섭리를 버릴 것인가 하는 선택 말이다. 이 점에 비추어 볼 때 제3의 선택이 결정적으로 중요해진다.

20세기 신학이 기계론적 과학이 남긴 유산들과 씨름하는 사이에, 과학 자체는 지대한 중요성을 지닌 혁명을 겪고 있었다. 19세기 말 무렵 고전 물리학은 새로운 근본적 발견들로부터 점점 더 도전 받게 되었다. 20세기의 첫 10년 동안 고전 물리학은 공간, 시간, 물질, 인과율에 대한 우리의 이해를 그 근본에서부터 뒤바꿔 놓은 두 개의 새로운 이론에 의해 대체되었다. 특수 상대성이론과 양자역학이 그것이다. 같은 시기에, 뉴턴이 상정한 무한하면서도 정적인 우주론은 아인슈타인의 팽창하는 빅뱅 우주로 대체되었다. 또 열역학과 카오스 이론은 고전적 체계를 검토함으로써 질서가 혼돈으로부터 자동적으로 발생한다는 점을 새롭게 조명하고 있었다.19) 이제 적어도 양자역학에 의해 이해된, 그리고 어쩌면 다른 자연과학 분야에서 이해된 자연은 뉴턴 과학에서와 같이 닫힌 인과적 메커니즘이 아니다. 오히려 자연은 차라리 '스위스 치즈' 같은 존재론을 갖춘 일시적이면서도 열린 과정이다. 그런 우주라면 인간 행위 주체는 물론 더 나아가 신적 행위 주체(divine agency)까지도 실제로 물질에 영향을 미칠 수 있다는 사고가 최소한 가능해진다.

이와 동시에 철학 사조 자체도 거대한 전환을 겪고 있었다. '포스트모던'이라는 용어는 놀랄 만큼 다양한 의미를 갖고 있지만, 대부분의 경우 근대의 환원주의적 인식론을 거부하고 전체론 철학으로 이를 대체한다는 의미가 담겨 있다. 앞으로 살펴보겠지만, 여기에는 '수반'(supervenience)이나 '상향식' 인과율뿐 아니라 '하향식' 인과율이나 '전체-부분' 인과율 같은 범주도 포함된다. 내가 '비개입주의적인 객관적 특별섭리'라고 부르는 것이 성립 가능할 수 있었던 것은 바로 철학의 전환과 자연과학의 전환이 결합된 덕분이다.

하지만 여전히 놀라운 것은 우리의 과학 지식에서 이루어진 급속한 증대와 급진적인 변화가 전지구적인 것이었음에도 불구하고, 20세기의 신학 공동체들은 오래 전에 폐기처분된 기계론적 물리학에 대처하던 전략을 고집스레 추구하고 있었다는 점이다. 그리고 그 과정에서 대체로 신학은 이러한 변화들이 갖는 의미와 중요성은 고사하고 변화가 일어나고 있다는 사실조차도 인식하지 못하고 있었다(테이야르 드 샤르뎅Teilhard de Chardin과 과정신학은 주목할 만한 예외다). 앞으로 살펴보겠지만, 신적 행위에 관한 신학 논쟁의 정점—— 신은 자연에 개입하지 않고도 특수한 사건들 속에서 객관적으로 활동할 수 있는가?—— 은 이러한 과학적 변화들이 매우 생산적일 수 있는 바로 그 지점이다. 그리고 신학자들이 신학과 과학을 연결하려는 노력을 기울이고 있는 것은 이 놀라운 세기의 끝을 향해 달려가고 있는 바로 지금 뿐이다.

비개입주의적이고 객관적인 특별한 신적 행위

뉴턴 이후의 현대 과학과 포스트모던 철학에 비추어 볼 때, 나는 우리가 신은 세계 속에서 객관적으로 행위하며 또 그 행위는 자연법칙에 개입하거나 그 법칙을 잠시 중단시키지 않고도 가능하다는, 특별섭리에 대한 새로운 견해를 구축할 수 있다고 믿는다.20) 나는 이 관념을 "비개입주의적이고 객관적인 특별한 신적 행위"로 부르고자 한다. 신학과 과학 영역에서 신적 행위에 관해 현재 이루어지고 있는 논의의 대부분은 이제 이 가능성에 달려 있다.

다음 페이지에서 우리는 일단 포스트모던적인 전체론의 견지에서 이 입장을 철학적으로 정당화하는 일에 착수할 것이다. 언젠가는 상향적, 하향적 접근을 동시에 활용해 행위 주체에 대한 더욱 완전무결한 설명을 구축할 수 있을 것이라 기대하면서, 원칙적으로 우리는 상향식 논증뿐만 아니라 하향식 논증과 전체—부분 논증 모두를 검토해 보고자 한다. 그러나 서술상의 간결함을 위해 우리는 오로지 일차적인 관심사에만 초점을 맞출 것이다. 그것은 곧 양자역학과 상향식 인과율, 그리고 자연 속에서의 자유로운 행위 주체의 의지의 실현이라는 문제다. 유전학과 진화론 영역에서 구체적인 사례들이 제시될 것이며, 결말 부분에서는 나의 제언에 대해 제기되는 몇몇 이견들과 그에 대한 답변들이 제시될 것이다.21)

포스트모던적 전체론

낸시 머피(Nancey Murphy)에 따르면 우리는 철학에서 근대의 종착점에 서 있다. 그리고 "희소식이 있다면, 신학의 선택권을 그토록 제한해 왔던 모든 철학적 입장들이 넘을 수 없는 장애물에 봉착하였으며, 기존의 입장들을 대신하는 새로운 입장들이 제안되었다는 것이다."22) 그녀는 "자유주의 신학과 보수주의 신학이라는 구분을 완화"해 줄 것으로 보이는 '역사주의적 전체론'(historicist-holism)을 뒷받침하기 위해 칼 포퍼(Karl Popper), W. V. O. 콰인(W. V. O. Quine), 임레 라카토스

(Imre Lakatos), 알레스데어 맥킨타이어(Alasdair MacIntyre) 등을 끌어온다.23)

그렇다면 이는 신적 행위의 문제에 어떤 영향을 미치는가? 머피는 위계질서가 매겨진 과학들에서 출발한다. 그런데 여기서 그녀는 자신이 '비환원적 물리주의'(nonreductive physicalism)라 부르는, 환원주의적이지 않은 창발적(emergent) 관점을 취한다. 실반 슈웨버(Silvan Schewber), 아서 피콕(Arthur Peacocke), 닐 A. 캠벨(Niel A. Campbell)과 같은 과학자들에 의하면, 오늘날 물리학과 생물학 내에서는 상향식 분석에 대한 인식뿐만 아니라 하향식 분석에 대한 인식도 증대하고 있다. 하향식 인과율은 철학적으로 보자면 수반(supervenience)이라는 용어로 서술될 수 있다. 그것은 상위 차원에서의 맥락이 도덕적 가치 같은 상위 속성과 물리적 폭력 같은 하위 속성 사이의 관계를 결정한다는 개념이다.24) 따라서 우리는 "자연과학적 위계와 사회과학적 위계의 모든 층위들을 구성하는 자연법칙의 총체성이 흠잡을 데 없이 완전한 것은 아니라고 얼마든지 생각할 수 있다. …… 자연 역사와 인간 역사의 방향을 빈틈없이 완벽하게 설명하기 위해서는 신적 행위를 인식할 필요가 있을지도 모른다."25)

그러나 맥락적 분석은 하향식 인과율을 보증하기에 충분한가? 곧 나올 책에서 필립 클레이튼(Philip Clayton)은 '강한 수반'(strong supervenience)이라 불리는 한층 더 공고한 형태의 수반까지도 옹호하고 나선다. 여기서 상위 차원은 하위 차원으로부터 창발되어 나온다. 그러나 상위 차원에는 하위 차원의 것들로 환원될 수 없는 인과적 상호작용들이 포함되어 있다.26) 나는 클레이튼이 꼭 필요한 방향으로 가고 있다고 생각한다. 나는 다만 하위 차원에서의 비결정론 없이는 정신적 행위 주체가 어떻게 세계 속에서 물리적으로 활동하는지 파악하기가 힘들 것이라는 주장을 거기에 덧붙이고자 한다.

그러면 하향식 상호작용 또는 전체-부분 상호작용은 어떠한가? 머피는 아서 피콕이 제시한 접근법, 즉 전체로서의 우주에 대한 신의 행위를 엄밀한 하향식 방법으로 기술하는 것을 지지한다. 머피는 또한 상향식 인과율의 필요성에 대해서도 인정한다. 그러면 이제 그녀를 따라서, 이러한 접근을 가능케 하는 근거가 되는 양자 비결정론을 살펴보기로 하자.

양자물리학과 비결정론적 해석

고전 물리학에서부터 진화생물학에 이르기까지의 모든 것이 자연과학 안에 통합되어 있는 전통적인 아리스토텔레스적 의미에서 볼 때, 우연한 사건이란 두 개의 전혀 무관한 인과적 궤적이 예기치 않은 방식으로 병치된 상태를 말한다. 자동차의 충돌, 주사위 던지기, 온도 변화에 따른 염색체의 운동, 카오스 체계의 끊임없는 불안정, 날씨 변화, 지진과 화산 활동, 바다와 파도의 운동, 세포가 분열할 때의 유전자 재조합 등이 그것이다. 이 같은 식으로 인식되는 우연성은 볼츠만 통계[(Boltzmann statistics 또는 이는 '종형 곡선'(bell-curve)으로 잘 알려져 있다. 1856년에 맥스웰이 기체분자의 속도분포 법칙으로서 발표하고 후에 볼츠만이 일반화하여 맥스웰-볼츠만 통계(Maxwell-Boltzmann statistics)이라 불리기도 하는 고전 통계역학의 기본법칙 중 하나로서, 열평형 상태에 있는 다수의 동종입자 집단에서 각 입자가 취할 수 있는 상태를 통계적으로 나타낸 것. 종형 곡선이란 도수분포 곡선이 평균값을 중앙으로 하여 좌우 대칭인 종 모양을 이루어 가운데가 가장 높고 좌우 끝이 가장 낮은 정규 분포(normal distribution)를 이루는 곡선이다 / 옮긴이 주]에 의해 수학적으로 기술되며, 자연과학들에 널리 퍼져 있다. 우리가 기저에 깔린 원인들을 모르거나 혹은 이를 무시하고 싶을 때(원칙적으로는 원인들이 있다고 믿으면서도), 우리는 바로 이런 종류의 우연에 대해 말하고 있는 것이다. 원칙적으로 우리는 세포에서 은하에 이르기까지의 자연 과정을 완벽하게 인과적——즉 결정론적——으로 기술할 수 있다. 우리는 단지 편의상 통계적 서술을 선택한 것일 뿐이다.27)

우연성을 인식론에만 한정시키는 대신에, 어떤 자연 과정들은 사실상 존재론적으로 비결정론적이라고 말할 수 있을지도 모른다. 이 주장에 따르면 자연 과정에 영향을 미치는 자연 조건들의 전체 집합, 다시 말해 과학이 발견하고 방정식을 통해 서술할 수 있는 자연 조건들의 총 집합은 그 과정의 정확한 결과를 결정하는 데 원칙적으로 충분치 않다. 미래는 존재론적으로 열려 있다. 물론 미래는 현재 작용하고 있는 자연 요인들로부터 영향을 받는다. 하지만 그와 동시에 미래는 그 요인들에 의해 불충분하게 결정되어 있다. 과학의 방정식에서 발견되는 통계가 기저에 깔린 인과 과정을 극도로 상세하게 산정해 낼 수 있는 속기법인 것은 아니다. 그 대신 통계는 기저에 깔린 자연적 원인들 모두를 남김없이 포괄하는 완전한 집합은 존재하지 않는다는 것을 보여 준다. 우리가 과학적으로 기술할 수 있는 인과 조건 안에서, 인과 조건을 통해, 그리고 인과 조건 너머에서 사건들은 그냥 일어날 뿐인 것이다.

이런 종류의 우연은 자연의 특성일까? 양자역학이 활용되는 원자 및 아원자 차원으로 눈을 돌려 보면, 아마 "그렇다"고 대답할 수 있을지도 모른다.28) 고전 물리학은 우리의 일상적인 경험 세계에서부터 광대한 우리 은하(다시 말해 당시까지 식별 가능했던 우주)에 이르는 규모의 자료들을 설명하는 데는 매우 성공적이었다. 그러나 1890년대에 이르기까지, 고전 물리학이 삐걱거리기 시작한 분야에 관한 면밀한 연구가 증가해 갔다. 흑체(黑體) 복사, 금속의 비열, 수소의 광학 스펙트럼, 광전자 효과 등이 그것이다. 이 문제들뿐만 아니라 새로운 실험 절차와 실험 장치를 통해 20세기 초반에 발견된 현상들이 확산되면서, 양자역학의 정식화가 이루어지게 되었다(약 1900∼1930년).[29]

그 때 이후로 물리학은 이러한 초기의 정식화를 뛰어넘는 진보를 이룩하여, 양자 장(場) 이론을 발전시키고, 약한 전자기력과 강한 전자기력을 통합하고, 현재는 양자 중력에 대한 연구를 계속 진행 중이다. 그럼에도 불구하고 물리학자들과 자연철학자들은 양자역학의 함의에 대한 물음들과 계속해서 씨름하고 있다. 고전 물리학의 특성들과는 사뭇 다른 이들 분야에서의 개연적 성격들을 어떻게 이해해야 할까? 곡선 함수 같은 이론적 용어들은 어떤 식으로든 실재를 나타내거나 '그려낸' 것일까? 아니면 그것들은 그저 실험 결과를 예측하는 데 도움을 주는 용도로만 사용되는 수학적 상징들에 불과할까? 따라서 시작된 지거의 한 세기 동안 양자역학은 계속해서 다양한 대안적 해석들의 대상이 되어왔다.[30] 그러나 이 논쟁 안에는 양자의 우연성을 자연 안에 있는 근본적인 존재론적 비결정성(ontological indeterminancy)의 신호로 해석해야 한다는 강력한 주장이 존재한다.[31] 이러한 관점에서 볼 때, 양자 분석에서 통계를 사용하는 것은 단순히 더 자세한 원인 서술을 피하기 위한 단순한 편의상의 이유 때문이 아니다. 그보다는 사건들의 시간적 연쇄를 인과적으로 기술한다는 것이 불가능하기 때문이다. 양자 통계는 우리가 가질 수 있는 전부이다. 왜냐 하면 자연 과정을 기저에서 완전히 결정하는 요인 따위는 존재하지 않기 때문이다.

요약하자면, 과학은 두 가지 우연 범주를 사용한다. (1) 고전적 영역에서의 우연. 여기서 "우연은 인식론적인 것이다." 즉, 여기서의 우연은 물리적, 화학적, 생물학적 체계에서 기저에 있을 것으로 추정되는 결정론적인 과정이 무엇인지를 우리가 모르는 데서 오는 결과다. 만약

이 추정이 옳다면, 이 때의 우연은 거시적인 영역에서 기저를 이루는 형이상학적 결정론을 암시해 준다. (2) 양자 영역에서의 우연. (여기서 우리가 채택한 접근법에 따르면) 이 "우연은 존재론적인 것이다." 즉, 이 때의 우연은 원자 영역과 아원자 영역에서 기초가 되는 형이상학적 비결정론의 지표다.

그러나 이야기는 이보다 훨씬 더 복잡하다. 실제로 두 개의 세계—— 고전 세계와 양자 세계——가 존재하는 것은 아니다. 오직 하나의 세계만이 존재하며, 그것을 두 개의 서로 다른 인식론으로 보는 것일 뿐이다. 궁극적으로 물리학은 고전적인 세계를 양자역학의 결과로 이해하려고 노력한다. (나는 물리학이 인간 경험의 전체 세계를 설명할 수 있다고 보는 철저한 환원주의를 명백히 거부한다. 전체론에 대한 머피와 클레이튼의 주장은 우리가 여러 학문에 걸친 그러한 환원주의를 피하는 데 도움을 준다.) 달리 말하면, 돌의 단단함이나 하늘의 색깔 같은 우리 세계의 일상적인 물리적 속성들은 결국 양자물리학으로 설명되어야 한다. 우리가 고전 세계를 기술하기 위해 사용하는 통계인 종형 곡선 통계조차도 양자물리학의 통계로부터 나와야 한다.

이는 양자 통계가 고전적 세계의 특성들(물질과 에너지의 물리적 속성들)뿐만 아니라 그 특성들을 관장하는 종형 곡선 통계까지도 모두 설명할 수 있음을 입증한다. 그러나 양자 통계는 매우 놀라운 방식으로 그것을 행한다.[32] 첫째로, 양자 통계는 두 가지 다른 형태로 나타난다. 물질의 구성 성분이라 할 수 있는 양자, 전자, 중성자 같은 입자들은 페르미-디락 통계로 기술된다(Fermi-Dirac statistics: 1926년에 페르미와 디락이 제안한 양자 통계. 어떤 입자계의 상태를 나타내는 파동함수가 입자의 교환에 대해 그 부호를 바꿀 때 그들 입자는 페르미-디락 통계를 따른다 / 옮긴이 주). 물질의 불가입성이나 경도(즉, 물질이 공간을 차지한다는 사실), 그리고 그 화학적 특성은 페르미-디락 통계의 형태로부터 직접 도출된다. 광자, 중력 양자와 같은 입자들은 보즈-아인슈타인 통계로 기술된다(Bose-Einstein statistics: 1924년에 보즈의 연구결과를 토대로 아인슈타인이 맥스웰-볼츠만 통계를 대신하는 에너지 분포 법칙으로 확립한 양자통계. 같은 입자로 된 계에서 각 입자의 스핀이 0이거나 정수이면 그 파동함수는 두 입자의 교환에 대해 불변이며, 1입자 상태를 점유하는 입자수는 0에서 ∞까지의 임의의 수를 취할 수 있다. 이러한 입자를 보존 또는 보즈입자라 하며, 보존은 보즈-아인슈타인 통계를 따른다 / 옮긴이 주). 중력과 전자기력 같은 네 가지 기본적인 현상들과 초전도와 자극 방출 (예를 들어 레이저) 같은 현상들은 보즈-아인슈타인 통계의 직접적인 결과이다. 둘째, 플랑크 상수가 무시될 때, 페르미-디락 통계와 보즈-아인슈타인 통계는 수학적으로 종형 곡선 통계로 나아가게 된다. 이런 의미에서 양자 통계는(두 가지 특징적인 형태로), 고전적 세계의 기본적인 속성들의 근간을 이루면서 그 속성들을 산출한다. 은유적으로 표현하면, 일상적 경험이 제 아무리 확실한 것이라 해도 어쩌면 고전적 세계는 양자 세계의 가공품이라고까지 할 수 있을지도 모른다. 이를 좀더 정확히 표현하자면, 고전적 세계는 양자 세계를 인간 중심적으로 구성한 건축물이라 할 수 있다. 실로 우리가 양자물리학에서 얻을 수 있는 존재론적 암시는, 세계가 고전적으로 보이는 것과는 많이 다르다는 것이다. '움직이는 당구공들'로 이루어져 있기는커녕, 양자물리학은 물질이 전체론적이면서 비(非)국지적인 또는 분리 불가능한 특성을 지니고 있음을 시사함으로써 공간, 시간, 물질, 인과율과 같은 우리의 전통적인 형이상학적 범주에 도전한다.

여기서 참으로 미묘한 것은, 만일 우리가 결정론적인 법칙에서 출발한다면 우리가 수학적으로 얻게 되는 것은 다름 아닌 종형 곡선이라는 점이다. 따라서 만일 우리가 자연 과정을 종형 곡선으로 기술한다면,

그 자연 과정을 고전적인 결정론적 법칙들(예컨대 뉴턴 법칙들)로부터 나온 것으로 생각하는 것도 무리는 아니다. 지금 우리가 이해하고 있는 것은, 종형 곡선이 실은 현행 양자 통계(예컨대 페르미-디락 통계와 보즈-아인슈타인 통계)에 대한 수학적 근사값이라는 점이다. 그리고 내가 이미 제안했듯이, 양자 통계에는 비결정론적인 해석이 내려질 수 있다. 요컨대, 양자물리학의 통계는 물질의 구조, 물질의 화학적 특성, 자연력 등과 같은 물질 및 에너지의 속성들을 우리가 경험하는 바 그대로 산출한다. 그러나 더욱 중요한 것은 양자물리학의 통계가 고전 물리학의 통계를 산출한다는 점이다. 고전 물리학의 통계는 우리를 세계가 실제로 수학적으로 구성되어 있다고 여기게 하는 오도된 결론으로 이끌었다. 그러나 이제 우리는 세계가 그렇지 않다는 것을 알고 있다.[33]

양자물리학의 신학적 전유

그렇다면 우리는 어떻게 여기서 더 나아가 양자물리학을 자연철학과 신적 행위에 관한 구성신학(constructive theology) 속으로 끌어들일 수 있을까? 이에 관해 어떤 반대와 경고가 제기될지 미리 예상해 보자.

물리학이 변한다고 가정해 보자. 우리가 신학과 과학을 지나치게 긴밀한 관계로 만들 위험은 없는가? 실제로, 양자물리학이 언젠가는 새로운 이론에 의해 대체되고 그 새 이론이 양자물리학을 '제한된 경우'에만 수용하리라는 것은 가능할 뿐만 아니라 거의 확실하다. 그렇다면 이로 인해 형이상학적 결정론으로 되돌아가게 될까? 이 물음에 어떤 대답을 한다면 그것은 분명 지나치게 사변적인 대답이 될 것이다. 왜냐 하면 우리는 아직 양자물리학을 대신할 새로운 이론을 갖고 있지 않기 때문이다. 물리학 내의 이러한 역사적 상대성은 철학과 신학이 물리학의 현존 이론들을 논의하는 데 어떠한 영향을 미치게 될까? 실로 이는 '신학과 종교'에 관한 모든 대화의 핵심을 차지하는 심오한 물음이다.

최소한 미개척된 과학 분야여서 다른 이론들로 대체되기 쉬운 이론들과는 대화를 자제하는 것. 이것이 하나의 대답이 될 수 있다. 그 대신에 우리는, 현재의 일반적인 지혜에 따라, 이미 입증된 이론들에 충실히 임해야 한다. 이러한 접근법은 이중의 부담을 지닌다. (1) 우리는 이미 그렇게 했다. 비록 그 방식이야 극도로 다양했지만, 19세기와 20세기에 신학에서 일어난 광범위한 진보 속에서 신학자들은 상대성 이론과 양자역학이 등장하기 이전의 공간, 시간, 물질, 인과율에 대한 관점을 적어도 암묵적으로나마 일관되게 작동시켰다. 그러나 여기서 우리의 관심은 구성신학이다. 왜냐 하면 그 신학은 고전 과학을 잠식함으로써 우리의 자연 개념에 변화를 초래한 발견들과 관련되어 있기 때문이다. (2) 우리가 이미 살펴보았듯이, 이러한 신학자들 중 다수는 이처럼 고전적 존재론에 의지함으로써 실패했다는 평가를 받아 왔다.

그렇다면 이 시점에서 채택되는 답변은 이러한 대화의 기획에 동참하면서도, 그 기획의 한시적 성격을 충분히 인식하는 것이다. 분명히, 우리는 미래의 이론이 지금 여기서 취하는 입장을 무너뜨릴 가능성이 있을 뿐만 아니라, 양자물리학에 대한 현존하는 대안적 해석들은 이미 그럴 수 있는 잠재력을 갖고 있다는 점을 명심해야 한다.34) 그러나 오늘날 대부분의 학자들은 원자 및 아원자 영역에 관련된 미래의 어떤 이론이 나온다고 해도 그것이 반드시 비-국지적 실재론(non-local realism)이나 국지적 반-실재론(local anti-realism)을 지지하게 되리라는 데 동의하고 있다. 한 마디로 말해서, 우리는 결코 고전 물리학의 형이상학으로 회귀하게 되지는 않을 것이다.

나는 이 기획을 신학 연구의 일부로 본다. 그리고 나는 다른 모든 연구에서와 마찬가지로 그것이 지닌 가설적 성격을 강조하고 싶다. 우리의 노력은 신학의 정당성을 입증하는 데 있지 않다. 우리의 노력은 특별섭리라는 신학 교리가 생물학 영역 안에서 어떠한 효과와 설득력을 갖는지를 적절한 자연철학에 의해 탐구하는 데 있다. 이와 같은 답변은 우리의 연구를 가장 깊은 수준까지 도달시키기 위해 방법론적으로 전념한다는 것을 전제로 한다. 신학이 세속적 연구와 관련을 맺고 있는 한 우리는 신학을 그 성격상 가설적인 것으로 간주하며, 이 때 신학은 신앙의 중심적인 약속들이 실제로 이해 가능한지, 또 세속적 연구와 아무 모순 없이 일관되는지 하는 데 관심을 쏟는다. 따라서 우리는 세속적 연구의 가설적 성격을 인식할 뿐만 아니라 그 연구가 가진 일정한 성향들을 철저하고도 진지하게 받아들이는 일에서부터, 더 나아가 신학적 관점과 세속적 관점이 함께 법정에 제출되어 판정을 받게 되는 그 날 어떤 결과가 빚어지게 될지를 알아내려는 노력에 이르기까지 그 모든 과정에 동행하게 될 것이다. 신학과 과학 둘 중 하나가, 혹은 둘 모두가 그러한 검증을 받는 데 실패할 경우, 우리는 지금껏 연구해 왔던 것들을 상기하고 그 중 더 이상 가망성이 없는 것들을 폐기함으로써 새로운 출발을 하게 된다. 따라서 이러한 방법은 이해를 추구하는 신앙(*fides quaerens intellectum*)이라는 유서 깊은 경구에 뿌리박고 있다. 또 우리는 이 경구가 그 역인 신앙을 추구하는 이해(*intellectum quaerens fides*)과 암묵적인 변증법적 관계에 놓여 있다고 여긴다.

양자물리학의 신학적 함의

1980년대 중반에 나는 양자역학, 그 중에서도 특히 벨의 정리(Bell's

theorem)가 창조와 섭리의 교리에 대해 어떤 함의를 갖는지를 탐구하기 시작했다.35) 나는 다음과 같이 제안했다. (1) 우리는 일반적으로 신이 고전적 세계의 일반적 특성들과 속성들을 창조하기 위해 양자물리학의 차원에서 활동하고 있다고 생각할 수 있다. (2) 덧붙여 우리는 신이 특정한 양자 사건 안에서 행위하고 있으며, 바로 이 양자 사건이 우리가 특별섭리 사건이라 부르는 거시적 차원의 구체적 사건을 간접적으로 산출해 낸다고 생각할 수 있다.

기본적인 주장 내용은 신이 양자 사건을 발생시키는 행위를 자연과 더불어서 한다는 것이다. 자연은 필요 이유를 제공하지만, 자연과 더불어서 이루어지는 신의 행위는 사건의 충분 이유를 구성한다. 간단히 말해서, 형이상학적으로, 우리가 통상적으로 '자연'으로 간주하는 것들은 사실 '신+자연'의 활동이라고 말할 수 있는 것이다.36) 달리 말해서 이러한 관점에서 볼 때, 우리는 만일 신의 행위가 없었다면 세계가 과연 어떤 모습이었을지 진정 알 수가 없다. '자연+신'을 그저 '자연'으로만 파악하는 것은, 비록 이것이 근대성(과 근대 과학)의 작업 가설이기는 하지만, 신앙이 '자연'을 '신+자연'으로 파악함으로써 유신론적 도약을 하는 경우만큼이나 '세속적인' 신앙의 도약이다. 우리는 자연주의와 유신론 사이에서 선택해야 할 상황에 놓여 있다고도 말할 수 있을 것이다. 즉 둘 다 과학으로부터 얻은 똑같은 증거를 사용할 수 있지만, 어떤 전제를 선택하느냐가 결정적으로 중요한 것이다.37) 내 생각에, 양자역학은 유신론적 해석 —— 그 중에서도 삼위일체론적 해석 —— 에 특히 적합하다고 여겨진다!38)

나의 제언이 신의 행위가 자연적 원인과 등치된다는 의미는 아니다. 왜냐 하면 가설적으로, 자연적 원인들의 집합은 사건을 발생시키는 데 충분치 못하기 때문이다. 만약 우리가 양자 사건이 어떻게 일어나는지를 생각해 본다면, 핵심은 더 분명해질 것이다. 양자 사건을 어떤 식으로 묘사하든 간에, 그것은 추가적인 힘이나 '밀어붙이기'의 결과가 아니다. 그것은 오히려 잠재적 특성의 현실화 또는 실현에 더 가깝다. 하이젠베르크(Heisenberg)도 이와 같은 언어를 사용한 바 있으며, 에너지보다는 정보에 관해 논하고 있는 현대 학자인 존 폴킹혼(John Polkinghorne)도 이와 비슷한 언어를 사용하고 있다. 또한 나의 제언은 신이 활동한다는 주장을 하려는 의도에서 나온 것도 아니다. 물론 내가 신학적 이유에서 (과학적 이유는 아니다!) 그 주장을 전제로 깔고 있기는 하지만 말이다. 또 나의 제언은 '인과적 접속'(casual joint)을 기술하기 위한 것도, 신적 행위의 효과가 나타나는 아원자 영역만을 서술하기 위한 것도 아니다. 이 문제에 대해서는 아래에서 더 자세히 답변할 것이다.

양자물리학과 창조

학자들이 고전적 세계에 초점을 맞출 때, 그들은 계속적인 창조자로서 신의 행위를 종종 혼돈으로부터 질서를 이끌어내는 것으로 파악하곤 했다. 양자적 관점으로 말미암아, 이제 우리는 신이 세계의 구조를 새로이 ('혼돈에서 질서로') 정리함으로써 (고전적) 세계를 창조하는 것이 아니라, 오히려 고전적 세계를 산출하는 양자 과정을 창조함으로써 (고전적) 세계를 창조하는 것이라고 주장할 수 있다. 더 정확히 말해 우리는 질서와 혼돈의 구분을 폐지하고, 그 대신 양자적 혼돈을 인식론적인 상위 차원에서 서술한 것이 곧 고전적 질서 개념이라는 점을 인식해야 한다. 따라서 만약 (양자의) 우연성이 (고전적) 질서에 그 형태와 구조를 부여한다고 할 때 (예를 들어 나무의 결은 궁극적으로 전자와 양자가 이루어 내는 통계학적인 춤이다), 신은 (양자의) 우연성을 창조함으로써 (고전적) 세계를 창조한다고 할 수 있다.

> 신학적 관점에서 볼 때, 우리는 신이 창조하는 질서가 어떤 의미에서 양자적 혼돈의 질서라는 주장에다가 신은 우연과 법칙을 통해 우주를 창조한다는 관점을 첨가할 수 있다. 우리는 신이 혼돈을 대신해서 (즉 혼돈으로부터) 질서를 창조한다고 말하는 대신에, 양자적 관점에서 보아 신이 질서를 창조하는 방식 중 하나가 바로 혼돈의 속성들을 창조하는 것이라고 말할 수 있을 것이다.[39]

실로 이것이야말로 계속적인 창조가 아니겠는가!

만일 우리가 고전적 세계는 환원 불가능하게 주어진 것이 아니라 양자 세계의 결과라는 사실을 인식한다면, 신이 구체적인 사건들 속에서 (개입 없이) 활동할 수 있는 것은 바로 이 고전적 세계 안에서라는 사실을 알게 될 것이다. 따라서 고전 세계를 기술하는 법칙들은 양자역학 법칙들의 근사값이다. 양자역학은 두 가지 종류의 통계를 통해 고전적 세계가 뉴턴적인 규칙성과 함께 어떻게 양자 세계로부터 직접 출현하게 되었는지를 서술한다. 만일 내가 이 양자 통계가 존재론적 비결정론을 반영하고 있다는 해석을 받아들인다면, 신은 양자 차원의 모든 사건을 발생시키는 행위를 자연과 더불어 할 수 있으며, 또 이 사건들은 고전적 세계를 발생시킨다고 주장해도 괜찮을 것이다.

고전적 세계에서 일어나는 구체적인 사건, 즉 객관적인 비개입주의적 신적 행위의 범주로 묶이는 사건에 관해서는 어떠한가? 진행 중인 거시 세계 내에서 거시적인 효과들을 미칠 잠재력을 지닌 특정한 양자 사건 안에서 신이 행위한다는 것이, 여기서의 내 대답이다. 신은 모든 양자 사건 안에서 활동한다. 그러나 어떤 경우 그 효과들은 다른 어떤 세계보다도 고전적 세계에서 더 "중요하다." 이 사실로 인해, 비개입주의적이고 객관적인 특별섭리에 대한 이러한 이해가 결정적인 중요성을 갖게 되는, 극도로 중요한 사안이 존재한다는 것을 알 수 있다. 그것은 그리스도교를 비판하는 사람들이 가장 목청 높여 외치는 바로 그 사안, 곧 신다윈주의적 진화론이다!

양자물리학, 생물학적 진화, 특별섭리

이전에 썼던 다른 글에서 나는 진화 생물학 안에서 양자역학이 담당하는 역할을 탐구함으로써, 신이 자연 안에서 비개입주의적인 방식으로 행위하고 있는 것으로 생각할 수 있다는 주장을 개진한 적이 있다.[40] 나는 다음 세 가지를 서로 연결하려고 했다. (1) 특수한 신적 행위들을 확대해 생물학적 진화까지 포함시키려는 신학적 노력, (2) 양자물리학을 형이상학적 비결정론으로 해석하는 철학적 관점 (3) 유전자 돌연변이와 진화에서 양자역학이 차지하는 역할에 관한 과학적 주장. 이 연구의 목적은 신이 생물학적 복잡성의 진화 과정 속에서 어쩌면 일어나지 않았을 수도 있는 특정한 결과를, 자연법칙에 개입하거나 그 법칙을 위반하지 않고서도 얼마든지 이루어낼 수 있다는 주장을 탐구하는 데 있다.[41]

논제는 다음과 같이 표현될 수 있다. 신은 자신의 행위를 통해 섭리적으로 생물학적 진화를 형성하고 인도한다. 이 때 신의 행위는 특정한 유전적 돌연변이의 기초가 되는 양자역학적 과정 안에서 그 효과를 발휘한다. 우리는 이 행위를 객관적이면서도 비개입주의적인 특별한 신적 행위의 한 형태로 간주할 수 있다. DNA 분자에서의 특정한 양자 사건들 안에서 이루어지는 신의 행위는 특정한 유전자 돌연변이들을 현실화시키는 효과를 지닌다. 생식선에 존재하고 복제에 의해 확대되며 표현형 속에서 나타나는 이러한 유전자 돌연변이들은 적응에 유리한 잠재적 자질들을 자손들에게 남긴다. 이러저러한 방식으로, 신은 자신의 목적을 향해 진화를 이끌어 간다.

만약 이 논제가 입증될 수 있다면 패배를 승리로 바꿀 수 있다. 아주 노골적인 비판자들이 기독교를 거부하는 주된 이유들 중 하나는, 진화에서 유전적 변이는 '맹목적으로' 일어나며 따라서 이것이 신의 목적을 쓸모 데 없는 것으로 만들어 버린다는 데 있다. 내가 주장하는 바는 유전적 변이를 자연 속에서의 비개입주의적인 특별한 신적 행위에 없어서는 안 될 본질적인 것으로 재해석하는 것이다. 유전적 변이라는 바로 그 이유 때문에, 그리고 유전적 변이를 통해, 신은 진화 안에서 활동한다. 더욱이 이러한 재해석으로 말미암아 과학적 창조론(창조 과학)의 공공연한 명분들은 침식된다. 왜냐 하면 '무신론적인' 과학이 실로 종교적인 사이비-과학(pseudo-science)으로 대체되어야 할 이유가 이제는 더 이상 존재하지 않기 때문이다. 그 대신에 우리는 그리스도교인들에게 진정한 도전은 과학 그 자체가 아니라 과학이 가진 무신론적 해석이라는 것을 보여 줌으로써 과학에 대해 건실한 그리스도적 해석을 내릴 수 있다. 이러한 전환으로 인해 신학적으로 우리는 신의 특별섭리의 영역을 인간 역사를 넘어, 수십 억 년의 진화 역사를 가진 생물권 전체(인간은 그 속에서 발생했다)로까지 확대시킬 수 있게 된다.42)

비판자들에 대한 답변

나의 제언에 대해서는 중요한 많은 도전과 비판이 즉각 제기된다. 이들에 대해서는 공정하게 대처해야 한다. 여기서 나는 그것들을 간단히

언급할 수 있을 뿐이다.43)

1. 이 제언은 신이 어떻게 행위하는지를 설명하기 위한 목적에서 나온 것이 아니다. 오히려 이 제언은, 양자물리학이 신의 행위를 믿는 사람들에게 그 행위가 자연 과정 중 어떤 위치나 영역에서 효과를 미치는지에 관한 실마리를 제공해 준다는 점을 주장할 목적에서 나온 것이다.
2. 이 제언은 개입주의적 논변의 일환으로 나온 것이 아니다. 왜냐 하면 그것은 존재론적 비결정론에 대한 주장에 의지할 뿐, 인식론적 무지에 대한 주장에 기대고 있지는 않기 때문이다. 신은 자연과 더불어, 충분성을 가져다 주는 작용을 한다고 여겨진다. 하지만 신이 자연적 원인 그 자체로 간주될 수는 없다(왜냐 하면 가설적으로 볼 때, 자연적 원인들은 그 일을 하기에 부적당하기 때문이다). 또한 이 제언은 공백을 통해 논증하려는 것도 아니다. 왜냐 하면 이 제언은 우리가 과학으로부터 알게 된 것들을 토대로 입론된 것이지, 우리의 과학 안에 들어 있는 공백들을 토대로 입론된 것은 아니기 때문이다(아래에 나오는 트레이시 관련 부분을 참조하라).
3. 이 제언은 신적 행위의 시나리오을 상향식으로 제한하려는 취지에서 나온 것이 아니다. 하지만 동시에 이 제언은, 우주론과 같은 분야와 생물학적 진화의 초기 단계에서는 양자적 차원에서의 신의 행위만이 유일하게 가능한 형태일 수 있다는 점을 인식하고 있다(이 경우에는 하향식에서 필요한 '상위 차원들'이 아무 쓸모도 없다). 복잡한 유기체의 진화에서와 같이 하향식 인과율이나 전체−부분의 상호 제한을 사용할 수 있는 경우, 이런 것들은 상향식 / 하향식이 결합된 인과적 변증법 안에서 한 역할을 하게 될 것이다. 여기서 나는 독자들이 다시 아서 피콕, 샐리 맥페이그(Sally McFague), 존 폴

킹혼, 그리고 이안 바버(Ian Barbour) 같은 과정신학자들의 글들을 참조하기를 바란다.

4. 신이 생물과 관련하여 목적을 가지고 행위한다는 점을 완벽히 옹호하기 위해, 나는 삼위일체 신학에 있는 시간과 영원의 문제를 논의에 포함시켜야 할 것이다. 또 나는 이 문제가 특수 상대성과 관련된 일시성의 문제와 어떤 관계가 있는지도 논의해야 할 것이다. 분명 이 논의들은 이 장의 한도를 넘어선 것이다.

5. 고려해 보아야 할 핵심 논제에 다음과 같은 것들도 포함된다. '이중 행위 주체'(double agency) 문제 (신은 인간에게 자유 의지를 내려주고 그에 응답하면서도, 또 어떻게 행위하는가), 그리고 신정론(theodicy) 문제(만일 신이 선하고 신이 행위할 수 있다면, 도대체 악은 왜 존재하는가). 진화 시에 나타나는 커다란 고통과 수난을 감안해 볼 때 후자의 문제는 특히 첨예하다. 생명은 죽음과 포식자/피식자 순환으로부터, 그리고 그것을 통해 진화하고, 대부분의 돌연변이들은 선택되기에 유리한 자질을 갖지 못하며, 무수히 많은 질병들은 신의 행위가 이루어지는 장소라 여겨지는 유전자를 거점으로 삼고 있기 때문이다.44)

심화된 논의

『혼돈과 복잡성』(*Chaos and Complexity*)에 수록된 글에서 머피는 신적 행위의 문제가 자연적 인과율을 완전히 수정한 형이상학 이론에 의해서만 해결될 수 있을 것이라 주장한다. 그것은 신학적으로도 적합하고 과학과도 모순되지 않는 형이상학이다.45) 신적 행위에 관한 어떤 이론이 수용 가능한 것이 되려면, 그 이론은 창조, 유지, 섭리, 계속적인 창조와 더불어 객관적으로 특별한 신적 행위들까지도 고려해야 한다. 그러한 모든 이론들은 자유의지에 대한 우리의 경험뿐 아니라, 법칙과도 같은 규칙성과 양자 사건들의 순수한 무작위성에 대한 우리의 과학적 서술까지도 활용함으로써, "신과 자연적 원인들이 어떻게 상호작용하여 우리가 지금 알고 있는 세계를 낳았는지를 설명"해야 한다. 자연을 복잡성이 증대해 가는 환원 불가능한 위계로 이해하는 오늘날의 흐름은 "절대적으로 중요하다." 여기서는 하향식 인과율과 상향식 인과율이 모두 작동하고 있다.

양자물리학은 후자를 제공해 준다. 만일 우리가 인식론적인 해석과 숨은 변수 해석 둘 다를 거부한다면, 자연 안에는 양자 사건을 결정하는 어떠한 충분 이유도 존재하지 않는 것처럼 보인다. 그러한 존재론적 비결정론은 신적 행위에 대한 상향식 설명을 고려하게 해 주며, 여기서 신은 자연 과정을 파기하거나 그 과정에 개입할 필요가 없다. 머피의 관점에서 볼 때, 모든 양자 사건들은 자연적 인과율과 신적 인과율의 결합과 관련되어 있다. 양자 사건들은 단지 부분적으로만 신에 의해 결정되는 것이지, 오로지 신에 의해서만 결정되는 것이 아니다. 신의 역할은 "양자 실체가 가진 고유한 힘들 중 일부를 특정한 순간에 활성화시키거나 현실화하는" 데 있으며, "…… 이 사건들은 신의 행위 없이는 가능하지 않다." 따라서 개입주의와 신적 결정론이라는 비난 또한 피할 수 있게 된다. 더욱이 신은 양자 차원에서의 행위에 의해 거시 차원을 지탱한다. "…… 거시 차원 실체들의 작용을 서술하는 법칙들은 …… 양자 차원에서의 신의 직접적인 행위의 결과로서 계획되어 나온 간접적인 것이다. 나는 자연의 일률성이 신이 만든 공예품이라고 제안하는 바이다."46) 여기서 머피는 나의 글을 언급한다. 나는 그 글에서 거시 세계의 광범위하고도 일반적인 특성들 대부분은 양자 사건들이 가진 특성들의 기능이자 결과인 동시에, 그 사건들 안에서 창조자

로 행위하는 신의 기능이자 결과라고 주장한 바 있다.47)

토마스 트레이시(Thomas Tracy) 역시 양자 비결정론을 비개입주의적인 특별섭리로 가는 하나의 경로로 인정하였다. 『혼돈과 복잡성』에 실린 글48)에서 그는 우리에게 디트리히 본회퍼(Dietrich Bonhoeffer)를 상기시키고 있다. 본회퍼는 우리의 과학 지식에 내재해 있는 '공백들'을, 신을 이야기하기 위한 하나의 방편으로 사용할 수 있다는 입장을 거부하였다. "우리 지식의 불완전성을 임시적으로 메우기 위한 마개로 신을 사용하는 것은 (잘못된 일이다.) …… (오히려) 우리는 우리가 알고 있는 것들로부터 신을 발견해야지, 우리가 알지 못하는 것들로부터 신을 발견하려 해서는 안 된다."49) 하지만 만일 과학 이론이 인과 관계에는 빈틈이 존재한다는 사실을 확신시켜 준다면? 이는 신학과도 관련이 있을까? 트레이시는 그렇다고 말한다. 그러나 그렇다고 해서, 그것이 앞서 나온 '간극의 신'(God of gaps) 신학으로 귀결되지는 않을 것이다. 왜냐 하면 그 신학은 설명상의 공백에 기초하고 있었기 때문이다. 오히려 그 반대로, 본회퍼를 따라 우리는 세계의 인과 구조에 대한 최상의 설명으로 추정되는 것을 토대로, 다시 말해 인과 관계의 공백은 자연 안에 존재한다는 설명을 토대로 신적 행위에 대한 우리의 신학을 정립하게 될 것이다.50) 그렇게 할 때, 우리는 오늘날 다수의 신학이 취하는 입장을 넘어 나아갈 수 있을 것이다. 그리하여 "…… 만일 우리가 신이 역사를 일으킨다는 사실뿐만 아니라 …… 신이 역사 속에서 행위한다는 사실까지도 주장하고 싶다면, 신이 만든 세계는 열린 ('빈틈 많은') 구조일 것이라고 생각할 만한 타당한 이유들이 마련되는 셈이다. 이 주장의 동기가 전적으로 신학적이라는 데 주목하기 바란다."51)

우리는 이 인과 관계의 공백에 대해 몇 가지 제한 요건들을 첨가할 수 있다. 우선 그러한 공백들은 분명 자연 질서의 일부이지, 자연 안에 있는 자의적인 사건들이 아니다. 바꿔 말해서, 신의 특별한 행위는 자연 안에서 일어나는 사건들에 계속적으로 방향성을 부여해야 한다. 더욱이 신의 행위는 분명 "시간의 흐름에 따른 사건의 연쇄들 속에서 앞의 사건들과 뒤의 사건들 사이에 차이를 만들어 낼 수 있다." 그리하여 트레이시는 양자역학에 초점을 맞춘다. 트레이시에 따르면, "만일 확률적 형태들 안에서 취합되었을 때 우연의 결과들이 더 넓은 결정론적 규칙성들 속으로 완전히 사라져 버린다면, 우연성은 역사와 무관한 것이 될 것이다."52) 그리하여 우리는, 내 생각에, 우리가 찾고 있는 종류의 인과적 공백에 대해 신학이 제공해 주는 가장 중요한 조건에 도달하게 된다. 트레이시의 말로 하자면, 이 사건들은 "······ 예견된 확률 안에 묶여야 한다. (하지만 그 사건들은) 거시적 실체들의 안정적 속성들과 법칙적 관계들에 기여하는 것 이상의 중요한 거시적 효과를 갖는다." 그러나 이것이야말로 바로 양자물리학이 제공해 주는 바이다. 저 악명 높은 '슈뢰딩거의 고양이'(Schrödinger's cat) 실험을 생각해 보자. 이 실험에서 (방사능 붕괴 같은) 어떤 양자 사건의 발생은 가이거 계수기(Geiger counter)를 작동시켜서 고양이에게 '사느냐-죽느냐'의 결과를 가져다 준다! 사실 트레이시가 지적하듯이, 이러한 미시적-거시적 확대들은 자연 전체에 걸쳐 작동할 수도 있다.

요컨대, 양자역학은 우리로 하여금 자연의 구조를 파기하거나 그 구조에 개입하는 신을 상정하지 않고도 특별한 신적 행위에 대해 생각할 수 있게 해 준다. 신의 행위는 그 구조 안에 숨겨진 채로 남아 있다. 그리고 그 행위는 유사-물리적 힘들로서의 아원자 입자들을 조작하는 모습이 아니라, 양자 체계 안에 있는 몇몇 잠재성들 중의 하나를 현실화하는 모습을 띠게 될 것이다. 더욱이 여전히 우리는 자연 안의 다른 차원들에서 이루어지는 신의 행위, 즉 신과 인간의 상호작용은 물론 세계를 창조하고 유지하는 신의 주된 활동에 대해 얼마든지 생각할 수 있다. 따라서 "······ 만일 우리가 신을 존재하는 모든 것의 창조자로 이해

한다면, 그리고 신이 만든 세계가 그 구조 안에 비결정론적 우연을 포함한다면, 그렇다면 신은 인과적 연관의 신일 뿐 아니라 간극의 신이기도 하다. 신이 전자에 대해 갖는 관계뿐 아니라 후자에 대해 갖는 관계까지도 생각해야 하는 것이 바로 신학자의 과업이다."53) 트레이시는 중요한 물음으로 글을 끝맺는다. 신은 모든 양자 사건을 결정하기 위해 행위하는가 아니면 일부만을 결정하기 위해 행위하는가? 트레이시는 머피가 전자의 입장을 취한다고 본다. 그러나 트레이시는 신중을 기한다. 왜냐 하면 이러한 입장은 자연의 좀더 높은 차원들에 관철되는 보편적인 신적 결정론으로 나아가는 것처럼 보일 수도 있기 때문이다.54)

결론적 평가

오웬 토마스(Owen Thomas)는 1991년에 쓴 한 에세이를 다소 신랄한 논평으로 시작한다. "신학자들은 세계 속에서의 신의 활동에 대해 줄기차게 계속 다루어 왔다. 그런데 그들이 하는 말과 관련된 숱한 문제들 중의 일부에 대해서라도 잠시나마 숙고해 보는 사람은 여전히 극소수일 뿐이다."55)

토마스에 따르면, 이중 행위 주체에 관한 문제는 여전히 "일반적인 문제 내의 핵심 이슈"56)로 남아 있다. 우리는 신적인 행위 주체와 창조된 행위 주체가 동시에 하나의 단일한 사건 속에서 온전히 활동하고 있다는 사실을 어떻게 일관성 있게 주장할 수 있을까? 토마스의 입장은 우리가 전통적인 이신론의 제1 / 제2 과정 접근이나 과정신학적 접근을 따라야 한다는 것이다. 그는 설령 이 문제에 대한 다른 해결책이 있다고 하더라도 자신은 그에 관해 들어본 적이 없다고 말하면서, 이 문제는 향후의 논의에서 주된 초점이 되어야 한다고 결론짓는다.

1991년 이후로 많은 것이 변했다. 특별섭리에 대한 객관적이고 비개입주의적인 해석을 중요하게 평가하는 추세가 증가하고 있다. 하지만 신토마스주의(neo-Thomism)도 과정신학도 이 도전에 대처할 준비가 충분한 것 같지는 않다. 전자는 관련 영역이 자연일 경우 이 문제에 대한 관심을 덜 쏟으며, 후자는 1920년대 화이트헤드(Alfred North Whitehead)의 작업 이후 이루어진 물리학의 변화에 현저하게 뒤쳐져 있는 형이상학 체계만을 제공한다. 물론 이들에게서 얻는 통찰들이 차츰차츰 축적된다면, 과학자, 신학자, 철학자들 간의 지속적이고 꾸준한 상호작용을 통해 얻게 될 새롭고 좀더 잠정적이며 지속적인 형이상학적 접근에 도움이 될 수 있을 것이다. 우리는 이미 이 글이 쓰여지는 현 시점에서조차 이러한 진전이 일어나고 있음을 본다. 더욱이 점점 더 많은 학자들이 한결같이 비-환원주의적 전체론과 20세기 자연과학의 중요성을 지적하고 있는 듯하다. 적어도 인식론적으로 그리고 아마도 존재론적으로, 전자는 그 새로운 형이상학에 철학적 구조를 제공하고 후자는 구체적 내용을 제공한다. 양자물리학이 존재론적 비결정론으로 해석된다면, 그것은 상향식 전략을 위한 최상의 기초를 제공해 줄 것이다. 그리고 비-직선적이고 비-평형적인 열역학, 우주론, 그리고 신경과학들은 하향식 접근과/이나 전체-부분 접근의 기초를 위한 일말의 가능성들을 제공해 줄 것이다. 공통의 목표는 이 접근법들을 결합하는 데 있다. 우리는 자연 안의 특별섭리로 불리는 구체적인 사건들을, 아원자적 차원과 우주적 차원 모두에서 일어나는 신적 행위의 간접적인 결과라고 이해해도 무방할 것이다. 그리고 우리가 특별섭리/계시로 경험하는 것들은 정신과 육체의 통일체로서의 인간이라는 복잡한 모태 안에서 이루어지는, 상향적 행위와 하향적 행위가 조합된 결과다. (신과 세계의 상호작용뿐 아니라) 삼위일체 신의 현존과 세계 안에서의 그 신적 활동을 강조하는 삼위일체 신학은 신의 행위가 (과거 / 현재 속의 미래로부터) 어떻게 시작될 것인지를 예측할 수 있게 해 주는 일말의 약속을 제공할 것이며, 우리로 하여금 특별섭리를 엄밀히 말해, 창조의 교리가 아닌 새로운 창조의 교리 안에 (물론 이것도 역시 창조다!) 다시 자리 매김 할 수 있게 해 줄 것이다. 우리가 현대 자연과학의 발견들과 이론들이 제공하는 자연과 인간 본성에 대한 최선의 이해를 온전히 인식하고 평가함으로써 신의 특별섭리와 이에 대한 우리의 반응에 관해 이야기할 수 있을 때, 우리는 마땅히 신학적 사유의 새로운 시대로 접어들게 될 것이다. 만약 그렇게 된다면, 신학을 한다고 하면서 과학을 무시하는 것은 아마도 끔찍한 퇴보가 될 것이다. 나는 그 누구도 장차 이렇게 되지 않기를 바란다.

(김윤성 옮김)

주

1) Gordon D. Kaufman, "On the Meaning of 'Act of God,'" *Harvard Theological Review* 61 (1968), pp. 175-210. 이 논문은 Gordon D. Kaufman, *God the Problem* (Cambridge: Harvard University Press, 1972) 6장과 Owen C. Thomas, ed., *God's Activity in the World: The Contemporary Problem* (Chicago: Scholars Press, 1983) 9장에도 실려 있다.

2) Langdon B. Gilkey, "Cosmology, Ontology, and the Travail of Biblical Language," *The Journal of Religion* 41 (1961), p. 197. 이는 Thomas, *God's Activity*, p. 198에도 실려 있다.

3) 신적 행위에 대한 최근의 논의들에 관해서는 Thomas, *God's Activity*를 참조하라. 토마스의 유형론은 아서 피콕이 신적 행위에 관해 상세히 논의하면서 요약한 바 있다. Arthur Peacocke, *Theology for a Scientific Age: Being and Becoming: Natural and Divine* (Oxford: Basil Blackwell, 1990; and second enlarged edition, London: SCM Press, 1993 and reprinted, Minneapolis: Fortress Press, 1993)의 9장 f절 pp. 146-148. 최근의 저서에서 이안 바버는 고전적 유신론과 과정신학, 그리고 그것들의 대안 이론들(개인 행위 주체 모델들의 다양한 유형을 포함하는)에서 제기되는 신적 행위의 문제를 명쾌하게 서술하고 창조적으로 비교하고 있다. 이에 대해서는 Ian Barbour, *Religion in Age of Science*, The Gifford Lectures 19891991, vol. 1 (San

Francisco: HarperSanFrancisco, 1990) 9장을 참조하라. 또한 Thomas F. Tracy, ed., *The God Who Acts: Philosophical and Theological Explorations* (University Park, PA: Pennsylvania State University, 1994)와 *Providence*, p.6에 실린 Michael J. Langford의 글, 그리고 Peacocke, *Theology for a Scientific Age*의 9장(특히 p. 135)도 참조하라. *Chaos and Complexity*를 펴내면서 붙인 서문에서 나는 토마스의 유형론을 확장시킨 바 있다. 특별한 신적 행위에 대한 접근법들 사이의 유사성과 차이를 밝히기 위해, 나는 CTNS와 바티칸 천문대가 신적 행위에 관한 공동 연구를 통해 발전시킨 실험적인 유형론을 제시한 바 있다. 폭넓은 비판과 교류를 통해 이 유형론을 발전시키는 데 큰 도움을 준 낸시 머피에게 감사한다.

4) 예를 들어, 「창세기」 45:5; 「욥기」 38:22-39:30; 「시편」 148:8-10; 「이사야서」 26:12; 「빌립보서」 2:12-12; 「고린도전서 12:6; 「고린도후서」 3:5를 참조하라.

5) 예를 들어, 신은 모든 사건의 제1원인 또는 근본 원인으로 이해될 수 있었다. 모든 자연적 원인들은 도구적 원인 또는 제2원인들로, 신은 이들을 매개로 활동한다. 신은 또한 유한한 원인들을 이용하지 않고 그것들을 넘어섬으로써, 기적을 통해 세계 안에서 직접 활동한다고 여겨지기도 했다. 신적 행위에 관한 이러한 견해는 '이중 행위 주체'(double agency) 같은 골치 아픈 문제들로 이어졌다. 두 행위 주체가 (예를 들어 신적 행위 주체(divine agency)와 인간 행위 주체(human agency) 각자 어떤 사건을 충분히 완수할 수 있다면, 단일한 사건이 자유로운 이 두 행위 주체로부터 동시에 생겨날 수 있을까? 만일 그렇다면 무한한 행위 주체(신)는 피조물 행위 주체의 유한한 자유를 어떻게 보존할까? ― 이는 또한 신정론(theodocy)의 문제로도 이어졌다. 신이 모든 사건 안에서 활동하고 동시에 신이 선하다면, 세상에는 왜 이렇게 많은 악이 존재할까?

6) Friedrich Schleiermacher, *On Religion: Speeches to its Cultured Despisers* (New York: Harper Torchbook, 1958), p. 88. 또한 *The Christian Faith* (Edinburgh: T&T Clark, 1968), #47.3, p. 183도 참조하라.

7) 다른 사람들에게는 다윈의 진화론이 신학 안으로 수용될 수도 있었는데, 이는 그들이 신이 자연의 과정들 자체를 통해 내재적으로 일한다고 보았기 때문이다. Claude Welch, *Protestant thought in the Nineteenth Century, Volume 2, 1870-1914* (New Haven: Yale University Press, 1985), 6장 "Evolution and Theology: Détente or Evasion?"을 참조하라.

8) "복음은 …… 사건이 아니며, 경험도 감정도 아니다 ― 이 얼마나 기묘한가! …… 그것은 살아 계신 하나님에 대한 믿음을 전제로 하는 소통, 그것이 전제로 하는 것을 창조하는 소통이다." Karl Barth, *The Epistle to the Romans*, 6th ed. (London: Oxford University Press, 1968), p. 28.

9) 예를 들어 G. Ernest Wright, *God Who Acts: Biblical Theology as Recital* (London: SCM Press, 1952); Bernard Anderson, *Understanding the Old Testament* (Englewood Cliffs: Prentice-Hall, 1957)를 참조하라.

10) Langdon B. Gilkey, "Cosmology, Ontology, and the Travail of Biblical Language," *The Journal of Religion* 41 (1961), pp. 194-205.

11) 낸시 머피의 최근 저서는 내가 이 문제를 규명하는 데 도움을 주었다. Nancy Murphy, *Beyond Liberalism and Fundamentalism: How Modern and Postmodern Philosophy Set the Theological Agenda* (Valley Forge: Trinity Press International, 1996).

12) 섭리론에 관한 유용한 입문으로는 다음을 참조하라. Michael J. Langford, *Providence* (SCM Press Ltd., 1981); Julian N. Hartt, "Creation and Providence" in Peter C. Hodgson and Robert H. King, eds., *Christian Theology: An Introduction to Its Traditions and Tasks*, Second Edition, Revised and Enlarged (Philadelphia: Fortress Press, 1985).

13) 창조 교리는 우주의 궁극적 원천과 절대적 토대가 신이라고 주장한다. 즉 신이 없이는 우주가 존재할 수 없으며, 우주가 '우주로서' 존재할 수 없다는 것이다. 창조신학은 전형적으로, 서로 관련되면서도 동시에 구분되는 세 가지 주장을 포함해 왔다. (1) 신의 피조물인 우주에는 시작이 있다 (2) 신의 피조물인 우주는 그 존재 자체를 위해 절대적으로, 그리고 역사의 모든 순간마다 신에게 의존한다 (3) 우주는 창조자 신의 지속적 활동을 위한 처소다. 이 주장들은 전통적으로 무로부터의 창조(1과 2)와 계속적인 창조(3)라는 용어로 묶여져 왔다.

14) Rudolf Bultmann, *Theology of the New Testament*, Complete in One Volume, translated by Kendrick Grobel (New York: Charles Scribner's Sons, 1951/1955); *Kerygma and Myth*, ed. by H. W. Bartsch, Vol. 1, pp. 197-199; *Jesus Christ and Mythology* (New York: Charles Scribner's Sons, 1958)에서 특히 5장; Gordon D. Kaufman, *Systematic Theology: A Historicist Perspective* (New York: Charles Scribner's Sons, 1968); 또한 앞서 언급했던 "On the Meaning of 'Act of God'"; reprinted in *God the Problem* (Cambridge: Harvard University Press, 1972), pp. 119-147; Maurice Wiles, *God's Action in the World: The Bampton Lectures for 1986* (SCM Press:1986); "Religious Authority and Divine Action," *Religious Studies* 7 (1971), pp. 1-12, reprinted in Owen Thomas, *God's Activity*, pp. 181-194.

15) Charles Hodge, *Systematic Theology*, 3 vols. (New York: Scribner's Sons, 1891); Donald G. Bloesch, *Holy Scripture: Revelation, Inspiration and Interpretation* (Downers Grove, IL: InterVarsity Press, 1994); Millard Erickson, *Christian Theology*, Three Volumes in one (Grand Rapid: Baker, 1983). 이 참고문헌들은 낸시 머피의 *Beyond Liberalism and Fundamentalism* 3장에서 도움을 받았다.

16) Gilkey, "Cosmology, Ontology, and the Travail of Biblical Language," p. 200.

17) 예를 들어 Peacocke, *Theology for a Scientific Age*, pp. 139-140.

18) 이미 제시된 바와 같이, 문제를 피해가기 위한 다양한 전략들이 시도되었는데

제5장 '행위하는 신'은 진정 자연 안에서 활동하는가? 177

그 성공 정도는 천차만별이었다. 어떤 이들은 칸트에게서 해답을 얻었다. 즉, 우리는 현상의 드러난 인과적 특성으로부터는 사물 자체의 인과적 특성을 결코 추정할 수 없기 때문에, 실제로 자연 자체가 인과적으로 닫혀 있다고 말할 수가 없다는 것이다. 다른 이들은 신이 전체로서의 세계에 대해서만 관계하고 있다고 여겼다. 즉, 신은 '역사를 움직이지'만 역사 안에서 활동하지는 않는다는 것이다. 또 다른 이들은 '두 언어' 방법에 전적으로 의존하거나 종교를 사회적, 정치적, 도덕적, 영적 영역에 국한시켰다. 이러한 움직임들은 과학을 신학과 무관한 것으로 만들고 이어서 신학을 과학과 ― 나아가서는 그 과정 속에서 세속 세계 대부분과 무관한 것으로 만들어 버리는 결과를 초래했다. 마지막으로 어떤 이들은 갈등 전략을 취하기도 했다. 즉, 만일 섭리에 대한 믿음이 과학의 권위와 충돌한다면 더 잘못된 쪽은 바로 과학이라는 것이다. 이 '반(反)과학적인' 태도는 1920년대에 있었던 스코프스 재판(the Scopes trial: 일명 원숭이 재판the Monkey Trial. 1925년에 존 토마스 스코프스 John Thomas Scopes라는 생물학 교사가 공립학교에서 진화론을 가르칠 수 없게 되어 있던 테네시 주 법률을 어겼다는 이유로 재판을 받았던 사건. 재판은 스코프스의 승리로 돌아갔으며 이후 교회는 진화론과의 대결에서 큰 타격을 입게 되었다 / 옮긴이 주)에서 극적으로 표면화되었으며, 오늘날 근본주의자들이 진화과학에 도전하면서 이를 이른바 '과학적 창조론'으로 대체하려 애쓰고 있는 데서 볼 수 있듯이 지금까지도 맹위를 떨치고 있다.

19) 그러나 이 이야기는 사건들이 이상하게 전환되면서 복잡해진다. 실재론의 보루인 물리학이 점차 자연을 덧없고, 열려 있으며, 일시적인 것으로 여기면서 심지어 반(反)실재론적인 전략으로 나아가고 있었던 것과 마찬가지로, 생물학 역시 오랫동안 지속되어 온 생기론(vitalism)의 유혹에서 벗어나 견고한 기계론적 토대 쪽으로 이행하고 있었다. 이 생기론적 희망에 대한 마지막 증거들은 다윈 이후에도 좀처럼 사라지지 않았지만, 왓슨과 크릭의 유전자 분자 구조 발견을 계기로 변이에 대한 기계론적이고 환원주의적인 설명이 승리를 거두면서 1950년대 중반까지 완전히 사라지게 되었다. 물리학과 생물학이 공조를 벌이면서 기계론과 환원주의를 지지하거나 거부하고 있는 지금의 현실에서, 과연 우리는 신학과 과학의 협력에 절실하게 필요한 우리 시대의 자연철학을 어떻게 구축할 수 있을까? 이는 오늘날 우리가 과학과 만나면서 부딪치게 되는 모든 물음들 중에서 가장 도전적인 물음일지도 모른다. 이 물음은 분명 '신학과 과학' 논의들을 국제적으로 추진하는 연구가 왜 복잡해질 수밖에 없는지를 부분적으로나마 설명해 줄 것이다.

20) 만일 자연이 실제로 다른 가능성들에 대해 열려 있다면, 그리고 사건이 일어나는 실제 방향이 자연에 의해서만 결정되는 것이 아니라면, 자연과 함께 활동하는 신적 행위로 인해 전개되는 과정은 일종의 '개입'(intervention)이다. 하지만 나는 이 용어를 그리 선호하지 않는다. 왜냐 하면 거기에는 자연법칙들을 위반하거나 보류한다는 함의가 들어 있기 때문이다. 여기서 요점은 신이 사물들이나 과정들을 바꿈으로써가 아니라 잠재력들과 가능성들을 실현시킴으로써 다른 방식으로는 존재할 수 없었을 무언가를 존재하게 한다는 데 있다. 따라서 신의 행위들은 조작이 아니라 창조의

일부다(아래 참조).

21) 하향식 인과율에 대한 중요한 통찰과 여기서는 주목하지 않았던 전반적인 연구기획의 다른 측면들에 대해서는 아서 피콕, 샐리 맥페이그, 존 폴킹혼, 로마 가톨릭 신학자인 윌리엄 R. 스퇴거, 그리고 과정유신론자인 이안 바버의 책들을 참조하라.

Arthur Peacocke, *Theology for a Scientific Age: Being and Becoming ─Natural, Divine, and Human* (Minneapolis: Fortress Press, 1993); "Chance and Law in Irreversible Thermodynamics, Theoretical Biology, and Theology," in Robert John Russell, Nancey Murphy and Arthur R. Peacocke, eds., *Chaos and Complexity: Scientific Perspectives on Divine Action* (Vatican City State: Vatican Observatory Publications, and Berkeley: The Center for Theology and the Natural Sciences, 1995), pp. 123-143; "God's Interaction," in Chaos and Complexity. 피콕은 그의 초기 저서에서 체현 모델(embodiment model)을 취했다. 이에 대해서는 *Creation and the World of Science* (Oxford: Clarendon, 1979), pp. 142ff., 207; *Intimations of Reality* (Notre Dame, IN: University of Notre Dame Press, 1984), pp. 63ff., 76을 참조하라.

Sallie McFague, *Models of God: Theology for an Ecological, Nuclear Age* (Philadelphia: Fortress Press, 1987), pp. 69-78; 그리고 *The Body of God: An Ecological Theology* (Minneapolis: Fortress Press, 1993). 또 "Models of God for an Ecological, Evolutionary Era: God as Mother of the Universe," in *Physics, Philosophy and Theology*, pp. 249-271도 참조하라.

John Polkinghorne, *Sciences and Creation: The Search for Understanding* (Boston: Shambhala, 1989), p. 43; *Reason and Reality: The Relationship between Science and Theology* (Philadelphia: Trinity Press International, 1991). 특히 3장 p. 39와 p. 41을 참조하라; "The Laws of Nature and the Laws of Physics," in Russell, et al., *Quantum Cosmology*, pp. 437-448; *The Faith of a Physicist: Reflections of a Bottom-Up Thinker*, The Gifford Lectures for 1993-4 (Princeton: Princeton University Press, 1994), pp. 67-69, 77-82. "The Metaphysics of Divine Action," in Russell, et al., *Chaos and Complexity*, pp. 147-156; *Serious Talk: Science and Religion in Dialogue* (Valley Forge: Trinity Press International, 1995), Ch. 6, 특히 pp. 81-84; *Quarks, Chaos & Christianity: Questions to Science and Religion* (New York: Crossroad, 1996), pp. 65-73; *Scientists as Theologians: A Comparison of the Writings of Ian Barbour, Arthur Peacocke and John Polkinghorne* (London: SPCK, 1996), Ch. 3.

William R. Stoeger, "Contemporary Physics and the Ontological Status of the Laws of Nature," in Russell, et al., *Quantum Cosmology and the Laws of Nature*; "Describing God's Action in the World in Light of Scientific Knowledge of Reality," in Russell, et al., *Chaos and Complexity*; "The Immanent Directionality of the Evolutionary Process and Its Relationship to Teleology," in Russell, et al., *Evolution*

and Molecular Biology.
Ian G. Barbour, *Religion in an Age of Science*, The Gifford Lectures, Volume One (San Francisco: Harper & Row, 1990), Ch. 8.

22) Murphy, *Beyond Liberalism and Fundamentalism*, pp. 80-82.

23) Murphy, *Beyond Liberalism and Fundamentalism*, pp. 88-89, 95-96. 머피는 *Anglo-American Postmodernity: Philosophical Perspectives on Science, Religion and Ethics* (Westview Press: 1997년 근간)에서 이 논의들을 더 진전시키고 있다. 또한 "Supervenience and the Non-Reducibility of Ethics to Biology," in Russell, *et al., Evolution and Molecular Biology*; "Nonreductive Physicalism and the Soul"(근간)도 참조하라.

24) 머피는 수반(supervenience)에 대해, "서로 다른 유형들이나 차원들이 지니는 특성들 간의 관계로서, 이는 곧 무언가가 상위 차원의 유전기질이 가진 특성을 입증한다면 그것은 또한 하위 차원의 특성을 입증한 효과로서(비-인과적인 결과로서) 그렇게 한다는 의미이다"라고 정의한다(p. 141). 이 정의는 단일한 체계가 가진, 서로 다르면서도 서로 관련되어 있는 분석 차원들에 초점을 맞추고 있기 때문에 인과론적 언어와 동일성(identity) 관계 모두를 피해 간다.

25) Murphy, *Beyond Liberalism and Fundamentalism*, p. 147.

26) Philip Clayton, *In Whom We Have Our Being: Theology of God and Nature in Light of Contemporary Science* (Edinburgh University Press and Eerdmans, 근간).

27) 최근의 연구들은 카오스적인 역동적 체계들이 결코 예외가 아님을 보여 주고 있다. 심지어 여기서도, 결과는 환경과의 상호작용을 포함하는 정확한 초기 조건들과 지배적인 등식들에 의해서만 결정된다. 그러나 비-카오스적인 고전적 체계들과 달리, 카오스적 체계들은 이처럼 인식론적인 예측 불가능성과 일반적으로 '카오스적 무작위성'(chaotic randomness)이라 불리는 존재론적인 결정론의 색다른 결합을 보여 준다. 이러한 사실들이 지니는 신학적 중요성에 대해서는 Robert John Russell, Nancey Murphy and Arthur Peacocke, eds., *Chaos and Complexity: Scientific Perspectives on Divine Action* (Vatican City State: Vatican Observatory and Berkeley: The Center for Theology and the Natural Sciences, 1995)을 참조하라.

28) 양자역학에 관해 과학 분야 학부생들이 읽을 만한 최근의 입문서로는 P. C. W. Davies, *Quantum Mechanics* (London: Routledge & Kegan Paul, 1984)를 참조하라. 일반 독자들을 위해서는 J. C. Polkinghorne, *The Quantum World* (Princeton: Princeton Scientific Library, 1989)를 참조하라.

29) 이 매혹적인 역사의 몇몇 주요한 순간들을 따라 신속하게 이동해 보자. 결정적인 첫 걸음은 막스 플랑크(Max Planc)가 새로운 기본 상수—이후 이는 프랑크 상수 h라 불리게 되었다—를 물리학에 도입함으로써 흑체 발광의 에너지 스펙트럼을 설명했던 1900년에 시작되었다(흑체 발광black-body radiation이란 달아오른 표면에서 발산되는 빛의 속성들을 말한다). 그리고 얼마 후에는 그 상수가 다음과 같은 물리

적 결과들로 이어진다는 사실이 밝혀졌다. 즉 고전 물리학에서 연속적이거나 파동과 같은 현상이라고 여겨졌던 빛이 실제로는 광자(photon)라고 불리는 불연속적인 입자들로 이루어져 있다는 사실이 밝혀진 것이다. 1912년에 이르러 닐스 보어(Niels Bohr)는 원자에 대해 이와 비슷한 단일 양자 모델을 만들어 냈다. 1924년에 루이 드 브로글리(Louis de Broglie)는 만일 고전적으로 파동이라고 여겨졌던 빛이 실제로 입자와 같은 속성을 갖는다면, 마찬가지로 고전적으로 입자들로 이루어졌다고 여겨졌던 물질도 파동 같은 속성을 가질 것이라는 견해를 제시했다. 원자 물리학에서 파동 같은 양상들은 어빈 슈뢰딩거(Irvin Schrödinger)에 의해 결정적으로 정식화되었다. 1925년에 그는 슈뢰딩거 파동 등식을 만들어 냈으며, 이는 즉각적으로 원자와 아원자 과정들의 방대한 범위에 적용되어 주목할 만한 성공을 이루어냈다. 이로써 지금 우리가 파동 역학이라 부르는 것이 생겨나게 되었다. 1년 후에 베르너 하이젠베르크(Werner Heisenberg)는 그 유명한 '불확정성 원리'를 공표했다. 이 원리에 따르면 위치 x, 운동량 p(x-방향으로의 운동)의 어떤 입자가 갖는 불확정성의 결과는 적어도 플랑크 상수만큼은 커야 한다. 1927년에 보어는 그의 '상보성의 원리'를 정식화했으며, 이로써 물질의 파동 같은 속성과 빛의 입자 같은 속성을 일관된 이론적 틀 안에서 결합시켰다. 이 이론은 흔히 '파동 – 입자 이원성'(wave-particle duality) 또는 '코펜하겐 해석'(Copenhagen interpretation)이라 불린다. 더욱이 보어는 파동 – 입자 이원성의 수학이 하이젠베르크의 불확정성 원리에 대한 수학적 기초를 제공할 수 있다는 것을 보여 주었다. 마지막으로 1930년에 디락(P. A. M. Dirac)은 양자역학을 특수 상대성 이론과 결합하여 상대성 양자역학을 만들어 냈다.

30) 알버트 아인슈타인은 데이빗 봄(David Bohm)이 '숨은 변수들'(hidden variables)이라는 용어를 통해 그랬던 것과 마찬가지로 존재론적 결정론을 주장했다. 물론 봄이 도입한 존재론은 대단히 비 – 고전적인 것이었다(그의 '함축적 질서'implicate order를 참조하라). 하이젠베르크는 존재론적 비결정론을 옹호했다. 유진 폰 노이만(Eugine von Neuman)은 관찰자의 마음이 고려되어야 한다고 주장했다. 에버렛(Everett)과 그 동료들은 '많은 세계들'이라는 해석을 주장했다. 1960년대에 양자 해석에 대한 관심의 새로운 물결이 벨(J. S. Bell)에 의해 촉발되었다. 벨의 정리(Bell's Theorem)는 우리가 양자물리학에 대해 비 – 국지적인 실재론적 해석이나 국지적인 비 – 실재론적 해석 중의 하나를 택해야 한다는 의미로 종종 받아들여진다. 더 읽을거리로는 Jammer, *The Philosophy of Quantum Mechanics: The Interpretations of Quantum Mechanics in Historical Perspective* (New York: John Wiley & Sons, 1974); R. J. Russell, "Quantum Physics in Philosophical and Theological Perspective," in Robert J. Russell, William R. Stoeger, and George V. Coyne, eds., *Physics, Philosophy and Theology: A Common Quest for Understanding* (Vatican City State: Vatican Observatory, 1988)이 있다.

31) 오늘날 많은 이들이 양자역학에 대한 존재론적 해석을 지지하고 있다. 예를 들어 C. J. Isham, *Lectures on Quantum Theory: Mathematical and Structural*

Foundations (London: Imperial College Press, 1995), pp. 131-132와 Davies, *Quantum Mechanics*, p. 4를 참조하라.
   32) Russell, "Quantum Physics in Philosophical and Theological Perspective," pp. 343-368을 참조하라.
   33) 이는 그 이상의 심오한 물음으로 이어진다. 이론의 면에서나 우주가 진화해 온 역사의 면에서나, 만일 초기 우주가 양자역학에 지배되었다면 고전적인 특성을 갖고 있는 이 거시적인 세계가 어떻게 생겨날 수 있었을까? 이에 대해서는 Roger Penrose, *The Emperor's New Mind: Concerning Computers, Minds, and the Laws of Physics* (New York: Oxford University Press, 1989)를 참조하라.
   34) 데이빗 봄의 양자 잠재력 접근법(quantum potential approach)이 적절한 한 예이다. 이는 예견적인 내용 면에서 표준적인 양자역학과 대등하다. 그러나 그것은 자연에 대한 결정론적 견해를 제시한다. (최근의 평가에 대해서는 James T. Cushing, *Quantum Mechanics: Historical Contingency and the Copenhagen Hegemony* [Chicago: University of Chicago Press, 1994]를 참조하라). 봄의 접근이 제시한 결정론은 분명 고전적인 결정론이 아니다. 그러나 그것은 자연 전체가 각 부분을 지금의 상태로 결정한다고 여기는 매우 비-국지적인 견해다. 따라서 그의 접근법은 고전적 존재론과 고전적(즉 상대성이론 이전의) 결정론 모두에 대한 도전이다.
   35) Russell, "Quantum Physics in Philosophical and Theological Perspective," pp. 343-368을 참조하라.
   36) '신+자연'이라는 상징은 존재론적인 의미로 사용된 것이 아니다. 오히려 그것은 신의 활동 영역 또는 범위가 우리가 보통 '세계'나 '자연'이라고 부르는 바로 그 영역임을 의미한다.
   37) 이 점은 클레이튼의 *In Whom We Have Our Being*에서 아주 분명하게 나타난다.
   38) 세계가 '신+자연'이라는 주장은 신에 대한 삼위일체 교리와 매우 잘 부합한다. 삼위일체 교리는 상호작용 모델을 넘어서며, 또한 신이 세계의 원천이자 형태요 에너지라고 집요하게 주장하는 좀더 확산된 형태의 범신론도 넘어선다. 이에 대해서는 다음의 글에서 몰트만(Jürgen Moltmann)이 '세계 없는 신'과 '신 없는 세계'를 전제하는 상호작용 모델을 반박한 것을 참조하라. "Reflection on Chaos and God's Interaction with the World from a Trinitarian Perspective," in *Chaos and Complexity*, pp. 205-210.
   39) Russell, "Quantum Physics in Philosophical and Theological Perspective," p. 364.
   40) Robert John Russell, "Special Providence and Genetic Mutation," in Robert John Russell, Nancey Murphy and Francisco Ayala, *Evolution and Molecular Biology: Scientific Perspectives on Divine Action* (Vatican City State: Vatican Observatory Publications, and Berkeley: The Center for Theology and the Natural

Sciences, forthcoming 1998).

41) 실제로 이러한 주장을 가능케 하는 것은 바로 이 법칙들이 가진 정확성이다. 만일 진화 과정이 사실상 전적으로 결정론적이었다면, 그래서 그 명백한 무작위적 특성이 (즉, 자크 모노 Jacques Monod가 '맹목적' 우연이라 불렀던 것이) 오직 우리가 저변에 깔린 인과 과정들을 모르는 데서 기인한 것이라면, 신이 개입이 아닌 다른 방식으로 구체적 사건들 속에서 활동한다는 것은 불가능해 보인다. 따라서 내 경우에는 유전학에서의 양자역학의 역할과 양자역학에 대한 비결정론적 해석의 가능성이 중요하다.

42) 여기서 검토된 제안은 여러 출처들로부터 끌어온 것이다. 그 출처는 다음과 같다. Karl Heim, *The Transformation of the Scientific Worldview* (London: SCM Press, 1953); William G. Pollard, *Chance and Providence: God's Action in a World Governed by Scientific Law* (London: Faber and Faber, 1958); Mary Hesse, "On the Alleged Incompatibility between Christianity and Science," *Man and Nature*, ed. Hugh Montefiore (London: Collins, 1975), pp. 121-131.

43) 자세한 내용은 Russell, "Special Providence and Genetic Mutation"을 참조하라.

44) 진화와 관련된 신정론에 대해 내가 여기서 제시할 수 있는 것보다 더 제대로 된 논의는 다음을 참조하라. Thomas F. Tracy, "Evolution, Divine Action, and the Problem of Evil," in Russell, *et al., Evolution and Molecular Biology*. 나는 또한 이 관련 문제들에 대한 조지 F. R. 엘리스(George F. R. Ellis)의 면밀한 분석, 특히 그가 신적 행위에 관심이 있었고 변덕스러움이라는 비난에 맞서 신적 행위를 옹호하는 데 관심이 있었다는 점을 지적하고자 한다("Ordinary and Extraordinary Divine Action: The Nexus of Interaction," in *Chaos and Complexity*, pp. 359-395). 필립 클레이튼도 곧 나올 자신의 책에서 이와 비슷한 견해로 신적 행위를 옹호한다. Philip Clayton, *In Whom Have Our Being* (근간).

45) "Divine Action in the Natural Order: Buridan's Ass and Schrödinger's Cat," in Russell, *et al., Chaos and Complexity*, pp. 325-327. 또한 다음도 참조하라. Nancey Murphy, *Theology on the Age of Scientific Reasoning* (Ithaca: Cornell University Press, 1990); "Evidence of Design in the Fine-Tuning of the Universe," in Russell, *et al., Quantum Cosmology and the Laws of Nature*, pp. 407-435; 아래의 참고문헌들.

46) Murphy, "Divine Action in the Natural Order," pp. 342, 346, 348.

47) Robert John Russell, "Quantum Physics in Philosophical and Theological Perspective," pp. 343-368.

48) Thomas F. Tracy, "Particular Providence and the God of the Gaps," in Russell, *et al., Chaos and Complexity*, pp. 289-324.

49) Dietrich Bonhoeffer, *Letters and Papers from Prison*, ed. Eberhard Bethge,

enlarged ed. (New York: Macmillan, 1979), p. 311.
   50) 만일 정말로 자연 안에 인과적인 빈틈들이 존재한다면, 그 빈틈들 안에서의 신의 행위는, 그것이 신학적으로 어떻게 이해되든지 간에, 자연적 원인이나 물리적 힘과 똑같은 것일 수 없다.
   51) Tracy, "Particular Providence and the God of the Gaps," p. 310.
   52) Tracy, "Particular Providence and the God of the Gaps," p. 317.
   53) Tracy, "Particular Providence and the God of the Gaps," p. 320.
   54) 트레이시는 신정론 문제와 진화 과정 속에서의 신의 행위에 대해 답변하면서, 자유로운 행위 주체들의 진화가 필요한 까닭은 단지 도덕적 발달만을 위해서가 아니라, 그들이 물리적이고 생물학적으로 아픔과 고통 그리고 죽음이 있게 될 그런 세상에서 살아야 하기 때문이라고 상세하게 논한다. 이에 대해서는 Russell, *et al., Evolution and Molecular Biology*에 수록된 그의 논문을 참조하라.
   55) Owen C. Thomas, "Recent Thought on Divine Agency," in *Divine Action*, ed. Brian Hebblethwaite and Edward Henderson (Edinburgh: T&T Clark, 1990), pp. 35-50.
   56) Thomas, "Recent Thought," p. 46.

제6장

신학, 우주론, 윤리학

낸시 머피

이 논문에서 나는 자연과학과 사회과학 등 여러 과학들의 관계 및 그 과학들과 신학, 윤리학과의 관계를 이해하는 모델을 제시하려고 한다. 그러기 위해서 나는 서구 지성계에 나타난 두 가지 매우 중요한 변화의 결과에 주목할 것이다. 그것은 불과 지난 20년 동안 등장한 최근의 변화와 발전들이다. 그 내용은 참으로 혁명적이어서 사실상 나는 이런 변화가 근대 시대의 종말 그 자체를 지시할 만큼 급진적인 세계관을 향한 전환의 일부분이라고 생각한다.

 논의의 진행은 다음과 같다. 첫째 지금 막 종식되고 있는 세계관의 세 가지 특성을 간단히 언급하고, 둘째 우리의 근본적인 인식 체계를 뒤흔드는 두 가지 혁명적 변화를 기술한 후에, 마지막으로 이러한 혁명적 변화를 기초로 하여 신학, 윤리학, 과학을 연결시키는 모델을 제시할 것이다. 결론적으로 나는 앞으로 여러 대학들이 세상을 창조하고 사랑하는 신이 마치 존재하는 것처럼(as if) 가정하는 가운데 자연적 실재와 사회적 실재를 연구하는 과목인 '가정법 신학'(subjunctive theology)을 커리큘럼에 포함시킬 것을 권하고자 한다.

최근의 정통 입장

내가 주목하고자 하는 포스트모던 사상의 세 가지 특성은 다음과 같다. 첫째 모든 과학은 물리학으로 환원될 수 있으며 또 환원되어야 마땅하다는 환원주의적 주장. 둘째 이른바 '사실과 가치의 구분'(fact-value distinction). 셋째 학문 세계에서 신을 배제하기, 즉 지성적 탐구에서 신의 존재 여부는 아무런 의미도 없다는 주장이다. 이 세 가지를 대학교 커리큘럼 측면에서 말한다면, 첫째 물리학이야말로 여러 과목 가운데 가장 기초가 되는 과목이며, 둘째 과학은 윤리와 아무 상관이 없고, 셋째 신학은 대학 캠퍼스에 속할 곳이 전혀 없다는 것이 된다. 이제 하나씩 자세히 설명하고자 한다.

환원주의

환원주의적 주장은 1920년대와 30년대에 성행했던 비엔나 학파(the Vienna Circle)의 사상을 받아들인 일군의 철학자와 과학자들로 구성된 논리실증주의자들에 의해 가장 열렬히 개진되었다. 그들의 목표 가운데 하나는 다양한 과학들을 통합하는 것이었다. 이 목표는 각 과학이 연구하는 사물들이나 체계들의 복잡성에 따라 여러 과학들의 계층구조(hierarchy)를 조직하는 것이 가능하다는 관찰에 의거하고 있다. 따라서 물리학은 가장 작고 가장 단순한 실체를 연구하는 학문이기 때문에 제일 기초가 된다. 기본적인 분자, 원자, 미립자의 미세한 체계를 연구하는 화학이 그 다음이다. 그리고 나서 유기체의 여러 부분을 연구하는 생물학이 위치한다. 아마도 유기체 전체의 행동을 연구하는 심리학과 사회 구성원 전체를 연구하는 사회학이 그 뒤를 따를 것이다.

그러나 실증주의자들은 학문의 계층구조를 밝히는 것 이상을 원했다. 그들은 각 과학이 한 단계씩 밑으로 환원될 수 있음을 증명하기 원했던 것이다. 즉 주어진 단계에서 각 실체들의 행동은 그 부분을 이루는 바로 아래 단계에 속한 실체들의 작용을 통해 설명될 수 있다는 생각이다. 그래서 물리학이 가장 기초에 놓여 있기 때문에 궁극적으로 모든 사물은 물리학적 법칙의 결과로 이해될 수 있다고 주장하였다.[1]

이것은 매력적인 견해이다. 나는 대학에서 정신질환의 원인 탐구에 주로 흥미를 느껴 심리학 전공을 택했었는데, 그 때는 마침 정신병리학에서 신경전달물질들의 역할에 관한 중요한 발견들 —— 실증주의자들의 견해가 옳다는 것에 대한 분명한 증거들 —— 이 잇따르던 시기였다. 나는 이 견해를 신봉하게 되었다.

지금도 환원이 과학에서 중요한 연구 전략이라는 점에는 의심의 여지가 없다. 전자(electron)의 움직임으로 화학적 결합을 설명하고, 생화학적 반응으로 인간 행동에 대한 영향을 설명하는 등 여러 가지를 들 수 있다. 그러나 환원 전략의 성공이 특별한 형이상학, 곧 실재의 본성에 관한 특정한 이론을 정당화하게 되면서부터 문제를 해결하기보다 오히려 더 많은 문제를 야기하게 되었다. 가장 명백한 문제는 인간의 자유에 관계된 질문이다. 만약 인간 행동이 전적으로 화학으로 환원될 수 있고, 화학은 다시 물리학으로 환원될 수 있기 때문에, 궁극적으로 물리학의 법칙이 우리가 하는 모든 것을 결정한다면, 결국 인간의 자유의지란 망상에 불과하다는 말인가?

또한 정통 환원주의자들의 입장에는 생경한 유물론이 내장되어 있다. 만약 복합적 전체가 그 부분들의 총합 이상이 결코 아니라면, 결국 존재한다는 것은 궁극적으로 물질적이라는 의미가 된다. 비물질적 성격의 것은 결코 인과론적 효용성을 가질 수 없으며, 실제로 비물질적 사물들은 거의 생각할 수도 없게 된다. 이런 생각이 신학에 미치는 의미는 분명하다.

사실과 가치의 구분

이제 살펴보려고 하는 것은 종식되고 있는 세계관의 두 번째 면모로써 윤리학과 관계가 있으며 환원주의적 주장과도 무관하지 않다. 이것은 "사실과 가치의 구분," 혹은 "우리는 당위성(ought)을 실재성(is)으로부터 끌어 낼 수 없다"는 구호 속에서 드러나는 견해이다.

문제의 핵심은 윤리와 도덕의 영역에 속한 판단들과 세계가 실재하는 방식과 영역에 관한 진술들 간의 관계이다. 이 두 가지는 분리된 영역들이라는 것, 그리고 도덕의 영역은 다른 어떤 영역에도 논리적으로 의존하지 않는 독립적인 것이라는 견해가 근대의 정설이 되어 왔다.

계몽주의의 위대한 철학자 칸트(Kant)는 그 누구보다도 이런 구분을 확립하는 데 기여한 사람이다. 그는 단지 과학과 윤리라는 두 주제를 구분한 것뿐만 아니라 순수이성과 실천이성이라는 이성 능력까지 구분하였다. 칸트가 이런 구분을 요청하게 된 동기의 일면에는 인간의 자유를 보호하려는 의도가 있었다. 뉴턴의 자연과학적 결정론으로부터 자유의지를 보호하기 위해 칸트는 자아를 포함하는 '물자체'(物自體, noumena)의 세계를 물리학 법칙에 의해 지배되는 현상계로부터 구분할 필요가 있다고 믿었던 것이다.

따라서 칸트는 도덕의 체계적 연구인 윤리학이 실증주의자의 과학적 계층구조 내에 위치하지 않는다는 사실 자체가 큰 성공이라고 생각하였다. 그러나 이러한 생각은 부정적인 면도 가지고 있었다. 칸트는 윤리학이 도덕적 논란들을 해결하기 위한 토대가 되는 그 자신만의 확고한 이성적 기초를 가진다고 확신하였지만, 사실은 그렇게 되지 못하였던 것이다. 총체적 세계관과의 논리적 연결이 단절되면서 윤리적 담론은 점점 더 파편화되어 갔다. 그런 결과 가운데 하나가 바로 오늘날 전형적 대학생들이 지니고 있는 사고방식이 잘 보여 주고 있는 바와 같이 우리 사회에서 발견되는 가공할 만한 도덕적 상대주의다.

신의 배제

포스트모던 사상의 마지막 특성은 학문 세계로부터 신을 배제하는 것이다. 물론 이 말은 대학에 종교 과목이 없다거나 학자들이 신자가 아니라는 의미가 아니다. 이 말의 의미는 신을 믿는 일이 개인적인 문제라고 간주되기 때문에 자연과학이나 사회과학에 관한 견해에 아무 영향력도 미치지 못한다는 의미이다. 부르노 라투르(Bruno Latour)가 말하듯 "신이 자연법칙이나 국가의 법률에 간섭하지 말 것에 동의하지 않는 사람은 결코 진정한 근대인이 아니다." 이처럼 '말소된 신'(crossed-out God)은 자연과 사회로부터 분리되었음에도 불구하고 아직 유용하게 제시될 수도 있다. "영성은 재창조되었다"라고 라투르는 말한다.

> 전능한 신은 인간의 외적 사태에 간섭하지 않고 오직 인간의 내면 심성으로만 파고들게 된다. 전적으로 개인적이고 전적으로 영적인 종교로 인해 신을 끌어들이지 않고서도 과학과 사회의 비약을 비판하는 일이 가능하게 되었다. 근대인들은 이제 세속적이면서 동시에 경건할 수 있게 된 것이다.2)

그리하여 결과적으로 포스트모던 세계는 학자들에게 세 가지 닫혀진 분야를 제시한다. 과학적 영역, 도덕적 영역, 그리고 (혹시라도 종교적 영역을 포함시킬 수가 있다면) 종교적 영역이 그것이다. 자연과 사회로부터 완전히 차단된 채 전적으로 개인적인 신이란 실제적으로는 거의 아무 신도 아닌 셈이다.

이러한 세계관을 놓고 볼 때, 로버트 존 러셀(Robert John Russell)이나 테드 피터스(Ted Peters)같은 학자들이 신의 행동(act of God)에 관한 문제에 그처럼 많은 관심을 보이는 것은 그리 놀라운 일이 아니다. 과학적 연구의 현재 상태를 감안한다면, 어떻게 우리가 섭리 속에서 활동하는 신을 생각할 수 있단 말인가?

혁명적 변화들

이제 나는 영미 사상계에서 이루어진 최근의 두 가지 진전을 논하려고 한다. 하나는 '하향식 인과율'(top-down causation)이라고 알려진 견해에 입각하여 환원주의를 반박하는 것이다. 두 번째는 우리의 지식 체계와 윤리 사이에 화해를 주선하는 것이다. 그런 과정을 통해 우리는 이 두 가지 견해가 학문 세계에서 신의 역할에 관해 무엇을 함축하는지를 보게될 것이다.

하향식 인과율

하향식 인과율이 강조하는 것은 어떤 탐구 대상에 관한 환경 혹은 더욱 복합적인 체계의 효과이다. 다른 말로 한다면, 가령 인간의 행위 현상을 이해하기 위해서는 유전인자의 성향과 같은 하부 단계의 요인들 뿐만 아니라 특별히 사회환경 등과 같은 상부 단계의 요인들을 고려할 필요가 있다는 것이다.

물론 실증주의자들의 주장에도 불구하고 대부분의 심리학자들과 사회과학자들은 이 사실을 결코 잊은 적이 없었다. 자연(nature) 대 양육(nurture) 논쟁, 생물학 대 사회환경 논쟁 등이 계속되고 있다는 사실이

이 점을 말해 주지 않는가? 그러나 현 논의에서 새로운 사항은 다음의 두 가지다. 첫째, 아직 논란의 여지가 있기는 하지만, 환경적 요인들이 심리적 요인들로 모두 환원될 수 없다는 사실이 점차 힘을 얻어 가는 인식으로 부각되고 있다는 것이다. 가령 출생 순서는 개인의 성공에 관한 중요한 예견 요소이다. 그러나 성공이란 분명히 사회적인 것이다. 둘째 하향식 인과관계는 기초과학에도 잘 적용될 수 있다고 점차적으로 인정되고 있다. 가령 생물학자들은 진화적 변화를 돌연변이(상향식 요인)와 환경(하향식 요인)과의 상호작용으로 설명한다.

따라서 어떤 과학에서도 많은 문제들이 어떤 단계에서 질문을 던지느냐에 따라 그 단계에 해당되는 요인에 의거해서 해답을 찾을 수 있다. 즉 하부 단계의 요인들을 참고함으로써 설명할 수 있는 많은 질문들이 있으며, 상부 단계의 분석에서 언급된 요인들을 통해서 해결할 수 있는 질문들이 있다. 나는 특히 두 번째 질문을 '경계선 질문'(boundary questions)이라고 부르고자 한다.

계층구조의 재정립

윤리학에 관해 논의하기 전에 나는 과학의 계층구조에 관해 조금 더 언급하려고 한다. 논리실증주의자들의 시대 이후에 생태학 등 새로운 과학들이 생겨났기에 과학의 계층구조 안에서 새 위치를 모색할 필요가 생겨났다.

또한 아직 내가 언급하지 않고 지나친 구분이 있다. 계층구조의 상부단계에 관해 말할 때 나는 이 단계가 더욱 포괄적인 전체를 말하는지 아니면 더욱 복합적인 전체를 말하는지를 분명히 명시하지 않았다. 이 두 가지 기준은 대부분 겹치지만 언제나 그런 것은 아니다. 만약 계층구조가 더욱 포괄적인 전체에 기초한다고 생각된다면, 우주론이야 말로 우주 전체를 연구하는 분야이기 때문에 이 계층구조에서 가능한 최상위의 과학일 것이다. 그러나 만약 과학의 계층구조가 연구체계의 증가하는 복잡성에 의거하였다고 한다면, 우주론 학자들이 제공하는 추상적 우주 이론보다도 오히려 사회 체계야말로 더욱 복잡한 학문이 아니가 하는 의문이 생겨나게 된다.

이 문제를 풀 수 있는 더 좋은 방법을 생각할 수 없기 때문에, 나는 과학들 간의 관계가 나뭇가지와 같은 계층구조라고 상정하는 것이 도움이 된다고 생각한다. 즉 인문과학이 한 가지를 형성하고, 생물학 위에 자연과학이 다른 한 가지를 형성하는 구조이다. 이처럼 과학들의 계층구조는 마치 나무와 같은 형태라고 생각할 수 있다. 물리학, 무기화학, 생화학 및 다양한 단계의 생물학이 줄기를 형성하고 있는 가운데 생태학, 천체물리학, 우주론 등이 자연과학을 완성하는 가지가 된다. 그리고 또 다른 가지 하나에는 심리학, 사회학, 경제학, 정치학, 법학 등이 인문과학을 이루고 있다.3)

신, 그리고 과학의 계층구조

과학의 계층구조에 관한 처음 견해를 약간 수정한 다음에 이제 더욱 혁신적 발전, 즉 학문세계에서 신의 역할과 직접적으로 관련되는 견해를 검토할 시간이 되었다. 나는 신학과 과학에 관한 사고에서 성공회 신부이며 생화학자인 아서 피콕(Arthur Peacocke) 교수로부터 많은 영향을 받았다. 실제로 내가 하향식 인과관계 개념에 관해 처음 알게 된 것은 바로 피콕 교수의 저술을 통해서였다.4) 따라서 내가 대학생으로서 그렇게 열심히 지지했던 환원주의적 이론들로 인해 갖게 되었던 모든 우려들을 말끔히 벗어버리게 해 준 그에게 감사 드리지 않을 수 없다.

피콕 교수의 제안은 신학이야말로 학문의 계층구조에서 최상부를 차지하는 과학이라는 것이다. 세상 만물과 관계하는 신을 연구하는 학문인 신학은 가능한 가장 포괄적인 체계에 대한 학문이라는 근거에서 이다. 이제 나는 왜 이 제안이 의미가 있는지에 대해 몇 가지 이유를 제시하려고 한다. 자연과학, 특별히 우주론에서 등장하는 여러 경계선 문제들을 생각해 보기로 하자. 빅뱅 이전에는 과연 무엇이 일어났을까? 스티븐 호킹(Stephen Hawking)의 주장에도 불구하고 과연 과학이 이 문제를 성공적으로 설명할 수 있을지는 아직 분명하지 않다.5) 설령 우주학자들이 빅뱅의 원인에 대한 과학적 설명을 제시한다고 하더라도 이 문제는 다시 그 원인의 원인은 무엇이냐는 질문으로 연장될 뿐이다.

다른 예를 든다면, 왜 우주론적 상수들(cosmological constants)이 명백히 생명을 위해 미세-조정(fine-tuned)되었는가 하는 문제가 있다. 즉 우리가 우주의 운행에서 발견하게 되는 특별한 자연법칙들은 원칙적으로 무한히 많은 가능성을 가지는데, 왜 하필 생명을 보호하는 우주를 가능하게 하는 현재의 아주 특별한 법칙으로 고정되게 되었냐는 질문이다. 이 문제는 최근 우주론에서 제기되는 가장 흥미진진한 질문 가운데 하나다. 존 레슬리(John Leslie)6), 존 배로우(John Barrow), 프랭크 티플러(Frank Tipler)7) 같은 과학자들은 계산에 계산을 거듭한 끝에, 만약 물리학 법칙들에 관계된 기본 수치들——예를 들어, 중력상수장력(strength of the gravitational constant)이나 아원자 전하량 비율(the ratio between the charges of subatomic particles)을 비롯해 그 밖에 많은 것들——이 지금보다 아주 극소하게 작은 양의 차이만 있었더라도 빅뱅으로부터 오늘날까지 우주의 진화는 전혀 다른 양상으로 전개되었을 것임을 분명히 보여 주는 저서들을 발표하였다. 그리고 거의 모든 경우에 그런 식으로 달라졌을 우주는 생명이 발달하기에 적합지 않은 우주, 즉 너무 단명이거나 너무 춥거나 보다 원자량이 많은 물질들이 결여된 우주였으리라는 것이다. 생명에 필요한 조건의 입장에서 볼 때 무수히 많은 다른 방향으로 사태가 악화될 수 있었다. 그럼에도 불구하고 그렇게 진행되지 않았다. 과연 무슨 이유 때문이었을까?

말이 나온 김에 묻는다면, 자연법칙들은 도대체 왜 있는 것일까? 그것들은 어디에 있으며 그것들의 존재론적 위상은 무엇일까? 무엇이 그것들에 힘을 부여하는 것일까?

이러한 질문들 가운데 그 어느 것도 전적으로 신학적인 답변을 요구하지는 않는다. 그러나 성서를 아는 이들에게는 전통적인 신 관념과 신의 섭리가 이 모든 질문들을 오히려 손쉽게 대답할 수 있다는 사실이 분명하게 드러난다. 최초의 사건이 무엇이었던지 간에, 신은 우주의 궁극적인 원인이다. 신은 우리와 같은 피조물들을 염두에 두고 이 우주를 만들었기 때문에 우주의 법칙들은 당연히 생명을 촉진시키기 위해 고안되어 있다. 곧 자연법칙들은 우주 질서를 향한 신의 의지를 반영하고 있는 것이다.[8]

과학의 계층구조 내에서의 윤리학

이제 윤리학을 다시 살펴보려고 한다. 윤리의 위상에 대한 근대적 정설은 '도덕의 자율성' 주장이었음을 상기할 필요가 있다. 즉, 사물들이 마땅히 준수해야 하는 명제는 사물들이 존재하는 방식에 대한 명제로부터 도출될 수 없다는 것이다. 나는 아주 최근에 일어난 혁명적 변화의 두 번째 사건이 바로 이 주장을 반박하는 것임을 여러분에게 강조하려고 한다.

"이것은 좋은 손목시계이다"라는 가치평가 명제를 예로 들어보자. 나는 이 판단을 뒷받침하기 위해 몇 가지 분명한 사실들을 열거할 수 있다. 가령 이 시계는 시간이 잘 맞고, 12년 동안 계속 잘 맞았으며, 값도 저렴하다 등이다. 이러한 평가를 내릴 수 있는 이유는 곧 우리가 손목시계의 목적을 알고 있기 때문이다.

철학자 알레스데어 맥킨타이어(Alasdair MacIntyre)는 도덕적 판단에 관하여 똑같은 점을 강조하였다. 만약 우리가 인간 삶의 궁극적인 목표나 목적(*telos*)이 무엇인지 알고 있다면 바로 그 목적에 부합하는지 아닌지에 기초해서 과연 무엇이 좋은 사람, 좋은 성격이나 좋은 행동인지를 분명히 판단할 수 있다는 것이다.9)

맥킨타이어는 바로 도덕의 자율성에 관한 주장에 의문을 제기하고 있는 것이다. 그는 윤리적 주장의 올바른 형태는 다음과 같이 조건 명제라야 한다고 주장한다. "만약 당신이 당신의 목적을 성취하려고 한다면, 당신은 당연히 x를 행해야 한다." 이와는 반대로 "당신은 x를 행하여야만 한다"라고 단정짓는 필연 명제를 주장했던 근대 계몽주의의 윤리관은 별난 것이었다고 그는 지적한다. 근대인들은 가장 기본적인 도덕적 주장에 관해 상충되는 이론들을 개발하였다. "최대 다수를 위한 최대의 선을 달성하기 위해 행동해야 한다"라는 명제는 "자신의 행동 지침이 보편적으로 받아들여지도록 행동해야 한다"라는 명제와 상충한다. 그러나 만약 도덕성이 자율적이라면 이와 같이 가장 기본적인 도덕적 '당위성'에 대한 상이한 해석들을 중재할 길이 없다. 가장 기본적이면서도 상충되는 도덕적 '직관들'을 우회할 길이 없는 것이다. 이러한 불가능성이 곧 낙태 문제나 경제정의 문제 등과 같이 우리 사회의 고질적인 윤리적 난제들을 만들게 되었다. 그러나 맥킨타이어는 이러한 고질적 문제들이 윤리적 담론의 본질적 특성이라고 생각할 필요는 없으며, 다만 계몽주의의 기획 전체가 잘못된 방향으로 움직였던 표시로 간주해야 될 것이라고 강조한다.

그 잘못된 방향이란 도덕과 윤리적 사고를 종교적 전통으로부터 분리시키려는 시도를 말한다. 도덕적 논쟁을 해결하는 출발점을 제공한 것은 곧 종교적 (혹은 형이상학적) 전통이다. 종교적 전통들은 다음과 같은 문제를 해결할 수 있는 자원을 가지고 있다. 인류에게 최대의 선은 무엇인가? 행복인가? 이성의 명령에 부합하는 삶인가? 단순히 천상에서의 보상인가? 아니면 이런 어떤 것보다도 더 복잡한 그 무엇인가?

이처럼 신학이나 형이상학은 인간 삶의 목적을 위한 설명을 제공하여 준다. 윤리학이란 곧 우리가 삶의 목적을 이루기 위해 어떻게 살아야 할 것인가라는 질문에 대해 대답을 제공하는 학문이다. 덧붙여 맥킨타이어는 인간의 번성에 관한 이러한 이론들을 충분히 이해하기 위해서는 이들이 어떻게 사회적으로 구현될 수 있으며 구현되어 왔는지를 알아야 한다고 주장한다. 따라서 사회과학들은 그 기술적 측면이며, 그 반대의 규범적 측면이 바로 윤리학인 것이다.

따라서 맥킨타이어의 공헌은 실재에 대한 신학적, 과학적 지식으로부터 도덕적 사유를 분리시켰던 근대의 견해가 빗나간 탈선이었음을 논증한 것이다. 윤리학은 사회과학과 신학을 똑같이 필요로 한다.

이제 맥킨타이어의 견해를 내가 바로 전에 사용했던 언어로 바꿔서 말해 보고자 한다. 윤리학의 탐구는 윤리학이 단독으로 대답할 수 없는 경계선 문제를 제기한다. 그것들 가운데 가장 중요한 문제는 이것이다. 과연 인간의 삶은 무엇을 위한 것인가? 신학은 이 문제에 대한 즉각적 해답을 제공해 준다. 물론 우주론의 경우에서도 그랬었던 것처럼 원칙적으로 반드시 신학적 대답을 제시해야 할 필요가 있다는 말은 아니다. 어떤 비신학적 세계관들은 자기 나름대로 삶의 문제에 대한 대답을 제공할 수 있을 것이다. 그러나 모든 사람이 필요하다고 동의하지 않을지는 모르지만 신학적 해답들이 존재한다는 것, 또 그 대답들이 적절하게 유효하다는 사실은 분명하다.

이제 우리는 윤리학을 다른 지식들과 연결시키기 위해 한 걸음 더 나아갈 수 있게 되었다. 나는 간단하게나마 사회과학들이 스스로 대답할 수 없는 경계선 질문들을 제기한다는 것과 윤리학이야말로 그러한 대답들을 제공하기에 필요한 학문임을 증명하려고 한다.

사회과학은 '가치중립적'이어야 한다고 종종 주장되어 왔다. 즉, 사회과학은 사회적 실재를 있는 그대로 기술할 뿐이며, 목적을 위한 수단을 산출할 때 제한된 정보를 제공하는 데 그쳐야 한다는 것이다. 가령 만약 공급 부족이나 과잉을 피하려고 한다면 곧 자유시장경제를 시도해야 한다고 사회과학은 말해 준다. 그러나 사회과학에도 이미 윤리적 견해가 내재되어 있다는 사실, 즉 사회과학이 제공하는 이론들뿐만 아니라 그 방법론적 선택들에도 윤리적인 견해가 들어 있다는 인식이 점차적으로 보편화되어 가고 있다. 만약 정말로 그러한 가정들이 사회과학 속에 숨어 있다면 그것을 파헤치고 비판할 필요가 있으며, 바로 이것이 윤리학자들의 분명한 임무가 된다. 즉, 사회과학은 윤리학의 차원에서만 해답을 찾을 수 있는 문제들을 제기하고 있는 것이다.

인간의 궁극적 선에 관한 이론들

사회이론에서 윤리적 가정이 가지는 역할에 대한 예를 보기 위해, 사회에서 폭력적인 강제가 필요하다고 보는 근대적 입장을 살펴보기로 하자. 이 가정은 사회계약 이전의 자연적 상태는 만인에 대한 만인의 투쟁이라는 토마스 홉스(Thomas Hobbes)의 주장까지 소급될 수 있다. 홉스 이후로 거의 모든 사회과학자들은 사회를 유지하기 위해 강제가 필요하며, 폭력은 단순히 강제의 궁극적 형태일 뿐이라고 주장해 왔다. 정치와 폭력의 관계에 관한 막스 베버(Max Weber)의 고전적 서술은 그의 「소명으로서의 정치학」이라는 논문에 나타나 있다.

궁극적으로, 우리는 근대국가를 근대국가에만 고유한 구체적 방법의 관점에서 사회학적으로 정의할 수 있는데, …… 그것은 바로 물리적 폭력의 사용이다. …… 국가는 인간이 인간을 지배하는 관계, 정당한 폭력의 방법에 의해 유지되는 관계이다.10)

라인홀드 니버(Reinhold Niebuhr)는 『도덕적 인간과 비도덕적 사회』에서 개발한 이론을 가지고 한 세대의 정책 입안자들에게 많은 영향을 주었다.11) 니버는 어떤 기관이 존속하기 위해서 그 기관과 관계된 사람들이 개인적으로는 감히 시도하지 않을 (그리고 도덕적으로 정당화될 수 없는) 행동들을 자행하도록 기관이 요구한다고 주장한다. 니버의 이론은 '기독교 현실주의'(Christian realism)라는 멋진 이름을 얻게 되었다. 이 책의 서문에서 니버는 이렇게 말한다.

이 책에서 펼치려는 주장은 개인들의 도덕적, 사회적 행동과 국가적, 인종적, 경제적 사회단체들의 행동 사이에 예리한 구분이 필요하다는 것, 그리고 이 구분이 순수하게 개인 윤리의 입장에서 볼 때 파렴치하다고 생각하는 정치적 정책들을 정당화하고 요청한다는 것이다. …… 모든 인간 단체들은 그 단체를 형성하는 개인들이 자신들의 인간관계에서 보여 주는 것보다도 충동을 제어, 감독하는 것이 부족하고, 자기극복의 능력이 부족하기 때문에 그에 따라 통제할 수 없는 이기주의가 더 많이 발견된다. …… 제국주의 혹은 계급지배 등 어떤 형태이든지 집단권력이 약한 세력을 착취할 때는 언제나 새로운 세력이 그것에 대항하여 봉기하지 않는 한 결코 전복되지 않는 법이다.12)

좀더 최근에 와서 피터 버거(Peter Berger)는 사회가 분열 세력에 의해 붕괴되지 않기 위해서는 필연적으로 강제적 요소가 요구된다고 하

는 데 동의하였다. "폭력은 어떤 정치 질서의 경우에도 그것의 궁극적인 기초이다"라고 그는 말한다.13)

그렇다면 이런 말들은 과연 어떤 의미에서 윤리적 가정을 담고 있는가? 이런 말들은 경험적 사실에 관한 단순 명제, 즉 인간 행동의 법칙을 말하는 것 아닌가? 그러나 내가 여기 인용한 이론가 중 한 사람인 라인홀드 니버가 무엇보다도 기독교 윤리학자로 알려져 있다는 사실 그 자체가 우리로 하여금 이런 말들이 순수한 사회적 관찰이 아닐 수 있다는 점을 의심케 한다.

비강제적이고 비폭력적 사회구조의 가능성에 관한 니버의 견해는 그에 선행하는 윤리적 판단, 즉 인류의 최고선에 관한 판단에 의존하고 있다. 그리고 인간적 선에 관한 그의 견해는 어느 특정한 신학적 교리의 결과이다. 니버는 말한다.

> 이기심을 없애는 것보다 정의야말로 (사회의) 최고의 도덕적 이상이다. …… 이러한 현실적 사회윤리는 종교적 이상주의 윤리와 구별될 필요가 있다. …… 비록 가장 예민한 도덕적 감성의 소지자들이 도덕적 동의를 하지 않을 방법인 자기주장, 저항, 강제, 분개 등을 통해서라도 사회는 반드시 정의를 구현하도록 노력해야 한다.14)

인간 역사에서 바랄 수 있는 최고의 선이 곧 정의라는 니버의 판단은 그의 종말론, 즉 시간의 종말에 관한 그의 신학적 견해에 근거하고 있다. 그는 구원, 신의 왕국, 종말이 필연적으로 역사 이후에(*beyond history*) 가능하다고 믿는다. 그는 영원한 존재가 시간 속에서 구현되는 것이 불가능하다고 믿기 때문에 신의 왕국이 역사 이후에 존재한다고 결론짓는다. 이것이 의미하는 바는 곧 죄와 도덕적 모호함이 종말 이전의 모든 역사에서 끊임없이 나타나는 모습이라는 사실이다.

베버의 정당화 역시 노골적으로 윤리적이다. 그것은 '궁극적 목적의 윤리'와 '책임의 윤리'의 구분에 기초하고 있다. 궁극적 목적의 윤리는 순수한 동기와 순수한 수단에 관심을 가진다. 책임의 윤리는 불완전과 악이 예상되는 정치 질서 속에서 개인의 행동이 미칠 정치적으로 예측 가능한 결과에 관심을 가진다. 정치적 현실주의자는 도덕적으로 의심스러운 방법을 통해서라도 그의 목적을 달성하려고 결심한다. 그리고 이미 살펴본 것처럼 정치를 위해 과단성 있는 수단이 바로 폭력이다.15)

바로 이것이 윤리 이론들, 곧 인류의 궁극적 선에 관한 이론들이 사회과학적 논리와 어떻게 긴밀히 연결되었는가에 대한 하나의 예이다. 사회과학에서 윤리의 배제불가능에 대한 더욱 자세한 논증은 사회과학적 연구 방법 자체가 윤리적 판단을 포함하고 있다는 인식에서 비롯된다. 알렉산더 로젠버그(Alexander Rosenberg)는 "과학적 방법의 문제에서 어떤 입장을 취하느냐는 것은 우리로 하여금 도덕철학의 근본 문제에 대한 입장을 취하게 만든다"라고 말하였다.16) 아주 쉬운 예로 인간을 대상으로 하는 모든 실험에서 내용을 고지하고 동의를 받아야 하는가 하는 문제를 생각해 보자. 칸트의 윤리 이론은 정언 명령(categorical imperative)에 기초하고 있다. 칸트가 이것을 표현하는 방법 중의 하나는 타인이 반드시 목적 그 자체로 취급되어야지 단순히 목적을 위한 수단으로 취급되어서는 안 된다는 말이다. 칸트의 주장이 이 문제에 대해 지시하는 결과는 어떤 사람도 연구의 목적에 대해 동의하지 않은 상태에서 '이용'되어서는 안 된다는 것이다. 그러나 이와는 반대로 공리주의자들에게는 도덕적 기준이 최대 다수를 위한 최대의 선이다. 그래서 실험이 그 대상이 되는 사람들에게 별로 해를 끼치지 않으면서 사회 전체에 이익을 가져온다면, 그리고 만약 사람들에게 실험 내용을 공개함으로써 실험을 망치게 된다면, 실험에 대한 공식적 동의가 없어도 사람들을 실험하는 것이 가능하다고 생각할 수 있다. 여기서 우리는 두 입장의 윤리적 차이가 실험을 계획하는 데 중요한 차이를 초래한다는 것을 볼 수 있다.

따라서 사회과학의 가치중립적 성격에 관한 주장과는 반대로, 표면 아래에 숨어 있는 윤리적 판단을 발견하기란 그리 어려운 일이 아니다. 이러한 윤리적 판단들은 학문 세계의 주류에서 당연하게 여겨지고 있는지도 모른다. 가령 정부가 목표하는 최고의 선이 곧 정의라야 한다는 사실을 누가 의심할 것인가?

그러나 이러한 가정들은 의심스러운 것들이다. 그것과는 다른 견해들이 존재하기 때문에 우리는 그런 판단들이 어떻게 왜 정당화될 수 있는지 알아야 할 필요가 있다. 따라서 사회과학들은 자기 스스로 대답할 수 없는 문제들, 즉 경계선 문제들을 다시 한 번 노출시키고 있는 것이다.

그래서 사회과학의 계층구조 최상부에 윤리학이라는 '과학'을 위치시킨다면 좋을 것이다. 윤리학은 곧 인류를 위한 선에 대한 체계적 이론들을 비교, 평가하며 그러한 이론들이 사회이론에 구현되었을 때의 결과를 진술하도록 도와 주는 과학이 될 것이다.

그리고 맥킨타이어는 이러한 방향으로 윤리학을 재해석하는 데 필요한 사항들을 정확하게 제공해 주었다. 윤리학은 인간 삶의 궁극적 선에 대한 이론을 실천하기 위해 그 결과들을 체계화한 것으로 정의될 수 있다. 이런 결과들 중 어떤 것들은 검증될 수 있다. 즉 이렇게 혹은 저렇게 사는 방식의 효과를 관찰하면서 확증될 수 있다.

이러한 이론에 관한 전체적 평가의 세부 사항은 너무나 복잡해서 여기서 상술하기는 어렵다. 그러나 어느 사회이론의 경우에서처럼 경험적 데이터 및 정합성과 일관성과 같은 이론적 가치들이 이 평가에 포함되어 있다. (도덕적 전통의 정당화에 대한 맥킨타이어 자신의 설명을 위해서는 그의 훌륭한 저서인 『누구의 정의, 어떤 합리성인가?』 *Whose Justice? Which Rationality?*[17])를 참고하기 바란다.)

탐구의 새로운 모델

나는 이제 모든 학문들 간의 관계에 대한 모델을 제시할 준비가 되었다. 한쪽 가지에는 자연과학들, 그리고 다른 가지에는 인문과학들로 구성되어 있는 과학의 계층구조 나무를 상기하기 바란다. 나의 제안은 사회과학들이 제기하면서도 스스로 해결하지 못하는 경계선 질문들을 해결해 주는 학문인 윤리학이야말로 인문과학의 가지를 완성시키는 과학이 되어야 한다는 것이다. 그러나 윤리학과 우주론 모두로부터 제기되는 경계선 질문을 답할 수 있는 신학은 인문과학과 자연과학 두 개의 가지 모두 위에 위치한 학문이 되어야 한다. 경계선 질문들은 언제나 목적에 대한 설명을 요구한다는 사실에 주목할 필요가 있다. 우주를 창조한 신의 목적에 관한 신학적 견해는 과연 인간의 삶을 충족시키기 위해서는 무엇이 필요한가라는 질문뿐만 아니라 어떤 특별한 물리적 법칙이 존재하는 이유가 무엇인가라는 질문에 대해서도 답변을 제공한다. 인간 삶의 목적(*telos*)이라는 윤리학의 핵심적 질문과 우주의 미세-조정에 관한 질문을 동시에 설명하면서, 신학은 단 일격으로 과학의 계층구조에서 자연과학적 측면과 인문과학적 측면 양자의 아주 두드러진 경계선 질문을 동시에 해결하는 것이다.

대학 교육의 결과. 이러한 탐구 모델은 미래의 대학 사회를 위해 무엇을 제안하는가? 일반적으로 내가 언급한 학문들은 자신의 적절하고 분명한 위치를 가지고 있다고 할 수 있으며, 각 학문에 고유한 구성원들, 체계들, 과정들, 인과관계들이 있기 때문에 다른 학문들과는 비교적 독립적인 차원에서 연구될 수 있다. 가령 사회적 사실이 개인의 행동과 태도 등에 관한 사실의 총합 이상이 아니라는 것을 증명하고자 애쓰는 심리학자에 대항해서 사회학자가 공연한 전투를 벌일 필요는 없는 것이다.

그럼에도 불구하고 우리는 환원이나 분석을 하기 전에는 그저 무의미한 사실이었던 것들이 환원과 분석 전략을 통해 법칙과 과정에 관한 설명으로 의미를 갖게 되는 일이 종종 있다는 것도 알고 있다. 가령 멘델의 법칙은 유전인자와 그 행동을 생화학적으로 정의하기 이전까지는 단순한 사실에 불과하였다.

그러나 보다 중요하게는, 과학의 계층구조에서 한 단계 더 높은 차원으로 연결시키지 않는 한 이해가 되지 않는 요소들과 과정들의 측면이 분명히 존재한다는 사실을 깨달을 필요가 있다. 바로 이것이 미래에 매혹적이면서 새로운 발전이 출현하리라 기대되는 영역이다. 아마도 환원주의적 전략의 결과로 근대에 과학혁명이 일어났던 것처럼 이런 새로운 전략으로 인해 앞으로 다시 한 번 위대한 과학혁명이 초래될 수 있을지도 모른다.

수반. 이러한 혁명은 철학자들이 풀어야 할 숙제이다. 현재 우리는 아직도 하향식 관계를 기술하기에 적합한 개념들을 고안하고 정의하기에도 힘들게 고심하고 있는 중이다. 체계 이론(system theory)의 발달은 중요한 출발점이 된다. 지난 이십 년 동안 인지과학 이론과 심리철학의 영역에서 많은 업적이 이루어져 왔다. 이런 문제들에 관하여 유용한 새로운 개념들 가운데 가장 중요한 두 가지 개념은 수반(supervenience)과 현실화(realization)이다. 만약 동일한 실체에 여러 속성들이 속해 있으며 그 실체가 어떤 속성 G를 가지고 있기 때문에 다른 속성 F를 가진다면, 속성 F는 다른 속성 G에 수반된다고 말할 수 있다. 이 관계는 계층구조상 다른 차원들의 여러 속성들과의 관계를 말하기 위해 지극히 유용하다. 가령 예를 들어 정신적 속성은 물리적 속성에 수반된다고 말할 수 있다.

그러나 지난 세대에서 중요한 인식은 동일한 정신적 속성이 다양한 물리적 속성들에 수반될 수 있다는 것이었다. 가령 다양한 종은 다양하게 구성된 신경체계를 가지기 때문에 고통을 느끼는 속성은 다양한 종의 다양한 물리적 속성의 체계에 수반된다는 것이다. 이 사실을 기술하기 위해 개발된 용어로 설명한다면, 곧 정신적 속성이 물리적으로 실현되기 위해서는 다양한 방법이 있다는 것이다. 이러한 수반성과 다양한 실현가능성은 아마도 자유의지를 설명하는 열쇠가 될 것이다.

물론 내가 여기서 제시한 모델의 가장 놀라운 결과는 이 모델이 신학에 부여하는 역할에서 나타난다. 만약 신의 본성과 목적에 관한 이론이 결여되어 있다면, 우리는 정말 실재에 대한 과학적 설명이 본질적으로 불완전하다고 말할 수 있으며 또 말해야만 하는 것일까? 바로 이 점이 여러 학문들이 어떻게 연결되는가에 관한 나의 설명의 결과이다. 그러나 이 주장이 말도 되지 않는다고 생각된다면, 이런 방향으로 이미 제시되었던 여러 가지 요소들을 다시 상기하기로 하자.

한 가지 놀라운 사실은 종교에 아무 관심도 없던 자연과학자들이 의도적으로 신학적 문제에 광범위하게 개입하기 시작했다는 점이다. 그들은 자신들 분야의 발견 때문에 어쩔 수 없이 그렇게 되었다고 주장한다. 그래서 우리는 폴 데이비스(Paul Davies)와 같은 불가지론자가 저술한 『신과 새로운 물리학』(God and the New Physics)이나 『신의 마음』(The Mind of God)과 같은 책들을 보게 되었다.18) 『신과 새로운 물리학』의 서두는 아인슈타인을 인용하는 구절로 시작된다. "과학이 결여된 종교는 맹목적이고 종교가 없는 과학은 불구이다." (나는 이 구절을 거꾸로 돌려서 종교 없는 과학이야말로 맹목적이요, 또는 적어도 항구적인 맹점을 지니고 있다고 말하고 싶다.)

자타가 공인하는 무신론자인 칼 세이건(Carl Sagan) 같은 과학자도 묘한 방법으로 나의 주장을 뒷받침해 준다. 세이건이 주장하는 내용은 과학과 '자연종교'(naturalistic religion)라고 밖에 할 수 없는 것의 특별한 혼합이다. 그는 평범한 생물학과 우주론으로부터 시작하지만 본질적으로 종교적인 범주들—— 그것도 우연히도 기독교적 사상체계와 놀라울 정도로 같은 유형적 성격을 지닌 범주들—— 을 채우기 위해 과학으로부터 빌려온 개념들을 사용하고 있다. 세이건 역시 궁극적 실재 개념을 가지고 있다. "우주는 존재하는 모든 것, 존재하였던 모든 것이자 앞으로 존재할 모든 것이다." 그는 궁극적 기원에 관한 설명도 가지고 있다. 대문자 E로 표기되는 진화(Evolution)가 그것이다. 그에게는 죄의 기원에 관한 설명도 있다. 지역 방어 본능, 성적 충동, 공격 등을 말해 주는 두뇌의 원시적인 파충류적 구조가 그것이다. 구원에 관한 그의 설명은 영지주의적(gnostic) 성격을 지니고 있다. 즉, 구원은 지식으로부터 온다는 것이다. 그 지식은 과학적 지식으로서 아마도 우리보다 더 진화된 외계 생명체와의 접촉을 통해 얻을 수 있는 지식이라고 말한다.19)

이러한 예를 통해 말하고자 하는 것은, 우리가 만약 과학적 계층구조의 상층부에 인식 가능한 신학 체계를 놓기 거부한다면, 그 무언가로 채워 달라고 울부짖는 빈자리가 필연적으로 생길 수밖에 없다는 점이다. 세이건과 다른 과학자들은 새로운 과학적 종교를 창시할 수밖에 없었던 것이다.

물론 나는 기독교 신자인 과학자들을 거론할 수도 있다. 물리학의 로버트 존 러셀, 생물학의 아서 피콕, 우주론의 조지 엘리스(George F. Ellis) 등이 그들이다. 그러나 회의론자들은 그런 과학자들이 이미 다른 이유로 믿고 있는 종교적 신념을 위한 특별한 변론을 하고 있을 뿐이라고 쉽게 무시하는 경향이 있다.

사회과학적 측면에서는 캠브리지대학 신학부 교수인 존 밀뱅크(John Milbank)가 저술하고 많이 논의된 책이 있다. 그의 『신학과 사회이론』(Theology and Social Theory)[20]은 근대 사회과학의 전제들이 본질적으로 신학적이라고 주장한다. 그러나 사회과학에 구현된 신학들이란 이방종교 혹은 기독교 이단의 신학들이다. 밀뱅크의 주장은 만약 의도적으로 정통 신학적인 입장을 취하는 사회과학에 의해서라면 과연 어떤 종류의 다른 사회이론들이 개발될 수 있었을까 하는 흥미로운 질문을 제기한다.

다시 한번 회의론자는 이런 사실을 개인적 관심에 의해 왜곡된 인식이라고 무시해 버릴지 모른다. 그런 이유 때문에 나는 최근 철학적 윤리학의 전환에 깊은 감명을 받고 있다. 인간 삶의 목적에 관한 설명——신학이 가장 잘 제공하고 있는——이 결여된 윤리학의 어떤 노력도 결점을 지닌다는 맥킨타이어의 논증에 관해서는 이미 언급하였다. 내가 앞에서 언급하지 않았던 것은 맥킨타이어가 철학적 무신론의 으뜸가는 대변인이었던 적이 있다는 사실이다. 그가 어릴 때 믿었던 기독교로 다시 돌아오게 된 것은 윤리학과 신학에 관계된 (동기가 아니라) 이러한 결론의 결과였다고 나는 믿고 싶다.

나아가 우리 시대의 다른 저명한 철학적 윤리학자인 버나드 윌리엄스(Bernard Williams)를 언급할 수 있는데, 그는 고대로부터 현대까지 서구 역사의 윤리학에서 나타난 거의 모든 견해들을 연구한 다음 그것들 대다수가 결점을 가졌음을 발견한 사람이다. 그러나 그는 다음과 같이 말한다.

어떤 종류의 이론은 초월적 체계의 구조를 통해 인간이 지향하는 무엇을 제공하려고 추구한다. 만약 그가 사물의 기본적 구도 안에서 자신의 역할을 제대로 이해한다면 그는 자기에게 적절하며 자신이 실현하도록 노력해야 하는 특별한 종류의 목적을 볼 수 있을 것이다. 그러한 견해의 원형적 형태 중 하나는 인간에 대해 특정한 기대를 가진 신에 의해 인간이 창조되었다는 신념이다. …… 만약 신이 존재한다면 도덕을 뒷받침하는 특별하고도 납득할 만한 근거들도 존재할 것이다.21)

그러나 무신론자인 윌리엄스는 불행하게도 신 관념 자체가 불합리하며 종교 자체도 치료 불가능하게 비합리적이라고 믿고 있다.

나는 신 개념의 불합리성에 대한 윌리엄스의 판단이 단순하거나 사려 깊지 못한 것이 아닐까 걱정이 된다. 그러나 현대 지성인들의 삶에서 불행한 사실은 바로 많은 사람들이 신이나 다른 신학적 문제에 관해 가지는 생각들이 실제로 단순하거나 사려 깊지 못하다는 것이며, 이는 무신론자들뿐만 아니라 신자들의 경우에도 그러하다. 만약 내가 오늘 말한 것이 사실이라면, 즉 실재에 관한 우리의 이해를 완성시키는 데 신학이 필수적인 역할을 하는 것이 사실이라면, 우리는 이제 과학 이론들과 모델에 관해서 그러했던 것처럼 신학 이론들과 방법에 관해서도 사려 깊게 심사숙고해야 할 것이다.

복잡한 신학 이론들이 여러 신학대학원에 이미 넘쳐나고 있지만, 신학대학 교수들은 다른 학문 세계와 격리되어 있을 때가 많다. 반면에 요즘 대학들은 신학자들과 격리되는 경향이 있다. 이런 여러 가지 이유로 인해 신학은 미국 대학에서 사라져 버리고 말았다. 많은 이들이 헌법의 정교 분리를 들어 공공 기관에서 신학을 가르치는 일을 금해야 한다고 한다. 또한 종교적으로 연관된 대학들도 점점 자신들의 교단적 연결을 끊고 종교적으로 다양한 학생들을 상대하려고 하고 있다. 이러한 이유로 인해 종교에 대한 객관적 과목을 가르치는 일은 적절하지만 종교의 진리주장을 가르치는 일은 부적절하다고 생각하는 경향이 있다.

가정법 신학. 나는 겸손한 제안을 하나 하려고 한다. 곧 내가 '가정법 신학'이라고 명명한 신학이 그것이다. 먼저 문법 수업을 상기해 보자. 가정법은 조건문이나 가정 명제에서 쓰이는 것으로, 가령 "만약 내가 위대한 웅변가였더라면 나는 이 강의를 경탄할 만한 결론으로 끝맺었을 것이다"라고 말하는 방법이다.

나의 제안은 신학을 직설법(indicative mood)으로 가르치는 것이 부적절하고, 명령법으로 가르치는 것은 더욱 부적절한 반면에, 조건적으로 그리고 비교적으로 가르칠 수 있다는 것이다. 우리는 위에서 경계선 질문이라고 명명한 문제들에 초점을 맞춘 대학 과목을 상상해 볼 수 있다. 이런 경계선 질문들은 물론 다른 학문들에서도 제기되지만 주로 우주론과 윤리학에서 제기되는 것으로, 다양한 신학적 전통들의 해답들을 검토한 후 그런 신학적 주장들이 사실이라고 가정하고 검토하는 과목이다. 가령 예를 든다면 우주론적 상수들의 미세-조정에 관한 문제가 있다. 만약 「창세기」의 설명이 사실이라면 우리는 우주에 관해 무엇을 말할 수 있는가? 또 「창세기」 이야기가 이 목적을 위해 유대교, 기독교, 이슬람 전통에서 사용될 때 각각의 다양한 신학적 발달 속에서 어떤 차이를 나타내는가? 그리고 가령 존 레슬리(John Leslie)의 신플라톤주의적 설명과는 어떻게 비교될 수 있을까? 다른 동양종교들은 이 문제에 대한 자신들의 설명을 제공하고 있는가 아니면 제공하고 있지 못한가? 이와 비슷하게, 궁극적 실재에 관한 이런 다양한 설명들이 심각한 윤리적 질문에 미치는 결과는 무엇인가?[22]

물론 내가 꿈꾸는 이러한 과목을 제안하는 데에는 위험도 뒤따른다. 본의 아니게 교수는 어떤 특정한 신학적 주장이 이런 경계선 질문들을 답하는 데 다른 신학들의 대답보다 더욱 유용하다는 사실을 발견할지도 모른다. 그래서 중립성을 표방하기가 지극히 어렵다고 느낄지도 모른다. 마치 라보아지에(Lavoisier)가 플로지스톤(phlogiston) 이론을 토론할 때 중립성의 가면을 표방하기 어려웠던 것처럼 말이다. 그럼에도 불구하고 이것은 시도할 만한 가치가 있는 위험일 것이다.

(배국원 옮김)

주

1) 그러나 사회과학을 심리학으로 환원하는 것, 또는 자연과학과 인문과학이 연속성을 가진다는 '자연주의적'(naturalist) 이론에 대해서는 결코 보편적 동의가 도출되지 않았다는 사실을 주목하는 것이 중요하다.

2) Bruno Latour, *We Have Never Been Modern*, trans. Catherine Porter (Cambridge, MA: Harvard University Press, 1993), p. 33.

3) 내가 나뭇가지 모델을 처음 발표한 다음 논문을 참조하라. "Evidence of Design in the Fine-Tuning of the Universe," in Robert Russell, Nancey Murphy, and C. J. Isham, eds., *Quantum Cosmology and the Laws of Nature: Scientific Perspectives on Divine Action* (Vatican City State and Berkeley: Vatican Observatory and Center for Theology and the Natural Sciences, 1993; distributed by University of Notre Dame Press), pp. 407-435. 더 자세한 설명을 위해서는 나와 George F. R. Ellis가 함께 저술한 *On the Moral Nature of the Universe: Theology, Cosmology, and Ethics* (Minneapolis, MN: Fortress Press, 1996)를 참조하라. 본 강의는 주로 우리들의 공저인 위의 책에 근거하고 있다.

4) Arthur Peacocke, *Creation and the World of Science* (Oxford: Clarendon Press, 1979) & *Theology for a Scientific Age*, 개정증보판 (Minneapolis: Fortress Press, 1993).

5) Stephen Hawking, *A Brief History of Time* (Toronto and New York: Bantam, 1988).

6) John Leslie, *Universes* (London and New York: Routledge, 1989).

7) Frank Tipler, *The Anthropic Cosmological Principle* (Oxford: Oxford University Press, 1986).

8) 이 문제에 대한 논의를 위해서 다음 논문들을 참조하라. Nancey Murphy, "Evidence of Design in the Fine-Tuning of the Universe," & George F. R. Ellis, "A Theology of the Anthropic Principle," in *Quantum Cosmology and the Law of Nature*, op. cit.

9) Alasdair MacIntyre, *After Virtue* (Notre Dame: University of Notre Dame

Press, 1981; 수정증보판, 1984).

10) Max Weber, *Politics as a Vocation* (Fortress, 1965), p. 1.

11) Reinhold Niebuhr, *Moral Man and Immoral Society* (New York: Charles Scribner's Sons, 1932).

12) Niebuhr, xi-xii.

13) Peter Berger, *Invitation to Sociology* (New York: Doubleday, 1963), p. 69.

14) Niebuhr, pp. 257-258.

15) James W. Douglass, *The Non-Violent Cross: A Theology of Revolution and Peace* (Toronto, Ontario: The Macmillan Co., 1966), pp. 262-263.

16) Alexander Rosenberg, *Philosophy of Social Science* (Boulder, CO: Westview Press, 1988), p. 177.

17) Alasdair MacIntyre, *Whose Justice? Which Rationality?* (Notre Dame: University of Notre Dame Press, 1988).

18) Paul Davies, *God and the New Physics* (New York: Simon and Schuster, 1983) & *The Mind of God* (New York: Simon and Schuster, 1992).

19) Thomas M. Ross, "The Implicit Theology of Carl Sagan," *Pacific Theological Review* 18 (1985) 3: pp. 24-32.

20) John Milbank, *Theology and Social Theory* (Oxford: Blackwell, 1990).

21) Bernard Williams, *Morality*, 9판 (Cambridge: Cambridge University Press, 1993), p. 63, p. 72.

22) 이 강좌를 개설하는 데 도움을 준 템플턴 재단을 설립한 존 템플턴 경(Sir John Templeton)은 과학 분야에서 신에 대한 지식을 증가시키는 과목들을 더 많이 개설할 수 있기를 희망하고 있다. 아마도 내가 여기서 그리는 내용이 바로 그러한 과목을 위해 적합한 모델이 될 수 있을 것이다.

제2부

진화, 윤리학, 종말론

제7장

너무나 인간적인 동물:
진화와 윤리학

프란시스코 J. 아얄라

그 때 하느님께서 말씀하셨다. "우리의 형상대로, 우리의 모습을 닮은 사람을 만들자." …… 그리하여 하느님이 자기 형상, 곧 하느님의 모습대로 사람을 창조하시되 남자와 여자를 창조하셨다.

「창세기」 1:26-27 (NRSV)

태초에 생명이, 그에 담긴 몇 가지 힘과 함께, 몇몇 형상에 불어넣어졌다. 원래 단 하나의 형상뿐이었을지도 모르겠다. 아무튼 이 행성이 정해진 중력 법칙에 따라 궤도를 돌고 있는 동안에 그토록 단순한 기원으로부터 가장 아름답고도 경이로운 무한히 다양한 형상들로 진화해 왔고 지금도 진화하고 있다. 이렇게 보면 생명은 정말로 매우 장엄한 것이다.

찰스 다윈, 『종의 기원』[1]

「창세기」와 다윈의 저서에서 한 대목씩을 인용하여 이 글의 주제를 시사해 보았다. 인간의 본질은 생물학적 진화 과정을 통해 다른 생명체들의 세계와 연속선으로 연결되어 있다는 것이 내 생각이다. 생물학적으로 보면, 우리도 분명히 동물이다. 그러나 우리는 매우 독특한 동물이다. 해부학적으로도 그렇고, 두 발로 걷는 점, 굉장히 큰 두뇌를 가졌다는 점 등이 그렇다. 그뿐만이 아니다. 더 중요한 것은, 우리가 개별적이거나 사회적인 행동, 그리고 그 행동이 빚어내는 산물에서 여느 동물과는 현저하게 다르다는 점이다. 인류의 출현과 함께 생물학적 진화는 스스로를 초월하여 문화적 진화로 돌입하게 되었는데, 이것은 생물학적 진화보다도 더 빠르고 더 확연한 결과를 낳았다. 사회 및 정치 제도, 종교와 윤리 전통, 언어, 문학, 예술, 전자 장치를 통한 의사 소통, 도로, 도시 같은 것들이 문화적 진화의 산물이다.

  이 글에서 나는 생물학과 문화 사이의 상호작용을 드러내는 한 사례로서 윤리와 윤리적 행동에 대해 탐구해 보고자 한다. 우리의 지능은 일단 생물학적 진화의 한 결실이지만, 그것이 고도의 수준에 이르러 우리로 하여금 윤리적 판단, 즉 어떤 행동을 두고 선인지 악인지 평가하도록 한다는 것이 내 생각이다. 그러나 또한 우리의 윤리적 행동을 인도하는 도덕 규범들은 생물학적으로 결정되어 있지 않다는 의미에서 생물학을 초월한다는 것이 나의 주장이다. 도덕 규범들은 생물학의 산물이라기보다는 사회적, 종교적 전통을 포함한 인류 역사의 산물이다.

  결론을 미리 요약한다면, 우리는 누구이며 이 우주 속에서 우리의 위치는 무엇인가를 이해하는 데 과학이 꼭 필요한 통찰을 제공하기는 하지만, 결코 충분할 수는 없다는 이야기다.

인류의 생물학적 기원

앞에서 나는 다윈의 『종의 기원』에서 "이렇게 보면 생명은 정말로 매우 장엄한 것"이라는 구절을 인용했었다. 거기에서 말하는 "가장 아름답고도 경이로운" 형상 가운데 인류도 포함된다는 점은 다윈도 그 몇 쪽 앞에서 이미 언급한 바 있다. "종의 기원에 관해 이 저술에서 피력된 견해들, 또는 이와 비슷한 견해들이 옳은 것으로 인정된다면, 막연하나마 아마도 자연의 역사에 대한 탐구에서 굉장한 혁명이 일어나리라는 예상을 할 수 있겠다. …… 인류의 기원과 그 역사의 규명에 서광이 비칠 것이다."2)

인류는 생물의 한 종(種)으로, 원래 인류가 아닌 다른 종으로부터 진화해 나온 것이다. 인간의 본질을 이해하기 위해서는 우선 우리의 생물학적 구성을 알아야 하겠고, 우리가 언제부터 어떻게 해서 존재하게 되었는지, 지금의 모습보다 훨씬 소박했던 첫출발의 이야기를 알아볼 필요가 있다.

생물학적으로 우리와 가장 가까운 동물은 원숭이다. 또 그 중에서도 특히 침팬지가 가깝다. 침팬지와 인간 사이의 관계는 침팬지와 고릴라, 오랑우탄 사이보다 더 가깝다. 호미니드(hominid, 사람과[科]에 속하는 동물)의 계통이 침팬지 계통과 갈라지게 된 것은 500만 내지 800만 년 전에 아프리카 대륙에서만 일어난 일이었다. 그러다가 지금으로부터 대략 180만 년쯤 전에 직립원인(直立猿人, *Homo erectus*)이 등장하였다. 지금까지 알려진 가장 오래 된 유인원은 440만 년 전의 아르디피테쿠스 라미두스(*Ardipithecus ramidus*)이다. 그러나 이것이 직립보행을 했는지, 현생인류인 호모 사피엔스(*Homo sapiens*)의 직계 조상인지는 분명치 않다. 한편, 최근에 규명된 390만 내지 420만 년 전의 오스트랄로피테쿠스 아나멘시스(*Australopithecus anamensis*)는 분명히 직립보행을 했고, 오스트랄로피테쿠스 아파렌시스(*Australopithecus afarensis*), 호모 하빌리스(*Homo habilis*), 호모 에렉투스, 그리고 호모 사피엔스로 이어지는 계통에 속한다. 현생인류의 직계 조상 계보에 들지 않는 여타의 호미니드 종으로는 오스트랄로피테쿠스 아프리카누스(*Australopithecus africanus*), 파란드로푸스 애디오피쿠스(*Paranthropus aethiopicus*), 파란드로푸스 보이쎄이(*Paranthropus boisei*), 파란드로푸스 로부스투스(*Paranthropus robustus*) 등이 있다. 이들은 300만 년에서 100만 년 전 사이 여러 시기에 아프리카에서 살았다. 이 때에는 아프리카 대륙에 서너 종류의 호미니드 종들이 동시에 살기도 했다.

아프리카 동부 열대 및 아열대 지역에서 등장한 직립원인, 즉 호모 에렉투스는 곧 다른 대륙으로 퍼져 갔다. 화석으로 남은 그들의 유해는 아프리카뿐 아니라 인도네시아(자바), 중국, 중동, 그리고 유럽에서도 발견된다. 자바에서 발견된 직립원인의 화석으로는 181만 년(오차 범위 ±4만 년) 전의 것과 166만 년(역시 오차 범위 ±4만 년) 전의 것이 있다. 그루지아에서 발견된 화석도 이와 비슷하게 160만 년 및 180만 년 전의 것이다. 스페인에서는 신체 구조가 특이한 직립원인의 화석이 발견되었는데, 적어도 78만 년 전의 것으로 여겨진다. 이는 지금까지 남부 유럽에서 발견된 직립원인 화석들 중에서 가장 오래 된 것이다.

호모 에렉투스, 즉 직립원인으로부터 호모 사피엔스로의 변화는 대략 40만 년 전에 일어났다. 어떤 화석들은 그것이 직립원인의 것인지 아니면 호모 사피엔스의 '원조' 형태인지 분명치 않기 때문에, 그 연대를 확실하게 추정하기가 곤란하다. 직립원인은 아시아에서 꽤 오랫동안 존속하였다. 중국에서는 25만 년 전까지, 그리고 자바에서는 아마 10만 년 전까지도 있었던 것 같다. 그러니까 그 후손인 호모 사피엔스의 초기 세대와는 연대가 겹친다. 유럽에서는 호모 사피엔스의 한 부류인 호모 사피엔스 네안데르탈렌시스(*Homo sapiens neanderthalensis*)가 20만 년 전쯤에 등장하여 3만, 4만 년 전까지 존속하였다. 전에는 네안데르탈인이 해부학적으로 현생인류의 조상으로 여겨지기도 했지만, 이제는 현생인류가 적어도 10만 년 전, 그러니까 네안데르탈인이 사라지기 훨씬 전에 이미 등장했다는 것이 밝혀졌다. 더욱이 중동 지방의 여러 동굴에서 발견된 화석들의 연대 측정에 의하면, 10만 내지 12만 년 전의 현생인류 화석이 있는가 하면 6만 내지 7만 년 전의 네안데르탈인 화석이 있고, 그 뒤 4만 년 전의 현생인류 화석이 또 발견된다. 이 두 종족이 바깥 지역으로부터 유입되면서 이 지역을 번갈아 장악했는지, 아니면 공존했는지, 또는 과연 혼혈이 일어났는지 여부는 알 수가 없다.

 현생인류의 기원에 대해서는 의견이 분분하다. 직립원인으로부터 원초적인 형태의 호모 사피엔스로, 그리고 다시 현생인류와 같은 해부학적 구조를 가진 존재로 전환되는 과정이 고대 세계의 여러 곳에서 동시다발적으로 일어났다고 주장하는 인류학자들도 있다. 이런 '동시다발 모델'(multiregional model) 지지자들은 직립원인이 호모 사피엔스의 원조로, 그리도 다시 현생인류로 전환되는 과정이 지역적으로 연속적이었음을 보여 주는 화석상의 증거들을 강조한다. 한 종으로부터 다른 종으로 전환되는 것은 원칙적으로는 서로 다른 지역에서 독자적으로 일어날 수는 없는 일이다. 그런데도 그런 일이 일어났다는 주장을 뒷받침하기 위해 그들이 내세우는 가설은, 현재의 인간이나 여느 동물 종들에서 지리적으로 분화된 개체군들이 존재하는 것처럼 지리적 차이에 따른 분화가 일어났고 또 지속되었음에도 불구하고, 서로 다른 개체군들 사이에 때때로 유전자 교환이 일어났고 그래서 결국 하나의 단일한 유전자 집단으로 발전하였다는 것이다. 그러니까 이러한 설명에 전제가 되는 것은 서로 다른 대륙에 있는 개체군들이 지속적으로 이동하면서 혼혈이 일어났다는 것이다. 그러나 이 주장은 이에 대한 직접적인 증거가 없다는 문제점이 있다. 더욱이, 중국과 자바에서는 호모 사피엔스가 등장한 뒤에도 10만 년 이상 동안이나 직립원인이 계속 존속하는 등 서로 다른 지역에 서로 다른 종이나 형질이 동시에 존재했다는 사실은 종이나 형질의 변환이 여러 지역에서 동시다발적으로 일어났다는 이론과는 부합되기 어렵다.

한편, 현생인류가 10만 년 전쯤에 아프리카나 중동 지역에서 처음 등장하여 차차 전세계로 퍼져 나가면서 기존의 직립원인이나 호모 사피엔스 원조들을 대체하게 되었다고 주장하는 과학자들도 있다. 이것을 '아프리카인들에 의한 대체'(African replacement) 이론이라고 한다. 나아가, 호모 사피엔스 원조로부터 현생 호모 사피엔스로의 변환은 매우 좁은 병목 현상을 통해서 이루어졌다고 주장하는 이들도 있다. 극소수, 심지어 두 명의 조상을 통해서 모든 현생인류가 탄생했다는 것이다. 그러나 이 병목 이론은 오류라는 것이 이미 밝혀졌다.3) 하지만 현생인류의 기원이 아프리카(또는 중동)에 있다는 데 대해서는 최근에 많은 유전학적 증거가 수집되었고, 그에 따라 많은 진화론자들이 이를 지지하고 있다.

인류의 독특성

해부학적으로 인류의 가장 독특한 특징은 직립 자세와 큰 두뇌다. 우리는 척추동물 가운데 유일하게 두 발로 걷고 직립 자세로 사는 동물이다. 물론 새들도 두 발로 걷지만, 그들의 등뼈는 수직이라기보다는 수평이다. 한편 두뇌 크기는 대개 몸의 크기에 비례한다. 그런데 몸집에 비해 가장 큰 (그리고 가장 복잡한) 두뇌를 가진 것이 바로 인류다. 침팬지의 두뇌 무게는 1파운드도 채 안 된다. 고릴라의 두뇌는 약간 더 무겁지만 거의 비슷하다. 그러나 인간 성인 남자의 두뇌는 크기가

1,400㎤(cc)에다가 무게가 약 3파운드에 달한다.

인류가 직립보행을 먼저 하게 되었는지, 아니면 큰 두뇌가 먼저 생겼는지, 아니면 그 두 가지가 동시에 발생했는지 하는 것은 진화론자들이 흔히 제기하는 질문이었다. 이 의문은 이제는 해결되었다. 우리의 조상 오스트랄로피테쿠스는 400만 년 전에 이미 두 발로 걸었다. 그러나 두뇌는 450cc정도에다가 무게는 1파운드밖에 안 되었다. 그런데 250만 년 전의 호모 하빌리스에 오면 두뇌 크기가 650cc로 현저하게 커졌다. 이들은 솜씨 좋게 도구를 만들어서 사용하기도 했다(habilis라는 말이 바로 그런 뜻이다). 그 뒤 100만 년에서 200만 년 사이에 등장한 것이 호모 에렉투스, 즉 직립원인인데, 그 성인의 두뇌는 1,200cc까지 되었다. 네안데르탈인의 두뇌는 크기가 우리의 것과 비슷하다. 우리의 두뇌는 크기에서 침팬지나 고릴라보다 훨씬 클 뿐만 아니라 복잡하기도 비교할 수가 없다. 원숭이과의 두뇌와 비교할 때, 인간의 두뇌에서는 고도의 인지 과정이 처리되는 피질(皮質)의 비중이 대단히 크다.

그러니까, 여느 영장류(靈長類)와 비교해서 인류가 가진 해부학적 특징으로 가장 두드러진 것은 역시 직립 자세와 큰 두뇌라고 하겠다. 그러나 그것만이 다는 아니다. 주된 해부학적 특징들을 모두 나열하자면 다음과 같다(마지막 다섯 가지는 고생 인류의 화석에서는 그 증거를 발견할 길이 없다).

- 직립 자세와 두 발로 걷는 것 (이로써 등뼈와 엉덩이뼈 그리고 발의 모양이 변하였다)
- 대칭을 이루는 엄지손가락 및 팔과 손의 변화(이로써 정확한 손놀림이 가능해졌다)
- 큰 두뇌

- 턱뼈가 작아지고 이에 따라 얼굴 모양이 바뀌었음
- 피부와 그 분비선들의 변화
- 신체에 돋는 털의 감소
- 느린 성장 속도
- 성대와 후두의 변형
- 두뇌 조직의 변화

그리고 인류는 해부학적으로만 여느 동물과 구별되는 것이 아니다. 개별적인 행동에서나 사회적인 행동에서도 매우 중요한 차이를 보여 준다. 그 몇 가지 중요한 예를 들자면 다음과 같다.

- 미묘한 감정의 표현
- 지능: 추상적인 사고와 분류 및 추론
- 상징적 (창조적) 언어
- 자의식 및 죽음에 대한 인식
- 도구를 만들어 사용하는 것을 비롯한 각종 기술
- 과학, 문학, 예술
- 윤리와 종교
- 사회 조직 및 협동(노동 분업)
- 법률 규범 및 정치 제도

인류는 사회적으로 조직화된 집단 생활을 한다. 물론 여느 영장류도 그렇기는 하다. 그러나 다른 영장류의 사회는 그 복잡한 정도에 있어서 인간의 사회 조직에 비할 바가 못된다. 인류의 사회적 특성 가운데 두드러진 것 중 하나가 바로 문화다. 문화라는 것은 철저하게 생물학적이지만은 않은 인간의 행위와 그 산물이라고 이해할 수 있을 것이다. 문화에는 사회 제도와 정치 제도, 종교 및 윤리 전통, 언어, 상식, 과학 지식, 예술과 문학, 기술, 그리고 나아가 인간 정신의 모든 산물 일반이 포함된다. 문화의 출현과 함께 문화적 진화가 전개되었고, 이것이 일종의 초유기체적인(超有機體的, superorganic) 진화 양태로서 유기체적인 진화 위에 덮어씌워졌다. 그리고 지난 몇천 년 사이에 바로 이것이 인류 진화의 주된 양태가 되어버렸다. 문화적 진화는 문화의 변화와 상속으로 인하여 일어난다. 바로 이것이 인류가 환경에 적응하고 그 방법을 후손에게 전수해 온, 인류 특유의 아주 독특한 양상인 것이다.

문화적 유전과 생물학적 유전

인류에게는 두 가지 유형의 유전이 있다. 이를 생물학적인 것과 문화적인 것이라 할 수도 있겠고, 유기체적인 것과 초유기체적인 것이라 부를 수도 있겠다. 또는 신체내적(身體內的, endosomatic)인 것과 신체외적(身體外的, exosomatic)인 것이라 할 수도 있다. 인류의 생물학적 유전은 양성(兩性)의 교합에 의하여 생식하는 여느 유기체들에서 볼 수 있는 것과 대체로 비슷하다. 그 바탕은 DNA에 기록된 유전자 정보를 생식 세포를 통해 다음 세대로 전수하는 데 있다.4) 한편 문화적 유전은 교수-학습 과정을 통한 정보 전수를 바탕으로 한다. 이것은 원칙적으로 생물학적인 부모-자식 관계와는 별도로 이루어지는 일이다. 문화는 가르치고 배우는 과정, 모범을 보이고 이를 모방하는 과정을 통해서 전수된다. 책, 신문, 라디오, 텔레비전, 영화, 예술 작품 등 온갖 의사 소통 수단들이 여기에 동원된다. 문화는 부모나 친척, 이웃, 또는 인류의 전체 환경으로부터 개개인이 배워 획득하는 것이다.

인류는 바로 이 문화적 유전으로 말미암아 다른 어떤 유기체도 이루지 못하는 것을 이룰 수 있다. 즉, 이전 세대의 체험을 축적하여 다음 세대에 전수하는 것이 가능해진 것이다. 물론 동물들도 체험을 통해 학습을 할 줄 안다. 그러나 그 체험을, 다시 말해 자기들이 '발견'한 것을 다음 세대로 전수해 주지는 못한다(적어도 대량으로 전수해 주지는 못한다). 동물들은 개체의 기억은 가지고 있지만, '사회적 기억'은 안 가지고 있는 것이다. 그러나 인간은 자기들의 체험을 세대에서 세대로 축적하여 전수할 수 있기 때문에 문화를 발전시킬 수 있었던 것이다.

문화적 유전은 곧 문화의 진화를 발동시켰다. 즉, 지식과 사회 구조, 윤리를 비롯하여 인류 문화를 구성하는 모든 요소들의 진화가 전개된 것이다. 그리고 문화적 유전은 인류 이외의 유기체에게는 가능하지 않은 새로운 환경 적응 방식을 가능케 하였다. 문화를 통한 적응이 바로 그것이다. 유기체들은 대체로 적자생존을 통해 환경에 적응한다. 숱한 세대를 거쳐 유전자 구조를 환경의 요구에 맞게 변화시키는 것이다. 그러나 인간은, 아니 오직 인간만이 환경을 자기 유전자의 요구에 맞게 변화시켜 적응할 줄도 안다. (동물들도 보금자리를 짓는다거나 하는 예에서 보듯이 환경을 자기 필요에 따라 조작하여 바꾸기도 한다. 하지만 인간이 그렇게 하는 데 비하면 이는 극히 미미한 일이다.) 특히 지난 수천 년 동안 인류는 자기들의 유전자를 환경에 적응시키기보다는 환경을 자기들의 유전자에 적응시키며 살아 왔다.

유기체들이 거주 지역을 넓히거나 변화한 환경 속에서 생존하려면, 그 새로운 기후 조건이나 먹이, 경쟁자들 등에 적응하기 위해 오랜 기간에 걸쳐 서서히 그에 적합한 유전자 변형을 축적해야 한다. 그러나 인간의 경우는 두꺼운 피부와 털이 돋아나는 해부학적 변화 없이도 따뜻한 지역에만 머물지 않고 지구상의 모든 지역으로 진출할 수 있었다. 얼음으로 덮인 남극 대륙만이 예외였다. 그리고 하늘을 나는 데에도 날개를 돋아나게 하는 유전자 변형 따위를 겪을 필요가 없었다. 비행기를 만들어 오히려 더 좋은 성능으로 하늘을 정복하기에 이르렀다. 또한 아가미나 물갈퀴 없이도 강과 바다를 휘젓고 다닌다. 그뿐만 아니라, 극히 적은 양의 산소만 가지고도 숨을 쉬거나 무중력 상태에서 활동을 할 수 있게 되는 돌연변이를 일으키지 않고도 외계 탐사를 시작할 수 있었다. 특수 우주복과 산소통을 착용하기만 하면 되는 것이다. 인류가 애초에 아프리카에서 언제 어떻게 등장했는지는 분명치 않지만, 아무튼 그 이후 인류는 지상에서 가장 번성하는 포유류가 되었다. 인류가 그렇게 가장 성공적인 동물이 될 수 있었던 것은 문화라는 초유기체적인 적응 기제를 개발한 덕분이었다.

 인류의 경우에는 생물학적 적응보다는 문화적 적응이 더 우세했다. 그것이 더 신속한 적응 방식이고 또 그 방향을 인간 자신이 결정할 수 있기 때문이다. 환경 적응에 유리한 유전자 변형이 어느 한 개인에게 일어난 경우, 그것은 숱한 세대를 거치면서 오직 소수의 후손에게만 전수될 뿐이다. 그러나 과학을 통해 어떤 새로운 발견이 이루어지거나 새로운 기술이 개발되면, 그것은 한 세대를 거칠 필요도 없이 당대에 전 인류에게 전해질 수 있다. 더욱이, 어떤 필요가 생기면 문화는 그 도전에 대응할 적절한 변화를 직접 추구할 수 있다. 이와 달리, 새로운 필요에 생물학적으로 적응하는 것이 가능하려면, 이에 유리한 유전자 변형 내지 그 조합이 마침 그때 그곳에서 이루어져야만 하는 것이다.

 현생인류의 두드러진 해부학적 특징은 직립 자세와 큰 두뇌다. 그리고 우리를 여느 동물과 다르게 하는 행동상의 특징으로는 고도의 지능, 상징적인 언어, 종교, 그리고 윤리 등이 있다. 앞에서 개관한 인류 기원의 과정을 보면, 아직은 인간이 아니었던 800만 년 전 조상으로부터 유인원을 거쳐 현생인류까지 이르는 진화 과정에는 어떤 연속성이 있는 듯하다. 그 진화 과정을 과학적으로 설명하려면, 인류의 해부학적 형질과 행동상의 특징 등을 적자생존뿐만 아니라 여느 독특한 생물학적 원인 및 과정들과 연관해서 규명해야 한다. 인류의 특징 가운데 특히 어느 하나에 초점을 맞추어 그것이 어떤 조건하에서 적자생존에 알맞은 것으로 선택되었는지 밝히는 것도 한 방법이 될 것이다. 그러나 그런 방법은 잘못된 결론으로 이끌 수도 있다. 선택이 꼭 정확하게 이루어지지는 않을 수도 있기 때문이다. 어떤 특징들은 그 자체가 환경 적응에 유리해서가 아니라 다만 정말 적응에 유리한 다른 특징들과 어떤 관련이 있다는 이유로 해서 선택될 수도 있는 것이다.

유전학자들이 오래 전에 간파한 것으로 '다면발현'(pleiotropy) 현상이라는 것이 있는데, 하나의 유전자가 2개 이상의 서로 다른 기관이나 해부학적 형질에 나타나는 것을 말한다. 조금 더 자세히 말하자면, 어느 유전자가 어떤 특정 형질과 관련해서 변화했을 때 그것이 다른 형질들에도 변화를 초래할 수 있는 것을 말한다. 그러니까 그런 부수적인 변화들은 환경 적응을 위한 일차적인 변화에서 파생된 후성적(後成的, epigenetic)인 결과이다. 특히 인간의 경우에는 그런 파생적 후성 효과가 매우 오래 가고 분명히 드러나지 않는 경우도 있다. 문학, 예술, 과학, 기술 등은 인류의 진화 과정에서 환경 적응에 적합해서가 아니라, 현생인류가 지닌 고도의 지적 능력이 표출되는 양상으로서 등장한 행동상의 특징이다. 적자생존이라는 목적을 위해 선택된 형질은 지적 능력이지, 그런 특정의 개별 행위들 하나 하나가 환경 적응과 직결해서 선택된 것은 아니다.

윤리적 성향의 생물학적 근거

이제 인류 특유의 형질에 대해 진화론인 설명을 모색하는 한 사례로서 윤리 및 윤리적 성향에 대해 간략히 살펴보기로 하겠다. 하필 윤리적 성향을 선택한 이유는, 도덕성이라는 것이 생물학적 과정과는 아주 거리가 먼 듯이 보이는 인간의 특징이기 때문이다. 여기서 내가 목표로 하는 것은, 윤리적 성향을 생물학적 진화의 산물로 설명하는 것이 가능한지를 모색해 보는 것이다. 그리고 만약 그렇다는 쪽으로 설명이 된다면, 그 다음에는 윤리적 성향이 과연 적자생존과 직접 관련이 있는지, 아니면 적자생존을 위해 선택된 어떤 다른 형질로부터 후성적으로 발현된 것인지를 밝혀 보고자 한다.

윤리적 성향(인간의 행동을 선악으로 판단하는 성향)은 적자생존을 위해 등장했다는 것이 나의 주장이다. 그러나 그 자체가 적응에 직접적으로 합당해서는 아니고, 인간이 고도의 지능을 갖게 됨으로써 그 다면 발현적 결과의 하나로 등장한 것이라고 본다. 우선 윤리적 성향이 생물학적으로 결정되는가 여부 문제는 다음 두 가지 가운데 하나와 관련된다. (1) 윤리(즉, 인간의 행동을 선악으로 판단하는 성향)적 능력과 윤리적 행동, 또는 (2) 인간이 자신의 행동 지침으로 받아들이는 도덕 규범이 그것이다. 나의 주장은 다음과 같다. (1) 윤리적 능력은 인간 본성의 필수적 속성이며, 따라서 생물학적 진화의 한 산물이다. 그러나 (2) 도덕 규범은 생물학적 진화가 아니라 문화적 진화의 산물이다.

그러니까 내 말은 윤리적 성향이 생물학적으로 결정된 것인가의 여부가 다음 두 가지 문제 가운데 하나와 관련된다는 것이다. (1) 윤리적 능력 ─ 인간의 행동을 선악으로 판단하는 성향 ─ 은 인간의 생물학적 본성에 의하여 결정되는가? (2) 인간이 받아들이는 윤리적 규범의 체제나 조항들은 생물학적으로 결정되는가? 언어에 관해서도 비슷한 구분을 할 수 있다. 상징적 언어를 구사하는 능력은 우리의 생물학적 본성에 의한 것인가의 여부 문제는 우리가 특정 언어(영어, 스페인어, 일본어 등)를 사용하는 것이 생물학적으로 필연인가의 여부 문제와는 다른 것이다.

첫번째 문제가 좀더 근본적이다. 호모 사피엔스의 생물학적 본성 자체가 이미 인간은 필연적으로 도덕적 판단을 하고 윤리적 가치를 받아들이며 구체적인 행동들을 선악으로 판별하는 성향을 가지도록 되어 있는지 아닌지를 묻기 때문이다. 이에 대해 긍정적인 답변이 나온다고 해서 그것이 그대로 두 번째 물음에 대한 정답도 되는 것은 아니다. 특정의 도덕 규범들이 과연 생물학적으로 결정이 된 것인지, 아니면 사회나 개인들에 의하여 선택된 것인지 여부 문제는, 인간에게 윤리적 성향이 있는 것이 생물학적으로 필연인지 여부와는 별도로 고찰해야 하는 것이다. 사람들이 도덕적인 행위 기준들을 갖고 사는 것은 필연이라는 결론이 나온다고 하더라도, 특정의 판단 기준을 선택하는 것은 임의적일 수 있으며, 또는 생물학적인 것이 아닌 다른 이유에서 그것을 선택하는 것일 수도 있다. 도덕적 가치관을 가질 필요가 있다고 해서 반드시 그 도덕적 가치관이 하필 어떤 것이어야 하는지도 저절로 결정되지는 않는다. 이는 마치 언어를 사용할 능력이 있다고 해서 우리가 각자 하필 어떤 특정 언어를 사용해야 할지도 결정되는 것은 아닌 것과도 마찬가지다.

윤리적 성향은 우리의 생물학적 본성에 의하여 결정되는가 아닌가? 이에 대한 답변은 '그렇다'이다. 여기에서 말하는 '윤리적 성향'이란 인간의 행동을 선악으로 판별하는 성향을 가리킨다고 했다. 그것 자체가 선한 행위(악하다고 여겨지는 것 대신 선하다고 여겨지는 것을 행하기로 하는 것)인 것은 아니다. 인간이 그 본성상 윤리적 성향을 드러내는 것은 인간의 생물학적 구조 자체가 이를 위한 세 가지 필요조건을 낳기 때문이다. 그리고 이 셋이 합치면 충분조건이 된다. 그 세 가지 조건이란, (a) 자신의 행동이 가져올 결과를 예측하는 능력, (b) 가치판단

능력, 그리고 (c) 다른 행동 방식을 선택하는 능력 등이다. 이 세 능력을 하나씩 간략히 살펴보고, 이들이 인간의 특출한 지적 능력에서 비롯된 산물임을 밝혀 보도록 하겠다.

자신의 행동이 어떤 결과를 가져올지 예측하는 능력은 윤리적 성향을 갖기 위해 필요한 위의 세 가지 조건 가운데에서도 가장 기본적인 것이다. 방아쇠를 당기면 총알이 나가고 그것이 적을 맞추어 죽인다는 것을 예상할 수 있는 경우에만 방아쇠를 당기는 그 행위를 두고 악하다고 평가할 수 있다. 방아쇠를 당기는 행위 그 자체는 도덕성과 무관하다. 그 행위의 도덕성 문제가 제기 되는 것은 바로 그에 따른 결과 때문이다. 그리고 나 자신이 그런 결과들을 예측하는 한에서만 나의 행동이 윤리적 차원을 지니게 된다.

자기 행동의 결과를 예상할 줄 아는 능력은 수단과 목적 사이의 관계를 설정할 줄 아는 능력과 밀접하게 관련되어 있다. 다시 말해 수단을 정확하게 수단으로, 즉 특정한 목적이나 목표를 위한 수단으로 볼 줄 아는 능력과 관련되는 것이다. 수단과 목표 사이의 관계를 분명하게 설정할 줄 알려면 미래를 예상할 줄 알아야 하고, 또한 눈앞에서 펼쳐지는 것이 아닌 일들, 또는 아직 존재하지도 않는 일들을 상상할 수 있는 정신적 능력이 있어야 한다.

수단과 목표 사이의 관계를 설정할 줄 아는 능력은 인류 문화와 기술의 발전을 가능케 한 기본적인 지적 능력이다. 진화 과정에서 이 능력이 대두한 계기는 직립보행에서 찾을 수 있다. 직립보행을 하게 되었다는 것은 앞발이 이제 더 이상 이동을 위한 기관이 아니라 사물을 다루는 기관이 되었음을 뜻한다. 그리하여 인간의 손은 점차 사냥 도구를 비롯해서 생존과 재생산을 증진시키는 여러 가지 물건을 만들고 사용하는 데 쓰이게 되었다.

그러나 도구를 만드는 것은 손재주만 가지고 되는 일이 아니다. 그

물건을 가지고 무엇을 하려는지, 어떤 목적을 위해 사용하려는 것인지를 분명하게 알고 있어야 한다. 예를 들어 칼은 무언가를 자르기 위해, 활은 사냥을 하기 위해, 동물 가죽은 추위로부터 몸을 보호하기 위해 사용하는 것이다. 내가 여기서 개진하려는 가설은, 두 발로 걷는 우리 조상들의 지적 능력이 생물학적 적응을 위해 촉진되었다는 것이다. 지능이 증진됨으로써 도구를 도구로 인식할 수 있게 되었고, 그에 따라 도구를 만들고 사용하는 능력도 촉진되었으며, 그 덕분에 생존하고 생식하는 일이 더욱 수월해졌기 때문이다.

우리 조상의 지능이 발전하는 과정은 200만 년 내지 그 이상의 긴 세월 동안 진행되었다. 그러면서 수단과 목적을 연관시키는 능력이 향상되었고, 더욱 먼 목표까지 내다보면서 복잡한 도구를 만들 수 있게 되었다. 그러므로 윤리적 성향에 필수적인 조건이 되는 미래 예측 능력은 도구를 만들 줄 아는 능력과 밀접하게 관련이 있다. 현대 사회의 발전된 기술도 바로 그 능력에서 나온 것이고, 인간이 하나의 생물학적 종으로서 성공적으로 번성할 수 있었던 것도 대체로 바로 그 능력 덕분이다.

윤리적 성향의 두 번째 필수조건은 가치판단을 하는 능력, 즉 어떤 사물이나 행위를 다른 것보다 더 바람직한 것으로 인식하는 능력이다. 내가 나의 적에 대해, 그가 살아 있는 것보다는 죽는 것이 더 바람직하다고 보고 그를 살해했을 때에만 나의 행위가 도덕적으로 문제가 될 수 있다. 어떤 행위가 초래하는 여러 가지 다른 결과들이 모두 가치중립적일 때에는, 그 행위는 윤리와 아무 상관이 없다. 한편 가치판단을 할 줄 아는 능력은 추상 능력이 있어야만 가능하다. 즉 행위나 대상을 일반적인 범주에 따라 분류할 줄 아는 능력이 있어야 가치판단이 가능한 것이다. 그래야만 특정 사물과 행위를 다른 것들과 비교하고 어느 것이 더 바람직한지 판단할 수 있기 때문이다. 개별 사물이나 행위를 일반적인 범주로 분류하여 인식하는 데 필요한 추상 능력이 있으려면, 인간에게 있는, 아니 분명히 인간에게만 있는 고도의 지능이 필요하다. 그러니까 가치판단 능력은 무엇보다도 지능 발달의 결과로 생긴 것이다. 그리고 지능의 발달은 앞에서도 언급했듯이 인간의 진화 과정에서 적자생존을 위해 선택된 형질이다. 한편 반대로 어느 특정 사물이나 행위를 다른 것들보다 더 바람직한 것으로 평가하는 것이 생물학적으로 중요할 수 있다. 일반적인 분류법을 가지고 그런 가치판단을 하는 것이 생물학적 생존과 생식에 이득이 되는 것이다.

윤리적 성향의 세 번째 필수조건은 여러 가지 가능한 행위 방식들 가운데 하필 어느 하나를 선택할 줄 아는 능력이다. 방아쇠를 당기는 것이 도덕성 문제와 관련이 되려면, 방아쇠를 당기지 않을 수도 있는 선택의 여지가 있어야 한다. 우리가 통제할 수 있는 범위 밖의 필연적인 행동은 도덕성과는 관련이 없다. 혈액 순환이라든가 음식의 소화 같은 것이 그런 예이다.

자유의지라는 것이 과연 있는가 하는 문제에 대해서는 철학자들이 많이 논의한 바 있는데다가, 여기에서 또 그 주제를 검토하는 것은 합당치 않은 일이다. 여기서는 다만 우리의 상식적인 체험을 바탕으로 해서 두 가지 사항을 살펴보는 데 그치기로 한다. 그 하나는, 여러 가지 대안 가운데 어느 하나를 선택하는 것이 가능하다는 점을 두고, 우리가 그 가능성이 다만 형식적인 가능성이라기보다는 원래부터 이미 주어진 가능성이라는 믿음을 깊이 가지고 있다는 점이다. 둘째로 고려할 것은, 어떤 행동을 취할 필요가 있는 특정 상황에 처하게 될 때 우리는 여러 가지 취할 수 있는 행동들을 검토해 보는 능력이 있다는 점이다. 그리하여 우리의 자유의지를 행사할 영역을 확장하는 것이다. 어느 경우든 자유의지가 없다면 윤리적 성향은 있을 수 없고 도덕성이라는 것도 그저 하나의 환상일 뿐이다. 그러나 여기서 내가 말하려는 것은, 자유의지는 잘 발달된 지능이 있어야 가능하다는 점이다. 고도의 지능이 있어야만 여러 가지 가능한 행동들을 검토하고, 결과를 예상하면서 그 가운데 어느 하나를 선택할 수 있기 때문이다.

요약하자면, 윤리적 성향은 인간의 생물학적 구조가 지닌 속성의 하나이며, 따라서 그것은 생물학적 진화의 산물이라는 것이 나의 주장이다. 그러나 윤리적 성향 자체에 이미 환경 적응 기능이 있기 때문에 그것이 개발되었다는 증거는 찾아볼 수 없다. 인간의 행동을 두고 선이나 악으로 평가하는 것(어느 특정 행동을 선택한다거나 실질적인 결과에 비추어 그 행동을 평가하는 것과는 일단 별도로)과 그 평가자의 생식 능력 증진을 연관시키기는 어려운 일이다. 어떤 '맹아적' 형태의 윤리적 성향이 있고 그것이 적자생존을 위해 발아하여 촉진된다는 식으로 볼 근거도 없다. 윤리적 성향의 세 가지 필수 조건들은 아무래도 고도로 발달한 지적 능력의 발현이라고 밖에는 볼 수 없는 것이다.

그러니까 고도의 지적 능력은 적자생존 법칙에 의해 귀결된 것으로 보인다. 도구를 만들고 사용하는 것이 직립보행을 하던 우리 조상들의 생존 전략에 유리했기 때문에, 이를 위한 고도의 지적 능력 개발이 적자생존에 합당했던 것이다. 직립보행을 하게 되고 그리하여 도구를 만들어 사용할 수 있게 되면서, 이런 기능을 더 잘 발휘하는 개인들이 생물학적으로도 성공할 가능성이 더 컸다. 그렇게 도구를 고안하고 사용함으로써 얻게 되는 생물학적 이득이 오랫동안 지속되면서 갈수록 지능이 향상되었고, 결국에는 호모 사피엔스의 특징이 되는 고도의 지능이 개발되었던 것이다.

십계명 : 생물학을 넘어서

인간이 지닌 도덕성의 기반을 인간의 이성에서 찾는 이론들이 많이 나왔다. 어떤 것이 도덕적으로 옳은가를 직접적인 도덕적 직관에 근거해서 결정하는 근본적인 원칙들 또는 공리(公理)들이 있다고 보고 이를 찾아내려 하는 연역적인 이론들도 이에 해당한다. 그런가 하면 논리실증주의나 실존주의처럼 도덕성이 이성을 기반으로 한다는 주장을 부인하는 이론들도 있다. 이들은 도덕적 원칙이란 결국 감정적인 결정들이라든가 또는 그 밖의 비합리적인 근거에서 형성된 것이라고 본다. 적자생존 법칙을 바탕으로 한 다윈의 진화론이 출판된 이후에는, 생물학자들뿐 아니라 철학자들도 도덕 규범의 원천을 진화 과정에서 찾아내려는 노력을 기울였다. 그런 여러 가지 시각에는, 진화란 바람직한, 따라서 도덕적으로 선한 목적을 달성해 가는 자연스러운 과정이라는 전제가 공통적으로 깔려 있다. 이런 생각을 지지하는 이들은, 인간 행동의 도덕적 가치는 진화가 지향하는 목적에 비추어 결정된다고 주장한다. 즉, 인간의 어떤 행동이 도덕적으로 정당한가 아닌가는 그것이 진화 과정 및 그 목적에 직접 또는 간접으로 기여하는가 아닌가에 달려 있다는 것이다.

도덕성의 근거를 생물학적 진화에서 찾으려 한 최초의 철학자는 아마도 허버트 스펜서(Herbert Spencer)였을 것이다.[5] 근래에는 헉슬리(J. S. Huxley)[6]나 워딩턴(C. H. Waddington)[7] 같은 널리 알려진 진화론자들과, 사회적 행위의 생물학적인 근거를 연구하는 사회생물학(sociobiology)을 하나의 독자적인 분야로 확립시킨 에드워드 윌슨(Edward O. Wilson)[8] 등도 그런 시도를 하였다. 나는 전에 다른 글에서[9] 스펜서와 헉슬리 그리고 워딩턴의 도덕 이론들은 잘못된 것이며 이른바 자연주의의 오류를 피하지 못했음을 지적한 바 있다.[10] 인간의 행동을 선이나 악으로 판정하는 기준은 그 행동이 진화 과정의 진행에 어떤 기여를 하느냐에 달려 있다는 것이 그들의 공통된 주장이다. 이런 주장은 진화(특히 인간의 진화)에서 무엇이 진보이며 무엇이 아닌가에 대한 가치판단을 바탕에 깔고 있다는 것이 문제점이다.11) 박테리아는 30억 년 이상 존속하면서 그 수가 엄청나게 많아졌고 종류도 굉장히 다양해졌다. 한편 척추동물들은 그 수와 종류에서 박테리아에 비할 바가 못된다. 그러나 분명히 박테리아는 척추동물보다 단순하다는 점에서 덜 '발전'한 것이다. 그런데도 박테리아가 그렇게 훨씬 더 성공적으로 번성한 것을 보면, 진화 과정 그 자체에는 객관성이 있다고 말할 수가 없다.12) 곤충의 경우도 마찬가지다. 순전히 생물학적인 관점에서 보자면, 그 종류가 천만 가지 이상이나 되는 곤충을 두고 인간이나 포유류 일반보다 덜 성공적으로 진화했다거나 덜 발전했다고 할 수는 없는 일이다. 더욱이 도덕 규범이 진화 과정에 바탕을 둔다고 주장하는 이들은 생물학적 진화를 촉진하는지 여부 그 자체가 왜 도덕적 선악을 가늠하는 기준이 되어야 하는지 그 이유를 제시하지 못하고 있다.

그뿐만이 아니다. 적자생존이나 진화 과정을 기준으로 해서 인간 행동의 도덕성을 판정하는 것은 모순에 빠지고 만다. 천연두나 에이즈(AIDS) 바이러스도 진화 과정에서 생겨났다. 그러나 세계보건기구가 천연두 바이러스를 멸종시키기 위해 노력하는 것을 두고 비도덕적이라고 비난한다거나, 에이즈 바이러스의 가공할 확산을 막기 위해 애쓰는 것을 두고 비윤리적이라고 한다면 말이 안 될 것이다. 그리고 인간의 유전병들도 진화과정에서 일어난 돌연변이에서 비롯되었다. 그러나 그런 질병으로 고통받는 사람들을 치료하거나 그 고통을 덜어주려고 하는 노력을 두고 비도덕적이라고 여길 수는 없는 일이다. 적자생존이란, 어느 유전자들은 그 빈도를 증가시키고 다른 것들은 제거함으로써 생존에 합당한 유기체들을 형성해 가는 자연의 한 진행 과정이다. 그러나 그것 자체가 또는 그 결과 자체가 도덕적이라거나 비도덕적인 것은 아니다. 이는 마치 중력 그 자체는 도덕성과 아무런 관련이 없는 것과도 마찬가지이다. 어떤 진화의 경과를 두고 그것이 도덕적으로 옳거나 그르다고 판정하려면, 거기에다가 인간의 가치관을 도입해야 한다. 어떤 사건이 자연의 진행 과정으로 발생했다는 것만 가지고는 도덕적 가치판단을 내릴 수 없는 일이다.

도덕 규범의 근거를 진화 과정에서 찾으려는 가장 최근의, 또 가장 세밀한 시도가 이른바 사회생물학에서 이루어졌다. 그리고 그 선구자가 윌슨임은 앞에서도 이미 언급한 바 있다. 그는 "윤리 문제를 잠시 철학자들 손에서 꺼내서 생물학에 맡겨 볼 때가 되지 않았나 하는 점을 과학자와 인문학자들이 함께 생각해 보아야 할 것"이라는 제안을 출발점으로 삼는다.13) 도덕은 인간 유전자의 후성적 발현이며, 이로써 인간은 어떤 행위들을 도덕적으로 '선한' 것으로 믿도록 조작된다는 것이 사회생물학자들의 주장이다. 그 믿음 때문에 인간은 결국 그들의 유전자에게 유리한 방식으로 행동하게 된다는 것이다. 유전자상의 이득이 분명하게 드러나는 것은 아니기 때문에(사회생물학이 발전하면 분명히 이득을 보게 되는 사회생물학자들의 경우는 예외라고 해야 하겠다), 그런 믿음이 아니라면 사람들이 하필 그런 방식으로 행동하지 않을 수도 있었다는 것이다.14)

내가 보기에, 도덕 의식의 진화에 관한 사회생물학자들의 설명은 잘못되었다.15) 앞에서도 언급했듯이, 우리가 도덕적 판단을 하는 것은 우리가 특출한 지능을 가진 덕분이지, 생물학적으로 이득을 보기 위해 이미 내재적으로 그렇게 하도록 되어 있기 때문인 것은 아니다. 더욱이 사회생물학자들의 주장을 따라가 보면, 최고의 생물학적 (유전자상의) 이득을 낳는 도덕 규범들이 최고의 규범이라는 명제에 이르게 된다(그들의 견해에 의하면 바로 그것이 도덕 의식의 발생 원인이기 때문이다). 이것은 결국 인종 차별이라든가 심지어 인종 청소를 포함해서 온갖 사회적 편견들을 정당화해 주는 셈이 된다. 그러나 우리는

(사회생물학자들도 포함해서) 그런 것들을 도덕적으로 둔감한 짓, 또는 심지어 가증할 짓이라고 판정한다.

우리가 어떤 도덕 규범들을 수용하는 것이 우리의 생물학적 본성이 이미 그렇게 하도록 되어 있기 때문이라는 것까지는 인정할 수도 있다. 그러나 그렇다고 해서 그 규범들을 꼭 수용하거나 꼭 그에 따라 행동을 하도록 강제되는 것은 아니다. 우리에게는 자연적인 성향과는 상관없이 특정 도덕 규범들을 수용하고 다른 것들은 거부하는 능력이 있다. 그것은 우리에게 윤리적 성향을 가능하게 하고 또 필수적이게 하는 바로 그 특출한 지능, 특히 자유의지 덕분에 가능하다. 타고난 성향이 우리의 행동에 영향을 줄 수 있는 것도 사실이다. 그러나 그런 영향과 타고난 성향이 그대로 우리의 행동을 강제하고 결정하는 것은 아니다. 인간에게는 이기적인 성향, 공격적인 성향이 선천적인 기질로 있을 수도 있다. 그러나 인간은 이를 극복하는 힘을 가지고 있다.

도덕 규범 가운데에는 적자생존 법칙에 합당한 것들도 있는 것이 분명하다. 하지만 그렇지 않은 것들도 있다. 자비를 베풀라는 계명, 즉 "네 이웃을 네 몸처럼 사랑하라"는 계명은 사회적 협동과 마음의 평화를 촉진시키기는 할지언정, 많은 경우에는 유전자의 성향에 거스르는 규범이다. 도덕성의 기준을 유전자의 번성에 둔다면, 지고의 도덕률은 가능한 한 많은 자손을 낳는 것이라고 해야 할 터이다. 그러나 가능한 한 많은 여자들을 임신시키는 것이 남자의 최고 도덕적 의무라고 보는 사람은 거의 없다. 문화적 규범에 의거해서 판단하건대, 그보다는 정의와 자비라는 보편적 의무를 최고의 도덕적 의무로 여기는 경우가 많다.

나아가 도덕 규범은 문화마다 다르며 또한 시대를 거치며 '진화'한다는 점도 지적해야 하겠다. 오늘날은 "자손을 번성시켜라"라는 성서의 명령 대신에 산아제한을 해야 한다는 도덕적 필요성을 더 중시하는 사람들이 많다. 이런 도덕적 가치관의 전도가 인간의 유전자 변화에서 초래되었다고 설명할 길은 없다. 개개인의 생물학적 성향은 여전히 많은 자손을 가지려 한다.

도덕 규범은 생물학적 본성과 일치해야 한다. 그러나 생물학적 조건만 가지고는 어느 도덕 규범을 수용해야 할지 결정하기에 충분하지 않다. 이 점을 다시 인간의 언어에 비유하면 설명이 잘 된다. 우리가 낼 수 있는 소리와 낼 수 없는 소리를 비롯해서 인간 언어의 여러 가지 요소들이 우리의 생물학적 본성에 따라 결정된다. 그러나 언어의 의미와 어휘는 우리의 생물학적 본성에 의하여 결정되는 것이 아니다(그렇지 않다면 다양한 언어가 있을 수 없다). 그것은 인류 문화의 산물인 것이다. 마찬가지로, 도덕 규범도 생물학적 과정에 의하여 결정되는 것이 아니라, 인류 역사의 산물인 신념 체계와 문화 전통에 의하여 결정되는 것이다.

과학 지식은 본질적으로 불완전할 수밖에 없다

지식의 한 방법으로서의 과학은 정말 기가 막히게 성공적이다. 과학에서는 반증하거나 확증할 수 있는 가설을 세움으로써 자연계를 설명하고자 한다. 과학의 가설을 검증하려면, 그 가설을 가지고 경험 세계에 대해 어떤 예측들이 논리적으로 도출될 때 과연 그 예측들이 실제로 관찰되는 양상과 합치하느냐 않느냐를 검토하면 된다.16) 우주의 본질을 탐구하는 방법으로서 과학은 대단히 성공적이고 위대한 결실을 보았다. 대학마다 과학 부문이 번성하고 대학 외에도 숱한 과학 연구 기관들이 활동하고 있다. 국가 재정에서나 민간 부문에서도 엄청난 규모의 예산을 과학 탐구 지원에 배정하고 있고, 그 경제적 영향이 어마어

마하게 크다. 예를 들어, 미국 정부의 예산관리처(Office of Management and the Budget, OMB)에 의하면, 제2차 세계대전 이후 미국이 이룩한 전체 경제 성장의 50퍼센트 가량은 과학 지식과 기술의 발전 덕분이다. 도시의 고층건물들, 고속도로, 긴 다리, 인간을 달에 보내는 로케트, 대륙과 대륙 사이에도 즉각 육성 통화를 할 수 있게 해 주는 전화, 일초에 수백만 번의 복잡한 계산을 수행하는 컴퓨터, 박테리아들을 궁지에 몰아 넣는 백신과 의약품들, 하자가 생긴 세포의 DNA를 정상적인 것으로 바꾸는 유전자 시술 등, 사실 우리의 생활에는 과학 지식으로부터 도출된 기술이 구석구석 스며들어 있다. 이 모든 훌륭한 성과들이 그 바탕이 된 과학 기술의 가치를 증언해 주고 있다.

과학 기술은 또한 과학자들의 합의를 통해서 대두한다는 점, 그리고 각 세대나 각 연구자마다 처음부터 다시 시작해야 하는 것이 아니라 과거의 성과를 바탕으로 해서 새로운 지식을 쌓아올린다는 점에서 대단히 훌륭한 것이다. 물론 과학자들이 여러 가지 문제에 대해 의견일치를 보지 못하는 면도 있다. 그러나 이런 것은 아직 해결이 되지 않은 문제들일 뿐이고, 이견의 쟁점들이 이전의 지식을 문제로 삼는 일은 거의 없다. 원자가 존재한다거나, 엄청나게 많은 별들을 지닌 우주가 실제로 존재한다거나, 유전은 DNA에 들어 있다거나 하는 것을 두고 이의를 제기하는 과학자는 없다.

과학은 지식을 얻는 방법 가운데 하나이다. 그러나 그것만이 지식을 얻는 유일한 방법은 아니다. 상식이라든가 예술적 체험, 종교적 체험, 철학적 성찰 등 그 밖의 다른 원천에서도 지식을 얻을 수 있다. 과학은 16세기에나 그 새벽을 맞이하였으나 인류는 그 오래 전부터도 이미 도시를 짓고 길을 닦았으며, 정치제도와 복잡한 법률체제를 세우고, 심오한 철학과 가치 체계를 개진하였으며, 음악과 문학은 물론이고 훌륭한 조각 예술도 창조해 냈다. 이것만 보더라도, 비과학적인 탐구 방법에 의해서 얻는 지식도 가치가 있다는 점이 충분히 분명해진다. 그러니까 과학 이외의 방법으로 얻은 지식을 통해서도 우리는 우리 자신과 또 우리가 사는 세계에 대해서 알게 되며, 그런 지식의 산물들로부터 혜택을 받는다. 농사를 짓고 가축을 치는 일은 과학의 새벽이 열리기 수천 년 전에 이미 중동, 안데스 산맥, 마야 고원 등지의 농부들에 의해서 시행되었던 것이다.

 과학 이외의 탐구방법도 얼마나 훌륭한 업적을 많이 남겼는지 장황하게 돌이켜보는 것으로 이 글의 마지막 지면을 채우고 싶지는 않다. 나는 다만 지극히 분명한데도 때로 일부 과학자들의 오만(hubris) 때문에 가려지곤 하는 사항 한 가지를 끄집어내 말하고 싶을 뿐이다. 과학적 세계관은 사실상 큰 성공을 거두었고 우주의 거의 모든 것을 주제로 삼고 있기는 하지만, 또 한편으로는 정말 어떻게 해 볼 도리 없이 불완전하다는 점이 바로 그것이다. 가치와 의미라는 방대한 문제가 과학의 범위 밖에 있다. 자연의 운행을 과학적으로 이해할 수 있게 된다 하더라도, 많은 이들이 그와 동등하거나 심지어는 오히려 더 큰 중요성이 있다고 여기는 일들이 여전히 남아 있다. 심미적 인식과 도덕적 인식도 과학적인 지식에 의해 더욱 풍요로워질 수 있다. 과학 지식은 또한 삶과 세상의 의미를 조명해 줄 수도 있다. 그러나 이런 것들은 근본적으로 과학 영역 밖의 문제이다. 우리 자신과 또한 세상 속에서 우리의 위치를 이해하기 위해서는 과학 지식보다 훨씬 더 많은 것이 필요하다. 역사학, 미학, 철학 이외에 심리학과 사회학도 필요하다. 우리 자신과 세상에 대한 종교적인 이해를 구한다면, 신학도 필요하다. 인간의 본성에 대해 타당하고 완벽한 견해를 가지려면 반드시 필요한 것이 생물학적 이해임을 말하려는 것이 이 글의 목적이었다. 그러나 인간은 과연 무엇이며 우주 속에 우리의 위치는 무엇인가 하는 문제에 대해 생물학이 완벽한 이해를 제공했다거나 앞으로 그럴 수 있을 것이라고 주장하려는 것은 결코 아니었다.

(윤원철 옮김)

주

1) Charles Darwin, *On the Origin of Species*, 1st ed. (London: John Murray, 1859), p. 490.

2) Darwin, *Origin of Species*, pp. 484-488. 인용된 텍스트와 쪽수는 1859년 11월 26일에 출판된 초판본에 의거한다. 같은 해 12월 26일에 발간된 재판본에서는 이 대목이 조금 다르다. "내가 이 책에서 개진한 견해들, 그리고 월리스(Wallace)씨가 『린네협회보』(Linnean Journal)에서 개진한 견해들, 또는 아무튼 종의 기원에 관해 개진된 이와 비슷한 견해들이 널리 인정된다면"이라고 되어 있다. 이 글 첫머리에 주제를 시사하기 위해 인용한 대목은 초판본『종의 기원』의 마지막 문장이다. 재판본에는 '조물주에 의하여' 라는 구절이 첨가되어 있다. 즉, "태초에 조물주에 의하여 극소수 또는 하나의 형상에 생기가 불어넣어졌다"고 되어 있다.

3) F. J. Ayala, "The Myth of Eve: Molecular Biology and Human Origins," *Science* 270 (1995): pp. 1930-1936.

4) 유전 정보는 DNA의 네 가지 뉴클레오티드(nucleotide) 구성 성분(A, C, G, T로 나타낸다)의 단선적인 배열로 기록이 된다. 이것은 마치 우리가 쓰는 글에서는 글자의 배열 속에 의미 정보가 기호화되어 들어 있는 것과도 마찬가지이다. 그리고 대부분의 DNA는 세포핵 속의 염색체에 들어 있다.

5) H. Spencer, *The Principles of Ethics* (London, 1893).

6) T. H. Huxley and J. S. Huxley, *Touchstone for Ethics* (New York: Harper, 1947); J. S. Huxley, *Evolution in Action* (New York: Harper, 1953).

7) C. H. Waddington, *The Ethical Animal* (London: Allen & Unwin, 1960).

8) E. O. Wilson, *Sociobiology: the New Synthesis* (Cambridge: Harvard University Press, 1975); *On Human Nature* (Cambridge: Harvard University Press, 1978).

9) F. J. Ayala, "The Biological Roots of Morality," *Biology and Philosophy* 2 (1987), pp. 235-252.

10) "자연주의적 오류"란 '실제'와 '당위'를 혼동하는 오류를 말한다(G. E. Moore, *Principia Ethica*, Cambridge University Press, 1903). 이런 오류에 대해서는 흄(Hume)이 이미 지적한 바 있다. "내가 지금까지 접해 본 모든 도덕 체계에서 공통적으로 볼 수 있는 문제점이 있었다. …… 얼마동안은 정상적인 논리가 진행이 되다가

...... 갑자기 '......이다'라거나 '......이 아니다'라는 일반적인 연관 명제 대신에 온통 '......이어야 한다'거나 '......이어서는 안 된다'는 당위의 명제가 튀어나오곤 하는 것이다. 예외가 전혀 없다. 그런 논조 변화는 아주 은근히 이루어지는 것이어서 거의 간파되지 않지만, 사실은 매우 중대한 것이다. '......이어야 한다'거나 '......이어서는 안 된다'는 것은 지금까지 이야기하던 것과는 다른 새로운 관련 또는 주장을 표현하는 것이기 때문에, 그런 논조 변화를 간과해서는 안 되며 충분한 근거를 제시해야 한다. 또한, 그런 새로운 명제들이 어떻게 해서 그것과는 전혀 다른 성격의 명제들로부터 도출되었는지, 그 이해가 안 되는 논변 전반에 대해 이유를 제시해야 할 것이다."(D. Hume, *Treatise of Human Nature*, Oxford: Oxford University Press [1740], 1978).

11) F. J. Ayala, "The Evolutionary Concept of Progress." In: G. A. Almond *et al.*, eds., *Progress and Its Discontents* (Berkeley: University of California Press, 1982), pp. 106-124.

12) S. J. Gould, *Full House. The Spread of Excellence from Plato to Darwin* (New York: Harmony Books, 1996)을 참조하라.

13) Wilson, *Sociobiology*, p. 562.

14) M. Ruse, *Taking Darwin Seriously: A Naturalistic Approach to Philosophy* (Oxford: Basil Blackwell, 1986); M. Ruse, "Evolutionary Ethics: A Phoenix Arisen," *Zygon* 21 (1986), pp. 95-112; M. Ruse and E. O. Wilson, "Moral Philosophy as Applied Science," *Philosophy: Journal of the Royal Institute of Philosophy* 61 (1986). pp. 173-192.

15) F. J. Ayala, "The Difference of Being Human: Ethical Behavior as an Evolutionary Byproduct." In : H. Rolston, *Biology, Ethics and the Origin of Life*, 3rd ed. (Boston and London: Jones and Bartlett, 1995), pp. 113-135. 위의 주 9번도 참조하라.

16) F. J. Ayala, "On the Scientic Method, Its Practice and Pitfalls," *History and Philosophy of Life Science* 16 (1994), pp. 205-240.

제8장

인간의 생명: 창조인가 진화인가?

볼프하르트 판넨베르크

1859년 찰스 다윈(Charles Darwin)의 첫번째 출판 이래로, 생존을 위한 투쟁 속에 있는 주어진 개체군 안의 개별적 변이들 가운데 자연선택에 의한 생명 형태들과 종의 진화 이론은 과학자들 사이에서 논쟁거리가 되어왔고, 이 논쟁은 이념적 논쟁이 되어 버렸다. 그러나 과학자들 사이의 논쟁은 더 낮은 생명 형태로부터 고도로 더 조직화된 종(種)으로의 진화 과정이 있는지 또는 있을 수 있는지의 문제에 중심을 두지 않았다. 오히려 과학적 토론들은 자연선택 이론이 전에 없던 새롭고 더욱 복잡한 생명 형태들의 출현 과정을 설명하는 데 적합한지 어떤지 하는 문제에 주로 관심을 기울였다.

이 문제에 관계된 많은 어려운 물음들이 있다. 우선 첫째로, 그것에 따라 선택이 작용하는 표준적 필요조건은 무엇인가? 19세기 후반의 다윈주의(Darwinism)에 대한 기계론적 해석이 가정한 대로 외부 환경에 대한 적응이 자연선택을 위한 적합성의 기준인가, 아니면 유전적 변이의 자연발생적인 생산성이 생존을 위한 새로운 자연의 '적소들'

(niches)을 발견하게 하고 그 결과 적응을 위한 새로운 대상들을 발견하게 하는 것인가? 더욱이 자연선택의 압력 아래 계속되고 누적되는 작은 변이들의 발생이 새로운 종의 출현을 낳을 수 있는가, 아니면 작은 변화들은 유기체와 그 작용의 전 체계에 들어맞지 않기 때문에 사라지는 경향이 있는가? 그렇다면 새로운 종이 출현하기 위해서는 유기조직의 완전히 새로운 설계라는 '고주파 요법'(fulguration)이 요구되는가? 마지막으로 늘 더욱 복잡한 유기적 생명 형태들로 진행되는 진화 과정의 명백한 방향은 어떻게 설명될 수 있는가? 이러한 물음들은 처음부터 다윈주의를 괴롭혀 왔으며 아직도 계속해서 그 옹호자들을 괴롭히고 있는 더 중요한 수수께끼들 중 몇 가지일 뿐이다. 그렇지만 설사 다윈의 이론이 여전히 가설적이며 그것에 대한 증거가 실험적 논증보다도 얼마간 결함이 있는 화석 기록에 의존한다 할지라도, 다윈 이론의 전반적인 시각은 승리를 거두어 왔다. 자체의 온갖 난점에도 불구하고, 진화론은 여전히 이 행성 위의 유기적 생명의 역사에 관해 알려진 것에 대한 가장 그럴 듯한 해석을 제공한다.

   새로운 이론에 대한 교회측의 저항은 예견된 것이었다. 그 이론이 반드시 전통적인 창조 개념과 모순되는 것은 아니었지만, 분명한 대조를 이루고는 있었기 때문이다. 수많은 세기 동안, 식물과 동물 종들은 성서의 「창세기」 1장 이야기에서처럼 창조의 다섯째 날과 여섯째 날에 신에 의해 창조되었고, 그 이후로 변하지 않은 채로 남아 있음이 당연하게 여겨져 왔다. 그것이 오늘날 이른바 '창조론자들'(creationists)이 옹호하는 입장이다. 그러나 성서적 문자주의에 집착하지 않는 이들에게조차도, 진화론이 다양한 생명 형태들을 출현시키는 신의 목적론적 행위를 자연의 기계적 과정으로 대체할 수 있으리라는 것은 받아들여질 수 없는 듯하다. 이 논쟁에서 요점은 다윈 이전에는 창조자의 목적론적 행위가 상이한 동물 종들의 존재 사실에 대한 유일한 설명을 제공하는 것으로 이해되어 왔다는 것이다. 그러므로 똑같은 결과에 대한 자연적 설명을 제시하는 것은 생명 형태들의 창조에 관련된 신의 목적론적 행위를 부인하는 것으로 간주되었다. 물론 원칙적으로, 신의 목적론적 행위를 전제하는 가설이 신적인 목적의 실행에서 자연적 원인들이 사용되는 것을 배제해야 할 필요는 없었다. 그러나 역사적 사실상, 다윈의 책 『종의 기원에 관하여』(On the Origin of Species)가 출간된 이후 상황에서는, 신적인 목적에 의한 설명과 자연적 원인들의 기계적 작용에 의한 설명은 양자택일적인 것으로 받아들여졌다.

유신론적 진화론의 시도들

다윈의 이론에 대한 초기 논의들의 적대적인 분위기 속에서, 처음에 영국의 몇몇 지도적인 성직자들과 신학자들이 진화의 관점에 비추어 기독교 교리를 재해석하려고 했다는 사실은 놀라운 일이다. 이 시도들 가운데 가장 주목할 만한 것은 1889년 찰스 고어(Charles Gore)가 『룩스 문디: 성육신의 종교에 관한 연구 시리즈』(Lux Mundi: A Series of Studies in the Religion of the Incarnation)라는 제목하에 편집한 책이다. 룩스 문디(세상의 빛)라는 제목에 딸린 부제가 암시하듯이, 이 책은 예수 그리스도 안에서 이루어진 신적 로고스의 성육신을 생명 진화의 정점을 제공하는 것으로 재해석했다. 자연의 진화 과정이 인류의 출현에서 절정에 이르렀다면, 인류의 역사는 성육신에서 절정에 이르렀다는 것이다.

그러한 신학적 구성은, 어느 정도까지는, 이레네우스(Irenaeus) 같은 초기 교부들이 이미 제안했던 것이기도 하다. 그러나 이제 다윈 이후 시대에는 성육신 사건으로 인도되는 인류 구원사의 그림이 그 구원사의 전(前)역사로서 생명의 자연적 진화 과정을 포함함으로써 한없이 넓어지고 있었다.

흥미롭게도 『룩스 문디』에 기고한 저자들은 기계적 과정을 서술하기 위해서가 아니라 오히려 역사적 과정을 서술하기 위해서 다윈의 진화론을 사용했다. 그것은 1890년 즈음의 진화론이 발전하고 있던 상황에 의해서는 보증되기 힘든 일이었다. 『룩스 문디』는 오히려 그 상황을 넘어, 1923년 로이드 모건(Lloyd Morgan)에 의해 제안된 바와 같이, '창발적'(emergent) 또는 '유기적'(organic) 진화라는 미래 개념을 제시했다. 여기서 창발(emergence)이란 진화 과정의 각 단계에서 새로운 무언가가 존재하게 된다는 것을 의미한다. 그것은 그저 과거의 조건들로부터 기계적인 필연성에 의해 '유래되지' 않는다. 이 창발적 진화 개념은 다윈주의에 대한 『룩스 문디』 그룹의 긍정적인 평가를 입증했는데, 그들은 이 새 이론이 시작에 대해서만 책임을 지는 이신론(deism)의 신을 제거해 주는 것으로 여기고 기뻐했다. 이제 신은 진화 과정의 모든 새로운 전환점에서 활동하는 것으로 이해될 수 있었다. 창발적 진화 개념은 다윈의 이론을 서술하는 기계론적이고 환원주의적인 방식을 극복했다. 또한 진화 과정의 주된 단계들은 변이들이 누적되는 일련의 작은 단계들보다는 유기 조직의 새로운 설계에 대한 '고주파 요법'을 필요로 한다는 깨달음에 의해, 진화하는 생명 형태들의 연쇄 과정에서 '새로운 것'의 요소를 강조하는 경향이 더욱 강화되었다.

진화론과 성서의 증언

진화에 대한 신학적 논의를 위한 발판을 마련했으므로, 나는 이제 진화론의 신학적 전유가 신에 의한 동물 종 창조에 대한 성서의 증언을 정당하게 다룰 수 있는지 하는 중요한 문제로 넘어가고자 한다. 그리고 이 장의 다음절에서는 똑같은 물음이 인류에 관해 제기될 것이다. 다윈 이후 진화론의 발전과 정교화에 대해 지금까지 이야기한 것은, 이 두 물음 모두에 대답하려는 시도를 위해 유익한 것으로 입증될 것이다.

우리가 창조에 대한 성서의 증언으로 눈을 돌릴 때, 가장 먼저 할 일은 성서 본문들이 역사적인 문서이며, 따라서 그것이 씌어졌을 당시에 말하려고 했던 바의 견지에서 해석되어야 한다는 사실을 우리 자신에게 일깨워 주는 것이다. 성서를 역사적으로 해석해야 한다는 이 원칙은 창조론자들과의 모든 토론에서 핵심적인 주제다. 역사적 해석은 성서의 주장들을 그것이 씌어진 배경, 그것을 썼을 당시 저자들의 관심사, 그들이 사용할 수 있었던 지식 등과 관련해서 읽는다. 이러한 역사적 해석은 성서의 진술들이 그 자체의 시대에 한정되기에 훨씬 후대의 독자들에게 이야기할 것이 전혀 없음을 의미하지는 않는다. 그러나 성서의 진술들이 우리에게 이야기할 그 무엇을 가지고 있든 간에, 그것은 바로 그 자체의 역사적 특수성을 통해 그것을 전달한다. 그 진술들은 보편적인 의미를 가지는 것 못지 않게 그 특수성 안에 내재해있다. 그렇지 않다면 그것은 성서 진술들의 의미가 되지 못하고 현대의 해석자가 그 속에 집어 넣어 읽는 의미가 될 것이다. 더욱이 성서의 진술들을 역사적으로 읽어 내는 것은 그것을 신의 말씀으로, 모든 세대의 인간들에게 그러하듯 우리에게 말하는 말씀으로 인식하는 것을 배제하지 않는다. 그렇지만 성서의 진술들 안에 표현된 신의 말씀은 하나의 통일된 실재다. 그것은 예수 그리스도 안에 성육신한 신의 말씀이다. 성서를 신의 말씀으로 읽거나 듣는 것은 각각의 특정한 성서의 진술을 성서의 증언 전체에 관련시키는 것이고, 상세하고 역사적으로 특유한 진술들을 그것에 비추어 해석하는 것이다. 그러므로 신의 말씀으로서 성서에 대한 경의는 개별 문장 각각에 대한 주의 깊은 역사적 정독과 상치되는 것이 아니다.

「창세기」 1장에 나오는 세계 창조에 대한 성서의 보도와 관련하여 보자면, 그것은 우리가 이 본문의 진술들을, 신의 창조적 활동에 의해 계속되는 피조물들의 생성 과정을 설명하기 위해 그리스도 이전 6세기의 자연과학, 즉 바빌로니아의 지혜를 사용함으로써 세계의 창조자인 이스라엘의 신을 증언하는 것으로 읽어야 함을 의미한다. 그렇다면 이 보도가 우리의 현 상황에 대해 갖는 관련성은 무엇보다도 오늘날 성서의 신을 우리가 아는 그대로의 우주의 창조자로 증언하기 위하여 이와 유사한 방식으로 우리 시대의 과학을 사용하라고 격려한다는 데 있다. 이것이 세계의 창조에 대한 성서적 보도의 권위다. 그것은 세계의 창조에 대한 제사장적 보도의 저자들이 그들 자신의 시대에서 했던 것과 같이, 우리로 하여금 우리 고유의 자연의 신학(theology of nature)을 시도할 것을 요구하는 한편, 그렇게 하면서 이스라엘의 신이 지닌 독특하고 구별되는 본성에 성실하게 남아 있을 것을 요구한다.

성서적 보도의 권위는 우리에게 그 모든 세부 내용을 각각의 문제에 대한 최종적인 언명으로 여기라고 요구하지는 않는다. 많은 진술들이 불가피하게 자연에 대한 기원전 6세기의 제한된 지식에 빚지고 있다. 비가 내리는 것을 보면서 지상의 대양에 견줄 만한 거대한 양의 물이 구름 위 하늘에 있다는 증거라고 여겼던 것이 그 한 사례다. 이러한 가정에서, 구름 위의 물이 정상적인 상태에서 아래의 물과 분리된 채로 있다는 것은 놀라운 일이다. 그런데 이는 신이 위에 있는 물이 쏟아져 내리는 것을 막기 위해 궁창을 만들었다는 생각(「창세기」 1:6 이하)에 의해 설명된다. 이 메커니즘은 철저히 합리적이지만, 이 아름답고 소중한 세부 내용은 더 이상 우리의 자연 개념의 일부가 될 수 없다.

이런 문제는 모든 상이한 유형의 피조물들 그리고 특히 모든 상이한 식물과 동물의 종들이 태초에 창조되어서 영원히 변화하지 않은 채로 남아 있다는 가정에도 동일하게 적용된다. 이 생각은 초기 문화들의 신화적 정신 태도의 한 보기인데, 미르치아 엘리아데(Mircea Eliade)가 우리에게 말했듯이, 그 문화들에서는 일반적으로 세계 질서가 '태초의 시간에'(in illo tempore) 세워져서 이후에는 변화하지 않는 것으로 이해되었다. 이와 대조적으로, 자연에 대한 현대의 지식은 자연 세계가 끊임없는 생성의 과정 속에 있다고 가정할 수 있는 충분한 증거를 제공한다. 이는 다른 것들의 소멸과 함께 새로운 유형의 피조물들이 끊임없이 출현하고 있다는 것을 의미한다. 이 모든 것은 우리가 그것을 가지고 작업하는 자연의 그림에 속해 있다.

자연 역사 속의 우연성과 새로움

끊임없는 변화의 견지에서 볼 때, 자연에 대한 현대적 그림은 성서적 창조론과 모순되는가? 그것은 확실히 창조의 전체 질서가 엿새만에 만들어지고 변화되지 않은 채로 계속 존재한다는 「창세기」 1장의 이미지와 일치하지 않는다. 그러나 성서 전체 속에서, 우리는 신의 창조 활동에 대한 다른 그림들을 발견한다. 예컨대, 예언서에서 우리는 신이 역사 과정 속에서 끊임없이 활동한다는 것과 이따금 아주 새로운 것을 창조하기도 한다는 것을 배운다(「이사야서」, 48:6 이하). 그것은 태초의 하늘과 땅의 창조를 부정하는 것이 아니다. 오히려 제2이사야는 그것을 신의 끊임없이 창조적인 활동의 보기로 든다. 그렇다면 이것은 세계 역사의 과정과 동일한 시공간에 걸쳐 있는 끊임없는 창조의 모델이다. 이 모델에서 하늘과 땅의 창조는, 「창세기」에 나오는 엿새만의 창조의 이미지보다 우주 역사의 견지에서 본 자연에 대한 현대적 이해에 훨씬 더 가깝다. 이러한 계속적 창조의 개념은 진화론과 갈등을 일으키지 않는다. 진화론에 따르면 서로 다른 종의 동물들이 지구상 생명 역사의 오랜 과정에서 잇따라 나타난다.

그러나 진화 개념이 성서적 신 개념에 바탕을 둔 자연의 신학과 양립할 수 있으려면, 한 가지 조건이 충족되어야만 한다. 그것은 곧 각각의 모든 단일한 사건에서 새로운 어떤 것이 일어난다는 사실에 대한 인정이다. 새로움은 또한 진화 과정 가운데 새로운 생명 형태들이 출현한다는 데서 생겨난다. 이 새로움 또는 우연성의 요소는 다윈주의에 대한 초기의 기계론적 해석에서는 그리 주목받지 못했다. 그러나 그것은 무언가 새로운 것의 출현을 의미하는 후성설(後成說, epigenesis) 개념에서 점차로 강조되었다. 우연적인 새로움은 창발적 진화 개념 안에 들어 있다.

진화론을 신학적으로 전유할 때 우연성의 요소가 왜 그리도 중요할까? 그 까닭은 성서가 신과 세계의 관계를 이 세계의 시작에서뿐만 아니라 역사 과정 안에서도 이루어지는 자유로운 창조 행위의 견지에서 이해하기 때문이다. 성서의 첫 장에는 창조 행위를 하는 신의 자유에 대한 이런 관심이 가장 쉬운 방법으로 효력을 발휘하는 신적인 말씀이라는 개념으로 표현되어 있다. 각각의 창조 행위에서 신의 자유는 단순히 그의 말씀으로 새로운 것을 만들어 낸다. 그러므로 세계의 역사는, 그 과정에서 관찰될 수 있는 모든 규칙들에도 불구하고, 되돌릴 수 없는 우연적 사건들의 연속적 과정으로 여겨진다. 따라서 진화를 순전히 기계적인 과정으로만 설명하는 개념은 신의 창조 행위라는 성서적 개념과 화해하기가 쉽지 않을 것이다. 그렇지만 실제적으로 모든 단일한 사건에서 새로운 것이 일어나는 후성적 진화 과정이라는 개념은 그것과 완전히 양립할 수 있다.

신의 창조 활동은 피조물들을 생성하는 데 있어서 2차적 원인들의 사용을 배제하지 않는다. 「창세기」 1장에는 창조에 대한 기원전 6세기의 제사장적 문서가 보존되어 있는데, 거기에서 창조자는 땅에게 식물을 내라고 명한다(「창세기」 1:11). 그리고 다시 동물들, 특히 포유동물들을 내라고 명 받는 것은 땅이다(「창세기」 1:24). 만약 오늘날 우리의 창조론자 친구들이 이 경우에 성서의 문자에 집착한다면, 그들은 무기질에서 유기체가 출현하는 것이나 생명의 저 초기 단계들로부터 고등동물들로 이어지는 계통에 이의가 없을 것이다. 성서적 관점에서, 그러한 자연적 매개는 생물들이 신의 작품이라는 진술과 모순되지 않는다. 왜냐 하면 그 다음절에서 신이 들짐승과 집짐승과 땅에 기는 모든 것을 만드셨음을 분명히 말하고 때문이다(「창세기」 1:25).

물론 성서 본문은 고등동물의 종에 대해 하등동물로부터 진화한 것으로 말하지 않는다. 그러나 창조 행위가 다른 피조물들에 의한 어떠한 매개도 없는 신의 직접적인 행위로 이해되어야만 하는지 하는 물음에 비한다면, 그것은 2차적인 문제인 것이다. 하지만 이 물음은 이미 답변되어졌다. 피조물들과 관련한 신의 창조 행위의 직접성은 2차적 원인들에 의해 손상되지 않는다. 왜냐 하면 피조물들의 활동은 창조자의 그것과 같은 수준에 있지 않기 때문이다.

인간 영혼의 출현

사람들은 신과 특수한 방식으로 관련되어 있기 때문에, 인간의 경우는 특수한 것이다. 이 사실은 인류의 역사에서 다양한 형태를 띠는 종교의 중요성에서 잘 나타난다. 인간의 자의식은 신성에 대한 어떤 형태의 인식과 밀접하게 연관된 듯하다. 성서에서, 우주의 기원에 대한 이 밀접한 관계는 인간이 신의 형상으로 창조되었다는 사고 안에 표현된다. 그러므로 인간은 신의 다른 모든 피조물들에 대하여 창조주 자신을 나타낸다. 이것은 인간이 인간보다 앞서 창조된 다른 피조물들의 협력 없이 오로지 한 분의 신에 의해 창조되었음을 요구하지 않는가? 성서의 첫 장에는 그러한 협력이 언급되지 않는다. 이는 그것이 배제됨을 의미하는가?

인간의 창조에 대한 「창세기」 2장의 더 오래된 보도는 그러한 제안을 정당화하지 않는다. 왜냐 하면 이 본문은 인간의 몸이 "땅의 흙"으로 지어졌다고 말하기 때문이다(「창세기」 2:7). 이것은 「창세기」 1장의 땅의 역할에 대충 맞먹는 듯한데, 1장에서 신은 땅에게 식물과 동물을 내라고 말씀하신다. 그러므로 우리의 몸은 소멸하게 된다. 다시 말하면, 그것은 땅으로 돌아갈 것이다. 성서의 둘째 장이 묘사하듯, 오직 인간의 영(spirit)만이 신으로부터 직접 온다고 말해진다. 즉 신은 자신이 흙으로 지으신 형체에 자신의 숨을 불어넣으신다. 신은 "그의 코에 생명의 숨을 불어넣으셨다"(「창세기」 2:7). 이와 상응되게, 누가복음에 기록된 바 예수가 십자가에서 숨을 거둘 때 인용한 시편 말씀처럼, 우리의 마지막 숨과 함께 우리는 영의 선물을 신께 돌려드린다. "당신의 손에 나의 영을 맡깁니다"(「시편」 31:5, 「누가복음」 23:46). 죽음의 순간에 영 또는 숨은 몸으로부터 분리되고, 「전도서」가 말하는 것처럼, "흙은 원래대로 땅으로 돌아가고, 영은 그것을 주신 하나님께 돌아간다"(「전도서」 12:7).

이것은 우리가 인간의 '몸'에 대해서는 동물의 진화 과정으로부터 오는 것으로 생각해도 되지만, 인간의 영혼(soul)이나 영(spirit)에 대해서는 그럴 수 없다는 것을 의미하는가? 이는 창조자가 흙으로 지어진 형체에 생명의 숨을 불어넣고 그로써 사람이 살아 있는 존재가 되었다고 말하는 더 오래된 창조 이야기(「창세기」 2:7)에 의해 요구되는 것처럼 보일 수도 있다. 여기서 그에 해당하는 히브리어는 '네페쉬 하자'(*nephesh hajah*)인데, '네페쉬'는 종종 '영혼'(soul)으로 번역된다. 그러므로 여기에서 신은 생명의 영을 인간 몸의 코에 불어넣음으로써 인간의 영혼을 창조한 것으로 나타난다. 교부 시대의 고대 기독교 창조론이 인간 영혼의 기원에 대한 이론을 이끌어낸 것은 바로 이 문장에서였다. 각각 새로운 개인의 몸이 번식의 사슬로부터 온다고 여겨진 한편, 각 개인의 영혼은 창조자 자신에 의해 몸에 더해졌다고 믿어졌다. 그러나 이 교부 창조론은, 히브리 성경이 아닌 플라톤주의와 보조를 맞추는 개념, 곧 몸에 견주어지는 것으로서 영혼의 독립적 지위를 전제했다. 구약에서 우리가 '영혼'이라는 용어로 옮긴 '네페쉬 하자'는 몸으로부터 독립해 있는 것이 아니며, 생명 그 자체의 기원은 아닐지라도 몸의 생명 원리인 것이다. 네페쉬는 다만 생명을 향한 끊임없는 배고픔과 목마름일 뿐이다. 이 단어의 어원적 의미는 '목구멍'이다. 그것은 신의 영에 대한 일정한 필요 가운데 있는데, 신의 영은 영혼을 생동하게 하며 영혼을 통해서 그 몸을 이루는 생산적인 숨 또는 바람인 것이다. 그렇다면 생명의 기원은 결국 신적인 영이며 인간의 영혼이 아니다. 인간이 창조 이야기의 구절대로 '살아 있는 영혼'(living soul)이 되는 것은 오직 영(spirit)을 통해서다.

그러나 '살아 있는 영혼'이 되는 것은 인간만의 독특한 특권이 아니다. 「창세기」 첫 장의 창조 이야기에 따르면, "생명의 숨"은 모든 동물들, 땅 위의 짐승들과 공중의 새들 안에 있다(「창세기」 1:30). 이것은 인류의 창조에 관한 더 이른 보도 속의 사고와도 정확히 일치하는데, 그 보도에서는 신이 흙으로 된 형체에 생명의 숨을 불어넣으심으로써 그것이 살아 있게 된다. 만약 동물들이 비록 창조자에 의해 그것들을 내라고 요구받은 땅의 산물들이라 할지라도 그것들 자체 안에 생명의 숨을 가지고 있다면, '살아 있는 영혼'(*nephesh hajah*)이라고 기술되는 점에서 인간과 아무런 차이도 없다. 인간이 다른 동물들과 갖는 차이는 '살아 있는 영혼'을 가지고 있는 점이 아니라, 신과의 특별한 관계 가운데 존재하도록 정해졌으며, 그리하여 동물 세계에 대해서 그리고 심지어는 땅에 대해서도 창조주 자신을 나타내도록 부름 받았다는 점이다(「창세기」 1:26). 성서 주석 속으로의 여행은 진화론, 특히 동물 생명의 진화 과정에서 이루어진 인류 출현의 유래가 성서의 창조 이야기들과 모순된다는 현대 창조론자들의 비난에 대처하기 위해 필요했다. 성서에서 동물이 땅의 산물로 이해되고, '살아 있는 영혼'으로서 인간이 형성되는 것이 동물과 유사한 것으로 이해된다면, 인간이 동물 생명의 진화로부터 출현하지 말았어야 할 이유는 없다. 진화 개념 그 자체는 현대적 개념으로서 성서적 개념들에서 이끌어낼 수 없다. 그러나 그것은 동물과 인간 생명의 기원에 대한 성서적 개념들의 기본적인 관심사와 상치되지 않는다. 진화의 현대적 개념이 진화의 전 과정 속에서 이루어지는 창조적인 신적 활동을 배제하지 않는 한 이것은 긍정될 수 있다.

기계론을 넘어 창발론으로

진화론이 자연선택 원리에 기초한 기계적 과정의 견지에서 이해되지 않고, 그 과정 속에서 생명의 생산성이 끊임없이 새로운 것을 산출하는 창발(emergence)의 과정을 서술하는 것으로 이해될 때, 그것은 신학적 해석에 열려 있다. 이런 창발적 진화의 개념에서 우연성의 요소는 이 과정에서 신의 창조적 활동에 대한 개방성을 확보한다. 각각의 생명 형태가 신의 창조물로 이해될 수 있음은 목적의 개념, 즉 환경 속의 생존 조건들에 대하여 각 종이 목적 있는 적응을 한다는 가설에 의지하지 않는다. 이전 시대에, 그러한 목적 있는 적응은 창조자의 이성적인 의지를 전제하고 논증하며 다른 원인들로 환원될 수 없다고 가정되었다.

다윈이 환경에 대한 종의 적응을 자연선택의 결과로 설명함으로써 무너뜨린 것은 바로 이 가정이었다. 그러나 자연선택 원리는 바로 그 생명의 생산성 속에 있는 창조자의 끊임없는 활동을 배제하지 않는다. 생명의 넘쳐나는 창조성과 신의 창조 행위는 양자택일의 개념이 아니다. 이는 성서의 창조 이야기에서 신에 의해 식물과 심지어 동물까지 내라고 명령을 받은 땅의 생산성이 그렇지 않은 것과 같다. 생명의 자발적인 창조성은 신의 창조 활동의 양태인 것이다.

현대적 관점에서, 자기 조직화(self-organization)는 생명 진화의 모든 단계에서 생명의 특성을 나타내고 있다. 이것은 모든 생명 형태들에서의 자발성을 설명하며, 우리가 인간 주체성의 뿌리를 인식해야 하는 것은 바로 이 자발적인 자기 조직화의 원리에서이다. 자기 조직화는 진화 과정의 창조적인 전진에서 자유와 넘쳐남의 원리인 것이다. 인간의 자의식은 우리로 하여금 다른 모든 의식을 통합하여 우리의 개별적 자아의 통일을 이루도록 허락하므로, 우리가 알 수 있는 한에서는 자기 조직화의 가장 고상한 현시이다. 그러나 자의식 자체는 단지 주어진 자연의 사실만은 아닌 것이다. 각 개인의 생명 역사에서 그것은 우리의 의식 발달 중 초기 단계들로부터 일어난다. 자의식 자체는 이미 우리 각자 안에 있는 생명의 창조성의 산물, 즉 신적인 영의 창조적 활동의 산물인 것이다.

진화와 신적인 영

무기질로부터 첫번째 유기체로 이행한 이래로 진화 과정에서 이루어진 생명의 창조적 자기 조직화는 신적인 바람의 붊, 즉 새로운 피조물들 안에 생명을 불어넣고 그리하여 예수 그리스도의 부활 안에서 모든 사멸을 극복할 때까지 생명의 진화를 통하여 부는 신의 영에 상응한다. 성서의 증언에 따르면, 개체들의 죽음은 신적인 영에 제한적으로 참여했기 때문이다(「창세기」 6:3). 그러나 예수에게는, 그 자신은 유한한 존재였지만, 생명의 영(the Spirit)이 '한량없이' 주어졌다(「요한복음」 3:34). 그러므로 그는 그 영의 능력에 의해 죽은 자들로부터 일으켜졌고, 영적인 몸── 다시 말해, 모든 생명의 근원인 신적인 영에 온전하게 참여함으로 인하여 소멸하지 않는 생명 ──으로 변화되었다(「고린도전서」 15:44 이하).

창조를 통해 부는 신적인 영의 표현으로서 생명 진화에 관한 기독교의 설명은, 죽은 자들의 종말론적 부활에 대한 얼마간의 언급을 피할 수 없다. 이 종말론적 부활은 신적인 영의 창조적 활동의 절정으로서 예수의 부활에서 첫번째로 실현되었지만 예수와의 친교에 의해 인류 일반, 그리고 사도 바울에 따르면, "피조물 자체가 썩어짐의 종노릇으로부터 해방되어 하나님의 자녀의 영광스런 자유를 얻을 것"(「로마서」 8:21)이기 때문에, 다른 피조물의 세계까지 포함하도록 예정되어 있다.

현대인들에게, 생명을 신의 영의 역동적 활동에 의해 창조된 것으로 묘사하는 성서적 표현은 단지 은유적인 것으로 보일지도 모른다. 영의 히브리적 개념이 지성보다는 숨 또는 바람을 뜻한다는 것을 깨달을 때, 그러한 평가는 훨씬 더 시사적이 된다. 숨과 바람의 이미지는 합리적인 설명을 제공하지 않고, 단지 이미지인 것처럼 보인다.

그러나 고대 이스라엘 사람들은 숨과 바람을 아주 문자 그대로 생명의 원인이라고 여겼다. 이것은 매일 매일의 경험에 의해 확인되는 것 같았다. 생명은 아기가 숨을 쉬기 시작할 때 시작되고, 한 사람의 마지막 숨이 멎음과 함께 끝난다. 현대인들은 더 이상 이런 직관적인 증거가 인간 생명의 시작과 끝에 대한 충분한 설명을 제공한다고 여기지 않을지도 모른다. 하지만 숨은 자의적인 이미지를 훨씬 넘어선다. 왜냐 하면 그것이 바깥으로부터 우리의 몸 안에 들어와 우리 자신을 투과해 지나가는 에너지의 흐름에 대한 생명의 의존을 가리키기 때문이다. 불꽃처럼 우리의 생명은 우리가 먹는 음식의 고도의 잠재적 에너지와 우리가 숨쉬는 산소를 증가되는 엔트로피의 상태로 변모시킴으로써 에너지의 흐름을 이용하는 과정이다. 불꽃이 초를 천천히 태우는 대가로 그 평형을 유지함으로써 그러하듯, 생명은 우리 환경 속에 있는 에너지의 흐름을 이용하는 자기 조직화 자가 촉매 과정(autocatalytic process)인 것이다.

인간의 발달과 영

우리를 투과하는 숨의 현상으로 묘사된 생명은, 불꽃이 그러한 것처럼, 에너지의 흐름이 우리 자신을 통과해 지나도록 함으로써 그것을 이용하는 것의 한 보기이다. 물론 이러한 고찰은 심지어 가장 원시적인 형태의 모든 유기체들에도 적용되므로, '인간'의 생명에만 특유한 것이 아니다. 그러나 생명의 경이는 진화 과정에서 자기 조직화의 원리가 산출하는 점증하는 복잡한 형태들의 풍부함에 있다. 인간의 문화에서뿐만 아니라 한 개인의 발달에서, 인간은 그러한 창조적인 자기 조직화의 매우 복잡하고 구체적인 사례이다. 기본적으로 자기 조직화는 각 개인의 발달에서 발생하며, 여기서 우리는 인간 안에서 이루어지는 영의 사역이 지닌 독특한 형태를 인식할 수 있다. 이 영이 하는 일은 아직 성화(sanctification)라는 특수한 기능은 아니며, 우선 우리의 개인적인 발달에서 활기차게 하는 영적 행위이다.

　인간의 생명은 의식, 기억, 자의식을 부여받지만, 이 모든 속성들은 우리의 개인적 생명의 과정 속에서 발달되어야 한다. 처음에는 아무런 자의식도 없으며, 그것의 발달을 향한 경향만이 있을 뿐이다. 우리의 환경에 대한 숙지조차도 우리가 오직 우리 자신의 생산적인 활동에 의해서만 충족시킬 수 있는 과업이다. 대상에 대한 지각과 의식은 우리가 우리보다 먼저 출현한 동물들과 공유하는 것이지만, 대부분의 경우 우리는 외부로부터의 자극에 대해 동물들처럼 본능적으로만 반응하지는 않는다. 오히려 우리는 경험의 대상들과 관계를 갖기 위해 세계에 대한 우리 자신의 개관을 발전시켜야 하며, 언어의 발달에 의해 그것을 이룬다. 언어는 조직의 한 형태이며, 우리 자신을 위해 세계를 능동적으로 조직하는 것이다. 각각의 개인은 사회적 상황으로부터 언어를 이어받기는 하지만, 언어를 습득하는 과정은 나중에 있을 우리의 문화적 유산의 전유가 그러하듯이 여전히 자기 조직화의 창조적 과정이다. 하지만 그러한 자기 창조적 활동은 우리가 '만드는' 것이 아니라, 오히려 우리 자신을 추동하는 모종의 영감에 의해 산출된다. 우리가 우리 자신의 몸을 주위 대상들로부터 구분하는 것을 배우고, 우리 자신의 몸에 다른 대상들처럼 이름을 부여하는 것을 배우며, 마침내 어려운 낱말인 '나'와, 이와 관련된 '나의 것' 또는 '나의' 같은 낱말들의 사용을 배우는 것은 오직 그 과정의 경과 속에서 이룩된다. 자의식은 이 선을 따라 발달하게 된다. 그것은 처음부터 거기에 있지 않고 완전하지 않으며, 나중에는 우리의 개인적 생명의 중심이 되기는 하지만, 언어의 발달에 의존한다. 우리 인간이 지닌 생명을 향한 열쇠는 언어다. 그 어떤 것도 언어로부터 독립해 있지 않다. 원시 시대 저편에서 이루어진 도구의 사용과 발달조차 언어에 의존한다.

　언어의 세계는 우리의 생명 안에서 이루어지는 영의 활동 가운데 유일하지는 않지만 가장 독특하게 인간적인 차원이다. 그러므로 우리가 영이라는 낱말을 의식과 언어에 특별히 관련지어 사용하는 것은 잘못된 게 아니다. 그것은 우리를 추동하여 우리가 적극적으로 우리의 의식적인 생명과 언어를 발달시키도록 하지만, 우리는 특히 그 낱말의 기술적인 의미에서 그것을 '만들지는' 않는다. 우리는 그것을 산출하는 데 적극적인 동시에, 우리의 사회적 상황과 우리 문화의 언어에 참여한다. 그것을 통해 그리고 그것을 넘어서 우리는 우리에게서 비롯되지 않은 영적인 동력에 참여하며, 또한 우리의 사회와 세계를 능가하고 형성한다. 생명의 탁월한 신비에 대한 감각은 인간의 조건에 속하는데, 이는 다름이 아니라 우리가 탁월한 신비에 의해 그 자체가 초월되는 전체들을 포괄함에 있어서 언어의 도움으로 경험의 대상들을 조직하기 때문이다. 사람들은 그 신비와 마주친 곳에서 보통 그것을 신이라는 이름으로 불렀다. 생명에 대한 종교적 차원의 인식은 특히 인간적인 형태의 의식과 자의식에 아주 밀접하게 속한다. 그것은 언어의 기원에 속한다. 성서에서 "그가 그것들을 무어라 부르는지 보려고" 동물들을 아담에게 데려오는 분은 신이다(「창세기」 2:19). 여자의 창조 이전에 이 에피소드가 다루어지는 것은 그 이야기의 시적인 목적에 봉사하지만, 오히려 언어는 고립된 개인들의 고립된 산물이 아니라 하나의 사회적 현상인 듯하며, 더욱이 그 시작에서는 의례적인 기원을 가졌을지도 모른다.

우리의 세속 문화는 인간 문화의 초기 역사에서 종교가 차지했던 포괄적인 중요성을 과소 평가하는 경향이 있다. 이것은 인류 출현 이전의 동물적 생명으로부터 인간 생명으로의 전환기에 관해서도 적용된다. 매장은 인간 삶의 가장 오랜 기록에 속하며, 심지어 시각 예술의 초기 자취들이 나타나기 이전인 구석기 시대 이래로 매장 관행은 동물적 행위로부터 인간적 문화로의 이행이 완결에 이르렀던 때와 장소에 대한 기준으로서 이바지한다(K.J. Narr, A.F.C Wallace). 따라서 종교는 인류의 시작을 위한 구성 요소인 것이다.

 이 마지막 단계, 즉 생물학적인 것으로부터 문화적인 것으로의 진화가 단 한 번에 일어났는지 어떤지는 부차적인 문제이다. 물론 성서에서는 모든 인간이 단일한 한 쌍의 부모인 아담과 이브로부터 유래했다고 이해되었다. 그러나 성서의 창조 이야기에서 이것은 특별한 신학적 강조의 문제가 아니라, 인류의 창조를 아담이라는 하나의 패러다임적 개인의 형태로 다루는 설화 방식으로부터 말미암은 것이다. 로마 가톨릭 교리에서는 아담으로부터 유전되는 원죄 교리 때문에, 모든 인간들이 한 아담의 자손이라는 사실이 여전히 중요하게 여겨진다. 하지만 타락 이야기가 인간 역사의 시초에 이루어진 독특한 사건이라는 견지에서보다 인간 행동에 대한 패러다임적 서술로 읽혀진다면, 기독교의 원죄 교리는 생물학적인 유전보다도, 모든 인간들이 에덴 동산에서 이루어진 아담과 이브의 패러다임적 행동 패턴을 반복한다는 진술에 더욱 의존하게 된다. 그러므로 인류 이전의 생명으로부터 인류로의 이행이 오직 한 개인(또는 두 명의 개인)에게서 일어났는지 아니면 더 큰 개인들의 집단 안에서 몇몇 시점에 걸쳐 일어났는지 하는 것은, 일반적인 생명의 영적인 본성, 특별히 인간 생명의 영적인 본성과 비교할 때 부차적인 문제인 것이다.

(윤철호 옮김)

제9장

진화와 살아 계신 하느님

교황 요한 바오로 2세

　진화는 교회가 깊이 관심을 갖는 본질적인 주제입니다. 계시는 그 자체에 인류의 본성과 기원에 관한 가르침을 담고 있기 때문입니다. 다양한 과학 분야들이 도달한 결론들은 어떻게 계시의 메시지에 담긴 내용과 일치를 이룰 수 있겠습니까? 또한 일견 둘 사이에 분명한 모순이 있다면, 과연 어떤 방향으로 그 해결책을 모색할 수 있겠습니까? 참으로 진리와 진리는 상호 모순될 수 없음을 우리는 알고 있습니다.1) 더군다나 역사적 진리를 더 분명히 밝히기 위해서라도 16세기부터 18세기까지 교회와 과학이 맺은 관계에 대한 연구는 중요한 의미를 지니고 있습니다.

　교황청 과학원(the Pontifical Academy of Sciences)은 과학에 의해 제기되어 인류의 미래에 영향을 미치는 중요한 문제들을 확인하는 작업을 시작으로 "세 번째 밀레니엄의 시작과 더불어 과학에 대해 성찰하는 일"에 착수하였습니다. 이 작은 시작과 더불어 우리는 전 인류 공동체에 유익을 가져다 줄 해결책을 위한 길을 제시하고자 합니다. 무생물과 생물이 공존하는 자연 영역에서 과학의 진전과 그 적용은 새로운 질문들을 불러일으킵니다. 교회가 과학의 본질적인 측면들을 더 충실하게 알면 알수록 교회는 과학의 영향을 더 잘 이해할 수 있습니다. 그렇게 된다면 교회는, 교회에 주어진 특별한 사명에 부응하여, 인간을 위한 총체적 구원의 관점에서 모든 인간에게 요구되는 도덕적 행동의 기준을 제시할 수 있게 될 것입니다.

좀더 구체적으로 생명의 기원과 진화라는 주제에 관한 여러 반성을 제시하기 이전에 나는 여러분에게 교회의 교도권(Magisterium of the Church)이 이미 그 능력 범위 안에서 이 문제에 대한 공식 입장을 표명하였음을 상기시키고자 합니다. 나는 여기서 그 중의 두 가지를 언급하고자 합니다.

나의 전임자인 교황 비오 12세(Pius XII)는 교황 칙서 「인류의 기원」(*Humani generis*, 1950)에서, 만약 몇 가지 명백한 사실을 확실히 기억하기만 한다면 인류와 인간의 소명에 관한 신앙적 교리와 진화 사이에는 아무 충돌이 없음을 이미 천명한 바 있습니다.[2]

내 경우에, 나는 1992년 10월 31일 교황청 과학원 회의에 참석했던 이들의 접견을 받으면서, 갈릴레오 사건과 관련하여, 계시된 말씀을 정확히 해석하는 엄정한 해석학의 필요성에 대해 주의를 환기시킬 기회가 있었습니다. 성서가 말하고자 하는 바와는 다른 내용을 주장하게 만드는 부당한 해석을 근절시키는 동시에 성서의 올바른 의미를 드러내는 작업이 필요한 것입니다. 성서 해석자들과 신학자들은 그들의 연구 영역이 지니는 한계를 알기 위해서라도 자연과학이 이루어놓은 결과에 대해 숙지하고 있어야 합니다.[3]

진화와 교회의 교도권

교황 칙서 「인류의 기원」은 당시의 과학 연구의 위상 및 신학적 요청을 고려하면서 '진화론' 주장이 그 반대의 가설만큼이나 심층적으로 연구하고 검토할 만한 가치가 있다고 판단하였습니다. 비오 12세는 두 가지 방법론적 조건을 덧붙였습니다. 첫째 진화론이 마치 확실하게 증명된 학설이라고 생각하지 말 것. 둘째 계시가 제기하는 문제와 상관없이 진화론이 우리를 계시로부터 완전히 단절시킬 수 있다고 생각하지 말 것. 그는 또한 진화론이 그리스도교 신앙과 공존할 수 있는 조건을 명시했는데, 이에 대해서는 조금 후에 다시 말하고자 합니다.

이 교황 칙서가 출판된 이후 거의 반세기가 지난 오늘날, 새로운 지식은 우리로 하여금 진화가 하나의 가설 이상이라는 것을 깨닫게 하고 있습니다. 지식의 다양한 영역에서 이루어진 일련의 발견들을 통하여 학자들이 이 이론을 더욱 잘 받아들이게 된 것은 실로 놀라운 일입니다. 그렇게 의도하지도 않았고 일부러 조작하지 않았음에도 불구하고, 독자적으로 수행된 연구 결과들이 일치했다는 사실 그 자체가 이 이론을 지지하는 중요한 증명이 되었습니다.

이러한 이론의 중요성이란 과연 무엇입니까? 이 문제에 대한 답을 말하려면 인식론의 영역으로 들어가야 합니다. 이론이란 관찰 결과와 일치하면서도 구분되는 메타 과학적 진술입니다. 독립적인 일련의 자료들과 사실들은 이론을 통해 하나의 통일된 설명으로 연결되고 해석될 수 있습니다. 어떤 이론의 타당성은 사실들에 대한 지속적인 점검을 통해 과연 그 이론이 검증될 수 있는지 여부에 달려 있습니다. 만약 더 이상 사실들을 설명할 수 없다면 그 이론의 한계와 부적합성이 노출된 것이므로 마땅히 이론을 재검토하여야만 합니다.

더욱이 진화론과 같은 이론들은 관찰된 사실들과 일치해야 하는 요건을 지키면서 형성되는 한편, 자연철학으로부터 일정한 개념들을 빌려오기도 합니다.

그리고 솔직히 말한다면 진화 이론의 정설(the theory of evolution)이 있다기보다 여러 가지 진화 이론들(several theories of evolution)이 있다고 말해야 할 것입니다. 이러한 다양성은 한편으로 진화의 기제를 설명하기 위해 제시된 다양한 설명들과 연관되어 있으며, 다른 한편으로는 그 기초를 형성하는 여러 철학들과 관계있습니다. 그래서 유물론적 해석, 환원주의적 해석, 유심론적 해석 등이 나오게 됩니다. 여기서 밝혀져야 되는 것은 철학, 그리고 그 이면에 있는 신학의 진정한 역할입니다.

교회의 교도권은 진화가 인간 개념과 관계되기 때문에 이 문제에 대해 긴밀한 관심을 가지고 있습니다. 계시는 인간이 하느님의 형상과 모양을 따라 하느님을 닮게 창조되었다고 우리에게 가르치고 있습니다(「창세기」 1:27-29). 교회의 사목 헌장인 「기쁨과 희망」(Gaudium et spes)은 그리스도교 사상에서 핵심적인 이 교리를 훌륭하게 설명합니다. "하느님이 이 지구상에서 그 사물 자체를 위해 원하셨던 유일한 피조물"이 바로 인간이라는 점을 이 문서는 상기시키고 있는 것입니다.4) 다시 말해 인간 각 개인은 사회 혹은 인간 전체를 위한 단순한 수단이나 도구로 결코 전락할 수 없으며, 인간은 그 자체의 가치를 지닌다는 사실입니다. 지성과 의지를 가진 인간은 동료들과 교제, 공동연대, 자기희생의 관계를 형성할 능력을 가지고 있습니다. 성 토마스 아퀴나스(St. Thomas Aquinas)는 인간이 하느님을 닮은 점은 특별히 생각하는 지성에 있다고 보았습니다. 왜냐 하면 인간이 지식의 대상과 맺는 관계는 하느님이 피조물들과 맺는 관계와 흡사하기 때문입니다.5) 더 나아가 인간은 하느님 그 분 자신을 아는 지식과 사랑의 관계에 동참하도록 부름 받은 존재입니다. 그 관계는 이 시간을 넘어 영원 속에서 완성될 수 있는 관계입니다. 인간을 향한 이러한 부르심의 심오함과 장엄함은 모두 부활하신 그리스도의 신비 가운데 우리에게 이미 계시되었습니다.6) 모든 인간이 육체 속에 이러한 위엄을 간직하게 된 것은 영적인 영혼 덕분입니다. 비오 12세는 바로 이 핵심적인 사항을 강조하였습니다. 즉 가령 인간 육체가 기존의 생명체로부터 기인했다고 하더라도 영적인 영혼은 하느님께서 곧바로 창조하신 것이라는 사실입니다.7)

따라서 진화 이론들은 그 배경이 되는 철학들에 따라 인간 정신이 생명체의 힘으로부터 발생하였거나 그 생명체의 부수적인 현상으로서 발생하였다고 주장하지만, 이는 인간에 관한 진실과는 부합하지 않는 설명들입니다. 이런 이론들은 인간의 존엄성에 근거할 수 없습니다.

그렇다면 '인간'은 우리로 하여금 생명체의 존재론적 차이, 존재론적 도약이라는 사실을 직시하게 만든다고 할 수 있습니다. 하지만 이러한 존재론적 불연속성을 설정하는 것이 물리학과 화학 분야에서 진화를 탐구하는 중요한 단서인 물리적 연속성과 모순되는 것은 아닐까요? 지식의 다양한 분야에서 사용되는 방법론을 검토한다면, 양립 불가능하게 보이는 두 가지 관점이 조화를 이룰 수 있을 것입니다. 관찰 과학들은 생명의 복잡한 현상들을 시간의 진행에 맞추어 더욱더 정확하게 기술하고 측정합니다. 영적인 것으로 이행하는 순간은 이런 종류의 관찰의 대상이 될 수 없습니다. 그럼에도 불구하고 그 관찰은 인간 존재에게 특유한 일련의 매우 소중한 표지들을 실험적인 차원에서 발견해 낼 수 있습니다. 그러나 형이상학적 지식, 자아의식과 자아성찰, 도덕적 양심, 자유, 그리고 심미적-종교적 경험 등은 철학적 분석과 반성의 능력에 속한 것이며, 신학은 창조주의 계획에 따라 그 궁극적인 의미를 밝혀 냅니다.

영원한 생명에 동참하도록 부름 받은 우리들

결론적으로 나는 생명체의 근원과 발전에 관한 연구 지평에 더욱 밝은 빛을 비출 수 있는 복음의 진리를 상기시키고자 합니다. 실로 성서는 생명에 관한 특별한 메시지를 담고 있습니다. 성서는 우리들에게 실존의 가장 고결한 모습을 보여 주면서 삶에 관한 슬기로운 통찰을 선사합니다. 나로 하여금 인간 생명에 대한 경의를 표하기 위해 준비하였던 교황 칙서, 즉 「생명의 복음」(Evangelium vitae)을 발표하게끔 이끌었던 것은 바로 성서가 보여 주는 이런 통찰이었습니다.

요한복음에서 생명을 그리스도께서 우리들과 교통하시는 거룩한 빛으로 소개한 것은 의미심장합니다. 우리는 영원한 생명에 동참하도록, 다시 말해 거룩한 지복(至福)의 영원함에 동참하도록 부름 받았습니다.

우리를 위협하는 심각한 유혹을 경계하기 위하여 우리 주님은 「신명기」의 위대한 말씀을 인용하십니다: "사람은 빵으로만 사는 것이 아니라 하느님 입에서 나오는 모든 말씀으로 살리라"(「신명기」 8:3; 「마태복음」 4:4 참조).

더욱이 '생명'이란 성서가 하느님을 부르는 가장 아름다운 칭호 중의 하나입니다. 그 분은 살아 계신 하느님이십니다.

(배국원 옮김)

주

1) Leo XIII, 교황 칙서 *Providentissimus Deus*를 참조하라.

2) *Acta Apostolicae Sedis* 42 (1950), pp. 575-576을 참조하라.

3) *Acta apostolicae Sedis* 85 (1993), pp. 764-772; Address to the Pontifical Biblical Commission, April 23 1993, announcing the document on *The Interpretation of the Bible in the Church: Acta Apostolicae Sedis* 86 (1994), pp. 232-243 등을 참조하라.

4) *Gaudium et spes*, n. 24.

5) *Summa Theologica*, I-II, q. 3 a. 5, ad.

6) *Gaudium et spes*, n. 22. 1.

7) "*Animas enim a Deo immediate creari catholica fides nos retinere iubet,*" 교황 칙서 *Humanis generis, Acta Apostolicae Sedis* 42 (1950), p. 575.

제10장

진화론과 인간: 대화하는 교황

조지 V. 코인, S.J.

다소 야심 차 보이는 글 제목으로 인해 오해할 사람이 있을지도 모르겠지만, 사실 이 논고의 범위는 그보다는 훨씬 더 제한된 것이다. 하지만 나는 제목에 표명된 각 주제들과 그것들의 연계성에 대해 얼마간의 성찰을 제공하려 한다. 진화론에 대한 요한 바오로 2세의 최근 메시지[1]를 올바르게 인식하기 위해서는, (근대 과학의 탄생 이래로) 지난 4세기에 걸친 과학-신앙 관계의 전반적인 배경을, 그리고 좀더 구체적으로는 현 교황제 아래에서 이루어진 과학을 향한 개방을 살펴보아야 한다. 그 메시지가 나오게 된 직접적인 배경을 평가하는 일 또한 메시지 자체의 이해를 위해 중요하다. 나는 이것들을 하나하나 차례로 해나가려 한다. 그리고 나서 교황이 씨름하고 있는 핵심 주제, 즉 인간의 기원에 대한 진화론적 설명과 하느님이 각 인간의 개별적인 영혼을 창조하는 데 개입한다는 고전적인 종교관 사이의 공명 또는 부조화를 규명할 것이다. 나는 교황이 이 주제를 붙잡고 씨름하는 데 참여할 것이며, 더 깊은 대화가 마침내 그 문제를 해결할 수 있으리라는 점을 논증할 것이다.

4세기 동안의 큰 맥락

1996년 10월 22일 성 베드로 대성당의 가호(加護) 아래 개최된 학술원 본 회기 중에 교황청 과학원 회원들은 진화론에 대한 요한 바오로 2세의 메시지를 받아들였는데, 이는 과학자들과 폭넓은 대중들에게 굉장한 관심을 불러일으켰다. 이러한 관심은 교황의 성명에 대해 보여 왔던 통상적인 주목을 훨씬 웃도는 것이었다. 왜일까? 나는 이러한 상황이 벌어진 이유를 찾으려는 시도가 그 메시지의 내용을 올바로 인식하는 데 도움이 될 거라고 믿는다. 그 메시지가 출현했던 직접적인 정황이 관심을 고조시킨 주된 이유이기는 하지만, 충분한 설명을 위해서는 약 3세기 전으로 거슬러 올라갈 필요가 있다고 본다. 실제로 교황 자신도 이 같은 방식으로 메시지를 시작하고 있다.

> 다양한 과학 분야들이 도달한 결론들은 어떻게 계시의 메시지에 담긴 내용과 일치를 이룰 수 있겠습니까? …… 더군다나 역사적 진리를 더 분명히 밝히기 위해서라도 16세기부터 18세기까지 교회와 과학이 맺은 관계에 대한 연구는 중요한 의미를 지니고 있습니다.

종교와 과학 사이의 관계는 3세기 동안의 흐름 속에서 갈등의 관계로부터 양립 가능한 개방과 대화의 관계로 나아갔다. 우리는 역사의 네 시기를 다음과 같이 말할 수 있다. (1) 17, 18세기 근대 무신론의 출현, (2) 19세기 유럽의 반(反)교권주의, (3) 20세기 초반 60년 동안 일어난, 근대 과학에 대한 교회 내의 각성, (4) 오늘날 교회의 관점. 종교에 대한 과학의 접근을 시기별로 볼 때 각각 다음과 같이 특징지을 수 있다. (1) 트로이의 목마, (2) 적대자, (3) 개화(開化)된 교사, (4) 대화의 파트너.

트로이의 목마

마이클 버클리(Michael Buckley, S.J.)는 근대 무신론의 기원에 대한 상세한 연구2)에서, 종교적 신앙을 부패로 이끈 것은 역설적이게도 종교적 신앙의 합리적 기초를 세우려 했던 17, 18세기의 시도였다고 결론내리고 있다. 종교는 자연과학의 특징인 이성적 확신에 그 토대를 두려 하는 유혹에 말려들었다. 이러한 합리주의적 경향은 아이작 뉴턴과 르네 데카르트 같은 인물들이 새로운 과학을 도입하면서 정점에 달했다. 일반적으로 과학과 종교의 대립을 보여 주는 고전적인 예로 갈릴레오 사건이 상기되곤 하지만, 훨씬 더 깊은 대립의 뿌리는 다름 아니라 종교적 신앙의 기반을 세우기 위해 근대 과학을 오용한 데서 찾아볼 수 있다. 사실상 이 뿌리로부터 과학과 종교의 분리가 일어났고, 이는 근대 무신론의 형태로 출현했다. 따라서 과학은 종교 안에서 트로이의 목마 역할을 하였다.

적대자

종교와 과학에 의해 촉발된 불협화음 교향곡의 제 2악장으로서, 19세기의 반교권주의를 살펴보기로 하자. 1891년 교황 레오 13세의 바티칸 천문대(the Vatican Observatory) 설립은 명백히 반교권주의적인 시대

분위기 속에서 이루어졌다. 레오 13세가 언급한 설립의 주요 동기들 중 하나가 바로 그러한 반교권주의와 싸우는 것이었다. 그의 말 속에는, 많은 과학자들 사이에 만연해 있던 교회에 대한 불신을 보는 자신의 견해가 매우 분명하게 드러나 있다.

> 참 빛이신 그리스도의 신비로운 신부(신랑으로 비유되는 그리스도의 신부인 신자들의 공동체로서 교회 / 옮긴이 주)에 대한 그들의 경멸과 증오를 나타내기 위해, 어둠에서 태어난 그들은 그녀를 무지몽매하다고 비방하는 데 익숙하며, 그녀를 반(反)계몽주의의 친구, 무지를 교육하는 자, 과학과 진보의 적이라고 부르고 있습니다.3)

이 때문에 교황은 이러한 비난들에 대항해서 교회가 천문대 설립을 통해 하고자 했던 바를 매우 강한, 어쩌면 승리주의적이기까지 한 어조로 제시한다.

> 이 일을 시작하면서 우리는, 하늘의 일들을 묵상하는 데 다른 그 어떤 인간 학문들보다 인간 영성을 더 잘 이끌어 줄 수 있는 매우 숭고한 과학을 장려하는 일에 동참하게 되었습니다. 그뿐 아니라 이를 위해 우리는 우선, 교회와 사제들이 인간적이든 신적이든 참되고 견실한 과학에는 반대하지 않으며 그것을 포용하고 장려하며 가능한 최대의 헌신으로 그것의 발달을 촉진한다는 점을 모든 사람들이 알 수 있도록 하는 …… 계획을 우리 자신 앞에 내놓았습니다.4)

비록 19세기의 반교권주의적인 분위기가 과학을 적대자처럼 보이도록 하였지만, 바티칸은 이 적대를 극복하기 위한 자기 나름의 모색을 하고 있었던 것이다.

개화된 교사

우리는 이제 개화의 시기, 즉 20세기 초반 60년 동안 교회가 과학에 대해 각성하는 시기로 넘어가는데, 이러한 각성은 교황 비오 12세라는 사람에게서 구체화된다. 그는 평범한 과학적 교양 이상을 갖춘 사람이 었으며, 심지어 젊은 시절에는 바티칸 천문대에서 천문학자들과 교제 하면서 천문학에 정통해지기까지 하였다. 교황은 천문학에 대해 탁월한 지식을 갖추고 있었으며, 자주 동시대의 연구가들과 천문학적 연구에 대해 토론하였다. 하지만 그는 내가 앞서 이야기한 바 있는 합리주의적 경향에 면역력을 갖지 못했다. 그는 우주의 빅뱅 기원에 관한 당시 최첨단의 과학적 성과들을 이해하고 있었기에, 이 과학적 성과들 안에서 성서의 창조 교리를 뒷받침해 주는 합리적 토대를 찾으려 하였다.

과학을 개화된 교사로 대하는 것은 트로이의 목마를 또다시 불러들일 위험이 있다. 빅뱅 우주론에서의 우주의 초기 상태를 하느님의 창조 행위와 동일시하려는 교황 비오 12세의 경향으로부터 구체적인 문제가 발생했다. 이를테면 그는 다음과 같이 말했다.

> 지난 세기들의 논란을 일소한 현대 과학은 무(無)로부터 물질과 함께 빛과 발광의 바다가 돌연 터져 나오던, 태초의 빛의 명령(*Fiat Lux*)의 그 장엄한 순간을 증언하는 데 성공하였습니다. …… 그리하여 현대 과학은 물리적 증거들의 특징인 저 구체성을 가지고 우주의 우연성을 확증했으며, 또한 창조주의 손으로부터 세계가 빚어져 나온 순간에 대한 추론을 탄탄히 확립했습니다.5)

빅뱅 이론의 선구가 된 원시 원자(primeval atom) 이론의 아버지 조르쥬 르메트르(Georges Lemaître)는 교황의 이러한 견해에 대해 적지 않은 문제점을 느꼈다. 르메트르는 원시 원자 이론과 빅뱅 가설들은 오로지 물리학 이론들로서 평가되어야 하며, 신학적 고찰들과는 완전히 분리되어야 한다고 주장했다.6)

이 대조적인 견해들은, 1952년 9월 로마에서 열리는 제8차 국제 천문학 연합 총회에서 교황이 하기로 되어 있던 연설 문안을 준비해야 할 시기가 오자 절정에 달했다. 르메트르는 바티칸의 국무원 장관(Cardinal Secretary of State)과 연설에 관해 상의하기 위해 로마에 왔다. 임무는 명백히 성공적이었다. 1952년 9월 7일에 행해진 강연7)에서 비오 12세는 과거 반 세기 동안 천체물리학에서 이룩한 구체적인 진보의 예들을 다수 언급했지만, 우주론 또는 빅뱅 이론의 과학적 결과들에 대해서는 어떠한 구체적인 언급도 하지 않았다. 비오 12세는 결코 다시는 어떠한 철학적, 형이상학적, 종교적 함축도 빅뱅 이론에 귀속시키지 않았다.

대화의 파트너

우리가 앞으로 간략히 논의하게 될 진화론에 대한 교황의 최근 강론에 이르기까지, 근래에 로마가 과학과 신앙의 관계에 대한 입장을 정하는 데 주요 전거가 된 것은 본질적으로 요한 바오로 2세 성하(聖下)의 세 가지 메시지이다. (1) 알버트 아인슈타인 탄생 100주년을 기념하기 위해 1979년 11월 10일에 교황청 과학원에서 행한 강론.8) (2) 교황청 과학원 창설 50주년을 맞이하여 1986년 10월 28일에 행한 강론.9) (3) 뉴턴의 『수학 원리』(*Principia Mathematica*) 출간 300주년을 기념하기 위해 바티칸 천문대와, 버클리의 신학과 자연과학 센터가 주최한 회의의 회보 서문으로 작성, 발표된 메시지.10)

앞의 두 강론에 대한 세인들의 관심은 17세기의 코페르니쿠스-프톨레마이오스 논쟁, 특히 그 논쟁에서 갈릴레오가 처했던 상황과 관련해 교황 요한 바오로 2세가 어떤 입장을 표명할 것인가 하는 데 쏠려 있었다. 이것은 내 생각으로는 지나친 강조였다. 분명 갈릴레오 사건은 중요하다. 그러나 위에서 언급한 세 개의 교황 문서들을 읽어 본다면, 갈릴레오 사건의 재조사보다 훨씬 더 중요하고 진취적인 문제들이 많이 있음을 명확히 알게 될 것이다. 종교와 과학의 관계에 대해 요한 바오로 2세가 말한 내용 중 새로운 점은 그가 트로이의 목마, 적대자, 개화된 교사 등의 세 가지 태도 각각에 대해 강력한 반대 입장을 취했다는 데 있다. 예컨대 요한 바오로 2세는 다음과 같이 분명하게 밝힌다.

> 과학은 그 개념들과 결론들이 더 넓은 인간 문화와 궁극적인 의미 및 가치에 대한 문화적 관심 속으로 통합될 때 가장 잘 발전합니다. …… 과학자들은 …… 과학적 발견들이 진정으로 궁극적인 것에 대한 지식을 대체할 수 없다는 것을 스스로 인식하게 될 것입니다. 과학은 종교를 오류와 미신으로부터 정화할 수 있습니다. 종교는 과학을 우상숭배와 거짓된 절대성으로부터 정화할 수 있습니다. 각각은 서로를 더 넓은 세계, 쌍방이 서로 번성할 수 있는 세계 속으로 이끌어 줄 수 있습니다.[11]

과학과 종교는 별개다. 각자는 고유의 온전함을 가지고 있다. 대화 가운데 양자는 서로의 번영에 긍정적으로 이바지할 수 있다.

이처럼 새로운 로마의 견해에서 가장 새로운 요소는 과학과 신앙 간의 대화가 어디에 이르게 될지에 대한 불확실성의 표현이다. 비오 12세의 임기 동안 이루어진 근대 과학에 대한 교회의 각성이 과학적 결과를 너무 손쉽게 전용(專用)함으로써 종교적 신념을 강화하는 식으로만 결말난 것과는 달리, 교황 요한 바오로 2세는 대화를 위한 교회의 협력을 규정하면서 교회의 비상한 신중함을 표현하고 있다. "그것[대화]이 정확히 어떤 형태를 취하게 될지는 미래에 맡겨야 한다."12)

진화론에 대한 교황 담화의 직접적 배경

진화론에 대한 메시지는 대화에서의 동반자적 태도와 연계되어 있다. 1950년 교황 비오 12세의 칙서 「인류의 기원」은 진화론을, 그 반대 가설과 마찬가지로 동등하게 조사하고 심도 깊게 연구할 가치가 있는 중대한 가설로 간주하였다. 요한 바오로 2세는 자신의 메시지에서 이렇게 말하고 있다. "교황 칙서가 출판된 이후 거의 반세기가 지난 오늘날, 새로운 지식은 진화론이 더 이상 단순한 가설이 아니라는 인식에 이르렀습니다."13)

 그 뒤에 이어지는 문장들은 교황이 언급한 '새로운 지식'이 대부분 과학적 지식임을 보여 준다. 실제로 그는 담화의 앞 부분에서 "성서 해석자들과 신학자들은 그들의 연구 영역이 지니는 한계를 알기 위해서라도 자연과학이 이루어놓은 결과에 대해 숙지하고 있어야" 한다고 말하기도 했다. 메시지가 나오게 된 전후 사정을 보더라도 이는 분명히 확인된다. 교황청 과학원이 총회의 구체적 주제로 선택한 것은 '생명의 기원과 진화'였다. 과학원은 생명과학 분야에서 가장 왕성하게 활동 중인 연구자 몇 사람을 초빙하여, "세포 생명체의 기원을 이해하기 위한 열쇠로서의 분자 계통발생론"에서부터 "우주 내 지적인 생명체의 탐색"과 "우주적 명령으로서의 생명"에 이르는—— 즉 세밀한 분자화학에서부터 진화하는 우주 환경 속의 생명에 대한 포괄적인 분석에 이르는—— 주제들을 논의하도록 하였다. 과학원 총회가 열리기 불과 몇 달 전, 저명한 잡지 『사이언스』(Science)는 과거에 화성에 원시적인 생명체들이 존재했을 가능성이 있다는 연구논문을 발표했다. 게다가 지난 2년 사이에, 태양계 외행성들의 발견을 알리는 수많은 출판물들이 쏟아져 나왔다. 과학적 연구를 들끓게 한 이 소동들은 총회의 주제를 매우 시의적절한 것으로 만들었을 뿐만 아니라, 교황의 메시지를 위한 구체적인 배경을 마련해 주었다. 총회에서 거론된 대부분의 과학적 성과들은 매우 잠정적이었고 따라서 수많은 반론과 논박들이 오갔지만(거의 모든 연구가 그 시작에서는 그러한 것처럼), 동시에 그것들은 매우 자극적이고 도발적이었다. 총회 이후 불과 세 달 뒤 교황은, 인공위성 갈릴레오 호가 진행 중인 목성의 행성 및 위성들에 대한 고해상도 관측의 책임을 맡고 있던 독일, 이탈리아, 미국 과학자들을 비공식으로 접견하였다. 그 접견 후 몇 달도 채 되지 않아 미 항공우주국 (NASA)은 목성의 한 위성인 유로파(Europa)에서 거대한 바다를 발견하였다고 발표했다.

이것이 진화론에 관한 교황의 메시지를 둘러싸고 있는 상황이다. 이 상황들이 그 메시지에 영향을 끼쳤는가? 통상적으로 교황은 총회 때 교황청 과학원 회원들과 엄숙한 비공식적 접견을 가지며, 이따금 추기경단과 외교단이 거기에 동석하기도 한다. 그러나 이번에는 교황은 그들을 전혀 접견하지 않았고, 오히려 자신의 메시지를 그들에게 보냈다.

왜일까? 물론 그와 관련해 역사가에게 알려지지 않거나 어쩌면 알려질 수 없는 많은 이유들이 있을 수 있다. 그럼에도 불구하고 나는 이 메시지의 성격을 규정짓는 요인을, 다름 아닌 총회 주위의 상황과 그에 수반되는 과학적 연구의 환경에서 찾을 수 있다고 제안하려 한다. 이 메시지를 꼼꼼히 읽는 것은 이 제안과도 상통한다. 교황은 생명에 대한 우리의 과학 지식에서 이루어지고 있는 장족의 발전을 인식하기를 희망했고, 그 발전이 인간에 대한 종교적 관점에 어떤 함의를 갖는지 이해하기를 원했다. 그러나 동시에 그는, 특히 계시된 종교적 진리들과 관련해 과학적 지식의 결과와 영향력이 불확실하고 잠정적이라는 데 고심해야 했다. 달리 말하면, 대화에서의 개방성이야말로 우리가 취할 수 있는 가장 정직한 자세인 것이다. 이러한 관점에서 이 메시지를 검토해 보자.

과학 대 계시, 진화 대 창조

대화의 장(場)을 마련하기 위해 이 메시지는 전통적인 용어들로 다양한 앎의 방식들을 구분한다. 관찰과 경험을 통해 현재까지 축적된 과학적 자료들을 정확히 해석할 때, 우리는 진화론이라는 결론에 이르게 된다. 진화론은 이제 더 이상 다른 여러 가설들 중 단지 하나의 가설로만 그치지 않는다. 그것은 확립된 과학적 이론이다. 그러나 하나의 이론이 정식화될 때에는, 경험적 사실들에 대한 과학적 분석뿐만 아니라 철학과 신학도 거기 관여하기 마련이다. 따라서 몇 가지 이론들을 함께 이야기하는 편이 더 낫다. 그런데 그 이론들 가운데 일부는 계시된 종교적 진리와 양립할 수 없다. 분명 몇몇 이론들은 즉각 거부되어야 한다. 유물론, 환원주의, 유심론(spiritualism)이 그것이다. 그러나 이 지점에서 이 메시지가 인간의 기원에 대해 양립할 수 없을지도 모를 두 개의 이야기 —— 진화론적 이야기와 창조론적 이야기 —— 와 씨름하는 것을 보면, 이 메시지에 담겨 있는 진정한 대화의 정신을 알 수 있다. 여기서 '창조론적'이라는 용어가 「창세기」가 세계의 기원에 대한 과학적 설명을 구성한다는 미국의 복음주의나 근본주의의 견해를 지칭하는 것은 아니다. 오히려 교황의 논의의 맥락에서 '창조론'은 수태 시에 하느님이 개입하셔서 인간 개개인을 위해 새롭고도 유일무이한 영혼을 창조하신다는 견해를 뜻한다. 진화론 안에는 신에 의한 인간 영혼의 창조를 설명할 아무런 여지도 존재하지 않는 것처럼 보인다. 이것은 과학과 종교 사이의 조화가 아니라 부조화에 해당한다. 이것이 교황 요한 바오로 2세의 메시지에서 핵심적인 주제인 것이다.

대화는 다음과 같은 방식으로 진전된다. 교회는 인간에 관한 일정한 계시 진리들을 보유하고 있고, 과학은 인간의 기원에 대해 일정한 사실들을 발견하였다. 그 사실들에 기초한 어떤 이론이든 계시된 진리와 모순된다면 그것은 옳은 이론일 수 없다. 이 대화에서, 계시된 진리들이 우선적이면서도 근본적인 역할을 하고 있음을 유념하라. 또 그럼에도 불구하고, 과학적 사실들에 기초한 타당한 이론에 항상 열린 마음을 갖도록 유념하라. 말하자면 대화는 고뇌 가운데 이 양 극 사이에서 진행된다. 요한 바오로 2세는 이 당면 문제에 대한 선대 교황들의 주요 가르침 내용들을 교황 성명서의 전통적인 방식을 따라 재평가한다. 비오 12세는 「인류의 기원」에서 인간의 몸이 이미 존재하는 생명체로부터 그 기원을 갖는다면, 영적인 영혼은 하느님에 의해 직접 창조된다고 가르쳤다. 그러면 대화는 몸에 대해서는 진화론을, 영혼에 대해서는 창조론을 채택함으로써 해결되는 것인가? '영혼'(soul)이라는 단어가 메시지의 나머지 부분에서는 더 이상 나오지 않는다는 데 주목하라. 오히려 메시지는 '영'(spirit)과 '영적인 것'(the spiritual)에 대한 이야기로 옮겨 간다.

인간 존재에 대한 계시 종교의 진리를 감안해 본다면, 인간 존재의 발생과 더불어 진화 사슬에서는 '존재론적 도약' '존재론적 불연속성'이 나타나게 된다고 할 수 있다. 교황은 이것이 과학이 발견한 진화 사슬에서의 연속성과 모순되는 게 아닌가 의아해 한다. 이 결정적인 문제를 해결하기 위해 그는 다음과 같이 말한다.

영적인 것으로 이행하는 순간은 이런 종류의 [과학적] 관찰의 대상이 될 수 없습니다. 그럼에도 불구하고 그 관찰은 인간 존재에게 특유한 일련의 매우 소중한 표지들을 실험적인 차원에서 발견해 낼 수 있습니다.

그는 '존재론적 불연속성'은 인식론적 불연속성에 의해 설명될 수 있다는 제안을 하고 있는 듯하다. 이것으로 충분한가? 아니면 대화는 계속되어야 하는가? 창조론적 이론은 인간 존재의 영적인 차원의 기원을 설명하기 위해 필요한가? 계시된 종교적 진리에 의해 우리는 불가피하게 인간의 기원에 대한 이원론적 관점을 받아들일 수밖에 없는가? 어쩔 수 없이 우리는 물질적 차원에 관해서는 진화론자가, 영적인 차원에 관해서는 창조론자가 될 수밖에 없는가? 마지막 단락들에서 생명의 하느님에 대해 이야기할 때, 이 메시지는 이 물음들에 관한 대화가 여전히 열려 있다는 강한 암시를 내비치고 있다.

공명과 계속적인 창조

이제 하느님의 계속적인 창조를 고찰해 본다면, 앞서 언급한 이원적 딜레마와 관련해 대화를 진전시키는 데 도움이 되리라고 본다. 이를 위해 나는 교황 요한 바오로 2세의 연설로부터 얻은 영감을 활용하고 싶다. 우리는 하느님이 진화의 과정을 통해 창조하시며, 창조는 계속적이라고 말할 수 있다. 나는 참된 과학과 계시된 종교적 진리들 사이에 궁극적으로 어떤 모순도 있을 수 없다고 생각한다. 따라서 나는 인간 존재의 발생에 대한 최고 수준의 과학 지식만이 계속적인 창조를 가장 잘 이해시켜 줄 수 있다고 제안하는 바이다.

저명한 진화론적 화학자 크리스티앙 드 뒤브(Christian de Duve)는 진화론에 대한 교황의 메시지가 공표된 그 교황청 과학원 총회에서 한 논문을 발표하였다. 계속적인 창조에 대한 관심은, 논문 내용이 요약적으로 서술된 대목에서도 나타난다.

> 진화는 우연한 사건들에 좌우됨에도 불구하고, 환경이 허락하는 한 더 고도의 복잡성을 향해 움직이지 않을 수 없게 만드는 수많은 내적, 외적 압박들 아래에서 진행된다. 만일 이 환경이 달랐다면, 진화는 머지않아 다른 경로를 거쳤을 것이다. 그로 인해 우리가 알고 있는 것들과는 다른 유기체들, 어쩌면 인간과는 다르면서도 생각할 줄 아는 존재들까지 생겨났을지도 모를 일이다.14)

인간 존재가 발생하던 당시의 이러한 우연성은 종교적 진리와 모순되는가? 그렇지 않다. 신학자들이 하느님의 계속적인 창조에 대해 더 심원한 이해를 발전시킬 수 있다면, 분명 우리는 공명을 이루는 부분을 찾아낼 수 있을 것이다.

하느님은 자신의 무한한 자유 안에서 그 자유를 반영하는 세계를 계속적으로 창조하신다. 진화 과정이 우리를 점점 더 고도의 복잡성으로 이끌어 갈수록 그 자유는 성장한다. 세계의 계속적인 진화 과정 속에서 하느님은 현재의 세계를 미래의 그것으로 되게 하신다. 하느님은 독단적으로 개입하지 않으시며, 오히려 허용하고 참여하며 사랑하신다. 종교적 사고에서 영(spirit)이 생겨날 때의 고유한 특성으로 여겨지는 것들은 보존하면서도, 동시에 조야한 개입주의적 창조론(interventionist creationism)을 피할 수 있는 방법으로 이런 식의 생각은 적합한가? 오랜 대화만이 이에 답해 줄 것이다.

(윤철호 옮김)

주

1) 이 책의 제9장을 참조하라. 불어로 된 메시지 원문은 1996년 10월 23일자 *L'Osservatore Romano*에 발표되었고, 영역문은 *L'Osservatore Romano*의 주간 영어판 1996년 10월 30일자에 발표되었다.

2) Michael J. Buckley, S. J., *At the Origins of Modern Atheism* (New Haven: Yale University Press, 1987).

3) *Motu Proprio, Ut Mysticam*, published in Sabino Maffeo, S. J., *In the Service of Nine Popes, One Hundred Years of the Vatican Observatory* (Vatican City State: Vatican Observatory Publications, 1991, translated by G. V. Coyne, S. J.), p. 205.

4) Maffeo, *In the Service*, p. 205.

5) *Acta Apostolicae Sedis* (Vatican City State: Tipografia Poliglotta Vaticana, 1952), vol. 44, pp. 41-42.

6) Georges Lemaître, "The Primeval Atom Hypothesis and the Problem of Clusters of Galaxies," in *La Structure et L'Evolution de L'Universe* (Brussels: XI Conseil de Physique Solay, 1958), p. 7.

7) *Acta Apostolicae Sedis*, p. 732.

8) *Discourses of the Popes from Pius XI to John Paul II to the Pontifical Academy of Sciences* (Vatican City State: Pontificia Academia Scientiarum, 1986), p. 151.

9) *Discourses*, p. 151.

10) 이 메시지는 *Physics, Philosophy, and Theology: A Common Quest for Understanding*, ed. R. J. Russell, W. R. Stoeger, S. J., and G. V. Coyne, S. J. (Notre Dame, IN: University of Notre Dame Press, 1988), pp. M3-M14에 처음으로 발표되었다. 교황 메시지에 대한 일단의 전문가들의 논평은 *John Paul II on Science and Religion: Reflections on the New View from Rome*, ed. R. J. Russell, W. R. Stoeger, S. J., and G. V. Coyne, S. J. (Notre Dame, IN: University of Notre Dame Press, 1990)에 수록되어 있다.

11) *Physics, Philosophy, and Theology*, p. M13.

12) *Physics, Philosophy, and Theology*, p. M7.

13) 주 1)에서 언급한 영역본에서 이 문장은 "하나의 가설 이상이라는 인식······"으로 번역되어 있으나, 이는 부정확한 오역이다.

14) Christian de Duve, "Life as a Cosmic Imperative," *Pontifical Academy of Sciences*, October 1996; 그의 책 *Vital Dust: Life as a Cosmic Imperative* (New York: Basic Books, 1995) 역시 참조하라.

제11장

생물학적 진화와 인간의 영혼: 발생설을 위한 신학적 제안

앤 M. 클리포드, C.S.J.

DNA를 발견한 공로로 노벨상을 수상한 프란시스 크릭(Francis Crick)은 1994년에 『놀라운 가정들: 영혼을 추구하는 과학 탐구』(*The Astonishing Hypothesis: The Scientific Search for the Soul*)라는 책을 출판했다. 그는 이 책에서 "현대 신경생물학자는 인간이나 다른 동물들의 행위를 설명하는 데서 영혼이라는 종교적 개념이 필요하지 않다"고 주장했다.[1] 묘하게도 그는 영혼에 대한 가톨릭 교리 문답을 통렬하게 비판하는 문장으로 책을 시작한 후에,[2] 과학자의 견지에서 보았을 때, 그가 뇌의 작용과 동일시하는 인간 정신이 자연선택의 오랜 과정을 통해 진화해 온 엄청나게 복잡한 신경기계로 가장 잘 설명된다고 결론 내린다.[3] 크릭은 인간 뇌의 많은 부분이 여전히 "불가사의하게" 남아 있다는 것을 인정한다(하지만 그에게 불가사의하다는 것은 여전히 그것이 과학자들에 의해 해결되어야만 하는 문제라는 것을 의미한다).[4] 그럼에도 불구하고 그는 비록 지금의 과학이 인간의 의식을 설명하는 데 한계를 지니고 있기는 하지만, 뇌 연구가를 통해 드러나는 증거는 영혼이 없다거나, 또는 오직 신경세포나 복잡한 부분들의 상호작용이 전부일 뿐이라는 것을 분명히 보여 준다고 주장한다.

크릭은 인간의 의식에 관한 자신의 가정들이 잠정적이지만, 적어도 그것이 증거에 근거한 것임을 인정하고 있다. 그 증거들은 그로 하여금 과학이 발전하기 이전에 자연과 인간을 총체적으로 설명할 필요를 충족시키기 위해 발전했던 종교적 설명들보다 더 많은 것을 말할 수 있게 한다.5) 진화론적 관점에서 보면, 인간의 영혼이나, 신과 더불어 영원한 행복을 누린다는 죽음 이후 약속과 같은 종교적 설명들은 예전에 인간이 자신들의 생존을 보증하기 위해 종사했던 다른 적응 과제들로부터 유래한 간접적인 결과들이다.

영혼은 관례적으로 형이상학적인 개념으로 간주되기 때문에, 크릭의 연구작업은 논리적으로도 맞지 않고 인식론적으로도 혼란스럽다. 그는 영혼을 실증적으로 입증될 수 있는 실체가 되어야만 하는 것처럼 다룬다.6) 그가 비록 영혼을 자주 언급하고는 있지만, 그는 본문이나 용어해설에서 그 용어의 의미에 대해 아무런 정의도 내리지 않는다. 그는 '영혼'이 무엇을 의미하는지는 설명하지 않으면서, 그 존재가 과학적으로 검증될 수 없으며 그것이 종교적 신앙에서 역할을 수행하고 있기 때문에, 영혼이 무의미한 개념이라고 판단한다. 뇌에 대한 크릭의 연구는 1) 뇌에서 영혼의 위치를 논박하고, 2) 영혼과 영혼의 불멸, 그리고 신에 대한 종교적 신념을 없애겠다는 명시된 목적에서 수행된 것이다. 그에게 있어서 신이 무엇이며 어떤 존재인지, 그리고 그가 이해하는 '사후의 삶'이 어떤 것인지는 분명하지 않다. 그의 입장은 심판하는 신과 고대적이며 공간적인 종말론의 영향을 받은 것 같다. 그러므로 그의 '놀랄만한 가정'은 환원주의적 유물론과, 전적으로 아주 시대에 뒤떨어진 신학의 좁은 한계 속에서 전개된 것이다.

교황 요한 바오로 2세: 영혼에 대해서

1996년 10월에 진화와 인간의 영혼이라는 주제는 「뉴욕 타임즈」를 비롯한 전세계 신문의 표제기사가 되었는데, 그것은 교황 요한 바오로 2세(Pope John Paul II)가 교황청 과학원(Pontifical Academy of Science)에 보낸 연례교서에서 이에 관해 언급했기 때문이었다.7) 요한 바오로 2세는 "이미 존재하던 다른 생명체로부터 인간의 몸이 생겨났다는 데 대한 성찰에 국한되는 한" 생물학적 진화론은 "열려 있는 문제"라고 이미 교황 비오 12세(Pope Piux XII)가 긍정했었다는 점을 언급한다.8) 1950년 이후 진화론이 과학자들 사이에 아주 높은 정도로 받아들여졌다는 것을 지적하면서, 요한 바오로 2세는 생물학적 진화론이 열려 있는 문제 이상의 것임을 인식하고, 그것을 실제로 과학적인 사실로 받아들인다. 그러나 그는 또한 진화의 메커니즘에 대해서는 다수의 이론들이 있기 때문에 신중할 필요가 있다고 언급한다. 일부 이론들은 자연철학에서 빌려온 과학 이외의 개념들에 의존하고 있다.9) 비록 그가 어떤 특정 이론을 골라서 언급하지는 않았지만, 크릭의 환원주의적이며 유물론적인 가정은 요한 바오로 2세의 경고가 관련된 그런 유형의 견해이다.

"[과학적] 진리는 [계시된] 진리와 모순될 수 없다"10)는 교황 레오 13세(Pope Leo XIII)의 입장을 인용하면서, 요한 바오로 2세는 인간 정신이 물질적인 힘들에서 등장했다거나 또는 정신이 물질의 단순한 부수 현상이라고 주장하는 그러한 이론들이 비오 12세가 다음과 같이 명시했던 기독교 신앙의 근본적인 진리와 모순된다고 주장한다. "영혼들은 신에 의해 직접 창조되었다."11) 동시에 그러한 이론들은 "신의 형상에 따라 창조된"(「창세기」 1:27-29) 유일한 피조물로서의 인간 개념이라는 신적으로 계시된 중요한 진리를 거부하며, 그로 인해 인간에

속한 고유한 존엄성을 부인한다.12)

요한 바오로 2세는 토마스 아퀴나스(Thomas Aquinas)의 『신학대전』(Summa Theologiae)으로부터 끌어 와 인간 존엄성의 근원으로서 인간의 '영적 영혼'(spiritual soul)에 대한 내용을 제시한다. 그는 "인간이 신과 닮았다는 문제는 특별히 성찰적인 지성에 속한 것이다……"라고 언급한다.13) 그 존재를 부정하는 것은 "인간의 존재론적 차이"를 인식하는 데 실패한 것이다.14) 이것은 자주 제기되는 주제로서, 1989년에 요한 바오로 2세는 "자연세계의 다른 모든 존재들에 대한 인간의 존재론적 초월을 존중하는 것"이 과학자들의 책임이라고 입장을 표명했다.15) 1996년 메시지에서 인간이라는 종의 존재론적 초월성은 지구상의 모든 생명체로부터 인간을 구별하게 하는 '존재론적 도약'(ontological leap)16)이라는 진화론적 관점에서 기술된 것이다.

과학은 비록 인간 종이 지닌 특별한 것이 무엇인가에 대한 관찰을 기록할 수 있지만, 관찰할 수 있는 것에 국한된 과학은 영적 초월로의 이행이라는 이러한 도약을 설명할 수 없다. 요한 바오로 2세에게 있어서, 존재론적 차이는 철학적 분석 능력에 위치해 있다. 그리고 신학은 이러한 분석에 기초해서 "창조주의 계획에 따른 궁극적인 의미"를 명료하게 제시한다.17)

요한 바오로 2세는 한편으로 기독교 신앙에 대한 생물학적 진화론의 위치가 1950년 이래 변화했음을 주장하지만, 다른 한편으로 신에 의한 인간 영혼의 창조에 관해서는 여전히 동일한 입장이다. 그는 창조설(creationism)을 다시 긍정하는데, 초기 기독교에 등장하는 이 입장은 포와티에의 힐라리(Hilary of Poitiers, ca. 315~367)까지 거슬러 올라갈 수 있다. 힐라리는 육체는 항상 육체에서 나오지만, "육체의 영혼은 오직 신에게서만 올 수 있다"고 주장했다.18) 중세 시대에 토마스 아퀴나스는 창조설을 지지하면서, 비록 다른 생명체들[종들]이 발생에 의해, 그러므로 아마도 (비록 진화가 아퀴나스의 사고방식에는 아주 이질적인 것이 될 수도 있지만) 진화에 의해 존재할 수 있지만, 인간의 이성적 영혼은 오직 [직접] 창조에 의해 만들어질 수밖에 없다고 주장했다.19)

인간 영혼이 신에 의해 직접 창조되었다는 것을 확증하는, 요한 바오로 2세가 교황청 과학원에 보낸 이 메시지는 "교황청이 언급했다면, 그 사안은 종결된다"(Roma locuta, causa finita)는 정신 속에서 만들어진 것인가? 이전의 누구보다도 기독교 신학자들과 과학자들의 대화를 지지하고 "공동의 상호작용 관계"를 후원해 온 교황으로서,20) 요한 바오로 2세는 전(前)과학적 창조설을 다시 확증함으로써 변할 수 없는 진리라는 보호된 영역 주위에 담을 쌓고 있는 것인가? 요한 바오로 2세가 '성찰적 지성'에 대한 토마스 아퀴나스의 생각을 가져왔기 때문에, 아퀴나스가 자신의 신학적 견해를 형성하는 과정에서 인간 본성의 문제들에 주어진 많은 반응들과 대화했다는 사실을 되짚어 보는 것이 적절할 듯하다. 아퀴나스는 당시 최고의 '과학'이 (아리스토텔레스와 그 주석자들이) 제공했던 것의 빛 아래서 진리를 식별하기 위해서 헌신적으로 대화에 임했다. 아퀴나스는 이 과제가 결정적으로 중요하다고 믿고 있었는데, 왜냐 하면 피조물에 관한 오류는 신에 관해서 잘못된 지식을 초래할 수 있으며, 그러므로 신으로부터 사람을 멀리 떼어 놓을 수도 있기 때문이다.21) 나는 진화와 인간 영혼의 창조설적 기원에 관한 교황의 메시지가 바로 이런 정신 속에서 해석되어야 한다고 믿는다.

요한 바오로 2세는 교황청 과학원에 보낸 메시지의 말미에서, 과학과 철학 (이 경우는 고전적 형이상학) 그리고 기독교 신학이 그들 자신의 완전성(integrity)을 유지해야만 한다고 확언한다. 이것은 과학자들이 그들 자신의 전제, 즉 과학은 우리가 실재에 대해서 유일하게 인식론적으로 관련된 것이며, 그러므로 호모 사피엔스(*Homo sapiens*)를 포함해서 생물학적 삶을 가장 완벽한 방식으로 설명할 수 있다는 이념적 전제들과 조화를 이룰 것을 요청한다. 그렇지만 만약 신학자들과 과학자들 사이에 현재와 미래에 생산적인 상호작용이 생겨난다면, 그 때에는 신학자들도 또한 과학 공동체에 대한 응답 속에서 자신들의 견해를 수정할 가능성을 가지고 자신들의 전제를 검토하는 일에 개방되어 있어야만 한다. 생물학적 진화론자와의 생산적인 상호작용을 바라면서, 나는 이제 인간의 영혼에 대한 기독교 신학의 전제들을 간략하게 검토하려고 한다.

플라톤과 아리스토텔레스의 영향을 받은 영혼 이해

성서적 인간론은 인간을 영혼이나 육체의 관점에서가 아니라 하나의 통일체로 본다. 그렇지만 신구약 중간기에 죽은 사람들이 최후의 심판 때까지 거하는 세계인 스올(Sheol)을 믿는 유대인들이 있었다. 죽은 인간들은 무(無)로 사라지지 않고 오히려 부활을 기다린다. 예수 그리스도 이전의 몇 세기 동안 신앙의 항목이 된 이러한 믿음은 초기 기독교인들에게 전승되었으며 기독론의 핵심에 자리잡게 되었다. 유대교의 종말론적 이미지는 기독론적 의미와 섞이게 되었다.

그리스도의 임박한 재림(parousia)에 대한 믿음이 쇠퇴하면서, 죽은 사람의 부활에 대한 기독교의 가르침은 그리스 사상의 도움을 얻어 설명되었다. 그리스적 사유방식에 대한 기독교의 적응을 보여 주는, 인간에 대한 가장 초기의 철학적 분석들 가운데 하나가 순교자 유스티누스(Justin Martyr, ca. 110~160)의 것인데, 그는 인간을 "육체와 영혼으로 구성된 이성적 동물"이라고 기술했다.[22] 초기 플라톤은 일시적인 육체와 신적인 기원으로 인해 불멸성을 지닌 이성적 영혼을 구별함으로써 인간론을 분명하게 제시했다.23) 기독교는 점차 인간 영혼의 불멸성을 받아들였다. 예를 들면 아우구스티누스는 이에 대한 상세한 논의를 전개했다.

요한 바오로 2세가 언급했던 신의 형상(*imago Dei*)이라는 상징은, 고전 기독교의 인간론에서 일찍부터 이성적 영혼이라는 플라톤적 개념과 동일시되었다.24) 신의 형상이라는 상징은 인간을 피조물 가운데 독특한 존재로 생각하게 했을 뿐만 아니라, 신과의 영원한 삶이라는 약속에 대한 종말론적 희망을 형성하게 했다. 기독교화된 플라톤적인 도식 속에서 신의 형상이 거하는 장소인 인간의 영혼은 죽을 때 육체로부터 분리되게 되었는데, 이것은 기독교로 하여금 영혼의 불멸성과 신과 함께 하는 최종적인 운명을 긍정하는 방식으로 부활의 계시를 설명할 수 있게끔 해 주었다.

영혼을 자아로 서술하고 육체를 단순히 도구로 서술했던 플라톤적 인간 개념을 고수했던 이전 사람들과 달리, 아퀴나스는 아리스토텔레스의 용어를 통해서 개별적 인간의 구성성분을 보았다. 영혼은 전인적 인간에게 형상을 부여하는 생명의 원리였다. 영혼이 형상을 부여하는 것은 실체적인 통일이었다. 그 복합물이 분리할 수 없는 정신적이고 육체적인 측면을 지닌 정신 - 육체 통일체(a psycho-somatic unity)인 인간이었다. 그렇지만 아퀴나스 역시 인간의 영혼은 스스로 존재하는 것으로서 썩지 않으며, 육체의 죽음 이후에도 생존할 것이라고 주장했다.25)

요한 바오로 2세가 인간의 구성 요소와 기원에 관해 말하고 있는 『신학대전』 I-I의 의제 75-93을 인용하지 않은 것은 이상하다. 창조와 관련된 문헌에 의존하는 대신, 요한 바오로 2세는 종말론적 함축성을 지닌 『신학대전』의 의제에 주목한다. 아퀴나스가 '성찰적 지성'에 대해 숙고한 의제는 인간의 행복을 달성하는 데에 초점을 맞추고 있다.26) 아퀴나스는 오직 성찰적 지성만이 참된 행복을 아는데, (실제적 지성과 감각들과는 대조적으로) 그것만이 홀로 참된 진리를 성찰할 수 있으며 즐길 수 있기 때문이라고 결론 내린다. 성찰적 지성만이 홀로 신 안에서 쉴 수 있으며 신과 영원히 연합 될 수 있다. 신에 대한 묵상은 어떤 신체적 기관도 필요하지 않기 때문에, 성찰적 지성은 이런 것들을 달성할 수 있다. 그러므로 (존재의 계층 구조에서 낮은 위치에 있는 다른 생명체들의 육체에 오직 형상만을 부여하는 영혼들과는 대조적으로) 지성적인 영혼은 육체가 소멸한 후에도 계속해서 존재한다는 것이 논리적으로 뒤따르게 된다.27) 행복에 빛나는 비전에 대한 묵상의 기쁨은 육체화(embodiment)를 필요로 하지 않는다.

호모 사피엔스의 생물학적 진화

진화에서 인간의 영혼을 제외시키려고 하는 요한 바오로 2세의 주장 가운데 일부는 우리가 인간성에서 초월을 향하는 틀림없는 '존재론적 도약'을 발견할 수 있다는 것이다. 호모 사피엔스로 귀결되는 이런 도약은 일반적인 진화론적 발전의 가능성을 넘어선다. '존재론'이라는 용어는 존재의 본성에 관련해서 철학적 논의에서 사용되는데 과학에서는 낯선 용어이다. 생물학적 진화론의 관점에서 보면, 호모 사피엔스는 6,000만 년이라는 공동의 진화를 공유하고 있는데, 그 진화 속에서 영장류가 다른 동물의 목들(目, orders)과는 구별되는 것으로 확인할 수 있는 특정한 경향들이 등장했다. 이 가운데 가장 중요한 것들이 다음과 같다. 움켜쥐고 조작할 수 있는 손의 발전. 후각에 대한 시각의 지배. 앞다리 관절의 설계에서 운동성의 강조. 몸통을 곧바로 세울 수 있고 필요하다면 뒷발로 걸을 수 있는 (또는 전진할 수 있는) 능력. 개인들 사이에 정교한 신호체계에 의존하는 복잡한 형태의 사회 조직의 발전. 그리고 신체 크기에 비해서 상대적으로 큰 두뇌. 20세기의 인간과 가장 가까운 유전적 친족은 99퍼센트의 유전자를 인간과 공유하고 있는 침팬지들이다.28)

그렇지만 호모 사피엔스란 무엇인가라는 질문에 대한 보다 완전한 대답은 인류라는 종의 기원에 대한 정보를 필요로 하며, 그러므로 화석 자료에 대한 연구가 요구된다. 그렇지만 화석 증거는 부족하며 해석하는 데 어려움이 있다. 현재까지 고인류학에는 이용 가능한 증거를 다르게 해석하는 두 개의 주요 학파가 있다. 한 학파는 원시인류에서 현생인류까지를 포괄하는 호미니드(hominids)가 자연선택에 의해 오랜 발전 과정을 거쳐 점진적으로 변화했다는 입장을 고수한다.29) 이 학파는 인간 화석 증거에서 나타나는 작은 단계적 변화를 강조하고, 호모 사피엔스의 진화에 관해서 원시인류의 지역적 집단이 다른 종들로 분리되는 것을 피하기 위해 다른 집단들과 충분히 접촉했다고 하는 다-지역(multi-regional) 모델을 제시한다. 동시에 이 집단들은 지역적 환경에 적응할 수 있을 만큼 충분히 격리되어 있었다고 주장된다. 이런 방식으로 현생인류의 다양성은 하나의 상호번식(interbreeding) 집단의 부분으로 계속 남아 있으면서 오랜 기간을 통해 그들의 차이점들을 진화시킬 수 있었으리라는 것이다.

다른 학파는 종의 변화가 갑자기 발생하는 빈도에 주목하면서, 화석 자료의 단절성에 초점을 맞춘다.30) 이 견해는 '단속 평형'(punctuated equilibria)이라 불리는데, 새로운 종들의 등장은 지리학적인 것이며 (예를 들어, 지진의 발생과 강의 흐름 변화), 그리고/또는 기후 변화들 (지구 자전축, 지구 궤도의 모습, 탄소산화물과 같은 대기 속 가스 양의 변화에 의해 '빙하 시대'가 초래되었다)과 관련된 단기간의 사건이라고 주장한다. 호모 사피엔스는 전 지구적으로 등장한 것이 아니라, 아프리카로 여겨지는 기원의 중심에 제한되었다.

후자의 견해는 호모 네안데르탈인(*Homo neanderthalensis*, 때로 첫 번째 학파에 의해 호모 사피엔스 네안데르탈인으로 지칭되기도 한다)[31]이 동일한 지역 일부에서 현대 호모 사피엔스의 조상과 공존했다고 주장한다. 비록 네안데르탈인이 적어도 때로는 두 발로 서는 자세와 (조잡하고 단순한 석기 같은) 도구를 만드는 기술, 그리고 죽은 자를 매장하는 관습을 호모 사피엔스와 공유하기도 했지만, 그들 사이에 상호번식이 이루어졌다는 증거는 설사 있다 해도 의미 있는 수준에서는 사실 전혀 없다고 할 수 있다. 그들은 3만 5,000년 전까지 서부 유럽에서 번성했으며, 그 후로 점차 사라져 갔다.

두 번째 학파는 호모 사피엔스의 진화가 네안데르탈인과 직접 관련되어 있다고 믿지 않는다. 만약 우리가 호모 사피엔스를 네안데르탈인과 비교한다면, 중요한 질적 차이라는 의미에서 '도약'에 유사한 어떤 것이 인지될 수 있다. 그들의 신체 구조 가운데 하나, 특히 두개골의 뼈가 다르다. 그러나 그들의 행위 양식들에 대한 증거는 보다 극적으로 그들을 분리시킨다. 2만 5,000년에서 3만년 전에 크로마뇽인(Cro-Magnons)[32]으로 알려진 호모 사피엔스는 돌뿐만 아니라, 뼈와 뿔과 상아를 가지고 보다 복잡한 도구를 만들었으며, 그 가운데 일부는 (네안데르탈인의 도구에서는 빠져 있는 특징인) 장식이 되어 있다. 또한 후기 구석기 시대의 (3만 5,000년에서 1만 년 사이의 서부 유럽과 중부 유럽에서) 크로마뇽인을 비롯하여 현생인류의 다른 조상들은 죽은 자를 매장했다. 일부 매장지는 정교하게 되어 있다. 죽은 사람은 손으로 만든 구슬로 장식된 의상을 입고 있었으며, 유용한 도구들이 함께 있었는데, 그것들은 은연중에 사후의 삶에 대한 믿음을 보여 주고 있다. 그들의 동굴집은 동물 그림들이 배합되어 치장되어 있는데, 대부분 어떤 종류의 추상적인 상징들과 함께 있다. 그 중에는 채색된 것들도 많으며, 또 일부는 양각(bas-relief)이 되어 있는 것들도 있다. 이 인간들은 지구상의 종들의 기록에서 전례 없는 창조적 정신에 대한 증거를 남겨 두었다.

요한 바오로 2세가 지적했듯이, 이러한 행위를 보여 준 최초의 인간이 지구에 등장한 원인이 무엇인가에 대해서는 과학이 여전히 설명하지 못한다. 이것은 화석 자료의 결핍 때문만이 아니라, 화석 증거에 대한 해석에서 학자들 사이에 깊은 분열이 있기 때문이다. 이 문제에 대한 현재의 상황은 다음 세대의 과학자들에게는 문제가 되지 않을 것이다. 한 가지 예를 든다면, 종들의 관련성에 대한 분석에서 유전자에 근거한 기술들은 미래에 원시인류의 종들 사이의 관계성에 대해 보다 철저한 설명들이 가능할 것이라는 희망적인 전망을 갖게 한다. 그러므로 신에 의해 영혼이 직접 주입되었다는 요한 바오로 2세의 창조설 주장은 결국 '간극의 신'(God of the gaps)이라는 사실이 입증될 것이다. 이 간극의 신이란 결국 신학과 생물학적 진화 사이의 생산적인 대화에 공헌하기에는 별로 충분하지 못할 것이다. 창조설이 말하는 신은, 최초의 인간들이 진화하기 이전까지 신의 개입 없이 작용해 왔던 것으로 여겨지는 진화의 과정 속으로 들어오는, 개입하는 신(interventionist God)이다.

발생설을 위한 신학적 제안

인간의 육체는 진화했지만 영혼은 그렇지 않다는 창조설의 견해는 인간을 분리되지 않은 전체로 이해하는 성서적 인간론과 일치하지 않는다. 그것은 또한 중세 이래 기독교 전통 속에서 긍정되어온 영혼과 육체의 근본적인 통일체라는 것을 무시하고 있다.33) 비록 아퀴나스가 이성이라는 측면에서 인간의 영혼에 상당한 관심을 기울였지만 (아마도 이성의 자리를 두뇌에 위치시켰겠지만), 그는 아리스토텔레스를 근거로 하여 영혼이 생명체의 신체 모든 부분에 있다고 주장했다. 육체가 영혼을 필요로 하는 것처럼, 그렇게 영혼도 육체를 필요로 한다. 그렇지만 육체는 다른 방식으로 영혼을 필요로 한다. 즉 영혼이 육체와 결합하는 것은 생명을 부여하는 것이다. 결과적으로 영혼과 육체 사이에는 아주 긴밀하면서 서로 삼투하는 통일성이 있다.34)

덧붙여서, 인간 영혼의 기원에 대한 창조설적 견해는 또한 육체와 모든 물질적 실재를 폄하하는 결과를 쉽사리 초래할 수 있는 이원론을 고무시킨다. 육체의 폄하는 여성과 육체를 동일시하기 때문에 남성에 대한 여성의 종속관계와, 여성은 남성처럼 완전하게 신을 닮지 못했다는 믿음을 초래하게 되었는데, 이 믿음은 기독교 전통에서 오랫동안 지지되어 왔다.35) 물질적 실재에 대한 폄하는 인간과 지구를 실질적으로 분리하는 것에 영향을 주었다. 이러한 분리의 지적 유산은 인간을 우월한 지위에 둠으로써 인간 이외의 자연으로부터 분리시키고 20세기 생태계의 위기에 기여하게 되었다.

나는 창조설보다는 '발생설'(generationism)이 인간의 진화에 대한 신학적으로 보다 효과적인 견해라고 생각한다.36) 나는 생명과학에 응답하려는 관점에서 인간 영혼의 기원에 대한 발생설적 해석을 제안한다.

창조설은 생명과학에 대한 응답이라는 측면에서 실패하고 있는데, 그것은 인간의 생식세포가 결합되는 그 순간에 (또는 아마 그 직후의 어느 시간에) 영혼을 더하기 위해 신이 직접 개입한다고 생각하기 때문이다. 결합하는 그 순간에 인간의 영적이며 지적인 영혼은 부모로부터 물려받은 육체적 물질 속으로 삽입된다. 그런데 창조설적 이해는 지성이나 (예를 들어 음악이나 수학 같은) 정신적 경향의 특성들이 유전적으로 물려받은 것들이라는 점을 지적하는 유전학자들의 발견을 간과하고 있다.37) 이런 것들은 인간 영혼과 구별되는가? 그렇다면 현대 유전학이 아주 많은 것을 제거해 버리고 난 지금, 창조설적 이해에서 영혼이란 도대체 무엇을 가리키는 것인가?

이와 대조적으로, 발생설은 진화가 호모 사피엔스에 반영되어 있으며 현대인은 진화론적 과정과 뒤얽힌 채로 결합되어 있다는 것을 강조하면서 진화의 메커니즘과 보다 조화를 이룬다. 호모 사피엔스라는 종의 구성원들은 공통의 유전자적 유산을 공유하고 있는 사람들의 조상들로부터 파생된 것이다. 발생설은 또한 수억 마리의 정자 중 하나가 단 하나의 난자에 수정되기 위해 선택되는 과정에서 찾아볼 수 있는 외견상의 '우연성'에 주목한다. 개별 인간의 기원이나 전체로서 인간 종의 기원에는 우연성의 요소가 있다.

영혼과 육체의 상호작용

발생설은 정자와 난자의 결합에서 나온 것이 단순한 육체가 아니라 인간이라는 점을 긍정한다. 인간의 통일성은 육체 속에서 일어나는 것들이 영혼에 영향을 주며, 또한 역으로 영혼의 '사건들'이 육체에 영향을 주는 것이다. 예를 들어, 열(熱)이나 열의 부족은 육체에 영향을 준다. 실제로 사하라 이남의 아프리카 지역에서 과도한 열은 숲 속에 머물던 최초의 원시인류가 두발로 곧게 서는 구조를 형성하는 데 공헌했음직하다. 네발동물은 몸 전체에서 많은 열을 흡수하지만, 똑바로 서고 걸음으로 해서 태양의 수직 광선을 받는 신체 부위는 크게 줄어들게 된다.38) 두 발로 선 인간의 직립한 신체적 감각기관에 의해 받아들여지는 감각 형식은 영혼에 영향을 준다. 반대로 영혼은 그 욕구, 창조적 생각들, 공감과 책임감과 더불어서 신체에 영향을 준다. 주위 환경 변화에 대한 적응들을 통해 획득한 오랜 진화를 포괄하는 의미에서 인간 신체의 생존은 그러한 생존을 강화하는 정신적 과정으로부터 분리될 수 없다.

현대적인 어법으로 말하자면, 인간의 영혼은 우리 각자를 초월의 능력을 지닌 독특한 개인으로 만드는 요소들의 편집물이라는 은유적인 명칭으로 가장 잘 설명될 수 있다. '영혼'은 유전적 유산에 의해 영향 받는 특질들을 명명한 것이지만, 그것들로 환원되지는 않는다. 예를 들어, 인간은 뇌에서 언어적 영역을 물려받지만, 유전자적 유산, 즉 개개인의 독특한 DNA는 개인이 말하는 언어나, 보다 중요하게는 개인이 어휘를 구성하게 하는 생각, 그리고 그러한 생각이 한 개인의 삶의 방향이나 행위에 어떻게 영향을 주는가를 결정하지는 않는다. 개인이 일생 동안 마주치는 환경의 차이는 한 개인의 독특성을 결정하지 않으며, 단순히 그것을 변화시킬 뿐이다. 인간의 영혼이란 멸종한 네안데르탈인과 현존하는 영장류 종들에게는 불가능했고 현재도 불가능한 개인의 창조성, 즉 상상력과 지성과 자유에 붙여진 이름인 것이다.

영혼, 우리의 정체성, 그리고 신의 신비

비록 영혼과 육체의 상호적인 관계가 서로에게 스며들어 있지만, 인간 개체의 중심은 육체가 아니라 인간 영혼이라는 말이 가리키고 있는 실재이다. 만약 우리가 동일한 유전자적 유산을 지닌 일란성 쌍둥이를 생각한다면, 이것이 분명해진다. 비록 그들이 형질적으로는 구별되지 않지만, 각각은 독특한 개성을 지니고 있다. 어린 시절 동일한 생활 환경을 공유한 쌍둥이의 경우일지라도 각자 독특성이 명확하게 드러난다. 즉 그들은 진리와 의미의 추구, 모든 형식에 있어서 개인적 창조성, 개개인의 욕구와 사랑, 자유에 대한 개인적인 실천, 그리고 훨씬 많은 것들에서 각자의 독특한 개성을 표현한다.

이 '보다 많은' 것들 가운데 일부가, 요한 바오로 2세가 아퀴나스로부터 인용한 '성찰적 지성' 즉 성찰을 위한 인간의 능력을 포함하고 있다. 이 능력이야말로 인간으로 하여금 신비란 것은 과학이 해결할 문제의 영역으로 (예를 들어 크릭이 그랬던 것처럼) 환원될 필요가 없다는 것을 인식하게 해 준다. 오히려 신비는 의미의 모든 것을 포괄하는 지평으로서, 인간은 무한히 알고 싶어하는 개방성을 가지고서 이에 연결될 수 있다.39) 바로 신비를 향한 지향성이 그것의 무진장한 깊이와 더불어서, 호모 사피엔스라는 종의 개개인을 다른 영장류 및 다른 모든 동물들과 구별되게 하는 것이다.

또한 인간으로 하여금 모든 것을 포괄하는 신비와 무진장한 깊이를 '신'이라고 명명할 수 있게 하고, 이 신과 관련을 갖게 하는 인간의 능력을 '신의 형상'이라고 이름 붙일 수 있게 하는 것은 바로 이러한 지향성이다. 신이 모든 것을 포괄하는 신비이며 무진장한 심연이라고 말하는 것보다 신에 대해서 더 잘 말할 수 있을까? 바로 인간 자체인 육체와 영혼의 통일체를 부인하지 않으면서 진화의 사실성을 받아들이는 발생설에서, 신은 인간이 그 일부분인 진화하는 우주 역사를 포함하여 자연 과정을 통해 세계 속에서 끊임없이 창조적으로 활동하는 것으로 그려진다. 여기서는 인간이 신과 관련을 가질 수 있는 능력을 지닌 독특한 종(種)이라는 것을 긍정하기 위해 개입하는 창조주(an interventionist Creator)를 끌어들일 필요가 없다.

결론: 영혼-생명과 현세적 신비주의

비록 발생설이 창조설보다 생물학적 진화 과정과 좀더 조화를 이루기는 하지만, 그것이 과학의 실증적 기준에 따른다고 주장할 수는 없다. 발생설은 진화하는 세계에 마주하면서 묵상하는 태도에 의해 형성된 종교적 신앙의 표현이다. 발생설적인 의미에서 진화하는 세계는 궁극적인 창조자이며 생명의 수여자로서 신 안에 모든 것을 위치시키는 세계다.

발생설적 신학에서 인간의 존엄성은 신의 형상이라는 은유적 명칭을 통해서 긍정되며 결코 상실되지 않는다. 왜냐 하면 발생론은 신이 인간 태아의 세포에 인간의 영혼을 삽입하기 위해 개입한다는 식으로 생각하지 않기 때문이다. 신의 형상은 이원론적인 기독교 형이상학에서 말하는 이성적 영혼의 상징적인 동족 언어가 아니다. 그렇지만 신의 형상은 인간의 침범할 수 없는 존엄성을 확증하는 기독교의 일차적인 상징으로 남아 있다. 인간에 깃들어 있는 '신의 형상'이라는 말을 사용하는 것은 인간 종의 뿌리를 진화론적인 과정으로부터 떼어 내는 것도 아니며, 인간이 지구상의 다른 모든 종들에 대해 갖고 있는 혈족 관계를 제거하는 것도 아니다. 그렇지만 이것은 신의 형상이 진화한 최초의 인간의 원시적 상태를 기술하는 것이 아니라, 개개의 인간과 인간 공동체 전체가 향하도록 부름 받은 운명을 기술하는 것임을 상기시키는 역할을 한다.40)

영혼과 육체의 결합에 의해 함께 구성되고, 신의 형상이라는 상징에 의해 이름붙여진 인간이라는 존재는, 세계의 존재를 부인하지 않으면서 인간의 종말론적 운명을 상기시켜 준다. 오히려 이것은 현세적 신비주의로 초대하는 것이다. 만약 영혼이 묵상에 의해 양육되지 않는다면, 그것은 움츠러들게 될 것이고, 인간 됨(being human)에 대한 관점도 쉽사리 신경세포와 신체 과정의 상호작용으로 환원되고 말 것이다. 그러므로 인간의 영혼-생명은 다른 인간과의 그리고 신과의 친교로

제11장 생물학적 진화와 인간의 영혼: 발생설을 위한 신학적 제안 295

부터 자양분을 공급받는다. 하지만 영혼-생명은 이와 더불어 인간이 진화론적 역사를 함께 공유하고 있는 인간 이외의 자연과 나누는 친교의 현세적 신비주의로부터 자양분을 공급받기도 한다. 인간의 영혼-생명은 인간 이외의 자연과 나누는 혈연적인 연대 정신 속에서, 그리고 랭던 길키(Langdon Gilkey)의 표현을 빌자면 "신에 의해 인간에게 주어진 능력, 힘, …… 그리고 구속적인 통일"을 발견하고자 하는 개방성 속에서 번성한다.

(신재식 옮김)

주

1) Francis Crick, *The Astonishing Hypothesis: The Scientific Search for the Soul* (New York: Simon and Schuster, 1994), p. 6.

2) Crick, *Astonishing Hypothesis*, pp. 3-4. 크릭은 자신의 비판을 가톨릭에만 국한하지 않는다. 영혼에 대한 그의 비판은 기독교 전체와 이슬람까지 포함한다.

3) Crick, *Astonishing Hypothesis*, pp. 10, 256.

4) Crick, *Astonishing Hypothesis*, pp. 257-259.

5) Crick, *Astonishing Hypothesis*, pp. 262, 267.

6) 그러나 기독교에서 전통적으로 사용되어 온 영혼은 철학적인 개념이다. 그것은 형이상학적 '실체'(substance)나 다른 구성요소와 인과적으로 상호작용하는 실재의 구성요소를 지칭한다. 즉 영혼은 신체에 형상을 제공하는 실체이다.

7) 이 책의 제9장 "진화와 살아 계신 하느님"을 참조하라.

8) "진화와 살아 계신 하느님"의 '진화와 교도권' 부분을 참조하라. 인용의 출처는 교황 칙서 「인류의 기원」(*Humani Generis*) 중의 "특정한 잘못된 견해들에 관하여"(Concerning Certain False Opinions)로서, 이는 *Acta Apostolicae Sedis* 42 (1950), pp. 575-576에 수록되어 있다.

9) "진화와 살아 계신 하느님", 같은 곳.

10) "진화와 살아 계신 하느님", 도입부를 참조하라. 요한 바오로 2세는 여기에서 레오 13세의 교황 칙서 「신의 섭리」(*Providentissimus Deus*)에 나타난 입장을 언급하고 있다. "On the Study of Sacred Scripture," November 18, 1893 (Washington, DC: National Catholic Welfare Conference; the Catholic Biblical Association, 1964 재인

쇄), p. 27.

11) "진화와 살아 계신 하느님", '진화와 교도권' 부분을 참조하라. 요한 바오로 2세는 다시 한번 *Humanae Generis, Acta Apostolicae Sedis* 42 (1950), p. 575를 언급한다.

12) "진화와 살아 계신 하느님", 같은 곳.

13) "진화와 살아 계신 하느님", 같은 곳. *Summa Theologiae* I-II, q. 3, a. 5를 참조하라.

14) "진화와 살아 계신 하느님", 같은 곳.

15) "The Links between Science and Faith," *Origins* 19 (1989), p. 339.

16) "진화와 살아 계신 하느님", '진화와 교도권' 부분.

17) "진화와 살아 계신 하느님", 결론 부분.

18) Hilary of Poitiers, *On the Trinity*, translated by Stephen McKenna (New York: Fathers of the Church, Inc., 1954), Bk. 10, #22, 413.

19) *Summa Theologiae*, I-I, q. 90, a. 2. Thomas Aquinas, *Summa Contra Gentiles*, Bk. 2, q. 87, 294도 참조하라. 이 책에서 아퀴나스는 아버지의 정액이 영혼의 근거라는 데 반대하는 주장에서 창조설의 견해를 취한다.

20) "The Message to the Reverend George V. Coyne, S.J., Director of the Vatican Observatory"(1988), in *John Paul II on Science and Religion: Reflections on the New View from Rome*, edited by Robert J. Russell, William R. Stoeger and George V. Coyne (Vatican City State/Notre Dame, IN: Vatican Observatory Foundation and The University of Notre Dame Press, 1990), M 9.

21) Thomas Aquinas, *Summa Contra Gentiles, On the Truth of the Catholic Faith* (Garden City, NY: Doubleday and Co., 1956), Bk. 2, Ch. 3, 32.

22) Justin Martyr, "Extant Fragments of the Lost Work on the Resurrection," Ch. 8, in *The Ante-Nicene Fathers*, Vol. I, p. 297. 유스티누스는 영혼과 육체를 하나의 통일체의 관계로 보았다.

23) 영혼 불멸이라는 관념은 플라톤 철학의 핵심이었다. 그것은 신적인 원형 관념들에 밀접하게 가까운 개념이다. 플라톤은 *Apology, Phaedo, Phaedrus, Republic, Symposium, Timaeus, Laws*, 그리고 다른 대화편에서 영혼에 대해 다루었다. 플라톤은 유비를 통해서 다음과 같이 생각하는 것이 논리적임을 추론하였다. 자연의 과정은 일반적으로 순환적이므로(예컨대, 밤이 가면 낮이 오고 낮이 가면 밤이 오며, 겨울이 가면 여름이 오고 여름이 가면 겨울이 온다), 생명도 순환적이다. 마치 생명이 있는 것들이 죽듯이, 죽은 것들은 생명으로 귀환한다. 따라서 영혼은 불멸한다. 만약 이것이 사실이 아니라면, 생명은 마침내 우주에서 사라지게 될 것이다. 또한 플라톤은 영혼이 그것이 (섞임 없이) 순일하기 때문에 분해될 수 없는 것이라고 주장하였다. 영혼이 순

일한 까닭은 그것이 바로 생명의 이데아를 갖고 있어서 죽음을 배제하기 때문이다.

24) Athanasius, *Against the Heathen*, Ch. 34, *Nicene and Post-Nicene Fathers of the Christian Church*, Vol. IV, p. 22; Augustine, *Genesis ad literam*, VI, p. 12, 그리고 Thomas Aquinas, *Summa Theologiae*, I., q. 93.

25) *Summa Theologiae*, I-II, q. 76. 아퀴나스는 성서에 근거해서 인간 영혼의 불멸성을 언급했으며, 부활한 예수, 낙원에 있는 최초의 인간들, 그리고 죽은 자들의 부활 이후의 인간들의 불멸성을 확보했다. 이 점에서 그의 입장은 영혼 불멸의 개념이 성서에서 기원한 것이 아니라 그리스 철학에서 기원하고 있기 때문에 잘못이라고 주장한 개신교 신학자들의 입장과 공명을 이룬다.

26) *Summa Theologiae*, I-II, q. 3.

27) *Summa Theologiae*, I-II, q. 4, a. 5.

28) Ian Tattersall, *The Human Odyssey: Four Million Years of Human Evolution* (New York: Prentice Hall, 1993), pp. 42-43.

29) Milford H. Walpoff, *Paleoanthropology* (New York: Knopf / Random House, 1980).

30) Niles Eldredge and Stephen Gould, "Punctuated Equilibria: an Alternative to Phylectic Gradualism," in *Models of Paleobiology*, edited by T. J. M. Schopf (San Francisco: Freeman, Cooper), pp. 82-115, 그리고 Niles Eldredge, *Time Frames: The Rethinking of Darwinian Evolution and the Theory of Punctuated Equilibria* (New York: Simon and Schuster, 1985).

31) '네안데르탈'이라는 이름은 이 원시인류의 최초의 화석이 발견되었던 장소인 독일 네안데르 강(the Neander River) 계곡(thal)의 유적 현장에서 유래한 것이다.

32) '크로마뇽 인'이라는 이름은 그것들이 1868년에 처음 발견되었던 남서 프랑스의 지명에서 왔다.

33) 네 번째 라테란 공의회(The Fourth Lateran Council, 1215)는 신이 영혼과 육체의 통일체로서 인간을 창조했다고 가르친다(DS 800).

34) 영혼과 육체의 통일은 크릭이 자신의 책에서 무시한 부분이다. 아마도 크릭의 생각에 기본적으로 영향을 끼친 것은 영혼과 육체(의식과 물질)에 대한 개념이 아주 이원론적이었던 데카르트인 듯하다.

35) 「창세기」 2-3장부터 루터와 칼빈의 저작까지 기독교 전통 속에서 이 입장에 대한 철저한 논의로는, Kari Elisabeth Børresen, editor, *The Image of God: Gender Models in Judeo Christian Tradition* (Minneapolis Fortress Press, 1991)을 참조하라.

36) 발생설은 아우구스티누스와 루터가 긍정했던 '원죄'의 전달에 대한 그의 입장까지 거슬러 올라갈 수 있다. 나는 여기서 원죄의 문제에 대해서는 의도적으로 판단을 접어두고자 한다.

37) 유전자적 한계에 관해서는 데이빗 콜(David Cole)의 유용한 글, "Gene Predestination?" *Dialog* 33 (1994), pp. 17-22를 참조하라.

38) Tattersall, *The Human Odyssey*, p. 80.

39) 물론 칼 라너(Karl Rahner)는 모든 것을 포함하는 신비에 대한 이러한 개방성을 '인간 주체의 초월성'(transcendentality)이라고 부른다. 그는 자신의 신학적 인간학의 이러한 기본적 범주를 생물학적 진화론과의 연관 속에서 발전시킨다. Karl Rahner, "Natural Science and Reasonable Faith," in *Theological Investigations* XXI, translated by Hugh M. Riley (New York: Crossroad, 1988), pp. 41-46.

40) 이 중요한 점에 대한 좀더 포괄적인 논의는 Mary Catherine Hilkert, "Cry Beloved Image Rethinking the Image of God," in *The Embrace of God: Feminist Approaches to Theological Anthropology* (Maryknoll, NY: Orbis Press, 1995), pp. 196-205.

제12장

생명문화적 진화와
창조된 공동창조자

필립 헤프너

인간을 창조된 공동창조자(created co-creator)로 이해하는 것은 과학적으로 신뢰할 만하고 신학적으로 일관성 있는 적절한 인간학에서 중심적인 것이다. 아래에서 나는 창조된 공동창조자라는 개념을 위한 구조적 윤곽을 제공하려고 하는데, 그것을 이론과 은유라는 두 가지 방식으로 다룰 것이다. 이론으로서 그것은 다음을 주장한다. 호모 사피엔스(*Homo sapiens*)는 창조된 공동창조자이며, 그의 목적은 자연의 체계들을 확장하거나 가능케 함으로써 그것들이 자유의 양태로 신의 목적들에 참여할 수 있게 하는 데 있다. 은유로서 그것은 생명문화적 진화(biocultural evolution)의 의미를 묘사하며, 따라서 전체로서 자연에 대한 우리의 이해에 이바지한다. 자연의 의미는 이런 식으로 진술할 수 있다. 즉 창조된 공동창조자로서 호모 사피엔스의 출현은 자연의 노정이 초월과 자유에 참여하는 것임을 나타내며, 이에 의해 자연은 그 고유의 본성을 해석해야 하고 이에 따라 행동할 책임을 져야 한다. 우리가 창조된 공동창조자는 신의 피조물이라고 주장함으로써 기독교적 신 개념을 논의에 도입할 때, 그 결과는 인간과 자연에 대한 해석이 바로 그 신의 특성에 의해 조건 지워진다는 것이다.

생명문화적 진화와 창조된 공동창조자

두 가지 진화론적 개념들, 즉 생물학과 문화는 오늘날 인간의 상황에 대한 근본적인 이해와 그 상황에 대한 기독교 신학적 해석을 위한 기초를 놓는다. 생명문화적 진화란 (1) 물질적 영역 안에서, 그 자체로 문화 현상을 발생시키는 생물학적 진화 과정들의 출현과 (2) 문화가 그 안에서 출현했고 그 안에서 계속해서 작용하는 물질적-생물학적 과정들과 공생 관계 안에서 존재하는 동시에, 문화가 앞으로 나아가도록 하는 특유의 비-다윈적인 역동적 과정들을 가리킨다. 문화의 출현은 곧바로 중추 신경계와 관련되며, 인류에게 문화의 중요성이 극적으로 증대되는 것은 그것에 상응하는 인간 두뇌의 극적인 발달과 상호 관련되어 있다. 문화는 행동을 상황화하고 해석하는 상징 체계들과 더불어, 습득되고 가르쳐지는 행동 유형들로 정의된다. 오늘날 인간 문화의 가장 결정적인 단일 산물은 기술이다.

창조된 공동창조자는 호모 사피엔스라는 한 피조물의 출현을 지시한다. 이 피조물은 (1) 한편으로 철저히 자연과 진화 과정들의 피조물——그래서 창조된이란 용어를 쓰는 것이다——이며, (2) 동시에 바로 그 과정들에 의해 자유의 피조물로서 창조된다. 나는 자신의 행동을 좌우하는 선택들을 해야 할 필요성뿐만 아니라 그 선택들을 상황화하고 따라서 정당화하는 이야기들을 구성할 필요성에 불가피하게 직면하게 되는 인간 실존의 조건을 묘사하면서, 매우 독특한 방식으로 자유를 정의한다. 기술 문명 속에서, 결정 내리기는 피할 수 없는 것이다. 기술 문명이 삶의 환경을 아주 근본적으로 바꾸어 놓은 이래로, 이 결정 내리기와 이야기 구성하기의 필요성은 더 강화된다. 나는 이것을 자유라고 부른다. 결국 오직 인간만이 (개인으로서든 혹은 집단으로서든) 결정을 내릴 수 있고 행동을 실행할 수 있으며, 오직 인간만이 그것을 정당화하는 이야기를 구성할 수 있기 때문이다.

자유는 인간의 기본 구조 안에, 그 구조의 기본 구성 요소들인 유전적이고 문화적인 진화 모두에 뿌리박고 있다. 따라서 우리는 자유가, 내가 기술한 바와 같이, 공동창조자라는 개념의 근본적인 원천이라고 말할 수 있다. 문화와 동떨어져서 유전자들만으로 그리고 그것들의 프로그램만으로 한 인간을 만들 수는 없다. 동시에, 문화는 문화가 공생(共生, symbiosis) 가운데 살아가는 생물물리학적 숙주로부터 동떨어져서 존재할 수 없다.

인간 해석의 이론으로서 창조된 공동창조자

창조된 공동창조자로서 인간 개념은 세계 안에서의 인간을 해석하는 다소 포괄적인 이론을 낳는다. 이 이론은 다음 몇 가지의 보조적 개념들에 의해 설명된다.

귀속성과 수용성

창조된 공동창조자 개념은 인간에 대한 이원론적 이해들을 극복하기 위한 수많은 시도들과 합류한다. 귀속성(belonging)의 개념은 이원론을 극복하려는 이 노력에 있어서 크게 두드러진다. 우리는 이제 더 이상 우리를 우리의 동료 인간들로부터, 우리가 사는 자연 생태계로부터, 혹은 우리가 출현한 진화 과정들로부터 분리할 것을 요구하는 인간 본성의 이해들을 용인할 수 없다. 인간들은 본래 수용성(receptivity)과 귀속성 모두에 의해 구성된 피조물들이다. 이러한 기본적인 특질을 간과하는 어떠한 호모 파베르(*Homo faber*), 즉 공격적인 기술적 조작자의 개념도 명백히 부적당하며 왜곡되기까지 한 것이다.

'두 본성': 유전자와 문화

나는 호모 사피엔스가 유전적이고 문화적인 '두 본성'에 의해 구성되었다고 강조한 바 있다. 이 통찰은 진화론적인 인문과학이 우리의 인간 이해를 위해 이룬 가장 중요한 공헌이다. 유전적인 요소는 인간이 출현하고 발달한 유전적 진화의 과정들 안에 위치한다. 문화적인 차원은 고도로 발달된 인간의 중추신경계 안에 그 뿌리를 둔다. 이것들은 인간 삶의 길잡이를 위한 두 개의 정보 체계로 해석되는 것이 가장 좋으며, 이들의 진화는 오늘날 우리 존재의 기초이다. 인간이 형성되는 데에는 두 체계 모두가 필요하다. 유전적인 것과 문화적인 것, 이 두 요소들은 우리가 인간이라고 부르는 공생 안에서 함께 존재하면서 서로 적응하는 것으로 이해될 수 있다.1)

도전으로서의 문화

인간의 이 두 본성적 특질을 인식하는 것은 문화가 인간들에게 얼마나 근본적인 도전인지를 분명히 나타낸다. 인간들은 언제나 단지 생존의 방식으로 뿐만 아니라 진정한 인간에게 본질적이라고 믿어지는 방식으로 생존하도록 인간의 삶을 인도할 문화 체계들을 구성하는 과업에 직면해 왔다. 나는 이미 문화에 대한 작업적 정의(working definition)를 제시했다. 즉 문화란 습득된 행동 유형들과 그 유형들을 해석하기 위해 우리가 구성하는 상징 체계들이다. 우리의 문화적 구성이 직면하는 도전은 우리의 물질적−생명유전적 체계가 그러하듯 꼼꼼하고 적절하게 우리의 세계와 상호 접속되는 하나의 정보 체계를 형성하는 것이다. 대부분의 생물들은 호모 사피엔스의 경우보다 더 적은 자기 인식이나 결단을 요구하는 물리적-생명유전적인 프로그램화에 더 의존하는 방식들로 자신들의 삶을 영위한다. 인간들은 자신들의 세계의 도전들에 응답하는 것을 배워야만 한다. 그들은 적절한 삶을 위한 요구들에 응답할 수 있는 자동 프로그램화 체계들 같은 것을 갖고 있지 않다. 기술은 우리가 적절하게 살기 위해 배워 온 방식들 중의 하나이다. 그것은 오늘날 인간 문화의 가장 극적인 요소들 가운데 하나가 되었다. 우리는 배워야 할 뿐만 아니라, 우리가 배운 것들을 정당화하거나 설명해야 한다. 이 설명들은 우리가 필요로 하는 행동을 위한 동기를 부여하는 역할을 한다.

오늘날 인류를 위협하는 대부분의 위기들은 우리가 의존하는 정보와 길잡이의 문화적 체계들을 적절하게 구성하는 데에서 나타나는 우리의 무능력에서 그 원인을 찾을 수 있다. 가정붕괴, 굶주림, 가난, 무주택, 전쟁/평화 문제들, 교육, 인종차별, 환경파괴. 이 모든 것들은 우리의 현 세계가 인간의 삶에 부과하는 요구들을 다루는 우리의 습득된 행동들이 드러내는 부적절함을 분명하게 보여 준다.

기술 문명

현대의 삶은 지구의 모든 지역에서 거의 모든 중요한 일상 활동이 기술과 기술에 관련된 결정들의 형태로 문화에 의존하는 그런 지점에 도달했다. 이것은 인간의 결정들과 그 결정들의 유능한 실행에 대한 의존으로 이해될 수도 있다. 식량 재배, 추수와 분배, 수송, 일자리 선택과 우리의 노동 조건들, 건강, 가족 형성, 에너지. '자연'이 인간의 손들, 결정들, 그리고 공정들에 접촉되지 않은 것으로 정의된다면, 이것들과 일상 생활의 더 많은 항목들은 이제 더 이상 '자연스럽지' 않다. 기술이 인간의 결정과 실행이 우리의 삶에서 취하는 주된 문화적 형태이므로, 우리는 우리의 삶이 우리가 자연 세계 위에 설치한 기술적 덮개에 의존한다고 말할 수 있다. 이 덮개는 지구상의 모든 비(非)인간적 체계들을 건드린다. 만일 우리의 기술적 향상이 감지할 수 있을 정도로 감소되고 우리가 실질적인 기술적 향상이 결여된 자연 세계 안에서 자활해야 한다면 지금 살아 있는 사람들의 50%가 죽게 될 것이라고 추정한다 해도 이는 비합리적인 것이 아니다. 내가 기술문명(Technological Civilization)이라고 이름짓는 것은 우리가 오늘날 그 아래서 살고 있는 바로 이러한 조건들인 것이다.

인간적 조건으로서의 자유

내가 이미 언급한 바와 같이 자유는 내가 여기서 제시하는 이론들에 관계되는 두 가지 본질적인 방식에 있어서 중대하다. 즉 우리의 문화 형성을 좌우하는 선택 행위와 그 행위에 의미를 주고 그것을 정당화하는 이야기 구성이 그것이다.

자유의 이러한 중대한 기능들 중 첫번째, 즉 문화를 창조하고 이끄는 선택 행위는 인간들이 그들로 하여금 독특하게 인간으로서 생존하게 하는 자신들의 본성적 능력을 실제로 판독해 내는 방법의 본질적인 구성 요소이다. 인간들은 그들의 유전적 본성과 그것이 그들의 본성에 기여하는 정보의 흐름을 넘어서는 자유를 지니고 있지 않다. 그러나 선택의 자유에 젖어 있지 않은 그 어떤 문화적 흐름의 요소도 존재하지는 않는다. 우리가 인간의 중추신경계의 출현이 동시에 복잡한 인간적 차원의 문화를 가능하게 하며 또한 인류의 생존을 위해 필요한 것이 되게 한다는 사실에 주목할 때, 우리는 어떻게 이 자유가 인간적 조건의 본질이 되는지 이해하게 된다. 이미 말한 것을 되풀이하자면, 유전적 정보는 홀로 인간을 지탱할 수 없다. 뇌를 포함하여 유전적으로 뒷받침되는 인간의 몸은 그 뇌의 가장 위대한 능력을 성공적으로 정교화한 문화 없이는 생존할 수 없다. 문화는 유전자와 환경의 접촉면상의 상호적인 필연성들과 가능성들 사이에서 열려지는 공간에서 실현된다. 유전적 가능성들과 제한들이 환경 안에 주어진 제한들 및 가능성들과 상호작용할 때, 문화는 인간이라는 동물이 그 안에서 유전적 가능성들과 제한들에 의해 제공되는 항로를 조정하는 배인 것이다.

우리가 종종 '오래된 전통'에 대한 존경 어린 언급들 아래 그 사실을 숨긴다 할지라도, 인간의 문화적 움직임들과 양상들은 결코 유전자나 환경에 의해 예정되어 있지도 않으며, 자유의 어떤 요소로부터 동떨어져 행해지지도 않는다. 문화는 결코 그냥 발생하는 것이 아니다. 문화에 대한 유전적 사슬이 매우 명백하며 환경적 공간이 대단히 제한되어 있을 때조차도, 자유와 가능성은 인간들이 구성하는 문화의 특징이 된다. 인간들이 젠더(genders)를 규정하고 그들의 자손을 키우고 식량을 얻고 도시를 세워 온 방식들의 역사는 어떻게 유전적이고 환경적인 요인들이 제한과 자유의 베틀 위에서 섞여 짜여지는지에 대한 실례들로 가득 차 있다. 그러나 생존의 압력 아래서, 인간들은 그것들이 작용하게 할 수 있을 뿐만 아니라 [문화 스스로/ 역자 덧붙임] 작용하게 될 방식들로 그들의 문화들을 형성해야 하는 제한으로부터 결코 자유롭지 않다. 따라서, 우리는 인간의 생존이 우리가 우리의 문화를 형성하는 자유를 사용하는 방식들에 따라 좌우된다고 말할 수 있다.

자유의 두 번째 측면은 문화적 행동을 상황화하고 정당화하는 상징체계들의 구성이다. 새끼 새들은 그냥 자라나 어른이 될 수도 있겠지만, 인간의 아기들은 교육을 받아야만 성인기에 들어갈 수 있으며, 성인기를 기술하고 해석할 뿐만 아니라 그것의 요구들을 정당화하기도 하는 의례들과 더불어 성인기로 안내되어야 한다. 연어가 다만 적당한 산란 시기와 장소에 관해 입력된 프로그램에 따를 뿐인 것과 마찬가지로, 개똥지빠귀들은 그러한 프로그램 입력을 기초로 하여 거의 자동적으로 자기네 둥지를 짓는다. 그러나 인간들은 자신들의 짝짓기 관습을 이해하고 해석하고 조직하고 정당화해야 한다. 때때로 그들은 더 생식력 있는 활동을 자극해야 하는 것과 마찬가지로 또 다른 때에는 그 반대를 자극해야 한다. 두 자극 모두 해석과 정당화를 요구하며, 종종 엄격한 사회적 조직을 요구하기도 한다. 인간들은 또한 가정을 세우는 자신들의 문화를 해석하고 정당화한다. 가정은 모든 사람의 빼앗길 수 없는 권리 혹은 성공한 사람들을 위한 보상일 수 있는 것과 마찬가지로, "모든 인간의 성(城)"일수도 있다. 그러한 가정을 가질 수 있는 가능성은 "아메리칸 드림이 작동하고" 있는지 아닌지에 대한 리트머스 시험지로 해석될 수도 있다.

문화를 상황화하는 이 상징 체계들은 자유가 하나의 가능성이라는 사실에 대한 증거이며, 용인을 받고 또 유지하기 위해 필요한 자극을 획득하려 한다면 문화를 형성하는 자유가 실제로 발휘되는 방식들은 해석되고 정당화되어야 한다. 문화적 형태들이 변화할 때, 또는 그것들이 훈련과 희생을 요구할 때, 또는 그것들이 특별히 모호할 때, 해석적인 상황화와 정당화의 기능들이 훨씬 더 필요하다. 변화하는 젠더 역할들은 정당화를 요구한다. 왜냐 하면 그것들이 과거로부터의 관습 유형들을 무질서로 몰아 넣기 때문이다. 새로운 경제적 유형들을 촉진하기 위해 평생 직업 보장을 없애는 것은 노동자들에게 혼란을 일으키기 때문에 정당화를 필요로 한다. 기술을 억제하는 것이 잠재적인 경제적 손실에 직면하여 정당화되어야 하는 것과 마찬가지로, 환경에 대한 기술적 조작은 가능한 생태적인 재앙에 직면하여 정당화를 요구한다.

이 해석과 정당화의 형성은 그 자체가 상황을 분별하고 그 상황에 대한 응답들을 고안해 내며 상황과 응답 둘 다를 이치에 닿게 만드는 인간의 자유의 결과이다. 인간이라는 동물은 '실제' 환경에 반응할 뿐만 아니라, 우리가 그 환경을 인식하고 해석하는 수단인 개념들과 이미지들에 훨씬 더 많이 반응한다. 이 자유는 세계-체계 안으로부터 진화하였다. 한편으로 진화의 과정들이 자연선택에 의해 진행되어 오고, 다른 한편으로 자유가 호모 사피엔스 안에서 나타난 것보다 앞서 그것을 조건짓는 진화 과정들에 적합한 목적들과 더불어 존재하는 이상, 자유는 자연이 그 자체를 새로움을 향해 내뻗는 길로 해석될 수 있다.2) '내뻗음'은 물론 직유이다. 좀 더 문자적으로 말해서, 자유란 유전자와 그 프로그램들이 존재하여야 하는 새로운 조건들을 창조하는 자연의 길이다. 이 과정에서 새로움은 저 프로그램들로부터 유도되어 나온다. 이 자유는 또한 사회적 형태들, 기술, 형이상학적이고 종교적인 설명들, 예술, 그리고 의사소통의 매체들의 창조에도 관계한다.

상호작용적 진리 개념의 출현
우리가 현재의 인간 상황을 적절하게 묘사하려고 한다면, 인간의 앎이 처한 불가피한 조건 또한 주목되어야 한다. 고대와 중세의 앎의 방법들은 진리를 계층적이고 불변하며 완전히 질서정연한 방식으로 이해했다. 인간들은 다만 그것 안에 자신들을 끼워 맞추고 그것의 객관적인 구성에 순응함으로써 그러한 진리와 결부된다.3) 점성술이 하나의 보기이다. 우리는 우리의 행성들에 영향을 주지 않는다. 그것들이 우리에게 영향을 준다. 그리고 우리는 우리의 삶을 그것들에 순응시킨다. 하지만 오늘날 우리는 진리의 상호작용적 개념이라 불려질 수 있는 것을 향해 움직여가고 있다. 진리는 우리가 그것과 상호작용하는 동안에만 스스로를 우리에게 드러낸다. 그것에 대한 우리의 지각과 서술은 모두 우리의 상호작용이 남긴 흔적들을 지닌다. 우리의 앎이 '상관적'이거나 '포스트모던'하다고 언급될 때, 이러한 용어들은 종종 진리와 그것에 대한 우리의 앎이 지닌 객관성을 감소시키는 것으로 해석된다. 이러한 용어들은 그 개념들이 객관성을 지니게 되는 조건들을 재정의하고 있다고 말하는 것이 더 정확하다.

내가 막 서술한 앎의 조건들은 내 논의에서 이제껏 진술되지는 않았지만 행간에 숨어 있는 것을 강조한다. 즉 인간들은 줄곧 자신들의 존재의 목적과 의미를 이해하기 위한 탐구 가운데 있다는 것이다.4) 특히 기술 문명 안에서 우리의 문화—구성에 부딪쳐오는 절박한 도전들은 우리가 사실 그렇지 않은데도 실제로 우리의 목적에 대한 분명한 감각을 가지고 있는 것처럼 움직일 것을 요구한다. 우리가 진리의 이 상호작용적 성격을 인식하지 못한다면 우리가 하나의 종(種)으로서 건전하게 기능하는 것은 더 이상 불가능하다. 진리의 상호작용적 개념은 우리가 의미와 목적에 대한 우리의 인식을 전달하는 이야기들을 구성해야 할 것을 보여 주며, 와인버그(Weinberg)가 지적하듯, 우리는 세계와 그 안에 담긴 우리 자신들에 관한 '진리'와 끊임없이 상호작용하고 있기 때문에 "우리가 앞으로 나아가는 동안" 그렇게 해야만 한다. 우리가 진리에 대한 우리의 진술들이 적절한지를 평가하는 법을 배우는 것은 늘 긴급한 일이 될 것이며, 이 평가는 진리에 관하여 말하는 이야기들을 구성하는 우리의 임무와 동시에 일어나게 될 것이다.

초월의 경험

우리와 '진리'의 상호작용 과정 가운데, 창조된 공동창조자의 출현은 인간들이 어떻게 초월과 마주치는지를 드러낸다. 말하자면, 인류는 지구상 진화의 생태계 안에서 그 생태계에 의해 둘러싸여 있으며, 또한 그것의 작용에 의해 정의되는 종으로서 존속함에도 불구하고, 자기 인식과 그 인식에 따라 행동할 필연성도 부여받았다. 인류는 자신의 경계와 자신의 정의(定義)를 발견하려고 적극적으로 노력해야만 한다. 결과적으로, 인류는 자신이 이미 정의되어진 맥락 안에서 그 자신을 정의해야만 한다. 인간의 생존은 정의하는 행위와 정의(定義)로부터 흘러나오는 책임 있는 행동 둘 다를 요구한다. 이것이 창조된 공동창조자가 되는 것의 의미이다.

자체적으로 반성적이면서 정치적인 성격을 지닌 자기 정의(self-definition)는 우리의 삶에서 초월과의 마주침을 형성한다. 이 마주침은 다섯 국면으로 이야기될 수 있다. (a) 진화 과정과 현재의 생태계는, 호모 사피엔스를 통하여 그 자체의 목적을 물을 때 그 스스로를 초월하고 있다. 창조된 공동창조자가 되는 것은 반성과 식별에 관여하는 것인데, 이것은 공동창조자를 산출한 자연의 과정들을 대신하여 행해진다. (b) 세계와 세계의 요소들을 이름짓고 그 이름들에 일련의 용도들을 관련시키는 인간의 행위는 비인간 세계에 초월의 차원을 가져온다. (c) 집단과의 관계 속에서 개인들을 정의하고 개인들과의 관계 속에서 집단을 정의하는 것은 자기 이해와 행동에 대한 초월을 수반한다. (d) 지구촌이라는 상황에서 자기 정의의 과제는 우리가 우리의 자기 이해 안에 자연, 개인, 집단, 그리고 전세계적 인류를 함께 통합시킬 것을 요구한다. 게다가 이 집합은 또 다른 차원의 초월을 가져오는데, 우리는 우리 자신이 상대화되기도 하지만 훨씬 크고 더 복잡한 공동체들에 없어서는 안 될 요소이기도 함을 본다. (e) 우리는 우리 자신을 정의하면서 새로운 미래들을 열어 놓음으로써 우리 자신의 미래를 초월한다.

우리는 자기를 정의하는 과정에서 초월과 마주친다. 우리 자신을 알고 실현하려는 시도에서 우리는 무언가 그 이상의 것(what is MORE), 초월적인 것 안에서 그것을 발견한다. 그리고 그 과정이 굉장히 현세적임에도 불구하고, 우리는 우리 자신이 이 세계 이상의 것(the MORE)에 접촉하는 것을 발견한다. 우리가 우리 자신을 정의하는 동안 우리 자신은 줄곧 바뀌고 넓어진다. 우리는 우리 자신을 능가하고 따라서 새로움을 향해 이끌리고 떠밀린다. 이것은 불안정한 상태이다. 그래도, 초월의 밀고 당김에 의해 불안정하게 되는 것은 매우 고무적이고 위안이 되는 것이기도 하다. 이는 다름 아닌 우리 자신이 되려는 우리의 시도와 우리가 부름 받은 대로 되려는 노력으로 말미암는 동요(動搖)가 삶의 가장 위안되고 고무적인 순간이기 때문이다. 우리가 되고 싶은 마음이 생기는 그것과 조화되도록 우리의 자기 정의를 실현하려 애쓰는 것보다 더 큰 위안은 없다.5)

요약. 우리는 창조된 공동창조자 이론이 인간의 존재를 어떻게 해석하는지 다음과 같이 요약할 수 있다. 창조된 공동창조자 개념은 인간 존재와 인간 문화의 목적이 우리를 낳은 자연——우리 자신의 유전자적 유산일 뿐만 아니라, 또한 우리가 그것 안에 살고 그것에 속해 있는 전체 인간 공동체 및 진화적이고 생태적인 실재인 자연, 그리고 적어도 행성 지구를 구성하는 자연——의 미래를 낳기 위한 작인(作因, agency)이 되는 것이라고 제안한다.6) 이 논고의 마지막 절에서, 우리는 목적에 대한 이 자연주의적 진술을 기독교 신학 전통의 분위기 안에서 다음과 같이 제시할 것이다. 호모 사피엔스는 신의 창조된 공동창조자이며, 그의 목적은 자연의 체계들이 자유의 방식으로 신의 목적에 참여할 수 있도록 그것을 "확대하고 힘을 부여하는 것"(stretching / enabling)이다. 이를 위한 패러다임은 예수 그리스도이며, 그는 그의 삶에서뿐만 아니라 신의 피조물로서의 세계에 대한 그의 이해에서도 패러다임이 된다.

자연의 의미라는 은유로서 창조된 공동창조자

지금까지 나는 폭넓은 일련의 현상들——과학, 기술, 문화적 위기 등——을 조명하는 이론으로서, 창조된 공동창조자 개념을 제안했다. 나는 이제 창조된 공동창조자가 자연의 의미를 해석하는 기능을 하며 그것이 은유로서 그러하다는 안(案)을 가지고 그 논의를 확장하고자 한다.

지금까지 단지 암시적인 방식으로만 나의 논의에 엮어져 들어온 일군의 고려 사항들 때문에, 창조된 공동창조자 개념은 자연을 해석하는 입장에 있다. 이제 나는 이 고려 사항들을 명백히 할 것이다.

**창조된 공동창조자는 하나의 자연적 존재이며,
그의 위치는 온전히 자연 안에 있다.**
이것은 우리가 창조된 공동창조자를 바라보고 그것의 특성과 기능을 숙고할 때, 우리가 자연을 숙고하고 있는 것임을 의미한다. 인간에 대한 지식은 자연에 대한 지식이다.

**창조된 공동창조자와 그 활동의 지시체(reference)
또는 배경은 자연이다.**
우리가 인간들에게 귀속시키는 어떤 목적들이든, 우리가 그들의 활동을 위해 설정하는 어떤 목표들이든 자연의 나머지 부분에 관련되어야 한다. 인간의 목적은 자연 속의 목적이자 자연을 위한 목적이다. 인간 활동의 목표들은 자연에 대한 봉사에 있다. 인간이 이루는 공헌은 자연에 대한 공헌이다. 인간에게 돌려지는 어떤 목적들, 목표들, 공헌들도 동시에 자연에 대한, 그리고 자연이 무엇인지에 대한, 그리고 자연의 가능한 목적들에 대한 진술들이다.

창조된 공동창조자가 출현했다는 사실은 자연이 다다른 것에 대한, 자연이 할 수 있는 것에 대한, 자연 자체가 산출했거나 출현하도록 허용한 것에 대한 진술이다.

여기서 우리는 의식, 지향성, 그리고 작인과 인격성까지 자연과 자연의 과정들에 귀속될 수 있는지 어떤지 하는 물음과 마주친다. 우리는 여기에서 이 문제들을 다룰 수 없지만, 우리의 논의는 그것들에 대한 사고를 위해서 분명한 방향을 설정한다. 인류가 자연인 까닭에, 우리가 인간들에게 귀속시키는 어떠한 것이라도 역시 적어도 잠재적으로—그리고 불가피하게 잠재적이다—자연에 귀속된다.

초월과 자유가 인간의 특성들이라면, 그것들은 바로 그 사실에 의하여 자연의 특성들이다.

인간 안에서 초월과 만나는 것은 바로 자연이며, 자유를 경험하는 것이 바로 자연이다. 여기에서 물리학, 천체 물리학, 그리고 우주론과 같은 비–인문과학들이 내가 기술한 대로 [자연 안에서: 역자 덧붙임] 초월과 자유에 대한 어떤 상관현상을 확인할 수 있는지를 묻는 것은 중요할 것이다. 예컨대, 상대성 이론, 카오스와 복잡성 이론, 그리고 생화학적 자가 촉매 작용 이론들이 내가 초월과 자유라고 부른 것에 대한 전(前)인간적 그리고 비(非)인간적 상관현상들을 포함하는가?

창조된 공동창조자의 출현은 우리로 하여금 자연을 '기획'(project)으로 언명하고 이 피조물의 출현이 '자연의 기획'에 관하여 암시하는 것이 무엇인지 묻게끔 한다.

여기서 우리는 한편으로는 인간중심주의와 다른 한편으로는 자연의 나머지 부분의 이해를 위한 열쇠로서의 인간 존재 사이의 어려운 경계선과 마주치게 된다. 인간중심주의는, 그 용어가 암시하듯, 인간이 어떤 의미에서 모든 실재의 '중심'이며 따라서 자연 과정들의 목표이기도 함을 주장한다. 인간중심주의적 관점은 인간이 자연의 목적(*telos*)이므로 자연의 모든 것이 인간의 이미지 안에 있다고 주장한다. 나는 상당히 다르게 논증하고 있다. 여기서 진술된 관점에서, 인간들은 자연의 지향성 혹은 목적의 부분이라고 말해진다. 결과적으로, 자연의 어떤 측면을 이해하는 것은 그 지향성에 대한 통찰을 얻는 것이다. 인간들이 사실상 자연의 다른 형태들보다 더 분명하고 복잡하게 지향성을 드러내는 까닭에, 그들은 자연을 이해하고 해석할 수 있는 특별히 유용한 창을 제공한다. 따라서, 예를 들어 호모 사피엔스의 형태를 띤 자연이 지향성을 드러낸다면, 지향성이 자연에 이질적이라고 말할 수 없다. 또한 자연의 지향성이 인간의 지향성과 동등하다고 말할 수도 없다. 인간 종은 자연의 의미를 위한 은유로서 봉사할 수 있고, 인간의 지향성은 자연의 지향성에 대해 은유적인 것이라고 말해질 수 있다.

요약. 창조된 공동창조자가 자연의 의미를 위한 은유로서 이해될 때, 그 의미는 다음과 같이 진술될 수 있다. 창조된 공동창조자로서 호모 사피엔스의 출현은 자연의 경로가 초월과 자유에 참여하는 것이며, 이에 의해서 자연이 자체의 본질적인 본성을 해석하고 그 본성과 조화되게 행동하는 것에 대해 책임을 지는 상태 속으로 들어감을 의미한다.

기독교 신학의 틀거리 안에서 본 창조된 공동창조자

창조된 공동창조자 개념이 기독교 신학의 틀거리 안에 놓여질 때, 그것은 기독교인들이 신에 대해 믿는 바, 즉 신은 존재하는 모든 것의 창조자, 구속자, 그리고 유지자라는 신앙에 없어서는 안 될 요소가 된다. 창조론은 무로부터의 창조(creatio ex nihilo)와 계속적인 창조(creatio continua) 모두를 긍정한다. 무로부터의 창조는 자연을 신의 피조물로 해석하기 위한 중요한 기반을 놓는다. 이 교리는 신이 존재하는 모든 것의 유일한 근원이며 신이 자유롭게 그리고 강제나 제한 없이 창조했다고 주장한다. 게라르두스 반 델 레우(Gerardus van der Leeuw)[7]가 제안했듯이, 성서적 창조 개념은 사실상 겨우 세 요소들의 방정식과 함께 작용한다. 즉 신, 신이 창조한 것, 그리고 신이 피조물을 위해 만드는 어떤 미래가 그것이다.

요지는 신과 피조물 사이에 개재한 어떤 장벽도 없으며, 신의 창조 사역에 대한 어떤 외부적인 제한도 없다는 것이다. 한편으로, 이것은 성서적 창조 이야기를 (창조가 발생하기 전에 혼돈을 정복할 필요성을 설정하는) 바빌로니아의 『에누마 엘리쉬』(enuma elish)와 (신에 대한 보다 앞선 제한으로서 선재하는 혼돈을 설정함으로써, 신은 자유롭게 창조할 수 없다는 결과를 초래하는) 이상적인 『티마이오스』(Timaeus) 같은 신화들로부터 분리시킨다. 다른 한편으로, 근래의 신학에 의해 해석되는 성서적 관점은 신의 자유로운 행위일 뿐만 아니라 궁극적으로 신 자신의 특성에 의해 조건 지워지는 창조에 대해 이야기한다. 이 특성은 자유, 지향성, 그리고 사랑을 포함한다. 성 보나벤투라(St. Bonaventura)는 12세기에 "자연은 신의 노래"(carmina dei)라는 그의 진술을 통해 이 통찰을 표현했다.[8]

결과적으로, 기독교적 관점은 피조물이 오로지 신에게 근거를 두고 있으며 신이 자유롭게 의도하고 만들어 낸 것이 바로 피조물이라는 것이다. 피조물을 신과의 직접적인 관계 속으로 가져옴으로써, 기독교 신학은 두드러진 방식으로 자연의 본성과 신의 본성을 서로 관련시킨다. 이 직접적인 관계는 범신론의 개념과 혼동되어서는 안 되는데, 이는 그것이 세계가 신성하다는 어떤 함축도 지니지 않기 때문이다. 그것은 신과 세계 사이에 무한한 질적 차이가 있다는 고전적 통찰에 의문을 제기하지도 않는다. 반대로, 그것은 신과 세계 사이의 관계가 어떠하든 신의 본성이 피조물의 본성을 조건 지운다고 강력하게 주장한다.

이 기독교 신학의 관점은 창조된 공동창조자의 개념, 그리고 이 개념의 인간에 대한 해석과 자연의 의미에 대한 은유로서의 역할에 직접적으로 관련된다. 우선 이 신학적 틀거리는 피조물로서의 자연이 지향성, 그것도 신의 지향성의 영역임을 주장한다. 이것은 자연의 모든 것과 인간을 신의 지향성이라는 더 큰 영역 안에 둔다. 따라서 자연이 좀 더 단순한 동물들로부터 영장류를 거쳐 현재의 호모 사피엔스에 이르는 연속선상에서 이 출현자들과 더불어 자유와 지향성이 출현하게 된 이 모든 진화적 과정들을 포함해야 함은 놀라운 것이 아니다.

둘째로, 이 신학적 틀거리는 인간의 지향성이 그것 자체를 위해서나 오직 인류만을 위해서 존재하지 않고, 신의 피조물인 자연의 더 큰 지향성의 표현으로서 그리고 그것을 위해서 존재한다는 사실을 명백히 한다.

셋째로, 성서적 전통들은 인간을 신의 형상(*imago Dei*)으로 창조된 것으로 이야기한다. 이 상징은 변화무쌍하고 모호한 해석의 역사를 가지고 있다. 그것은 나머지 자연에 대한 인간의 우월성이라는 가정을 지지하기 위해 자주 원용되어 왔다. 여기서 나는 그것이 인간이 어떤 의미에서는 창조세계 안에서 신의 뜻의 분명한 표현이자 현존이 되도록 창조되었다는 진술로서 좀 더 직설적으로 받아들여져야 한다고 제안한다. 인간은 자연 세계 안에서 신의 지향성이 무엇인지를 명료하게 표현해야 할 피조물적 소명을 가지고 있는 것이다.

그러나 이 모든 신학적 해석들은 실질적 내용을 거의 또는 전혀 언급하지 않은 채로 형식적인 것이다. 자연과 인간의 지향성은 무엇을 향해 있는가? 이 지향성의 양상은 어떠한가? 신의 말씀(「요한복음」 1장에서와 같이, 그리고 삼위일체 교리에 표현되어 있는 대로, 로고스)으로서의 예수 그리스도는 신의 지향성을 식별하기 위한 기독교의 중심적인 상징이다. 더욱이 전통적으로 그리스도는 세상 속에 있는 신의 규범적 이미지로서, 인간을 위한 신의 목적을 명료화한다고 긍정된다.

그러므로 예수 그리스도는 창조된 공동창조자의 패러다임으로 해석될 수 있다. 이 해석은 여전히 창조된 공동창조자라는 상징에 대해 구체적인 내용을 제공하지는 않지만, 공동창조자의 활동에 일정한 방향들을 설정한다. 예수는 신의 뜻에 순종하여 세상의 복지를 위해 삶을 바쳤고, 그는 죽음에 이르기까지 확고했다. 창조된 공동창조자의 삶은 예수 그리스도 안에 제시된 이 패러다임에 의해 규정된다. 더욱이, 그 패러다임은 세상의 유익을 위한 행위뿐만 아니라 창조된 공동창조자의 삶을 지탱하는 감사의 정신과 신적인 자애로움에 대한 인식도 포함한다.

따라서 자유, 지향성, 그리고 사랑——우리가 자연의 본성을 조건 지우는 신의 본성과 연관시켰던——은 예수 그리스도의 삶, 죽음, 그리고 부활에서 구체화된 대로 창조된 공동창조자의 특징으로 밝혀진다.

요약. 창조된 공동창조자의 본성과 목적에 대한 우리의 자연주의적 진술이 기독교 신학적 전통의 환경 안에 놓여질 때, 그것은 다음의 형태를 취한다. 호모 사피엔스는 신의 창조된 공동창조자이며, 그 목적은 자연의 체계들이 자유의 방식으로 신의 목적들에 참여할 수 있도록 그 체계들을 "확장하고 가능케 하는 것"이며, 그 패러다임은 예수 그리스도로서 이는 그의 삶뿐만 아니라 세상을 신의 피조물로 보는 그의 이해에 관해서도 그러하다.

이 진술은 기독교 신학을 과학적 이해와 관련시키는 가능한 한 방식으로서 뿐만 아니라, 현대 세계에서 인간의 목적을 이해하고 이 시대의 기술 문명의 위기에 직면하여 우리의 과학 기술 문화를 이끄는 방식들을 형성하기 위한 하나의 안(案)으로 제시된다.

자연의 의미에 대한 대안적 은유들

하나의 개념적인 제안은 두 방향으로부터 지지를 이끌어낸다. 즉 그것의 본유적인 설득력과 호소력으로부터 비롯되는 지지와, 다른 안(案)들과 그 안들에 대한 대안으로서 그것 자체 사이를 구별짓는 그것의 능력으로부터 유래하는 지지가 그것이다. 이 논고는 창조된 공동창조자 안을 설득적이고도 매력적인 것이 되도록 하려는 의도를 가지고 그것의 건설적인 내용을 제시하는 데 온힘을 쏟아 왔다. 나는 현대 사상의 중심지에서 현재 유포되는 대안적인 안들, 내가 창조된 공동창조자를 개념화해 오는 동안 배제한 안들에 대한 간략한 소묘로 나의 논의를 맺을 것이다.

거부된 대안들을 열거해 보자.

1. 자연은 인간에 봉사할 목적으로 존재한다. 이 안은 바람직하지 못한 인간중심주의를 표명하는데, 이 개념은 세상에 널리 퍼져 있으며, 이것 없이는 서로 갈등 안에 있게 되는 많은 종교적 철학적 틀거리들 안에서 발견된다. 이 견해는 우리가 지닌 대부분의 기술과 의료 행위 아래 잠재해 있다. 이 견해는, 부적절하긴 하지만, 인간의 생존을 위한 어떤 현실적인 관심사와 서로 관련되어 있다.
2. 자연과 인류는 투쟁과 정복이라는 이분법적 관계 안에 존재한다. 이른바 자원들과 대중의학적 연구의 '발달'에서 많은 부분이 이따금 상당히 명시적으로 이 안을 불러 온다. 때때로, 자연환경 보호정책들을 놓고 생기는 갈등은 "나무들(또는 멸종될 지경에 이른 종)과 사람들의 직업들 사이의" 투쟁이라는 이미지 안에 비쳐져 있다. 이 이미지는 실로 어떤 공동체가 처한 지역적 상황에 대한 정확한 서술일 수 있으나, 제기된 문제들에 대한 적절한 응답은 아니다.

3. 기술과 인간, 또는 기술과 자연은 본유적으로 이분법적이고 적대적인 관계로 존재한다. 이 견해는 금세기 중반의 위대한 실존주의 철학자들, 특히 마틴 하이데거에 의해 유포되었다. 이 사상가들은 인간 자아의 '물화'(物化)와 이른바 '대중사회'의 출현을 두려워했다. 이 견해가 기술 자체에 대한 부적절한 해석임에도 불구하고, 그것은 종종 지각없는 기술 이용에 대해 매우 필요한 비평을 제공한다.

4. 인간이 자연에 대해 갖는 관계는 온정주의적인 청지기직 또는 돌봄의 관계다. 이 견해는 위에서 서술한 인간중심주의의 한 변형이다. 사려가 깊고 선의를 지닌 많은 사람들이 자연 환경에 대한 탐욕스럽게 착취를 막기 위하여 이 견해를 지지한다. 인간이 나머지 자연과 분리되어 있다는 본질적으로 이원론적인 전제에 그것의 부적절성이 있다. 그것의 온정주의적인 경향은 실제로 위험할 수 있다.

5. 자연은 목적 없이 맹목적이며, 인간은 환원주의적 방식으로 이 자연의 개념 아래 포섭될 수 있다. 여러 형태의 '과학주의'를 고수하는 이들이 이 견해를 제의할 것이다. 그것은 우리가 인간 존재, 가치, 그리고 자연 세계의 의미를 탐구하려고 할 때 본질적인 그 이상의 것(the MORE)의 차원을 파괴할 우려가 있다.

6. 인간들은 자연으로부터 고립된 상태로 존재한다. 그들의 목적은 내세적이거나 인본주의적이다. 그들은 자연을 위하여 존재하지 않는다. 마르크스주의와 같은 세속 철학들뿐만 아니라 종교철학들도 이 가정을 뒷받침할 수 있다. 이 견해는 이전에 언급된 몇 가지 안들에 대한 한 변형을 나타낸다. 인간의 본질적 숙명이 내세적 영역이나 인간 문화의 영역에 있다는 확신과, 나머지 자연에 대해 무관심하거나 완전히 착취적인 사상들에 그것의 특수성이 있다. 이 견해는 인간의 인격성과 인간 공동체의 독특성을 보존하려는 잘못 인도된 노력으로 이해할 수 있다.

7. 자연과 인간 존재의 과정들은 부조리하다. 다시금 이 견해를 명료화한 이들은 그 위대한 실존주의 철학자들이다. 시지포스 신화를 인간 조건에 대한 원형적 서술로서 그려낸 알베르 카뮈는 아마도 이들 중 가장 위대했으리라. 그의 안들은, 목적론의 부재 속에 우주의 시공적 광활함을 인간 삶의 작고 덧없는 본성에 대조시키는 과학적 우주론에 대한 응답으로서 인식될 수 있다. 이 안은 아마도 창조된 공동창조자 개념에 대한 가장 강력한 경쟁자일 것이다.

결론: 신학을 위한 자원이자 도전으로서 과학

과학과 종교적 신앙(그리고 종교적 신앙이 수반하는 신학)의 연대성은 무엇보다도 우리가 사는 세계를 파악하고 인간으로서 우리가 무엇 때문에 여기에 있는지에 대한 인식을 얻고자 하는 우리의 시도들에 집중한다는 저자의 확신이 이 논고의 밑바닥에 놓여 있다. 이 연대성에서, 신학은 과학적 지식이 하나의 자원인 동시에 도전임을 발견한다.

과학은 종교적 신념으로 하여금 더 풍부하고 생생한 방식들로 자체를 이해하도록 돕는 통찰들과 개념들을 제공한다는 점에서 종교에 대해 한 자원이 된다. 예컨대, 인간의 뇌를 통해 전달되는 인간 본성의 유전적이고 문화적인 구성요소들에 대한 과학적 개념들은, 우리가 땅의 티끌로부터 창조된 것과 신이 우리를 자연 세계 안에서 특별한 은사와 책임을 갖도록 창조한 것이 의미하는 바에 대한 이해를 헤아릴 수 없을 정도로 높여 준다. 이러한 그리고 또 다른 과학적 통찰들에 비추어서, 종교적 신앙과 신학은 고대의 전통들에 대해 더욱 적절하고 설득력 있는 해석들, 즉 오늘날의 세계와 인간 조건에 대한 중요한 진술들처럼 접근하기 쉬운 해석들을 만들어 낼 수 있다. 요컨대 과학은 종교가 자신을 더 잘 이해하도록 돕는다.

우리가 종교뿐만 아니라 과학도 이해해야 하는 막대한 과업에 직면하고 있다는 점에서, 종교적 신앙은 또한 과학의 도전과 마주친다. 과학적 지식과 그것의 기술적 적용은 우리를 문명적 위기의 상황으로 몰고 왔는데, 이 위기적 상황은 과학기술 문화를 적절하고 건전한 방식들로 이끌지 못하는 우리의 무능력을 특징으로 한다. 이 무능력은 우리가 의미에 대한 인간의 탐구에서 과학이 위치하는 자리라는 관점에서 정확히 과학이 무엇에 관한 학문인지를 이해하지 못한다는 깨달음과 나란히 간다. 신에 의해 창조된 공동창조자로서의 인간 개념은 과학과 기술을 이해해 보려는 한 시도이다. 인간은 예수 그리스도의 모범을 따라, 그들의 과학기술 문화가 창조세계의 복지를 위해 이바지하도록 하는 목적을 위하여 자신들의 행위와 의미 형성의 자유를 사용하여야 한다. 이 점에서, 이 논고는 과학과 기술을 이해하고자 하는 시도였다.

이 논고는 자원이자 도전으로서의 과학에 대한 신학적 응답을 만들고자 하는 시도, 그것도 매우 오류에 빠지기 쉬운 하나의 시도만을 수행한다. 그러나 나는 그러한 시도들이 오늘날 매우 중요하다고 깊이 확신하고 있다. 이 시도들은 모든 세계종교의 사상가들뿐만 아니라 세속적 사고 양식에 근거한 인문주의자들에 의해서도 명료화되어야 한다. 이 시도들은 종교와 과학을 모두 이해하려고 하는데, 오늘날 인간의 삶을 이해하고, 오늘날 지구상에서 좀더 생명력 있고 풍요로운 삶을 향해 나아가는 삶의 방식 안에서 그 이해를 표현하기 위해서 우리가 지닌 주된 자원들 중 하나를 구성한다.

(윤철호 옮김)

주

1) Ralph Wendell Burhoe, "The Source of Civilization in the Natural Selection of Coadapted Information in Genes and Culture," *Zygon: Journal of Religion and Science* 11 (1976), pp. 263-303; 그리고 "Religion's Role in Human Evolution: The Missing Link between Ape-Man's Selfish Genes and Civilized Altruism," *Zygon: Journal of Religion and Science* 14 (1979), pp. 135-162를 참조하라.

2) Philip Hefner, *The Human Factor: Evolution, Culture, and Religion* (Minneapolis: Fortress Press, 1987).

3) Max Wildiers, *The Theologian and his Universe* (New York: Seabury Press, 1982).

4) 나의 "Science-and-Religion and The Quest for Meaning," *Zygon: Journal of Religion and Science* 31 (1996), pp. 307-322를 참조하라.

5) Philip Hefner, "The Foundations of Belonging in a Christian Worldview," in Hefner and Schroeder, eds., *Belonging and Alienation: Religious Foundations for the Human Future* (Chicago: Center for the Scientific Study of Religion 1976), p. 175.

6) Hefner, *The Human Factor*, pp. 131-138.

7) Gerardus van der Leeuw, "Primordial Time and Final Time," in *Man and Time*, ed. J. Campbell, vol. 3 of *Papers from the Eranos Yearbooks* (New York: Pantheon Books, 1957).

8) Zachary Hayes, "Christology and Cosmology," in Thomas Gilbert, ed., *The Epic of Creation*(근간 예정).

제13장

과학 지식의 지도: 유전학, 진화, 신학

아서 피콕

터놓고 이야기해 보자. "모든 것이 유전자에 달려 있다"고 할 수 있는가? 인간의 삶에 펼쳐지는 그 모든 복잡한 뉘앙스들까지 사실상 모두 유전자에 의해서 결정된다면, 유전학이 인간에 관한 학문의 여왕이 되는 걸까? 또 만약 유전학은 다시 화학으로 귀결된다면, 왕좌가 화학으로 이양되는 걸까? 인간의 본질에 관한 신학의 이해는 그런 환원주의(reductionism)와 과학주의(scientism)에 굴복해야 하는가?

리차드 도킨스(Richard Dawkins)는 『이기적 유전자』(The Selfish Gene)[1]에서 유전자는 '이기적'이라고 단언하였다. 좀 과감하게 말한다면 생물학, 특히 유전학이 내포하고 있는 메시지에 대한 대중의 이해에 영향을 끼친 이 시대 최대의 막강한 구호 가운데 하나가 바로 이것이라고 할 수 있다. 유전학을 넘어 학계 전체로 보자면, 이와 아슬아슬하게 어깨를 겨루는 경쟁자가 바로 그 전 해에 등장한 바 있다. 이 경우에는 영향까지는 아니고 자극이 되었다고 하는 것이 나을 텐데, 아무튼 사회생물학(sociobiology)을 출범시킨 윌슨(E. O. Wilson)의 저서가 바로 그것이었다. 그 첫 몇 쪽에 구호가 담겨 있다.

> 사회생물학이란, 모든 사회적 행위에 기반이 되는 생태적 요소들을 체계적으로 연구하는 분야라고 정의하겠다. …… 그러니까, 사회과학의 기초를 재구성하여 이런 주제들을 현대적으로 종합할 수 있도록 하는 것이 사회생물학의 기능 가운데 하나다.2)

그러나 과학계에서는, 특히 분자 차원의 유전의 근거를 DNA에서 찾아냄으로써 대두한 분자생물학계에서는, 그 이전에 프란시스 크릭(Francis Crick)이 한 말이 정말 많은 과학자들의 태도 형성에 더 큰 영향을 끼쳤다. 잘 알다시피 크릭은 영국 과학자로서 DNA 구조를 발견한 사람 중 하나이고, 그 공로 덕분에 또 한 사람의 영국 과학자 모리스 윌킨스(Maurice Wilkins) 및 미국 과학자 제임스 왓슨(James Watson)과 함께 노벨상을 받았다. 그는 윌슨보다도 10년 전에 이미 "현대 생물학의 궁극적인 목표는 모든 생명 현상을 물리학과 화학으로 설명하는 데 있다"고 선언함으로써 결투 신청의 장갑을 던진 바 있다.3) 그런 일종의 제국주의적인 도전은 사실상 생물학과 물리학/화학 사이뿐만 아니라 여느 과학 분야들 사이의 관계에도 그대로 적용될 수 있다. 그런 전략을 '환원주의'라고 부른다. 구어체적인 표현으로는 "내숭 떨지 않고 대놓고 말하기"(nothing-buttery)이다. 즉, "X라는 분야(대개 상대편의 분야를 뜻한다)는 사실은 Y라는 분야(자기의 분야)와 같은 것일 뿐"이라고 대놓고 말하는 것이다.

환원주의 문제를 살펴보기 전에 또 하나 염두에 둘 것이 있다. 몇몇 과학자들의 저술을 보면 더욱더 극단적인 주장도 내포되어 있다. 즉, X라는 (과학) 분야가 사실은 곧 Y라는 (과학) 분야라고 하는 주장뿐 아니라, 가치 있는 지식은 오직 과학 지식밖에 없다는 주장이 내포되어 있는 것이다. 나머지는 그저 의견이요 감정이요 주관적 견해일 뿐이라는 것이다. 이런 신념 체계를 일컬어 '과학주의'라고 한다. 자연과학에서 발견해 내고 또 자연과학의 방법을 통해서 획득되는 것만이 확실하고 가치 있는 지식이라는 믿음이다. 이런 신념 체계는 사실 소수의 과학자와 또 더 소수의 철학자들만이 가지고 있다. 그러나, 서구에서 대중의 의식에까지 파고 들어가 영향력을 발휘하고 있는 생물학자와 유전학자 가운데 많은 이들의 발언에 그런 과학주의가——환원주의와 함께——보편적인 전제로 깔려 있음을 볼 수가 있다.

　과학철학자들뿐만 아니라 과학자들도 흔히 내세우는 이런 과장된 주장에 대해 강력하고도 효과적인 응대도 있어 왔다. 그러나 한편으로 그런 주장을 지지하는 이들은 서구 사회의 지식인들에게 유전자, 특히 인간의 유전자를 다루는 이들이 모두들 그런 환원주의적이고 과학주의적인(적어도 그렇게 보인다[4]) 견해를 갖고 있다는 인상을 심어 주는 데 성공했다. 내가 보기에, '휴먼 게놈 프로젝트'(Human Genome Project: 인간 유전체 연구 사업) 전반에 대해 의심스러운 인상을 느끼게 하는 것이 바로 이 점 때문이다. 이 사업은 인간의 유전병에 대처한다는 공식적인 목표 너머 결국 유전자 조작을 통해서 인류의 미래를 장악하려는 숨은 의도를 가지고 있는 것처럼 여겨지게 되었다.

　그런 의혹을 가라앉히기 위해서는, 이 사업에 관여하는 과학자들과 재정 지원자들이 나쁜 사람들이 아니며 좋은 의도로 이 일을 하고 있다고 확인시켜 주는 것만으로는 부족하다. '이기적인 유전자'라는 그런 말투, 그리고 많은 사회생물학자들——요즘에는 '진화론적 심리학자들'(evolutionary psychologists)이라고도 불린다——이 취하는 철학적 입장을 보면, 이들 과학자들은 인간의 행동과 심지어 인간의 사고를 통제하는 사령부는 오직 유전자라고 생각하는 것 아닌가 하는 의심이 일어난다. 그런 태도에는 일종의 환원주의적인 전제가 내포되어 있다.

그러므로, 여러 과학 분야들 사이의 관계에 관한 하나의 철학적 견해로서의 환원주의에 대해 전체적으로 고찰해볼 필요가 있다.5)

이 글의 목적은 여러 가지 다양한 과학 분야에서 획득하는 지식은 과연 서로 어떤 관계인지를 밝히는 데 있다. 유전자 연구가 내포하는 신학적인 의미를 검토하는 데에도 그런 규명이 필요하다. 만약 환원주의가 득세한다면 유전자를 해독하는 데 신학은 아무런 의미 있는 공헌도 할 수 없을 것이고, 다른 어느 자연과학 분야에 대해서도 마찬가지로 아무런 도움이 안 될 것이다. 그러나 가만히 보면, 물리적 현상에 대한 연구로부터 생명과학, 사회과학, 그리고 마침내 인류 문화의 영역(여기에서는 초월적이고 내재적인 실재에 관한 종교적인 견해가 인류 발전의 발단에 영향을 끼쳤음을 볼 수 있다)으로 차차 옮겨 갈수록 이해의 지평이 더욱 넓어짐을 볼 수 있을 것이다.

환원주의, 창발 그리고 실재

논의의 주제를 보다 분명하게 하기 위해서, 먼저 한 가지 이야기를 하고 넘어가겠다. DNA를 구성하는 유전자 물질의 구조가 발견되었을 때, 나는 그 발견을 바탕으로 해서 크릭과는 달리 오히려 반(反)환원주의적 결론에 이르게 되었다. 1950년대 초 당시 나는 물리생화학자로서 DNA가 용액 속에서 어떻게 행동하는지 연구하고 있었다. DNA의 구조를 발견함으로써 그 화학적 구조가 한 세대에서 다음 세대로 정보, 즉 유전 정보를 전달하는 복잡한 거대분자의 존재를 확인할 수 있게 되었다는 점이 내게는 특히 인상적인 일이었다(물론 DNA 구조 발견은 그뿐 아니라 과학의 여러 분야에서 많은 중요한 문제에 대한 단서가 되었다). 화학도로서 공부하던 때에 나는 DNA를 구성하는 뉴클레오티드(nucleotide, 핵산의 구성성분)의 성분인 푸린(purine) —— 요산(尿酸) 화합물의 원질(原質) —— 과 피리미딘(pyrimidine) '염기(鹽基)' ——DNA, RNA의 구성 성분이 된다——를 공부한 바 있다. 그것은 그야말로 순수 화학이었다. 탄소, 질소, 인(燐) 등 원소들의 내적 배열이 과연 어떤 특별한 의미가 있는지는 전혀 말해 주는 바 없었다. 그런데 여기 DNA에서 발견된 이중나선 구조를 보면, 그 이중나선을 구성하는 각 단위들이 진화과정을 통해 절묘하게 배열되어서 각각의 특정 DNA 거대 분자가 새로운 역량을 가지게 된다는 사실이 발견된 것이다. 즉 그와 함께 진화된 특정 세포간질(細胞間質)에 자리잡으면 유전 정보를 전달하는 능력을 발휘하는 것이다. 개별 뉴클레오티드에는 이런 능력이 없다. 그리고 의사소통에 관한 수학적 이론에서 비롯된 '정보'라는 개념(C. E. Shannon)은 뉴클레오티드, 심지어는 폴리뉴클레오티드(polynucleotide)를 연구하는 유기화학에서는 전혀 듣지도 보지도 못하던 것이었다.

그러니까 진화과정을 연구하는 이들이 말하는 이른바 '창발'(emergence)의 두드러진 사례를 우리는 DNA에서 목격하는 셈이다. 여기서 '창발'이란 특히 생명 유기체의 구조가 더 높은 수준의 복합성을 띠면서 새로운 능력과 기능을 개발하게 되는 자연현상의 일반적인 특징을 가리키는 개념이다. 그러나 이것은 더 좋아진다는 뜻은 없이 사용하는 순전히 가치중립적인 개념이다.6) 그런 현상은 특히 생물학적 진화 과정에서 분명하게 관찰되는 양상이다. 그러니까 여기에서는 '창발'이라는 개념을 그런 뜻으로 사용하는 것이지, 더욱 복합적인 체계에는 무엇인가 더 실제적인 실체가 첨가된다는 뜻이 아니다.

DNA 그 자체가 더 넓은 성찰을 일으키는 자극이 된다. 서로 다른 과학의 분야들이 제공하는 지식 사이의 관계에 대한 인식론적 성찰과, 과학이 밝혀 낸다고 주장하는 실재의 본질에 대한 인식론적 성찰이 그것이다. 내가 하고자 하는 이야기를 좀더 분명하게 하기 위해서, 도표 13.1을 보자. 이 표는 특히 인간과 관련해서 여러 과학 분야들이 가지는 관심과 거기서 실행되는 분석이 서로 다른 차원의 초점을 가지고 있음을 보여 주고, 그들 사이의 관계를 나타내준다. 이를테면 현미경에 여러 가지 다른 수준의 해상도가 있는 것과도 비슷하다.

표에서 보듯이, 네 가지 '차원'의 초점들이 구별된다.

1. 물리적인 세계── 시공(時空) 속에서 질료-에너지로 구성되는 모든 사물을 담고 있는 영역. 물리현상을 다루는 과학분야의 초점이 여기에 있다.
2. 생명유기체── 생명체를 다루는 과학분야들의 초점이 된다(신경과학을 위해서는 그 안에 따로 자리가 마련되어 있다).
3. 생명유기체의 행동── 행동과학의 초점이 된다.
4. 인류 문화.

학문 분야의 다양한 관심을 이렇게 네 가지 차원으로 나눈 구도 속에는 부분과 전체라는 복합성의 계층적 차이도 일부 내포되어 있다(부록으로 첨부된 도표 13.2에서, 수평의 실선 화살표가 그런 관계를 나타낸다). 자연계에서는 그런 계층적인 부분-전체 관계가 상위 차원과 하위 차원 사이에 더욱 분명하게 드러난다. 그리고 여러 학문 분야를 이렇게 도표화해 놓고 볼 때, 각 분석의 차원 사이에서 가교의 역할을 하는 하위 분야들이 존재하는 경우가 많다. 인접한 차원과 같은 사건이나 영역에 초점을 둠으로써 그런 가교 역할을 하는 것이다. 이로써 학제간 상호 교류가 가능해지는 것이고, 또 실제로 이루어지고 있음을 보여 준다. 두 도표 모두에서 수직의 점선 화살표가 이들 '가교'를 표시하고 있다.

도표 13.1 학문 분야들 사이의 계층적 관계

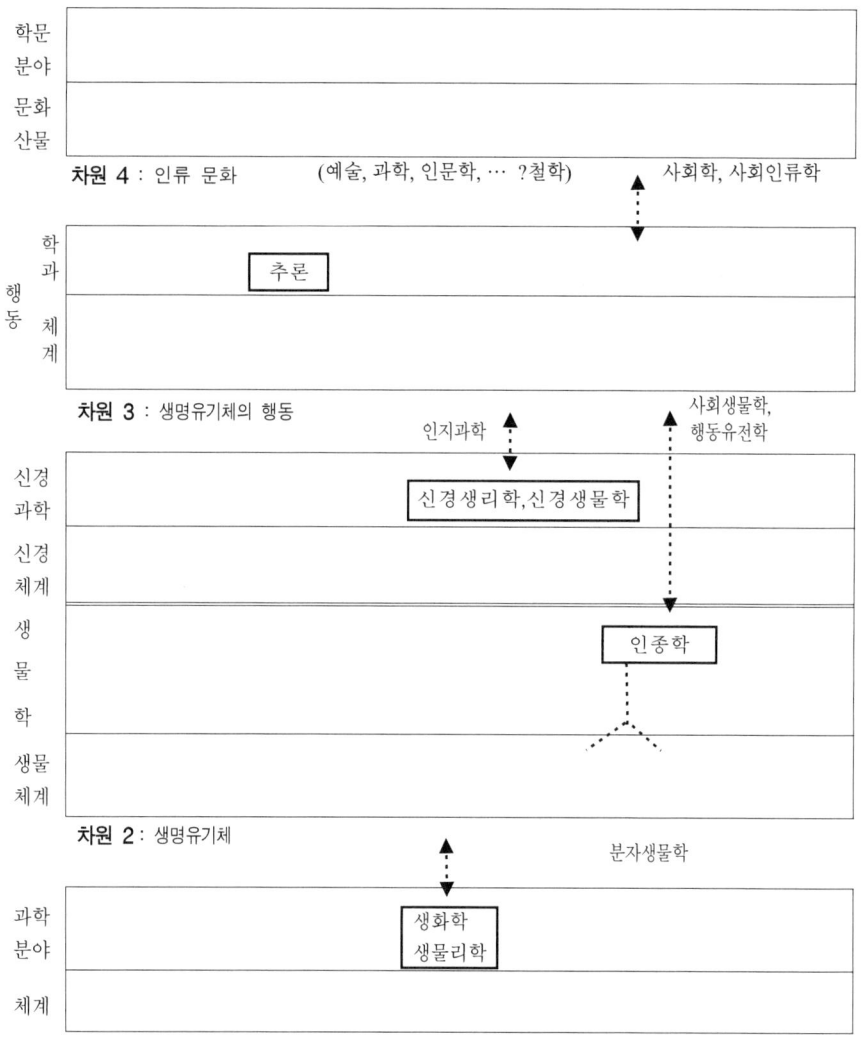

이 도표는 도표 13.2를 단순화한 것임.

과학에서 환원주의적인—복합적인 전체를 작은 탐구 단위로 잘게 쪼개어 보는—방법론을 채용하면 그 분야의 관심과 분석이 어떤 초점으로 모아지게 마련이다. 이 도표들은 그런 초점들을 인식론적으로 정리하여 제시한 것이다. 이들 도표에서는, 보다 복합적인 '전체'에 초점을 두는 분야와 어느 한 부분에 초점을 두는 분야들이 구별되는 일종의 '부분—전체' 계층구도를 볼 수 있다.[7] 도표의 위쪽으로 올라갈수록 복합성이 높은 차원(인쇄된 모양에서 어쩔 수 없이 '더 높은' 곳에다 배치한)이다. 거기에 해당하는 구조와 개체, 그리고 과정들을 정확하게 서술하려면, 또한 거기에서 관찰되는 여러 가지 역량과 기능을 나타내기 위해서는, 새로운 지시 용어들을 채용하는 확연히 새로운 개념과 이론이 필요하게 된다.

그래서 복합성이 높은 차원에 초점을 두는 학문 분야의 개념과 이론에는 그 내용을 구성하는 나름의 지시 용어들이 동원된다. 그리고 이들은 하위 분야— 즉 상위 분야가 다루는 고복합성 연구대상 전체가 아니라 일부 구성요소에만 초점을 두는 분야— 의 개념 및 이론으로는 환원되지 않는 경우가 많다(언제나 그런 것은 아니지만). 이것은 무엇인가를 알아 나가는 우리의 지적 활동, 또한 그 활동을 통해서 얻는 지식의 본질과 연관된 인식론적인 사실이다. 특히 이 글의 주제와 관련해서 보자면, 차원 4의 내용은 물론이고 차원 3의 내용들도 차원 2에 위치하는 유전학의 내용으로 완전히 환원되기는 불가능한 일인 것 같다. 특정 수준의 복합성을 대상으로 해서 다양한 연구분야가 파생되어 나름의 독자성과 영역을 확보하곤 하는데, 그 여러 연구분야들이 각자의 주요 연구대상을 설명하는 데 동원하는 이론들이 똑같은 개념과 지시 용어들을 사용하는 경우도 간혹 있다. 시카고대학의 윔셋(W. C. Wimsatt)은 이것을 '확실한'(robust) 개념들이라고 불렀다.[8] 내가 보기에 이것은 각 차원의 연구분야에서 나름의 적합한 과정을 통하여 탐구를 진행할 때, 결국에는 어떤 실재적인(real) 현상과 대면하게 마련임을 시사하는 것 같다. 여기에서 '실재적'이라고 하는 말은 우리가 연구대상들을 접하고 실험을 하는 상호작용 와중에서 도저히 회피하거나 배제할 수 없는 그런 현상들이라는 의미이다. 어떤 이론의 개념과 지시 용어들이, 윔셋이 말하듯이 '확실한' 것으로 밝혀진다고 하자. 이들 개념이 복합성이 더 높은 차원에서도 그대로 사용될 때에는, 사실상 그 더 높은 차원의 복합성 수준에서만 특별하게 발현되는 새로운 실재를 가리킨다. 생명 유기체의 행동(차원 3)과 인류 문화(차원 4)에는 차원 2에서 관찰되는 유전자의 현상들을 가리키는 개념들 가지고는 담아 낼 수 없는 정말로 새로운 실재적인 현상들이 있다(그렇게들 이야기한다). 특히 인류 문화에는 바로 그런 점 그 자체에 대한 지적 성찰까지도 담은 종교체험과 신학이 들어 있는 것이다.

여기에서 내가 전개하는 논의에는 일종의 '비판적'인 사실주의적 과학철학이 전제되어 있다. 내 생각에는 그것이 과학이 하는 일에 대한 가장 적절한 설명인 것 같다.9) 또한, 실험을 통해 최선의 설명을 도출해 내는, 그리하여 일반적인 합리성의 기준—— 자료와의 일치성, 내적 일관성, 포괄성, 유효성, 그리고 일반적인 설득력—— 을 바탕으로 하여 실재에 대한 가설을 세우곤 하는 현장 과학자들도 대개는 바로 이런 철학을 지니고 연구에 임한다고 생각된다.

이런 점들을 염두에 두고, 도표로 나타낸 지식의 지형(地形)으로부터 존재와 생성에 관한 일종의 '척도'를 추출해 낼 수 있다. 자연계는 여러 가지 다른 차원의 복합성이 계층구조를 이루고 있다는 점을 과학이 보여 주었다. 각 학문 분야가 나름의 차원에서 나름의 탐구방법을 가지고 나름의 개념 틀을 개발하며 활동한다. 그들이 구사하는 용어 가운데 적어도 일부는 해당 차원 특유의 실재, 다른 어느 차원으로도 환원될 수 없는 실재를 가리키는 것들이다. 아래쪽 차원으로부터 위쪽으로 올라가는 것은 각 학문 분야가 관심의 초점을 두는 개체, 구조, 과정들이 실제 시간 속에서 나타나는 순서와 아주 가깝게 일치한다. 자연계가 현재의 모습이 되기까지는 시간의 흐름에 따라 새로운 복합적 개체들이 연이어 나타나는 과정이 있었다. 세상의 존재들은 그 내부에서 일어나는 자체의 변화 및 외부로부터의 새로운 개체 유입을 통하여 새로운 실재를 등장시키곤 했다. 더욱이, 각 차원에서 관심의 초점이 되는 것들이 모두 나름대로 각자 실재성이 있다는 점을 고려한다면, 이를테면 원자와 분자가 세포나 생명유기체, 또는 생태계보다 더 실재적이라는 식으로 말할 수는 없을 것이다.

나아가 사회적 실재와 개인적 실재도 있다. 도표의 아래쪽에서부터 위쪽으로 올라갈수록 자연계에서 새로운 실재들이 창발할 가능성이 있음을 인식한다면, 인간 특유의 현상, 또는 '개인'(person)이라는 개념과 연관된 온갖 현상들의 창발에 대해서도 지식의 지도 속에 한 뚜렷한 자리를 확보해 줄 수 있게 된다. 인간에 와서야 비로소 창발하는 그런 특유의 실재들을 지칭하는 데에는 개인적인 체험의 언어, 특히 개인적인 관계의 언어(신을 믿는 사람이라면 신과의 관계, 그러니까 신학의 언어도 이에 포함된다)가 필요하다. 이런 실재들은 진화된 인간 육신의 구성요소들, 특히 유전자에 적용되는 개념들로 간단하게 환원되지 않는다. 이들 각자의 용어와 개념들이 전적으로 하위 과학분야로 환원될 수 있음이 명백해질 때까지는 이들이 그 자체대로 어떤 실재를 가리키는 것이라고 인정해야 한다. 그러니까 유전자 연구의 의미, 아울러 '휴먼 게놈 프로젝트'의 의미와 결과를 감정할 때, 인간 유전자의 배열을 설명하는 가운데 혹시라도 개인적인 특성까지도 유전자 현상으로 환원시켜 버리지나 않는지를 늘 문제삼아야 하는 것이다.

차원 1에서 3까지에 포함되는 구조와 기능, 과정들도 모두 인간과 관련이 있음은 말할 필요도 없다. 인간 이외에 우리가 아는 우주의 그 어떤 부분도 이처럼 여러 차원을 포함하고 또 광범하게 걸쳐 있는 존재는 없다. 더욱이 차원 4는 인간에게만 해당되는 것이다. 그러니까 이 글의 일차적인 목적은 인간 유기체에 대한 이해와 관련된 학문의 전 영역을 살펴보는 데 있다. 그렇게 해야만 유전자의 역할──그리고 사회와 학문에서 유전학을 중시하는 추세의 역할──을 제대로 감정할 수 있는 적절한 맥락이 마련될 수 있을 것이다. 그런 다음 유전학에 관한 지나친 주장들을 보다 정확하고 합당하게 조정할 수 있을 것이다. [이 도표는] 20세기의 여러 학문에서 보는 인간 본질의 다양한 면모를 망라하는, 이를테면 존재의 거시구조(macrocosm)를 보여 준다. 한편, DNA가 작동하는 차원, 즉 유전학의 차원은 그 중의 미시구조(microcosm)에서 특히 핵심적인 중요성을 차지하며 영향력이 크다는 점만은 분명하다. 그러나 유전학의 결실과 거기에 내포된 의미를 신학적으로 또는 윤리적으로 가늠하려면, 우선 유전학을 그 전체 거대구조의 맥락 속에 위치시켜 놓고 볼 필요가 있다. 인간의 본질과 관련된 여러 학문 분야들을 그렇게 전체 맥락 속에서 살펴보는 것은 더 적극적이고도 광범한 목적을 위해서도 필요한 일이다. 과학에서 드러내 보여 주고 있는 다층구조의 복합적인 개체로서의 인간의 모습은 신학자와 윤리학자들도 심각하게 염두에 두어야 하기 때문이다.

인간 존재의 여러 가지 차원들

인간 존재의 물리적 기반(차원 1의 학문적 초점): 언제부터인가 인류는 자신도 세상의 여느 존재들과 같은 물질로 이루어졌음을 알고 있었다──"너는 흙으로부터 와서 흙으로 돌아갈 것이다."10) 요즘 말로 하자면, 여느 생명 유기체와 마찬가지로 인간의 몸 또한 다른 무기물 및 유기체와 똑같은 원자들로 구성되어 있다. 또한 이 원자들은 우주 전체에 두루 존재하며 그 가운데에는 지구가 존재하기 훨씬 이전에 초신성(超新星)들의 폭발로부터 비롯되었다고 한다.

자연의 물리적인(원자-분자) 차원에서 볼 수 있는 여러 가지 면모 가운데에서 인간의 존재와 관련해서 특히 중요한 요소 하나를 집어 내자면, 되풀이해서 복제되는 생체 구조를 형성하는 능력이다. 그 덕분에 일정한 과정과 양식으로써 자기 존속을 기할 수 있는 것이다. 분자생물학에서 연구의 초점으로 삼는 것이 바로 이것이다. 분자생물학은 1953년 DNA의 구조가 발견된 뒤 폭발적으로 성장하였고, 이제는 차원 1과 차원 2 사이의 가교가 되고 있다. 20세기 초반까지만 해도 생명 유기체, '생명체'의 특징을 설명하는 데 생기론(生氣論, vitalism: 생명 현상은 물질의 기능만 가지고 이루어질 수 있는 것이 아니고 그 너머 어떤 생명 원리에 의한다는 설. 기계론mechanism과 대조된다 / 옮긴이 주)이 흔히 등장하곤 했다. 그러나 이제 과학의 어느 분야에서든지 생기론은 그 조그만 흔적까지도 완전히 추방되었다. 하지만 그렇다고 해서 생체의 기능을 환원론적으로 해석해도 된다는 보장은 없다. 특히 모든 것을 DNA의 차원으로 환원해서 이해해도 된다는 보장이 확보된 것은 아니다. 생물의 진화에서 나타나는 '인과' 관계의 패턴을 이와 관련해서 살펴보면 흥미롭다. 물리화학적 사건들의 산물(즉 DNA의 돌연변이, 변화)에 대해, 어떤 적자생존의 체제에 의해서 그것이 수 세대에 걸쳐서 '편집'되는 과정이 진행된다는 점이 바로 그것이다.

이를 설명하기 위해 캠벨(D. Campbell)의 예를 들어보자.[11] 흰개미 가운데에서도 일개미의 턱은 그 표면과 근육이 고도의 기계적 효율성을 기하도록 되어 있다. 공학적, 물리적 원칙에 가장 잘 부합하는 모양으로 생긴 것이다. 그 소재가 되는 특정 단백질의 성질들이 조합하여 그 턱이 작동을 하게 된다. 그러니까 전체 유기체의 활동을 감안하는 시각에서 보자면, 그리고 어느 한 개체 일개미는 연속해서 이어지는 흰개미의 세대들 가운데 하나일 뿐임을 감안하자면, 적자생존의 법칙에 의해서 효율성이 증진되었다는 것은 바로 일개미의 턱을 구성하는 단백질의 효율성인 증진되었다는 셈이다. 여기에서 DNA 단위들의 배열은 분명히 이 효율성에 의해서 결정된 것이다—단일 유기체의 전개 양상을 들여다볼 때 분자생물학자들이 관찰하는 것은 DNA의 배열로부터 단백질의 배열과 구조를 '읽어 내는' 생화학적 과정뿐이다.

그러니까 유기체의 유전 물질에서 특정 DNA 배열이 결정적인 통제권을 발휘한다는 점, 그리고 그것이 진화 과정 및 전체 유기체의 행동 양태를 구성하는 관계의 망에 의해서 결정된다는 것은 시사하는 바가 크다. 캠벨은 이것을 '하향식' 또는 '상명하달'의 인과라고 불렀다. 즉 낮은 차원—이 경우에는 DNA 분자 속의 배열—을 설명하려면 그보다 높은 차원의 조직(이 경우에는 시간 속에서 진화하는 시스템 전체)을 살펴보아야 하는 것이다.

다양한 진화 속에 들어 있는 신성한 환희

생명 유기체로서의 인간(차원 2): 생물에 관한 학문 분야 가운데 도표에서 차원 2로 표시된 영역에 속하는 것들은 어떤 식으로든 인간의 어떤 측면들을 연구 범위에 포함한다. 인류가 어디에서 진화하였는가, 그 기원을 고려하면 이것은 당연한 일이라 할 수 있다. 인간 DNA의 98%가량은 침팬지의 DNA와 같다(동질의 뉴클레오티드 배열을 보인다는 뜻이다). 진화 과정의 방향 자체가 더 높은 복합성, 더 많은 정보의 처리와 저장, 더 복잡한 의식이 형성되는 방향으로 나아가며, 고통에 대해 더욱 민감해지고 심지어 자의식이 배양되는 쪽으로 나아가는 경향이 특징이다── 특히 자의식은 사회를 발전시키고 다음 세대로 지식을 전달하는 데 필수적인 조건이다. 갈수록 이런 특성을 더욱 뚜렷하게 드러내는 생명 유기체 형태들이 나타나게 마련이다. 그런데, 그런 경향을 구체적으로 실현해 내는 유기체들의 물리적인 형태는 원래 서로 아무 관련 없이 별개인 여러 가닥의 사건들이 합류하는 역사가 있었기 때문에 실제로 존재할 수 있는 것이다. 나름의 개성을 가진 개체들의 구조를 그 세밀한 부분까지 모두 정해 주는 어떤 결정론적인 계획 같은 것까지 굳이 상정하지 않더라도, 우연과 법칙의 상호작용을 통해서 전반적인 방향성과 목적성이 형성될 수 있다는 것이 내 생각이다(스티븐 제이 굴드의 의견과는 다르지만12)). 그러니까 자의식을 가진 개인의 등장, 유대─그리스도교 전통의 표현을 빌리자면 신과 개인적으로 관계를 정립하는 능력을 지닌 존재가 등장하는 것도 진화 과정을 통해 창조의 역사(役事)를 계속하는 신의 뜻에 달렸다고 간주할 수 있다. (이것도 [신의 손에 들어 있는] '카드' 중에 포함되어 있었음에 틀림없다. 우리가 지금 바로 그런 능력을 가지고 실제로 존재하고 있기 때문이다!)

우주는 태초의 '뜨거운 빅뱅'으로부터 100억 내지 200억 년에 걸쳐 점차 팽창해 왔다고 한다. 그것은 순전히 적자생존의 법칙만 가지고도 자의식을 가진 개체들의 등장에까지도 이를 수도 있는 엄청나게 긴 세월이라는 지적도 있다. 그런 이야기도 일리가 있다. 하지만 그렇다고 해서 인간과 관련된 또 하나의 중요한 사실을 잊어서는 안 될 것이다. 자의식을 가진 개체의 등장이 얼마나 최근의 일인가 하는 점이 바로 그것이다. 지구의 나이를 이틀, 즉 48시간에 비유한다면(그렇다면 여기에서 1시간은 1억 년에 해당한다), 호모 사피엔스의 등장은 두 번째 날 자정에 시계의 종이 울릴 때 그 마지막 12번째 종이 울릴 때 일어난 일이다. 인간 특유의 유전자 구성은 우주의 역사, 심지어 지구의 역사로 보더라도 아주 최근에 일어난 일이며, 또한 아직 인간이라 할 수 없는 그 이전 선조들의 존재와 밀접하게 연관되어 있다. 인간 이외의 생명 유기체도 조물주 신에게는 모두 의미 있는 존재라는 점을 유신론자들은 간과해서는 안 될 것이다. 그러나 이처럼 다양하기 이를 데 없는 각종 유기체들을 창조하는 것이 과연 신에게 어떠한 즐거움이었기에 그렇게 했는가에 대해서는 기껏해야 상상으로 미루어 짐작해볼 수밖에 없음은 물론이다.

인류의 기원 및 본질을 신학적으로 설명하려고 할 때 염두에 두어야 할 것이 또 하나 있다. 진화는 개체의 죽음을 통해서만 작동한다는 점이 그것이다. 새로운 형태의 물질은 옛것의 해체를 통해서만 생겨난다. 진화 과정상 우리의 선조가 된 존재들이 죽지 않았다면, 호모 사피엔스라는 종(種)에 속하는 우리 개개인은 전혀 등장할 수 없었을 것이다. 그런 생물학적 죽음은 인류가 등장하기 훨씬 이전부터 지구에 늘 있었던 일이다. 유신론자들의 표현을 빌리자면 신이 새로운 종—호모 사피엔스도 포함해서—을 창조하는 생물학적 진화 과정을 통해서 우리가 존재하게 되기까지는, 바로 그런 전제조건이 작동했던 것이다.

더욱이 인간의 본질은 어느 날 갑자기 형성된 것이 아니고 예전의 '유인원'(類人猿)들로부터 어떤 지속적인 과정을 통해 점차 형성되어 왔다는 것을 생물학적, 역사적 증거가 말해 준다. 고생물학자들도, 또 인류학자들도 그 연속선에 갑자기 어떤 큰 단절이 있었다는 기미는 발견하지 못했다. 인류가 원래 낙원과 같은 상황에서 살며 도덕적으로 완벽했던 옛날 그 어떤 때가 있었다고 볼 이유는 하나도 없다. 이처럼 인간의 행동에 시선이 미치면서부터는 이미 차원 3의 범위에 들어가는 셈이다. 그러나 차원 3으로 들어가기 전에 우선 차원 2와 차원 3 사이의 가교에 대해서 살펴보기로 한다.

인지과학에 대한 신학적 답변

생물학과 행동과학(도표의 차원 2와 차원 3) 사이의 가교가 되는 분야에서 보는 인간: 차원 2와 차원 3 사이의 가교가 되는 분야로는 한편으로는 인지과학 —— 또는 '인지신경과학'(cognitive neuro-science) —— 이 있고 또 한편으로는 행동유전학(behavior genetics)과 함께 사회생물학(sociobiology) —— '행동생태학'(behavioral ecology)이라고 부르는 이들도 있다 —— 이 있다.

인지과학은 정보 처리에 대한 여러 가지 다른 차원의 분석과 행동(싸잡아서 '인지'라고 부른다) 사이에 어떤 의미 있는 관련을 찾는 데 관심을 둔다. 그렇기 때문에 순전히 생물학적인 신경과학과 행동과학 사이의 가교가 되는 것이다. 여기에서 특히 관심의 초점이 되는 것은 인간의 두뇌 내지 의식이 어떻게 작동하는가 하는 문제이다. 그들이 여러 가지 차원의 분석을 어떻게 적용하고 어떤 탐구가 이루어지는가는 이 자리에서 자세하게 검토할 일이 아니다. 그보다는, 행동(이것이 한쪽 끝)과 분자(이것이 다른 한쪽 끝) 사이의 관계를 이해하려면 모든 차원의 분석과 조직화와 처리를 거쳐야만 한다는, 근래 인지과학자들 사이에 널리 퍼진 깨달음이 우리의 관심사이다.

인지과학자들의 연구 주제 그 자체가 여러 가지 다른 차원의 연구를 통합해야 한다는 이런 인식을 요청한다. 더욱이, 신경체계의 작동에 적용되는 것은 모두가 두뇌의 작동 전체에도 적용된다.13) 사실 이것은 모든 생명체의 일반적인 양상을 분명하게 보여 주는 한 예이다. 생명체의 체계, 특히 신경체계는 극히 복잡하고 '인간 육신 속의 인간 두뇌'(human-brain-in-the-human-body)는 더더욱 그러하다. 따라서 어느 한 차원에 국한해서 이를 서술하는 그 어떤 설명도 충분한 설명일 수 없다. 그러니까 그 어느 차원도 다른 차원들보다 인식론적으로 우월하지 않으며, 존재론적으로는 (현실적으로 냉정하게 따져 보자면) 더더욱 그럴 수 없다. 보다 복잡한 차원의 분석과 조직화와 처리에서 발현하는 특성과 기능들은 분명히 실재이다. 의식과 자의식도 물론 마찬가지다(어떤 새로운 개체들이 저기 어디 바깥으로부터 들어와 첨가되었다는 식으로 볼 필요 없이, 그 자체로 이미 분명한 실재인 것이다).

인간의 두뇌가 과연 마치 디지털 컴퓨터('인공지능')처럼 작동하는지, 또는 '병렬 분산 처리'(parallel distributed processing, PDP) —— '연결주의'(Connectionism)라고도 한다 —— 를 통해 작동하는지 어떤지에 대해서는 정상적인 과학적 탐구 과정을 통해서만 결론을 내릴 수 있다.14) 그런 탐구에는 여러 차원이 모두 결부된다는 점을 인지과학자들은 널리 인지하게 되었다. 그러니까 인간의 정신적 활동에 대한 행동과학자들의 연구(차원 3)와 갈등을 빚을 필요가 없고, 인류 문화에 대한 연구와는 더더욱 그러하다. 인간의 두뇌는 단선적이 아니라 매우 역동적인 체계이고, 미시적인 차원에서는 다분히 결정론적인 설명이 가능할지 몰라도 거시적인 차원의 전체적인 작동 상태에 대해서는 간단한 예측이 전혀 불가능한 것으로 판명될 수도 있다. 이것은 의식의 체험도 물리적인 요소와 상호관계가 있음을 시사하는 것은 아닐까? 아울러, 의식의 체험을 두고 일련의 정신 상태의 체험이라고 보는 매우 유심론적인(唯心論的, mentalistic) 설명 또한 가능하다는 보장이 여기에서 확보되는 것은 아닐까?

두뇌학자 로저 스페리(Roger Sperry)에 의하면, 두뇌가 중추신경계의 작동을 통해서 우리의 몸을 움직이는 양상은 "위로부터 아래로의 인과관계"(또는 "전체와 부분의 구도"라고 하는 것이 더 나을지도 모르겠다)를 보여 주는 한 사례로 이해하는 것이 가장 낫다고 하였다.15) '위로부터 아래로의 인과관계'라는 것은 앞에서도 언급했듯이 캠벨이 특정 정보를 함유한 DNA가 어떻게 진화하느냐 하는 문제와 관련해서 제시한 개념이다. 생명체 체계의 거시적 상태 및 특성은 그것을 구성하는 단위 요소들에 대해서 일종의 전체적인 통솔권을 발휘한다. 단위 요소들의 특정 상태와 작동에 대한 원인으로 작용하는 것이다. 그 단위 요소들은 전체 생체 체계의 상태 및 특성에 따라 움직이게 되는데, 만약 그것들이 그 전체의 한 부분이 아니었더라면 달리 움직였을 것이다.

우리의 자의식에게 인간 두뇌의 전체적인 상태를 서술해 주는 것은 유심론적인 언어로밖에는 할 수 없는 일이다. 스페리의 설명에 의하면, 그 하나의 전체로서의 두뇌가 각각 내지 일군의 신경 세포로 하여금 의식이 의도하는 대로 특정의 행동을 취하도록 한다는 것이다. 여기서 의식이 의도하는 것이란 물론 바로 두뇌가 그렇게 시키는 것이다. 개체(personal agency)에 대한 비환원론적인 과학적 분석이란 바로 이런 것이다. 여기서 문제가 하나 제기된다. '인간 육신 속의 인간 두뇌'가 하나의 단위 개체로서 일으키는 현재의 일을 과거의 조건들—예를 들어 유전자에 의하여 정해졌던 조건들—을 가지고 설명해도 되는가 하는 문제이다. 그 두뇌들이 작동하는 메커니즘은 그 두뇌들의 정적(靜的)인 형태에 유전자로써 입력된 구조들을 바탕으로 한다. 그러나 두뇌의 여러 가지 행동 자체를 유전자만 가지고 설명할 수는 없는 일이다. 왜냐 하면 두뇌 전체의 상태가 또한 인간 행동을 통제하는 부가적인 요소가 되기 때문이다. 그리고 그것은 이를테면 목적이라든가 의도 같은 유심론적인 언어로만 지칭(또는 어쩌면 서술도)할 수밖에 없기 때문이다. 유전학이 설명할 수 있는 범위의 근본적인 한계가 바로 여기에 있는 것이다.

이렇게 보면 성경을 바탕으로 한 그리스도교의 인간관과 배치될 것이 하나도 없다. 그리스도교에서 말하는 인간은 여러 가지 자질과 능력, 그리고 관계들이 한데 통합된 다면적인 성격을 보여 주는 심신일체(心身一體)의 통합체이다. 그리고 그것은 물질성에도 뿌리를 두고 있다. 요즘 말로 하자면 DNA도 그 물질성에 포함된다고 할 것이다. 인간이 물질을, 특히 유전자 구성을 하부구조로 한다고 해서 그것이 주관성, 자의식이라는 실재에 대한 위협이라고 여길 필요는 없다. 마가렛 보든은 육신과 마음의 문제에 관해서 인공지능이 어떤 의미를 시사하는가를 논의하면서 다음과 같이 지적하였다(이것은 PDP에도 그대로 적용될 수 있을 것이다) :

> 심리적인 현상이 물리 체계에서도 일어날 수 있다는 가능성을 —— 그리고 또한 그 방식도 —— 보여 주는 한 방법은 컴퓨터를 가지고 심리현상의 모델로 삼는 것이다. …… [인공지능이란] 도대체 어떻게 해서 물질 체계(생물학자들에 의하면 인간도 물질 체계이다)가 주관이라든가 목적, 자유, 선택 등과 같은 인간 정신의 특징적인 요소들을 지닐 수 있는가를 설명해 주는 것으로 …… 이해할 수 있다(그리고 바로 그렇게 이해해야 하는 것이다). …… 그렇다면, 인간을 그런 지극히 주관적인 개념들을 가지고 서술하는 것 또한 마찬가지로 결코 비과학적인 일이 아니다. 그런데도 오랫동안 그런 관념이 우리를 지배해 왔다.16)

사회생물학에 대한 신학적 대응

사회생물학이란 사회적 행동의 생태적 근거, 특히 유전학적인 근거를 체계적으로 연구하는 것이라고 대충 정의할 수 있겠다. 인간과 관련해서는 특히 생태적 조건과 문화 변동 사이의 관계를 밝히는 것을 목표로 한다. 사회생물학자들 가운데 적어도 몇몇은 그러니까 차원 4까지도 건드리는 야망을 추구하는 셈이다. 이 모든 상황 전개가 신학 측의 우려를 일으키는 일이다. 사회생물학은 인간 이외 생물의 세계(특히 그 유전학적 측면들)와 인류 문화를 하나의 이론으로 포괄해서 담아내며, 그것은 또한 우리의 인간관에 불가피하게 영향을 주기 마련이다. 여기서는 인간의 본성은 이미 주어진 것이라는 견해와 그게 아니라 길러지는 것이라는 견해 사이의 오래된 대립을 다시 끄집어내려는 것이 아니다. 유전자 영구보존의 전략들은 진화과정을 통해서 이미 많은 수정을 거쳐서 대단히 복잡하고 미묘한 수준에까지 이르렀기 때문이다. 그리고 또한 인간의 특성에는 많은 다른 차원들이 한꺼번에 들어 있다는 점이 훨씬 더 명백해졌기 때문이다. 사회생물학은 진화론적인 시각을 강하게 드러낸다. 진화론은 우주의 진화에 관한 것이든 생물의 진화에 관한 것이든 간에 이미 그리스도교 신학에 대해 많은 도전을 제기한 바 있고, 유독 사회생물학에서 새로 제기되는 문제는 사실상 없다. 그러나 많은 사회생물학자들이 매우 강한 환원주의적 어조를 구사하고 있으며, 인간 행동을 유전자의 존속을 위한 전술로만 보는 기능적 해석을 내세우는 경향이 있다. 이에 대해 신학은 인간 행동을 순전히 결정론적이고 환원론적으로 설명하는 데 대해서 반론을 제시할 필요가 있다. 하지만 이를 맞받아 치려면 신학자들도 인식해 두어야 할 것이 있다. 인간의 본질은 극도로 복잡하며, 그것이 형성되는 데에는 유전정보가 결정적인 역할을 한다는 점이 바로 그것이다. 아무리 학습에 의한 배양과 문화가 거기에 큰 역할을 한다고 해도, 그 점에는 변함이 없다. 이것을 신학자들은 지금까지 인식했던 것보다 훨씬 더 분명하게 인식할 필요가 있다.

　행동유전학이 1960년에 처음으로 독자적인 학문 분야로 인정된 이후, 그 분야가 목표로 하는 것은 사실상 "박테리아로부터 인간에 이르기까지 다양한 유기체들의 여러 가지 행동들이 어떻게 상속되는지"를 검토하는 데 있었다.17) 행동유전학의 주된 관심사는 같은 종(種)에 속하는 개체들 사이에 드러나는 차이점들을 설명하는 데 있다. 행동에 관한 유전학과 유전자의 역할을 염두에 둔 심리학이라는 두 기둥 사이를 오가는, 다시 말해 유전학과 심리학의 관심이 섞인 분야인 것이다.18) 요즘 이 새로운 분야의 시각을 인간에게 적용하는 시도가 한창 벌어지고 있다. 연구가 진행되면서, 여느 과학 연구와 마찬가지로, 규명이 되는 것도 있지만 또한 동시에 새로운 문제들도 발생시킨다. 현재 진행된 연구에서만 보더라도 전에는 순전히 환경과 문화에 의하여 형성된 행동과 특성으로 여겨지던 것들이 실제로는 유전자를 바탕으로 한 것이라는 증거들이 발견되고 있다.

사회생물학과 행동유전학은 어차피 인간의 본질, 특히 사회와 개인은 자신의 행동에 대해 어느 정도까지 책임을 져야 하는가 하는 문제에 대한 우리의 관념에 영향을 끼칠 수밖에 없다. 유신론의 시각에서 보자면, 유전자에 의하여 결정된 우리 능력의 한계는 곧 신의 의도에 의한 것이라 할 것이다. 즉, 우리에게 자유가 허용되는 범위를 신이 정한 데 따른 것이라 볼 수 있다. 나아가, 신이 진화 과정을 통하여 창조한 인간이라는 종(種)은 사실상 바로 이렇게 유전자를 바탕으로 한 생물이라는 점을 신학자들은 인정해야 할 것이다. 사유하고 추론하는 인간의 능력은 그것을 가능하게 하는 유전자를 상속받았기 때문에 발휘될 수 있는 것이다. 그러나 상속된 유전자가 인간이 사유하고 추론하는 내용을 미리 다 결정해 놓고 있는 것은 물론 있을 수 없는 일이다.

예를 들자면, 도덕 의식이 진화와 유전자에서 비롯되었음을 밝힌다고 해서 그것이 처음부터 끝까지 일정한 양상이도록 미리 다 정해져 있다는 뜻은 아니다. 신이 창조한 질서 속에 신 자신의 의도에 따라 창발한 개인들, 즉 자의식을 지니고 자유로우며 이성을 지닌 개인들이 자신의 도덕적 감수성을 성숙시켜 나갈 여지가 있음을 전면적으로 부인하는 것이 아니다. 그렇다면, 그런 가능성을 사람들이 과연 얼마나 현실화하느냐 하는 것이 핵심적인 문젯거리가 된다. 인간이 지닌 생태적 자질만으로 꼭 환경에 흡족히 적응할 수 있도록 보장되는 것은 아닌 듯하다. 환경도 워낙 역동적인 것이기 때문이다. 인간의 삶의 지평은 늘 변하고 확장된다. 그 삶은 개인적이기도 하고 또한 사회적이기도 하며, 물리적이기도 하고 또한 문화적이기도 하다. 그런 삶을 인간은 감성과 지성, 그리고 영성(靈性)을 가지고 살아간다. 특히 다른 생명체들이 각자의 생태적 터전에서 균형 있게 적응하여 살고 있는 것과 대조해 보면, 인간이 인간 이외의 자연으로부터, 또한 다른 인간들로부터 소외되어 사는 양상은 유기적 세계로서는 하나의 예외적인 일로 보인다. 행동유전학을 이야기하면서 "인간의 진화가 일어난 생태 체계와 오늘날 인간의 손길이 뻗치는 광범한 환경 사이에는 괴리가 있는 것 같다"고 한 린든 이브스(Lindon Eaves)와 로라 그로스(Lora Gross)의 지적에도 수긍이 간다.[19] 그들은 나아가 다음과 같이 언급한다. 즉 인간이 유전자상의 친족을 선호하는 것은 기본적으로 비윤리적인 성향으로서, 기껏해야 자기 종족의 이기적인 관심을 드러내는 것이라고 한다. 그리고, 인간이 "그런 성향을 가지고 있는 것은 현재의 세계에는 잘 맞지 않는 조상들의 생태 보따리를 그대로 물려받았기 때문"이라고 하였다.[20] 그러니까 인간이 사는 '세계'는 순전히 생태적인 차원만은 아닌, 그것을 넘어선 요소들로 구성되어 있는 것이다.

그러니까 인류가 정말 차원 4에 해당하는 범위까지 환경의 지평을 확장하게 되면, 인간 진화의 배경이 된 과거의 생태와 현재 그들이 살고 있다고 생각하는, 또는 살고 싶어하는 생태 사이에 '괴리'(gulf)가 있음을 체험하게 된다. 자기 자신의 죽음에 대한 생각, 유한성에 대한 인식, 고통, 잠재된 능력을 실현하면서 삶으로부터 죽음으로 향해 길을 가는 것, 이런 것이 그런 체험의 내용이라고 생각한다. 우리의 체험과 갈망 사이에 이런 '괴리'가 있기 때문에, 인간에 대해 순전히 생태학적으로 설명하는 것은 문제가 있다. "생명유기체들이 각자의 환경에 맞추어 잘 적응하도록 진화하도록 한 그 과정이 왜서, 또 어떻게 해서 유독 호모 사피엔스에서는 제대로 작동하지 않고 삶의 실제 체험과 주위의 조건들 사이에 괴리를 일으키게 되었는가?"라는 의문이 당연히 제기될 수 있는 것이다. 인간의 두뇌는 처음에는 환경의 변화에 대응하여 각종 능력을 가지게 되었는데, 그 능력들이 행사되면서 이제는 도저히 조화롭게 충족되거나 수습될 수 없는 온갖 욕구와 갈망, 야망, 소망을 일으키게 되는 것 같다.

여기에서 또 제기되는 질문이 있다. 인간은 과연 자기가 처한 '환경' 즉 인간의 번영이 가능케 한 그 '환경'을 제대로 간파했는가 하는 물음이다(이 역설에 대해서는 다음 절에서 다시 논의하기로 한다). 인간이 안고 있는 특유의 복잡한 당혹스러움은 차원 2나 '가교' 분야들의 관심보다 훨씬 더 미묘한 차원의 인간 본질에 관련된다. 이제 인간의 행동에 관심의 초점을 두는 분야들로 눈을 돌려 보자.

행동과학과 사회과학

인간행동에 관한 분야들(차원 3): 도표에서 차원 3은 행동과학의 몇몇 주요 분야들, 그리고 그들이 관심의 초점으로 하는 생태 체계들을 표시하고 있다. 정신생활의 현상들을 연구하는 각종 형태의 심리학도 여기에 포함된다. 이런 연구에는 18세기 이래 처음에는 당연히 인식, 기억, 사유, 추론 등과 같은 인간의 활동에 대한 (대개 내성적인) 탐구도 포함되었다. 그러나 20세기에 들어와 1960년대까지, 심리학은 행동주의와 정신분석학이 주도하였다. 인지 작용이라든가 그 밖의 정신 작용에 대한 관심도 어느 정도 지속되기는 했다. '게슈탈트'(Gestalt) 학파

및 피아제(Piaget)와 그 계승자들이 그런 경우이다. 그러나 그런 관심은 이제는 심리학의 전면에서 밀려나 있었다.

그런 상황이 이제 와서는 다시 바뀌었다. 정신 작용에 대해 훨씬 더 심각하게 관심을 기울이기 시작한 것이다. 심리학에서 '인지'라든가 '의식'에 다시 눈길을 돌리고 '유심론적'인 방향으로 강조점이 옮겨 가게 되었으며, 관심의 초점이 일상적인 의식—— 가치 중립적인 의미에서 '자기 조정'(self-modification: 환경의 영향에 의한 비유전성의 일시적 변이 / 옮긴이 주)—— 의 내용 및 활동으로 이동하게 되었다. 의식이라는 것은 이제 하나의 이론적인 용어로 쓰이는 경우가 더 많아졌다. 즉, 관찰을 통해서 그 존재를 추론할 수 있는 실재를 가리키는 말이 된 것이다. 생각과 감정을 가진 인간이라는 존재로서 산다는 것은 과연 어떤 것인가 하는 문제가 행동과학의 여러 분야에서 다시 중요한 안건으로 떠올랐다(차원 3). 스페리는 행동과학에 새로운 개방적 경향이 일어났음을 인정하였다.21) 인지과학을 통해 신경과학으로 향하는 '하향적' 개방성뿐 아니라, 인간의 의식과 그 내용의 실재성을 인정하고 그것을 탐구하고 해석하고자 하는 연구분야와 활동들을 향한 '상향적' 개방성도 일어났다는 것이다. 차원 3으로부터 차원 4로의 이동은 직관적으로는 알아차릴 수 있지만 그것을 과학적으로 설명하기는 차원 1, 2, 3 사이의 교류보다 훨씬 어려웠을 텐데, 이런 것을 감안한다면 그것도 이해하기가 보다 수월할 것이다.

그러니까, 인문학—— 인간의 종교적 체험에 관심을 가진다는 의미에서는 신학도 여기에 포함시킬 수 있을 것이다—— 에서 실재로 여기며 연구대상으로 하는 것들을 과학적인 시각에서 수용하는 현상이 일어나고 있는 것 같다. 또한 신학에서 그 동안 자명한 것으로 여겨 왔던 것, 즉 인간이 속한 세계의 다차원적 구조에 대한 여러 가지 수준의 해석 가운데 인격적 개체라는 개념이 가장 중요한 자리를 차지한다는 시각에 대해서도 과학적 신빙성이 부여되기에 이르렀다. 실험심리학자 지브스(M. A. Jeeves)는 다음과 같이 말하였다. "인간에 대한 연구를 통해 발견되는 복잡하고 다양한 현상들을 제대로 이해하려면, 높고 낮은 여러 가지 차원의 범주에서 각 차원에 상응하는 설명을 병행할 필요가 있으며 …… 우리는 지금 그 서로 다른 차원에서 나오는 여러 가지 이야기들을 함께 엮을 방법을 모색하고 있다."22) 이 모든 것이 과학과 종교의 관계와 관련해서 중요한 의미를 담고 있다. 한편으로는 '육신'과 '정신'의 이원론(흔히 그리스도교의 인간관을 이렇게 오해한다) 대신에, 또 한편으로는 환원주의적 유물론 대신에, 새로운 통합적 '실재관'이 등장할 수 있었던 것이다. 이것은 "정신적 자질들도 [여러 가지 인간 현상을 자아내는] 원인이 되는 실재로 인정하지만, 두뇌의 작용과 별도로 아무런 물질적 용기 없이 독자적으로 존재한다는 것은 부인"하는 시각이라고 스페리는 지적하였다.23) 아무튼 인간의 행동에 관한 과학적 탐구와 종교 사이에 의미 있는 대화가 이루어질 가능성이 수십 년 전보다는 더 커진 것 같다.

    심리학 이론이 굉장히 다양하다는 점은 차원 3에 속하는 이론들이 "사실에 의하여 검증되지는 못한다"는 것을 상기시켜 준다. 그것은 차원 1 및 2에 속하는 분야의 이론들도 마찬가지이지만, 그래도 거기에서는 그런 양상이 좀 덜 분명하게 나타나는 경우가 많다. 심리학의 이론이 그토록 다양한 것은 그 '주제'의 성격이 워낙 그런 데에서 비롯된 현상이라고 받아들여야 한다(이 경우에는 정말 그렇다!). 심리학 이론 가운데 그 어느 하나가 확정적이어서 신학도 오직 그것만을 참조해야 한다고 할 수 있는 그런 이론은 없다. 그 모두가 인간의 특성에 대해 나름의 빛을 던져주며, 신학은 그 모든 이론들을 참조할 필요가 있다. 그 가운데에서도 특히 종교체험에 많은 관심을 기울이는 융(Jung) 학파의 심리학은 신학에도 많은 통찰을 던져준다.

더욱이 인간이 안고 있는 조건은 그 어느 하나도 변하지 않고 가만히 있는 것이 없다. 피터 모리아(Peter Morea)는 이에 대해 다음과 같이 말하였다. "우리는 인간 존재(human beings)라기보다는 인간 됨(human becomings)이라고 하는 게 더 타당하겠다."24) 그는 또한 우리가 상정하는 우리의 환경에 대해 인간의 '적합성'이 결핍되어 있다는 생태적 역설도 지적한 바 있다. 인간은 그 자체가 스스로에게 문젯거리인 것이다. 유신론자의 입장에서 보면, 이것은 다른 생명체들은 각자의 환경에 제대로 적절히 부합하는데도 하필 인간은 이 세상에 잘 맞지 않게 신이 창조했다는 역설적인 함의를 가진 이야기일 수 있다. 우리는 우리가 살고 있는 우주에 담긴 방대한 미지의 영역을 과학을 통하여 간파하고 이해할 수 있는 그런 존재이다. 그런데 우리에게 가장 납득하기 힘들고 이해하기 어려운 신비는 다른 것이 아니라 바로 인간 자신인 것이다. 모리아는 이것을 다음과 같은 말로 표현하였다. "이 세상 속의 나의 존재는 나 자신에게 하나의 수수께끼이다. 아우구스티누스도 바로 그런 말을 하였다. 과학도 그 아우구스티누스[의 수수께끼]에 대한 해답을 찾지는 못했다. …… 그러나 우리는 심지어 어떤 때에는── 인간에 대한 과학적 이해의 한계지점에서── 인간의 미스터리 너머 훨씬 더 큰 미스터리까지 감지한다. 인간이 신의 형상으로 만들어졌다고 한다면 그 이유에 대한 하나의 설명이 될 것이다."25)

진화론적 인식론

사회과학(차원 3과 4의 사이): 이른바 '사회'과학이라고 불리는 분야들은 행동과학과 문화 사이의 가교가 된다. 과학이 인간의 정신생활 및 행동에 관심을 가지면 가질수록 그리스도교 공동체의 관심사와 더욱

더 충돌하게 된다. 사회과학은 종교적 신념이 사회적인 조건에 의하여 조성되고 영향을 받는 양상을 밝혀 내는데, 이것만으로는 종교적 신념의 진실성 여부에 관한 문제가 어느 하나도 해결되지 못한다는 점은 지적해둘 필요가 있겠다.

그러나 종교적 신념과 사회적 정황 사이의 이 복잡한 관계에는 또 하나의 차원이 진화과정을 통해서 첨가된다. '진화론적 인식론'이 바로 그것이다. 어떤 생명유기체가 자기의 환경에 대해서 가지는 인지는 그 유기체가 적자생존 원칙의 압박하에서 생존할 수 있도록 신빙성 있는 내용이어야 한다는 것이다. 자기 환경에 대한 인지가 '신빙성'이 있는 것이라 함은, 그 유기체가 생존을 위해서 실제로 환경과 상호작용을 할 때 그 인지 내용이 실질적으로 활용될 수 있는 것이어야 한다는 뜻이다. 여기서 말하는 '신빙성'은 그러니까 앞에서 언급한 윔셋의 '확실성'(robustness)이라는 개념에 매우 가깝다. 그 '확실성' 개념을 언급할 때 제안한 각 차원 나름의 적합한 절차에 따라 구명해 보았을 때 '확실'한 것으로 판명되는 개념과 지칭용어들은 '실재적'인 것이라고 간주할 수 있다. 적어도, 실제 체험으로 환경과 상호작용을 할 때 그 개념 및 용어들을 동원하지 않을 수 없다는 실용적인 의미에서 '실재적'이라 할 수 있는 것이다. 그러니까 생존을 위해 필요한 '신빙성' 있는 인지, 그리고 보다 높은 차원의 개념과 이론적 용어들의 '확실성'이라는 이 두 가지 개념을 합치면, '실재'(reality)에 대해 유용한(우리가 지금 벌이고 있는 논의의 맥락에서) 정의를 만드는 데 도움이 된다.26) 또한 그렇게 해서 파악되는 '실재'를 우리가 이해하는 데에 진화과정이 어떤 역할을 하는지도 시사해 줄 수 있다. 바야흐로 사회인류학자들은 진화에서 종교사상과 종교체계가 발휘하는 역할을 중시하기 시작했다. 그리고 이것이 종교적 신념에서 주장하는 종교적 실재가 정말 실재일 수도 있다는 잠정적인 보증이 될 수도 있다고 본다. 인간의 권위 이외에 어떤 '초월적 실재'가 실존한다고 보고 이와 관련해서 일단의 규범들을 세움으로써 종교 전통들은 지혜를 쌓아 왔고, 그것이 여느 어느 생명유기체보다도 더 광범하고 더 복합적인 인류의 사회적 조직을 구축하는 데 기여했다는 의견도 있다.27) 다시 말해 인간은 '이기적' 유전자를 구현하는 개인의 충동들을 초월하는 사회적, 개인적 가치들을 감안함으로써만이 생존하고 번영할 수 있었다는 이야기다. 진화의 모습을 결정하는 환경의 실재들에 대한 우리의 논의(진화론적 인식론)에 비춰 보면, 이것은 도덕규범에 담기고 윤리적 태도에 각인되는 이들 사회적, 개인적 가치들도 역시 인간이 다뤄야 하는 실재임을 뜻하지 않을까? 즉 [물리적 환경뿐만 아니라 그런 사회적, 개인적 가치들도] 인간이 생존하기 위해서는 반드시 고려해야지 그렇지 않으면 멸종할 수밖에 없는 그런 현실의 일부라는 뜻이 아닐까? 사회적, 문화적 진화에서 종교의 역할이 이처럼 갈수록 높이 인정되는 것은 실재 체계(reality-system)의 구성 요소가 되는 가치들이 존재하며 그것을 무시하면 인간은 실제로 소멸할 수밖에 없음을 시사한다.

> 인간의 세계에는 초월적인 그 무엇, 사회에 대하여 영향을 끼치는 성스러운 그 무엇이 있지 않은가, 인간이 몸담고 사는 자연계도 거기에서부터 비롯된 그 무엇인가가 있지 않은가 질문이 사회과학적인 지식으로 인해서 원천적으로 차단되는 일은 없다. 오직 종교적으로만 해결할 수 있는 사회적 문제와 갈등이 있다면 어쩔 것인가? …… 종교에 대한 설명을 종교 그 자체를 넘어 사회의 장에서 구할 필요가 있다기보다는, 사회에 대한 설명을 사회 그 자체 너머 종교에서 제시하는 실재들에서 구할 필요가 있는 것이 더 사실이다. 종교가 사회의 산물이 아니라 사회가 종교의 산물인 것이다.28)

그렇다면 인간의 미래(유전학적인 미래도 포함)를 결정하는 데에는 종교적 신념도 직접적인 원인으로 작용을 한다고 보아야 할 것이다.

초월과 인간의 기원 문제

인류 문화와 그 산물(차원 4): 이제 이로써 이야기가 인류 문화의 영역, 즉 차원 4(부록의 도표 13.2 참조)에 이르렀다. 차원 4의 "문화적 산물들"이란 예술, 학문, 인간관계 등 인간의 창조성을 구현하는 것들을 말한다. (유신론자들이 말하는) 신과의 관계도 이에 포함될 것이다.29) 세상에서 자연스럽게 일어나는 일들의 얽히고 설킨 그물은 인간들 사이의, 또한 신과 인간 사이의 의사소통 수단이다. 거기에서 간파되는 의미 양태들은 지속되는 문화 속에서 역사적인 형성과정을 거쳐서 생성된다. 그 역사적인 형성과정을 통해서 문화는 그런 의사소통을 가능케 해 주는 의미를 담게 되는 것이다. 그리하여 문화는 인간으로 하여금 '타계'(他界)의 초월적인 그 무엇과 대면하게 이끄는 독특한 힘을 갖게 된 것이다. 그 초월자는 또 다른 인격체의 형태일 수도 있고 신이라는 형태일 수도 있다. 즉, 저 너머이면서도 우리 한 가운데의 존재인 것이다.

조지 스타이너(George Steiner)는 아주 통찰력 있는 저서 『진정한 현존』에서, 그런 대면을 두고 "초월에 거는 내기"(a wager on transcendence)라고 불렀다. "의미의 의미에 거는 내기, 어느 한 사람의 목소리가 다른 사람에게 무엇인가를 말할 때라든가 우리가 문서나 예술작품, 또는 음악을 대면할 때, 다시 말해 자유로운 상태의 타자를 우리가 대면할 때 일어날 수 있는 통찰과 반응에 대해 거는 내기는 곧 초월에 거는 내기이다."30) 스타이너는 또 여기에 담겨 있는 신학적인 의미를 망설임 없이 지적하였다. "그 내기는 …… 실재가 현존하는 자리를 …… 언어와 형상 안에 위치시키는 것이다. 여기에는 …… 단순한 의미로부터 의미 있음으로 향하는(from meaning to meanigfulness) 길이 있다는 전제가 깔려 있다. 추측컨대, 우리의 문법이 모자라기 때문에 '신'이 존재하는 것이 아니고, 그보다는 신에 거는 내기 때문에 문법이 존속하고 또한 그것이 세상을 빚어내는 것 같다."31) "문화적 산물들"과의 그런 대면, 또는 "초월에 거는 내기"는 모두들 나름의 방식과 나름의 '언어'로써 다른 어느 언어로도 환원될 수 없는 그 차원 나름의 직접적인 실재와 소통하는 것이라고 할 수 있다.

이는 인류 문화에서 이루어지는 소통은 자주적인 것이라는 관념과 체험을 확고하게 주장하는 셈이다. 인지과학과 심리학에서 주관을, 내면의 체험을 다시 중시하는 추세, 즉 사실상 다시 독자적인 개체성(the personal, personhood)에 관심을 기울이고 그 중요성을 재인식하는 추세는 이런 주장에 더욱 힘을 실어 준다. 그러고 보면 우리는 정말로 우리의 문화적, 지적 풍경에 아주 중요한 전환이 일어나고 있음을 목격하고 있는 듯하다. 인간의 정신적 활동(넓은 의미에서 '종교')과 과학의 사업 사이에 대화의 창구가 열리고 있는 것이다. 그런 대화의 창구는 환원주의적이고 기계론적인 유물주의가 대세를 장악한 탓에 오랫동안 막혀 있었다. 과학 그 자체가 이미 환원주의적이고 기계론적인 유물주의를 뒷받침한다는 잘못된 생각이 자리잡고 있었던 것이다. 인간은 물론 생물학적인 존재이다. 그러나 인간을 인간이게 하는 특유의 특성들은 인간 등장의 터전이 된 생태적 조건 및 인간이 살게 된 자연계의 환경을 초월하는 것이다.

과학 자체에서도, 도표에 표시한 것과 같은 여러 가지 다른 차원들을 다루려는 노력을 경주하는 가운데 인간에 대한 보다 넓은 시각을 가질 필요가 대두하였다(모든 과학자들이 그렇게 인식한다고는 할 수 없지만). 신학을 포함한 인문학과 과학이 진정으로 통합될 수 있는 가능성의 첫 징후를 여기에서 찾는 것은 너무 지나친 기대일까? 여러 학문 분야들이 각자 나름대로 의미 있는 자리를 확보하도록 하는 인식론적 지도가 아무 것도 없었던 탓에 야기된 '두 문화' 사이의 이분법이 이제 바야흐로 무너지기 시작하는 것을 보고 있는 것은 아닌가?

인간 됨의 역설

인류가 그 생태적 환경에 적합하지 않다는 역설의 문제는 순수하게 과학적인 시각에서도 그 어느 때보다 심각하게 제기되고 있다. 이것이 심리학자 모리아는 다음과 같이 결론을 내렸다. "진화는 한 가지 심술궂은 장난을 친 듯도 싶다. 욕망과 잠재력은 어마어마한데 그 충족은 극히 미미한 인간이라는 존재를 등장시킨 것이 바로 그것이다."32) 더욱 심오하고 넓은 통찰은 인류의 20세기 역사를 점철한 악독한 일들과, 퇴보들에 대해서 성찰해 온 소설가, 시인, 극작가, 역사가, 사회철학자들로부터 제시되어 왔고 지금도 계속 제시되고 있다. 그들은 '불안'(Angst), '소외' '허위 자의식' '일차원적 인간' '분열' 등등에 대해서 이야기한다.

인간은 자의식을 가지고 있다. 자의식을 가지기 때문에 '객체'에 대해 '주체'가 되는 것이다. 그런데 또한 사실상 이로써 인간은 자기 자신과, 다른 인간과, 그리고 (유신론자들의 관심사에서는) 신과 조화롭지 못하게 된다. 그래서 신이 뜻하는 것을 가로막을 능력까지 갖게 되는 것이다. 바로 그 자의식 때문에 인간은 자기들이 어떻게 될지 의식할 수 있게 되었고, 아울러 자신의 잠재성을 온전하게 다 발현한다거나 자기가 가진 최고의 영감을 충족시키지 못함에 대해서도 잘 알게 되었다. 그 자의식 때문에 고통도 증대되었고, 개개인은 결국 죽게 된다는 사실과 인간의 유한성도 알게 되었다.

바로 앞에서, '소외'를 비롯해서 인간의 처지에 대해서 서술하는 현대의 여러 가지 개념들을 언급한 바 있다. 그 모두가 인간은 불완전하다는 의식, 자연 및 다른 인간들과 조화롭게 통합되지 못한다는 느낌, 그리고 20세기 사회의 개인들은 과학 기술이 불러일으킨 희망에 부응하는 데 실패했다는 널리 퍼진 판단을 반영하고 있다. 새로이 획득한 지식과 힘의 도전에 대응할 의지가 마비됨으로써 이미 합당성을 상실한 인간이, 그래도 자기 의지로써 작동을 하겠다고 고집을 부린 것이 암초가 되어 그 희망들이 좌절해 버린 것이다. 이처럼 널리 감지되고 있는 개인 및 사회의 불안한 양상들을 두고, 적어도 그 가운데 몇 가지는 생물학적, 유전학적 요인이나 심리학적 요인에 의한 것으로 설명하고 싶은 마음도 들 것이다. 그러나 인간이라는 자연적 실재는 다차원적인 존재라는 점을 인식한다면, 그 어떤 피상적인 변명도 인간의 잠재력들이 온전히 발현되는 데 어떤 역할을 하리라는 기대는 할 수 없다는 경고를 감지하지 않을 수 없을 것이다. 인간의 잠재력은 개인에게나 사회에게나 다차원의 인간 실존에서 작동해야 하는 것이다. 유신론자들에게는, 모든 것을 포괄하고 모든 것을 감싸고 있는 실재, '신'이라 일컫는 그 실재와 인간 사이의 궁극적인 관계도 이에 포함된다. 신이라 일컫는 실재는 영원하고 초월적인 '환경'이며 우리는 거기에 '적응'하고 조화로운 관계를 맺어야 하는 것으로 되어 있다.

유전학을 통해서 특정의 국지적이고 개별적인 생리적 결함을 치유하는 것은 어느 정도 가능할지 모른다. 그러나 의도적으로 유전자를 조작함으로써 인간의 전반적인 조건, 특히 심리적, 정신적 조건을 개량하는 데에만 온통 너무 큰 기대를 거는 것은 현명치 못한 일이라는 것이 나의 결론이다. 휴먼 게놈 프로젝트에 관여하는 이들이 혹시라도 그 사업을 통해 마치 그런 일을 해낼 수 있을 것이라는 인상을 풍긴다면, 그것은 아주 무책임한 짓이다.

(윤원철 옮김)

부록

도표 13.2의 범례

학문분야들 사이의 관계를 나타내는 도표이다. '초점의 여러 가지 차원들'이란 곧 여러 학문분야에서 관심의 초점을 맞추는 것, 그러니까 분석의 초점이 되는 것을 가리킨다(본문 참조). 차원 4는 다만 막연하게 인류 문화의 내용을 가리키는 것이다── 포퍼(Popper)가 말하는 '세계 3'(World 3) 참조.

수평 실선 화살표는 구조 또는 기능을 지닌, 또는 그 둘 모두를 지닌 조직체에서 부분과 전체 사이의 관계를 나타낸다. (참고: 차원 1의 분자 및 거대 분자들이 차원 2에서는 어느 한 유기체 '전체'를 구성하는 '부분'이 된다.) 각 차원에 삽입된 작은 상자들은 이웃 차원과 협동이 가능한 분과 학문분야를 나타낸다(점선으로 된 수직 쌍방 화살표가 그 관계를 표시한다). 차원 1부터 3까지에서는 각 차원에 속하는 [생명현상의] 체계들과 그것을 연구대상으로 삼는 학문분야들을 제시하였다. 차원 2에서는 이에 덧붙여 여러 차원의 조직체들 사이에서, 그리고 신경체계에 대한 여러 가지 차원의 분석(연구)들 사이에서 볼 수 있는 부분-전체 관계를 나타냈다── 처치랜드와 세즈노브스키(Churchland and Sejnowski)의 공동연구논문에서 제시된 도표 1을 모델로 했다(주 13 참조).

차원 2에는 유전학이 표시되지 않았지만, 사실상 그 차원에 포함된 생명체계의 모든 부분-전체 관계에 유전학이 연관된다. 만약 차원 2에 유전학을 포함한다면 그 차원 전체 범위에 걸치는 것으로 표시해야 할 것이다.

CNS = 중추신경체계(Central Nervous System)

제13장 과학지식의 지도: 유전학, 진화, 신학 355

도표 13.2 학문 분야들 사이의 관계

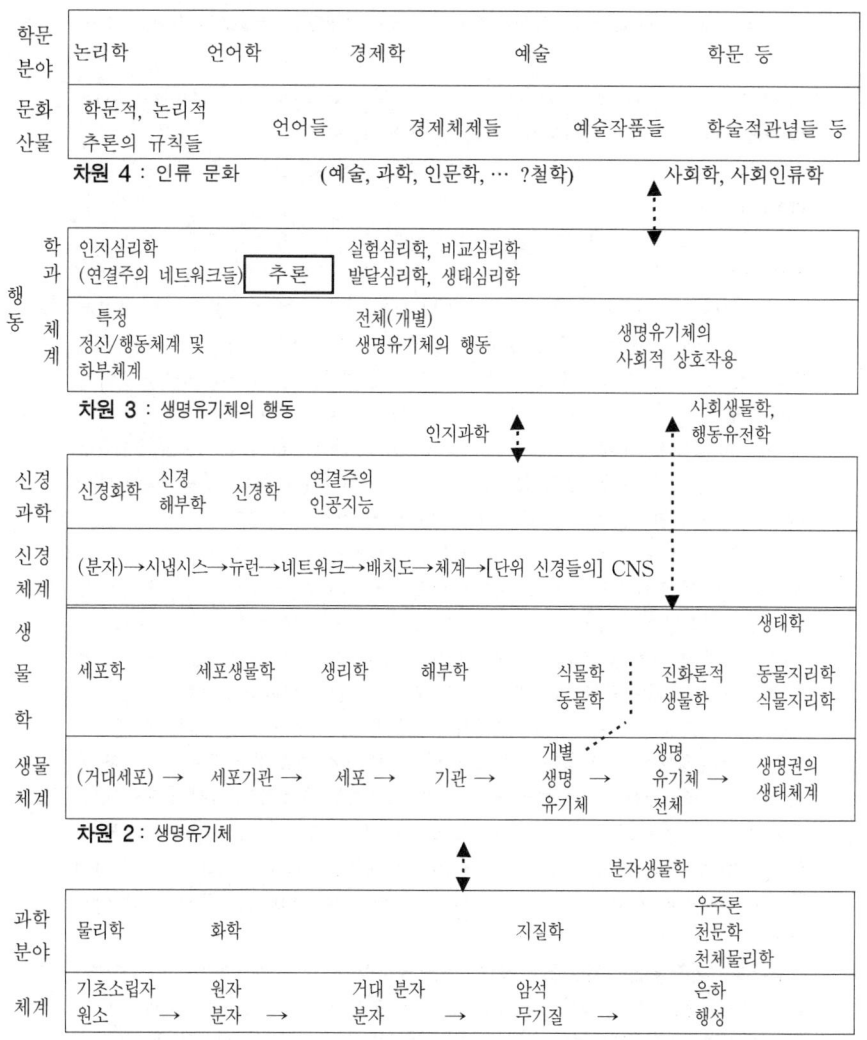

이 도표는 W. Bechtel and A. Abrahamsen, *Connectionism and the Mind* (Oxford and Cambridge, Mass.: Blackwell, 1991)의 도표 8.1을 나름대로 변형시킨 것이다.

주

1) Richard Dawkins, *The Selfish Gene* (Oxford: Oxford University Press, 1976), p. 21.

2) Edward O. Wilson, *Sociobiology: The New Synthesis* (Cambridge, Mass: Belknap Press, Harvard University Press, 1975), p. 4.

3) Francis C. H. Crick, *Of Molecules and Man* (Seattle: University of Washington Press, 1966), p. 10.

4) 내가 "그렇게 보인다"는 단서를 붙인 것은, 도킨스와 윌슨이 모두 어떤 대목에서는 매우 강하게 그런 취지를 역설하다가도 또 어떤 대목에 오면 그것이 자기들의 의도는 아니라고 부인하기 때문이다. 윌슨의 경우, 여러 과학 분야들 사이의 관계는 곧 갈등과 대립의 관계로 보고 있다. 각 분야에 대해 그에 반(反)하는 분야가 하위 차원에 존재한다(도표 1에서 보는 것과 같다. 이에 대한 설명은 뒤에 제시될 것이다. 그리고 동시에 각 분야가 상위 차원의 분야에 대해 하나의 '반(反)분야'가 된다고 한다. "Biology and the Social Sciences," *Daedalus* 106:4 (Autumn 1977), pp. 127-140 참조. 그러나 생물학(사회생물학도 마찬가지)이 사회학과 인류학, 행동과학에 대해 합병 시도를 벌인다는 인상은 여전히 불식되지 않는다.

5) '과학주의'라는 더 큰 주제에 대해서는 여기에서 논의하지 않겠다. 그것은 몇몇 저자들이 어떤 전제하에서 유전자에다가 이런 저런 역할을 부여하고 있는가 하는 문제와는 직접적인 관련성이 적기 때문이다. 그것이 우리 문화의 주요 이슈 가운데 하나이고, 과학 지식을 응용하는 문제와 관련해서 많은 사람들에게 영향을 끼치고 있음은 말할 필요도 없이 분명하다. 그러나 과학자들에게는 환원주의가 과학주의보다 더 널리 스며 있다고 생각된다. 내가 보기에 유전학 및 그 응용에 관한 논의에는 환원주의가 바탕에 깔려 있는 경우가 많으며, 따라서 여기에서는 그것을 주제로 삼고자 한다. 환원주의에 관한 문헌으로는 특히 다음 저술들을 참조하라. Arthur Peacocke, *God and the New Biology* (London: Dent, and San Francisco: Harper and Row, 1986; reprint, Magnolia, MA: Peter Smith Publishing Co., 1994), chs. 1 & 2; Ian Barbour, *Religion in an Age of Science* (San Francisco: Harper and Row, 1990), pp. 165-172.

6) '엔텔레키'(entelechy) 또는 '생명력'(life force)이라는 형태로 외부로부터 가해지는 영향이든, 또는 '하향식'(top-down) 방식의 인과율적인 작동이라는 의미에서 내적인 영향이라 할 수 있는 것이든 간에, 그 어떤 영향의 작용을 이 개념이 내포한다고 이해할 필요는 없다(그래서도 안 된다). 여기서는 복잡성이 더 높아지면서 새로운 능력, 기능 등이 나타나는 현상을 가리키는 순전히 서술적인 의미로 이 개념을 사용하는 것이다.

제13장 과학지식의 지도: 유전학, 진화, 신학 357

7) 그런 계층 관계는 수평적으로도 나타나고 또 수직적으로도 나타난다. 그러나 여기에서 가장 관심을 기울이는 것은 수직적인 관계이다.

8) W. C. Wimsatt, "Robustness, Reliability and Multiple-Determination in Science," in *Knowing and Validating in the Social Sciences: A Tribute to Donald Campbell*, ed. M. Brewer and B. Collins (San Francisco: Jossey-Bass, 1981).

9) Arthur Peacoke, *Intimations of Reality: Critical Realism in Science and Religion* (Notre Dame: University of Notre Dame Press, 1984), ch. 1; idem, *Theology for a Scientific Age*, pp. 11-14; Wentzel van Huysteen, *Theology and the Justification of Faith* (Grand Rapids; Eerdmans, 1989), ch. 9; Michael Banner, *The Justification of Science and the Rationality of Belief* (Oxford: Clarendon Press, 1990); Barbour, *Religion in an Age of Science*, pp. 41-45 등을 참조하라.

10) 「창세기」 3:19.

11) Donald T. Campbell, "'Downward Causation' in Hierarchically Organized Systems," in *Studies in the Philosophy of Biology: Reduction and Related Problems*, ed. F. J. Ayala and T. Dobshansky (London: Macmillan, 1974), pp. 179-186.

12) Stephen J. Gould, *Wonderful Life: The Burgess Shale and the Nature of History* (London: Penguin Books, 1989), pp. 51 and passim. 이 저서의 이야기를 더 확대한 논의로는 졸저 *Theology for a Scientific Age*, pp. 220ff를 참조하라.

13) P. S. Churchland and T. J. Sejnowski, "Perspectives on Cognitive Neuro-science," *Science* 242 (1988): p. 744.

14) 물론 과연 이런 일을 할 수 있는가 하는 것부터 문제되어 왔다. 특히 Roger Penrose, *The Emperor's New Mind* (Oxford: Oxford University Press, 1989)를 참조하라.

15) 예를 들어 그의 *Science and Moral Priority* (Oxford: Blackwell, 1983), ch. 6 및 그에 이어지는 저술들을 참조하라.

16) Margaret Boden, "Artificial Intelligence," in *The Oxford Companion to the Mind*, ed. R. L. Gregory (Oxford and New York: Oxford University Press, 1987), pp. 49-50.

17) D. A. Hay, *Essentials of Behavior Genetics*(London: Blackwells, 1985), p. 1.

18) J. R. Vale, *American Psychologist* (1973): p. 872, Hay, *Essentials*, p 4에서 재인용.

19) L. J. Eaves and L. M. Gross, "Theological Reflection on the Cultural Impact of Human Genetics," *Insights* (Chicago CCRS, vol. 2, 1990): p. 17.

20) Eaves and Gross, "Theological Reflection," p. 17.

21) R. W. Sperry, "Psychology's Mentalist Paradigm and the Religion / Science

Tension," *American Psychologist* 43 (1988), p. 608.

22) M. A. Jeeves, "Minds and Brains: Then and Now," *Interdisciplinary Science Revs.* 16 (1991), p. 70.

23) Sperry, "Psychology's Mentalist Paradigm······," p. 609.

24) Peter Morea, *Personality* (New York: Penguin Books, 1990), p. 171.

25) Morea, *Personality*, p. 174.

26) 이처럼 인식론에서 '자연주의'가 부활한 데 대해서는 필립 키처(Philip Kitcher)가 흥미로운 분석을 제시한 바 있다. "The Naturalist Return," *Philosophical Review* 101 (1992), pp. 53-114 참조. 키처가 이러한 자연주의의 '복귀' 현상에 대해 전혀 공감하지 않는 것은 아니다. 그러나 그것이 제기하는 철학적 문제들 가운데 많은 풀리지 않는 것들을 정확하게 지적하였다.

27) Donald T. Campbell, "On the Conflicts Between Biological and Social Evolution and Between Psychology and Moral Tradition," *Zygon* 11 (1976), pp. 167-208.

28) Holmes Rolston, *Science and Religion* (New York: Random House, 1987), ch. 5, "Culture: religion and the social sciences," p. 234.

29) 필자는 다른 저서에서, 신과의 관계는 여러 가지가 있을 수 있는데 그 각자가 나름의 방식으로 표출되며, 또한 워낙 우리의 지각과 감각을 통해서 수용된 것에서 창조된 의미 있는 양태를 통해서 표출된다고 주장한 바 있다(*Theology for a Scientific Age*, 1993년 판, ch. 11).

30) G. Steiner, *Real Presences* (London and Boston: Faber and Faber, 1989), p.4.

31) Steiner, *Real Presences*, p. 4.

32) Peter Morea, *Personality*, p. 171.

제14장

과학, 신학, 윤리학의 생태주의화

오드리 R. 채프먼

종교공동체가 생태학적 자각을 갖게 하는 데 중요한 역할을 했던 린 화이트(Lynn White)의 독창적인 논문이 『사이언스』(Science)에 발표된 지 30여 년 이상이 지났다. 그 논문에서 화이트는 기독교를 환경위기의 중요한 원인 제공자로 서술한다. 화이트에 따르면, 자연을 지배하라는 기독교 세계관과 성서적 명령은 자연을 존중하는 접근보다는 도구적 접근을, 그리고 환경 파괴적인 과학과 기술의 발전을 촉진하는 정황을 제공했다.[1] 이것은 지난 30년 간 아주 많이 논의되어 왔던 주제이다.

지난 20년 동안 종교사상가들은 피조 세계의 연약성, 취약성, 상호의존성에 관련된 인식의 증가에 대해 의미 있는 방식으로 반응하기 시작했다. 다니엘 매과이어(Daniel Maguire)가 언급한 것처럼, "만약 현재의 경향이 지속된다면, 우리는 계속해서 존재하지 못할 것이다. 그리고 이것은 질적으로나 시기적으로 사실이다. 만약 종교가 (이 문제에 대해) 말하지 않는다면, 그것은 시대에 뒤떨어진 오락거리이다."[2]

최근의 한 논평은 기독교 신앙과 관련해서 생태학과 정의를 통합시키려는 도전이 상대적으로 짧은 시기에 기독교의 자기 이해를 변화시켰다고 결론 내린다.3) 기독교 윤리학자들이 행한 다른 조사는 생태계에 대한 관심이 결여되어 있었던 1983년 이전 상황을 현재의 상황과 대조시킨다. "지난 20여 년 간 그리고 특히 지난 몇 년 동안, 기독교 윤리학자들은 생태학적 황폐화에 비추어 보아 식물과 동물과 생태계에 대한 인간의 의무를 다시 검토하는 데에 세속적인 동료들과 합류하기 시작했다."4) 30년 전에 화이트가 기독교를 그 문제의 원인으로 생각했던 것에 반해서, 오늘날 많은 세속적인 환경사상가들과 과학자들 그리고 환경문제 활동가들은 종교공동체를 공동의 목적과 이에 대한 헌신이라는 의미에서 바라본다.5)

그럼에도 불구하고, 환경위기에 대응해서 기독교 신학과 윤리학을 재평가하고 재구성하는 기념비적 작업은 결코 끝나지 않았다. 비록 1970년 제1회 지구의 날 이후로 종교 사상을 "생태학적으로 바꾸는 일"이 의심할 바 없이 있어 왔지만, 여전히 해결되지 않은 중요한 방법론적, 윤리적, 신학적 문제들이 있다. 새로운 문제를 해결하려고 시도하는 상대적으로 새로운 전문분야로서 생태신학(eco-theology)이나 생태윤리학(eco-ethics)은, 아무런 실제적 유산이 없기 때문에 여전히 "상대적으로 발달하지 못하고 있다."6) 환경주의(environmentalism)가 미국 개신교에 끼친 영향의 증대에 관한 한 연구는, 생태학적 문제들을 언급할 필요성에 대한 상당한 동의와 함께, 적절한 지향성(orientation)과 방향(direction)에 대한 지속적인 갈등과 노력을 나란히 기술하고 있다. 그 연구는 개신교 환경사상의 특징이 철학적이며 과학적 엄격성을 결여한 상태에서 내부적으로는 분열되고 정치적으로는 소박하며 충분한 지식을 갖추지 못하고 있는 것으로 보며,7) 이러한 평가는 다양한 종교적 흐름을 넘어서 훨씬 광범위하게 적용될 수 있다.

내가 예전에 언급했듯이,8) 오늘날 생태신학과 생태윤리학은 내적으로 초점을 맞추는 경향이 있다. 이들은 생태계의 위기에 대한 종교의 역할과 책임을 평가하는 일과, 환경에 대해 좀더 민감해질 수 있도록 다양한 종교전통을 재해석하는 일을 그 일차적인 과제로 삼고 있다. 그들은 암묵적으로든 명시적으로든 간에 그 정열의 상당부분을, 기독교 그리고/또는 전통적인 종교적 지향성들이 환경 오용에 대해 더욱 일반적으로는 적어도 일부 책임이 있다면서 린 화이트와 다른 비판자들이 제기했던 도전에 응답하는 데 투입해 왔다. 학자들은 기독교 성서와 전통이 반(反)생태학적이라는 화이트의 주장을 다양하게 평가하거나 확대하거나 논박해 왔다. 이러한 노력에 병행해서, 학자들은 환경과 밀접한 관련을 갖는 신학적 성찰과 연대를 위한 자원을 발견하기 위해서 기독교 전통을 재해석해 왔다. 그렇지만 환경위기를 구성하고 있는 다양한 문제들에 대해 새로운 윤리나 전망을 실행하거나 적용하는 저작은 거의 없다. 달리 말하면, 학자들은 다양한 신학적 관점에서 우리가 환경에 대해 선한 청지기직의 책임이 있다거나 생태학적으로 지속 가능한 방식으로 살아야 한다고 주장하지만, 이러한 문헌들은 그러한 의무를 어떻게 달성할 수 있을 것인가 또는 생태계의 안녕(安寧)을 어떻게 평가할 수 있을 것인가에 대한 구체적인 지침을 거의 제시하지 못하고 있다.

과학, 신학, 윤리학의 영역 공유를 위한 원리

이 글을 구성하는 논제는 과학이 생태신학과 생태윤리학에 좀더 많이 통합되면 될수록, 생태학적 신학이나 생태학적 윤리학의 발전에 두드러지게 공헌할 수 있다는 것이다. 학제간 관점은 이러한 전문분야들에 더욱 큰 개념적 정밀성, 구체성, 관련성을 제공할 수 있다. 만약 생태신학이나 생태윤리학이 신학적으로 윤리적으로 적절한 대응을 마련하기 위한 토대로서 지구에 어떤 일이 일어났는가를 이해하고 해결을 시도하고자 한다면, 과학적 기초 지식은 필수적인 것이다. 인류의 영적 삶과 미래는 지속 가능한 삶을 계속하고 지속 가능한(sustainable) 사회를 발전시키라는 간곡한 권고에 달려 있는 것이 아니라, 오히려 지속 가능성에 이바지하는 것이 무엇인가를 배우는 것과 그것이 제기하는 어려운 신학적, 도덕적, 사회적, 환경적 문제들과 씨름하는 것에 달려 있다. 그러므로 철학자 홈스 롤스톤 3세(Holmes Rolston III)가 언급한 것처럼, "환경윤리가 이용 가능한 최선의 과학으로부터 지식을 얻지 못한다면 어리석은 것이다. 환경 정책의 성공은 …… (그러한) 규범적인 가치들을, 정확하게 기술하고 유능하게 작동하는 환경 과학과 접목시키는 데 달려 있다.9) 물론, 이렇게 다시 방향을 잡고 재개념화하는 것이 생태신학과 생태윤리학을 전개하는 데 유일하게 효과적인 접근 방식이라는 말은 아니다. 또한 이는 학제간의 모든 작업에서처럼, 아마도 심지어 그 이상으로 많은 방법론적이며 개념적인 도전들을 제기한다는 것을 인식하고 있다.

다른 생태사상가들 역시 더욱 깊은 지적 수준에서 과학과 종교의 대화와 과학적 지식을 갖춘 환경윤리의 발전을 요구해 왔다. 철학자 베어드 캘리콧(J. Baird Callicott)은 "진화론과 생태학 그리고 새로운 물리학(특수상대성이론, 일반상대성이론, 양자이론과 더불어서 생명과학들, 특히 생태학과 진화론)에 근거하고 현대 과학의 인식론적 언어로 표현된" 21세기를 위한 새로운 국제적 환경윤리의 등장을 전망하고 있다.10) 캘리콧은 이러한 윤리학이 산업시대 이전에 있었던 다양한 자연적 태도와 가치들, 특히 아시아에 기원을 둔 것들과 개념적 친화력을 많이 지니고 있다고 말한다. 그는 전통적이고 문화적인 다수의 환경윤리학의 회복이 과학에 토대를 둔 새로운 환경윤리와 공명할 수 있으며, 그것을 좀더 명료하게 하는 데 도움을 줄 수 있을 것이라고 예상한다. 캘리콧에 따르면, 그 결과는 하나의 세계관, 하나의 연관된 환경윤리가 될 것이다. 그리고 이 세계관과 윤리는 문화적·역사적 렌즈의 다양성을 통해서 표현된 우리의 공통된 기원과 사는 곳, 그리고 환경위기라는 현대적인 실재와 상응할 것이다.11)

몇몇 신학자들 역시 생태학적 문제에 관해서 과학공동체와 종교공동체 사이에 상호작용을 더욱 촉진할 필요가 있다는 점을 인식해 왔다. 예를 들면 로즈마리 류터(Rosemary Ruether)의 최근 저작은 생태학적 관점에서, 현재의 과학적·사회적 패러다임을 계속해서 비판적으로 평가해야 할 필요성을 강조하고, 또 물리학과 생물학의 현대적 발전에 근거한 과학과 종교의 대화와 새로운 통합의 필요성 모두를 강조한다.12) 그녀는 "오직 생명의 그물이 어떻게 작용하는가를 이해하는 것에 의해서만 우리는 또한 그것을 파괴하지 않고 유지하는 것을 배울 수 있다"고 언급한다.13) 샐리 맥페이그(Sallie McFague)는 신학이 항상 그 핵심적인 신념들을 당대의 실재 상들의 관점에서 개념화해 왔듯이, 현대 신학은 실재에 대한 20세기 후반의 과학적 이해라는 넓은 범위와 일치해야만 한다고 주장한다.14) 류터처럼 맥페이그도 페미니스트적·생태학적 관점에서 신학을 재구성하기 위한 자원으로 과학을 창조적으로 이용하고 있다. 화이트헤드의 저작에서 발전된 과정사상은 과학과 신학의 결합에서 가장 크게 진전된 것이다. 1981년 찰스 버치(Charles Birch)와 존 캅 2세(John B. Cobb, Jr.)의 기념비적인 저작 『생명의 해방: 세포로부터 공동체까지』(*The Liberation of Life: From the Cell to the Community*)15)가 출판된 이래, 제이 맥다니엘(Jay McDaniel)16)과 존 호트(John Haught)17)와 같은 다양한 과정사상가들은 생명체와 비생명체 모두가 근본적으로 통합되어 있는 공동의 창조

(common creation)라는 전망을 제시하기 위해서 과학적인 자료들, 특히 생물학과 생태학의 자료들을 사용했다.

몇몇 종교윤리학자들 역시 종교와 과학의 역사적 분리를 극복하는 데 관심을 가져왔다. 로저 신(Roger Shinn)은 1982년에 출판된 『강요된 선택: 21세기를 위한 사회적 결정들』(*Forced Options: Social Decisions for the Twenty-First Century*)에서, 생태계의 위기를 포함해서 현대 사회가 직면한 중요한 문제들이 윤리적이며 기술적인 판단, 종교적 헌신, 전문화된 지식이 결합된 결정들을 요청한다고 강조한다. 왜냐하면 윤리적 전통들이 우리 시대의 많은 '피할 수 없는 선택들'에 대해서 침묵하고 있기 때문에, 그는 이런 문제에 대한 실천과 혼란과 노력으로부터 제기되는 새로운 윤리 이론의 필요성을 인식하고 있다.18) 이와 비슷하게 이안 바버(Ian Barbour)도 『기술 시대의 윤리』(*Ethics in an Age of Technology*)에서, 과학과 기술을 지구에서 인간과 환경의 가치를 실현하기 위한 방향으로 다시 돌이키는 것이 필요하다는 것을 중요한 주제로 내세운다. 기술의 선택이 실제적인 유용성에 대한 우월성과 좋은 삶에 대한 우리의 전망에 의존해 있기 때문에, 바버는 성서 전통이 모든 창조물들을 존중하고 미래 세대에 관심을 갖는 윤리에 크게 공헌할 수 있을 것이라고 시사한다.19) 래리 라스무쎈(Larry Rasmussen)은 『지구 공동체, 지구 윤리』(*Earth Community, Earth Ethics*)에서 "우리를 이곳과 무한한 공간에 있는 모든 생명체 및 비생명체와 근본적으로 통일시키고, 동시에 생명의 형식들에 의해서 그리고 생명의 형식들 안에서 근본적으로 다양하고 개별화되는 공동의 창조"에 대한 전망을 제시하기 위해서 과학, 윤리학, 시를 성공적으로 통합한다.20)

내가 제시하고자 하는 바, 생태신학과 생태윤리학에 근거하고 과학적 지식을 갖춘 신앙은 위에서 인용한 제안들과 작업들 위에 세워지지만 또한 그것들을 일부 넘어선다. 그것은 두 공동체 사이에 주기적인 대화 이상의 것을 수반하고 있으며, 적어도 일부 생태윤리학과 생태신학은 새로운 방식으로 전개되어야 한다는 것을 전망하고 있다. 그것은 특정한 신학적 또는 윤리적 전망이 실재에 대한 현대물리학, 생물학, 그리고/또는 생태학의 견해와 조화를 이룬다는 것을 보장하기 위한 전거로서 과학을 이용하게 될 것이다. 종교공동체는 과학적 자료를 생태계의 문제를 다루기 위한 상황, 정황, 또는 원리를 제공하는 배경으로 사용하는 대신에, 그것의 체계적인 공유(systematic interface)를 기대한다. 그 목표는 생태학적 세계관과 현대의 과학적 이해를, 윤리적이며 신학적인 분석에 대한 종교적 범주들과 융합하는 것이다. 그렇게 하기 위해서는, 새로운 방법론들과 접근방식들의 발전뿐만 아니라 그 과제의 개념화의 변화들도 필요할 것이다.

나는 생태신학과 생태윤리학에 새로운 접근방식을 제안하는 것이며, 그 과제를 과학에다 넘기고 포기하거나 신학적이며 윤리적인 결론들을 과학으로부터 직접 끌어 오는 것이 아니라는 것을 분명히 밝힌다. 내가 주창하는 상호공유는 과학보다는 신학적이며 윤리적인 관심과 관점으로 인도되는 것이다. 많은 신학자들과 윤리학자들이 언급하듯이, 오직 과학적 토대에만 근거해서 신학적 또는 윤리적 주장을 하거나 과학이론으로부터 신학적 관점을 직접 발전시키는 것은 가능하지 않다. 여기에서 기술적 판단을 도덕적 주장과 혼동해서는 안 된다는 제임스 내쉬(James Nash)의 경고를 상기할 필요가 있다.[21] 그가 했던 진술의 맥락은 과학자들의 권한을 한정하고 있는 것이다. 그럼에도 불구하고 이 경고는 신학과 윤리학에 동일하게 적용될 수 있다. 과학적 자료는 그것이 얼마나 중요한지에 관계없이 신학적이며 윤리적인 분석을 대신할 수 없다.

의미 있는 공유를 위한 필요조건들

생태계 문제와 관련해 종교와 과학이 좀더 의미 있는 관계를 맺기 위해서는 무엇이 필요할까? 종교사상가들 입장에서 볼 때, 나는 그런 공유가 네 가지 필요조건을 지니고 있다고 생각한다. (1) 과학의 기초원리, 과학적 방법론, 20세기 과학에서 등장한 자연에 대한 견해의 변화를 이해하는 것. (2) 현대생물학과 생태과학과 가능한 완벽한 조화를 추구하는 것. (3) 특정한 환경관련 주제와 문제에 대한 깊은 과학적 이해를 발전시키는 것. (4) 과학적 분석을 종교적 관점에 더욱 잘 통합할 수 있는 환경윤리학에 대해 새로운 방법론과 접근방식을 이용하는 것. 이번 절에서는 이러한 필요조건 가운데 처음 세 개를 다룰 것이다.

만약 과학이 생태신학과 생태윤리학을 위한 자원의 역할을 한다면, 환경사상이 현대과학의 세계관과 일치하는 것이 필요하다. 그 목적은 종교사상가들을 연구실에 있는 과학자들과 동등하게 만드는 것이 아니라, 그들로 하여금 과학적 방법론의 본질과 과학적 합리성의 일반적 구조와 필요조건들에 대한 기본적인 이해를 갖도록 하는 데 있다. 이것은 적어도 한편으로는 특별한 관찰과 실험 자료 사이의 관계에 대한 이해와, 다른 한편으로는 일반 개념, 이론, 패러다임에 대한 이해를 수반한다. 이와 관련해서 신학자들이 과학 연구에서 이론을 시험하고 평가하는 기준과 과정에 대해서 아는 것도 중요하다. 그렇지 않다면, 과학 자료, 이론, 외삽법(extrapolations)을 평가하는 것이 불가능할 것이다.

과학적 세계관은 시간에 따라 변하는데, 따라서 생태신학과 생태윤리학이 20세기 후반 과학의 패러다임에 근거해야 한다는 점이 중요하다. 이안 바버의 『과학시대의 종교』(*Religion in An Age of Science*)는 뉴턴적 세계관과 포스트모던 또는 20세기 후반의 과학모델을 구별하는 데 도움이 되는 개요를 제공하고 있다. 바버에 따르면, 뉴턴적 세계관은 자연을 기계로 형상화한다. 자연에 대한 이러한 세계관의 접근방식은 환원주의적이며 기계적이었다. 이 방식에 의하면, 통일된 물리적 메커니즘과 법칙은 인간의 정신에서 발생하는 사건만을 예외로 하고, 모든 사건들을 결정한다. 뉴턴적 우주는 분리된 입자나 원자가 가장 근본적이며 기본적인 실재라고 주장하는 원자론적 관점을 지니고 있었다. 변화란 이러한 고정된 기본적 입자들의 재배열로 이해되었다. 자연은 목적에 의해서가 아니라 모든 자연적 사건이 결정하는 기계적 원인들에 의한 결정론적인 것으로 생각되었다. 비록 지구가 더 이상 우주의 중심으로 여겨지지는 않았지만, 인간은 그들이 지닌 이성으로 인해서 여전히 독특한 지위와 중요성을 지니고 있었다.[22]

이와 대조적으로 20세기 과학은 자연을 상호 관련된 공동체로 묘사하고 있다. 20세기 과학 패러다임에 대한 이안 바버의 개요에서, 자연은 이제 진화론적이고 역동적이며 창발적인(emergent) 것으로 이해되고 있다. 결정론을 대신해서, 자연은 법칙과 우연, 구조와 개방성의 복합적인 결합에 의해 형성되는 것으로 특징 지워진다. 실재는 분리된 실체와 입자 대신 사건과 관계로 구성된 것이라고 여겨진다. 자연은 관계적이고 생태학적이며 상호의존적인 것으로 이해된다. 분리된 구성성분에 대한 분석뿐만 아니라 체계와 전체에 대해서도 주의를 기울이고 있다. 이 관점은 좀더 덜 인간 중심적이며, 인간을 자연의 구성부분으로 이해하고 있다. 뉴턴적 체계에서 여전히 유행했던 정신/육체의 이원론 대신, 현대과학은 인간을 심신통일체로 보는 견해를 지지한다.[23]

위의 논의를 통해 볼 때 뉴턴적 고전 모델과, 상대성이론과 양자역학 그리고 생명 공동체에 대한 생명 과학인 생태학에 기초한 더욱 현대적인 이미지 사이의 차이는 자연에 대한 이해에서 중요한 함의를 지니고 있다. 이미 주어진 것으로서 정적인 뉴턴적 패러다임을 취하거나, 생태학의 역동적이며 관계적인 견해를 강조하지 않는 신학과 윤리학은 우리가 살고 있는 세계를 부정확하게 말하고 있다. 과정사상과 페미니즘 사상의 공헌 가운데 하나가 현대 과학으로부터 유래한 세계관이 지닌 신학적 함의들을 발전시킨 것이다.

과정사상가들은 우주를 모든 측면들이 상호침투하고 상호작용하는 진화하는 유기체로 본다. 그 명칭이 함축하고 있듯이, 과정사상은 일시적 과정을 형성하는 것이 아주 작게 독립해서 존재하는 물질의 물리적 단위라기보다는 상호 연결된 순간 순간의 사건들이라고 주장한다. 찰스 버치와 존 캅은 자연을 모든 생명체가 고유한 가치를 부여받고 어느 정도의 자기 창조성을 지니면서 진화하고 무한히 복잡하며 상호 연결된 일련의 관계성들로 보면서 과정사상의 접근방식을 환경 문제에 적용한다. 그들은 또한 자연을 기계로 개념화했던 것이 인간과 자연을 억압하는 결과를 가져왔다고 주장하면서 기계론적 모델에 대해 철저히 비판한다.24) 캐롤린 머천트(Carolyn Merchant)가 1980년에 출판했던 『자연의 죽음: 여성, 생태학, 그리고 과학혁명』(The Death of Nature: Women, Ecology and the Scientific Revolution)25)을 필두로, 많은 페미니즘 사상가들 역시 기계론적 과학 모델이 여성과 인간 이외의 자연을 가부장적 문화로 지배하는 데 연루되어 있다는 비슷한 주장을 한다.

생태학적으로 관련된 신학적 윤리학은 또한 현대생물학과 생태학의 방향과 발견들에 일관성을 지닐 필요가 있다. 제임스 내쉬가 언급했듯이, 만약 기독교 윤리학자들이 생태 역학의 기본을 적절히 이해하지 못한 채 생태학적 윤리학을 시도한다면, 기독교 생태윤리학은 낭만적 실수나 영적 명상으로 환원될 지도 모른다.26) 생물학적이며 생태학적인 과학과의 일관성을 추구하는 것은 생태학적 지식을 갖추는 것 이상을 요구한다. 내쉬에 따르면, "신앙 그 자체는 과학이 제공할 수 있는 실재에 대한 최고의 완벽한 해석, 즉 이용 가능한 최선의 증거에 의해 해석되어야만 한다."27) 그렇지 않다면, 생물학의 '서투른' 해석은 '서투른' 신학과 윤리학에 공헌할 것이며, 이 분야들 사이에 불필요한 갈등을 야기하게 될지도 모른다고 내쉬는 경고한다.28) 생물학에 대한 잘못된 이해 또는 부적절한 이해의 여부가 서투른 신학에 공헌하게 될 것이며, 그 신학은 분명히 생태학적 사고와 무관한 결과를 가져올 것이다.

아마도 분명, 과학적 지식을 갖춘 환경윤리학은 특정한 환경 주제와 문제들에 대해서 그 원인과 현상과 계획된 흐름과 정책적 함축들이 포함된 지식과 이해를 필요로 할 것이다. 더 나아가 이러한 요인들은 특정한 지역들과 구체적인 하위집단의 사람들과의 관계 속에서 검토되어야만 한다. 왜냐 하면 '환경위기'라고 할 수 있는 그런 현상은 존재하지 않기 때문이다. 대신 일련의 문제들이 있으며, 이것들은 때로 서로 연결되어 있지만, 배후 원인, 징후, 적당한 발전, 해결을 위한 선택 등은 제각각이다. 다양한 문제들은 모든 지역들에 동일한 충격을 주는 것도 아니고, 또한 모든 사람에게 비슷하게 영향을 주는 것도 아니다. 보다 구체적으로 본다면, 인구압박을 이해하기 위해서는 기후 변화, 오존의 고갈, 유독 물질의 노출이나 저장, 또는 환경과 관련된 다른 주제나 문제를 이해하는 것과는 사뭇 다른 과학적 근거가 필요하다. 생물학적 다양성을 보존하기 위한 윤리적 문제를 다룰 수 있기 위해서는 유독성 폐기물의 생산과 처리, 저장에 관련된 윤리와는 거의 중복되지 않은 지식이 요구된다. 더 나아가 특정한 문제가 다른 지역에서 나타나는 방식, 그것이 제기하는 문제의 형식, 그것이 영향을 주는 인구 수, 그리고 이용 가능한 선택은 상당히 다를 것이며, 그러므로 공통점이 없는 윤리적 함의를 지니게 된다. 구체적인 과학지식이 없다면 책임성, 취약성, 차별적인 충격, 인간이나 사회에 주어진 결과적 영향력, 장기적인 예측, 그리고 / 또는 정책적 선택과 균형을 취하는 일 등의 문제들을 설명하는 것이 가능하지 않다. 많은 종교사상가들은 이렇게 다양한 문제들을 일괄적으로 함께 다루기를 원하는데, 이렇게 하는 것은 과학적 분석과 윤리적 분석 모두를 혼란스럽게 뒤죽박죽으로 만드는 것이다.

긍정적인 소식은 과학자가 아닌 사람들이 물리학, 화학, 유전학, 또는 분자생물학보다는 환경과 관련된 많은 과학 분야의 연구결과들을 더 쉽게 이용할 수 있게 되었다는 것이다. 우리가 이용할 수 있는 것으로, 너무 전문적이지 않으면서도 과학적이며 사려 깊은 환경 관련 문헌들이 상당수 있다. 생태학, 생물학, 공중위생학, 인구통계학, 경제학의 관점에서 쓰여진 많은 자료들은 이해를 위한 고도의 과학적 훈련을 필요로 하지 않는다. 더 나아가 생태계의 문제에 종사하는 많은 신학자들과 종교윤리학자들은 환경문제에 대해서 상당한 지식을 갖추고 있으며, 때로는 그들의 저작에서 볼 수 있는 것보다도 환경위기에 대한 과학적 토대들을 훨씬 더 잘 파악하고 있다.

방법론적 선택과 가능한 접근방식

과학적 지식을 갖춘 생태신학과 생태윤리학을 시도할 때 접하는 중요한 장애물은 그 작업에 대해 분명하게 정의된 방법론들이 결여되어 있다는 것이다. 모든 학제간의 연구, 분석, 대화는 상호 공유하는 분야의 방법론적 접근방식, 중요도, 용어에서의 차이를 극복해야만 한다. 과학과 종교 사이에서 이러한 차이는 두 분야를 가로지르기 위해서는 특히 만만치 않다. 두 분야는 매우 다른 방향성, 진리 진술을 구성하고 시험하는 접근방식, 용어 사용, 세계관을 지니고 있다.[29] 그러므로 과학과 종교는 가장 효과적으로 더욱 체계적인 생태학적 상호공유를 형성할 수 있는 방식들을 생각할 필요가 있다.

이 절의 목적은 생태학적 패러다임과 관련된 과학 자료를 신학적이며 윤리적인 분석과 통합하려는 것이다. 통합은 과학을 배경, 맥락 또는 자료로 단순하게 사용하는 것 이상을 의미한다. 우리는 어떻게 이것을 할 수 있는가? 이제 이것을 위한 가능한 접근방식과 방법을 생각해 보도록 하자. 앞서 논의된 사례에서 언급한 것처럼 이러한 선택들 하나 하나는 도움이 될 가능성이 있지만, 그것을 실천하기는 그리 단순하지 않다.

(a) 현대 과학의 이해에 근거해서 신학적 또는 윤리적 준거틀을 발전시키는 것. 두 권의 저작이 이러한 과제를 성취할 수 있는 방법에 대한 모델을 제공하고 있다. 첫째는 래리 라스무센의 『지구 공동체, 지구 윤리』이다.30) 라스무센의 논제에 따르면, 자연이 하나의 공동체라는 발견은 바로 20세기 자연과학의 발견이다. 그러나 이것은 인간 사회를 포함해서 전 지구가 또한 하나의 공동체라는 한 단계 더 나아간 이해를 동반할 필요가 있다.31) 라스무센은 사회와 자연을 상호 관련된 단일한 공동체로 이해하는 자신의 전체론적인 전망이 갖는 함의를 설명하고 평가하기 위해, 과학과 신학 그리고 윤리학으로 관심을 돌린다. 그가 발전시킨 전망에서 과학은 신학적이며 윤리적인 분석을 해명하며, 신학적이며 윤리적인 규범들은 과학을 위한 맥락을 제공한다. 그 책은 세 부분으로 구성되어 있다. "지구 살펴보기"(Earth Scan)라는 첫 번째 부분은 지구 위의 모든 생명체를 위협하는 위험을 제거하기 위해, 과학과 역사와 정책 토론을 자원으로 활용하면서 우리의 전 지구적 상황에 대한 분석을 시도한다. 두 번째 부분은 "지구적 신앙"(Earth Faith)이다. 여기서는 사회적, 환경적, 영적, 도덕적 존속 가능성을 마련해 주는 것이 무엇인가를 이해하기 위해, 그 자원들을 수집하려고

종교와 윤리와 과학을 탐구한다. 마지막으로 세 번째 부분은 "지구적 행동"(Earth Action)으로, 이는 인간의 소명과 역할에 대한 방향을 다시 정립할 수 있는 건설적인 윤리를 기술하고 있다.

생물학자 찰스 버치와 신학자 존 캅이 공동으로 저술한 『생명의 해방』(The Liberation of Life)32)은 두 번째 접근방식을 제시하고 있다. 이 책의 첫 부분은 분자생물학, 유기적 생태학, 인구 생태학을 포함한 생물학적 과학, 역사학, 신학, 윤리학에 근거해서 "생명에 대한 생태학적 모델"을 발전시킨다. 중간 부분은 동물의 권리, 인간의 권리, 생명권 윤리를 이해하고, '생명에 대한 신앙'의 의미를 해석하려고 할 때, 그 모델이 지닌 함축성을 기술하고 있다. 마지막 장에서는 인간 생명에 대한 생물학적 조작, 정의(justice)와 지속 가능성, 경제 발전의 모형들과 같은 문제에 그 모델을 적용하고 있다.

비록 과학자와 신학자의 공동작업이 밝은 전망을 보여 주지만, 그것은 의미 있는 방식에서 과학의 신학이나 윤리의 통합을 필연적으로 보증하는 것이 아니다. 존 캅과 경제학자 허만 데일리(Herman Daly)가 함께 한 또 다른 학제간의 작업은 공동체, 환경, 지속 가능한 미래를 위해서 경제를 어떻게 다시 방향 정립할 수 있는가에 대한 주제를 다룬 『공동의 선을 향하여』(For the Common Good)라는 고무적인 책으로 출판되었다. 『생명의 해방』과는 대조적으로, 이 책에서 윤리적이며 신학적 분석은 마지막 장까지 암묵적으로 남아 있다.33) 철학자와 유전학자에 의한 또 다른 작업인 『신을 대신해서: 생물학을 위한 기독교 윤리학』(On Behalf of God: A Christian Ethic for Biology)은 과학보다는 성서 분석에서 그 모델을 가져오고 있는데, 신학적 엄밀함과 깊이가 『생명의 해방』에는 미치지 못한다.34)

(b) 화제의 초점 이용하는 것. 이 논문은 종교를 배경으로 한 환경사상가들의 저작 가운데 일부를 추상적이고 전지구적인 문제에서 좀더

한정되고 범위가 제한된 화제들로 다시 방향을 수정하자고 주장해 왔다. "'인간'과 '자연'을 내적 구조나 차이에 관계없이 하나의 집단적 추상물로 생각하는 버릇"이 있다.35) 그렇지만 다루어지고 있는 주제에 따라서 과학적 토대, 신학적 함축성, 윤리적 문제와 대안들은 아주 많이 다르다. 예를 들면, 생물학적 다양성, 기후 변화, 인구 문제 등은 생태학적 보전에 영향을 주는 요소들과는 공통된 것이 거의 없다.

구체적인 문제들을 다루는 소수이지만 증가하고 있는 기독교 생태학적 저작들은, 좀더 커다란 개념적 명료성을 제시하고 과학 자료를 쉽사리 사용하기 위해서, 좀더 명확하고 한정된 초점의 능력을 강조한다. 제임스 내쉬36)와 윌리엄 깁슨(William Gibason)37)은 신학적이며 윤리적 관심에서 지구 온난화에 관해 글을 써왔다. 지구 온난화에 대해 오랫동안 관심을 가져온 세계교회협의회(The World Council of Churches)는 『가속되는 기후변화: 위험의 징조, 신앙에 대한 시험』(*Accelerated Climate Change: Sign of Peril, Test of Faith*)38)이라고 이름 붙인 문헌을 발표했다. 미국 가톨릭협의회의 환경정의 프로그램의 요청에 따라서, 데이빗 드코스(David DeCosse)는 한 가지 제안된 규정으로부터 제기될 수 있는 문제들에 대해 로마 가톨릭신학을 근거로 해서 신학적 윤리학의 분석을 시도했는데,39) 그 제안은 연방정부의 활동이 개인의 재산 가치를 감소시킬 때마다, 그 재산 소유자에게 배상하는 것을 납세자들에게 요구할 수 있는 법을 제정할 수 있도록 하는 것이었다. 드루 크리스찬슨(Drew Christiansen)은 가톨릭의 사회적 가르침에서 발견되는 공동의 선이라는 개념이 지닌 생태학적 차원을 탐구했다.40) 비록 실증적인 자료에 규범을 적용하지는 않지만, 리차드 랜돌프(Richard Randolph)의 최근 연구는 아마존 유역에서 환경 갈등을 평가하고 판결하기 위한 준거틀로서 공동의 선을 사용하고 있다.41)

기독교 윤리학자인 수잔 파워 브래튼(Susan Power Bratton)과 제임스 마틴-슈람(James Martin-Schramm) 두 사람은 인구 문제에 대한 연구에서 폭넓은 학제간 방법론을 사용했다. 브래튼이 출판한 『60억 이상: 인구조절과 기독교윤리학』(Six Billion and More: Human Population Regulation and Christian Ethics)은 성서분석, 역사, 인구통계학, 경제학, 기독교 윤리학이 결합된 관점에서 다양한 문제들을 고찰한다. 그것은 기독교 인구윤리를 발전시키고 구체적인 문제들에 적용시키는 과정에 인구학적 경향의 범위와 차원을 전달한다.42) 제임스 마틴-슈람은 인구문제와 소비문제 사이의 상호공유에 대한 일관성 있는 분석과 윤리적 접근방식을 제공하면서 동시에 과학적 기초지식 위에 근거한 그의 박사학위 논문을 토대로 한 일련의 논문들을 발표했다.43) 국제연합의 1994년 인구와 발전에 관한 국제 학술회의 결과로 출판된 최종 문헌에 대해서, 그가 생태정의의 관점에서 행한 도덕적 분석은 종교적 경향에 입각한 도덕적 성찰을 인구정책에 효과적으로 제시하는 방식에 대한 하나의 모델을 제공한다. 그는 여성에게 힘을 부여하고, 모든 사람들의 삶을 개선하면서, 인구증가를 감소시키는 목적을 달성하기 위해서, 그 문헌의 적절성뿐만 아니라 지속 가능성, 충족성, 참여, 연대라는 네 가지 특정한 도덕적 규범의 관점에서 행동 프로그램(the Programme of Action)을 분석한다.44)

 (c) 생태학적이며 인간적인 특이성을 고려하는 것. 이미 언급했듯이, 생태학적 변화들과 문제들이 다른 집단에 영향을 주는 방식의 차이와, 특정한 상황들에서 그것들이 지닌 함축성의 차이에 대해서 좀더 큰 민감성을 가질 필요가 있다. 비록 신학자들과 윤리학자들은 세속 환경주의자들이 부자와 가난한 자, 권력을 가진 자와 그렇지 못한 자, 다수와 소수, 여성과 남성 사이의 차이를 무시하는 것에 대해 때로 비판적이지만,45) 종교사상가들도 그렇게 하기 쉽다. 종교사상가들은 또한 분명히 실증적이며 과학적 지시 대상을 갖지 못하는 추상적인 개념적 형식

들을 사용하는 경향이 있다. 수잔 브래튼이 언급한 것처럼, 2,000년 간 서구철학의 영향으로 인해서 기독교 신학과 윤리학은 매우 추상적이고 포괄적이 되었다. 그리하여 실증적 모델이나 일반 이론과 대등한 종교적 대응물을 형성할 것이 강조되어 왔다. 이웃 사랑과 같은 포괄적인 최고 명령 원리들(first order principles)과 창조의 보존 같은 추상적인 개념들에 근거해서 형성된 이러한 신학과 윤리학은 더 나아가 과학과의 공유를 어렵게 한다. 과학 연구, 특별히 생태학 분야의 연구는 대개 쉽사리 일반화될 수 없는 세부사항을 다룬다. 생태학의 추진력은 특정한 사례에 대한 구체적인 조사를 토대로 한 '상향식 접근방식'(bottom-up approach)을 지향하고 있다. 브래튼은 기독교 환경윤리 또는 기독교 인구학적 윤리를 발전시키는 데 겪는 어려움 가운데 하나가, 최고 명령의 윤리학(first-order ethics)에 대한 선호와 더불어, 구체적인 사례들을 조사할 때 가장 윤리적으로 생산적인 생태학과 같은 과학 분야에 의존하려고 시도하는 것이라고 결론을 내린다.46)

브래튼은 최고 명령의 윤리적 원리에 생태학적이며 경제적인 실재를 통합하는 방식을 제공하는 '진단적'(diagnostic) 접근방식이라는 방법론을 발전시킨다. 그녀에 의하면, 이러한 접근방식은 윤리학자들이 환경의 타락을 "보고" 그 뿌리를 이해하면서, 고통받는 사람들의 목소리를 실제로 "들을 수" 있게 해 준다.47) 그녀는 이것을 포괄적인 '진단적' 접근방식이라고 부르는데, 그 이유는 이 방식이 포괄적인 '최고 명령'이나 전 지구적 해결을 시도하는 것이 아니라, 다루어지는 논제가 적절한 규모, 하위 문제들(sub-issues), 그리고 정보의 근거를 결정하는 진단적 과정에 가장 우선 영향을 받기 때문이다. 사례의 자료들이 지니고 있는 기술적 본성으로 인해서, 윤리적 토론은 신학자들과 윤리학자에 덧붙여서, 인구학적 변화의 원인과 충격을 명료하게 하는 데 도움을 줄 수 있는 생태학자, 사회학자, 물리학자, 경제학자, 정치분석가와 다른 사람들이 협력하는 집단적인 접근방식을 사용하고, 그래서 다양한 관점들, 전문적인 지식들, 그리고 민감성이 그 과정에서 협력될 수 있게 한다. 브래튼은 진단과정이 다음과 같은 고려사항을 포함한다고 제시한다. (1) 어느 수준에서 문제가 적절하게 언급되어야만 하는가? 시간과 공간 모두에서 그것이 어떻게 최선으로 정의되는가? (2) 윤리적 분석이 어느 수준에서 시도되어야만 하는가? 윤리적 반응은 잘 발전된 사례의 역사들에 근거해야 하거나 또는 그것들을 통해서 검사되어야만 한다. 가장 의존할 만한 생태적이며 경제적인 분석은, '모든 여성' 또는 '모든 가족들'에 대한 포괄적인 진술들을 배제하는 두 번째 또는 세 번째 명령인 것처럼 보인다. 예를 들면, "건조 기후 지역에서 농사짓는 아프리카 여성"에 초점을 맞추는 것이 필요하다. (3) 특정한 문제들이 무엇이며, 어떤 형식의 정보가 관련되어 있는가? (4) 종교적 가르침, 교의, 활동, 사회적 봉사가 지니고 있는 환경적이며 인구학적인 구체적 충격이 무엇인가? 그것들은 실제적인 사회적 실재들을 언급하는가? (5) 그들 자신의 교회구성원과 공동체에 대한 지각은 어떤 것들인가?48)

 (d) 신학적이며 윤리적인 개념들을 조작하는 것. 이런 노력에 병행해서, 신학적이며 윤리적인 개념들이 실증적인 자료를 모으고 분석할 수 있게 하기 위해서도, 그것들을 '조작하는'(operationalizing) 것이 필요하다. 조작하기라는 말은 인간의 존엄성, 지속 가능한 사회들, 창조의 보존, 종들 사이의 공평과 같은 포괄적이고 추상적이며 일반적인 개념들을 측정 가능한 구성 요소로 분리하는 것을 의미한다. 이것은 그 내용을 명료하게 하는 것과, 그 근거 위에서 구체적인 기준을 발전시키는 것, 그리고 각 차원의 현실화를 평가하는 데 필요한 과학적 자료의 형식을 결정하는 것을 요구한다. 이 과제의 복잡성을 생각한다면, 요인 분석에 대해 몇 가지 질서(orders)나 층위(layers)가 필요할 것 같다.

마치 양파처럼, 분석의 각 수준은 좀더 커다란 개념적 구체성과 자료에 대한 결합들을 얻기 위해서 껍질이 벗겨져야만 한다. 연구 대상이 되는 주제가 주제 문제와 지리적 장소의 관점에서 초점이 맞춰질 때, 그 과제는 더욱더 가능성이 커질 것이다.

종교공동체에서 이루어지는 '창조의 보존'과 관련된 작업은, 개념들의 조작을 시도하려는 데 있어서 잠재적 공헌과 많은 문제들 모두를 명백하게 보여 준다. '창조의 보존'이라는 구절은 정의에 대한 헌신과 환경에 대한 관심 사이에 있는 내적 연결을 강조하기 위해서, 1983년에 개최된 세계교회협의회의 밴쿠버 총회에서 처음 사용되었다. 이것은 빠르게 대중적인 구성 개념이 되었으며, 1990년 서울에서 열린 세계교회협의회의 "정의, 평화, 창조 질서의 보존에 대한 세계회의"와 다른 교회일치운동들을 구성하게 하는 주제가 되었다.49) 그렇지만 이 개념에 대해서 정확한 의미가 내려지지 않았다.50) 이 개념은 인간과 다른 피조물 사이의 존중하는 관계성을 지칭하는 간단한 방식으로 쉽게 대중화되었지만, 다양한 해석에 개방되어 있다. 가톨릭의 사회적 가르침의 관점에서 보면, 창조 질서의 보존은 인간의 독특한 존엄성과 가치를 여전히 확증하면서, 인간중심주의를 초월할 것을 요구한다.51) 그리스 정교회의 견해는 인간 이외의 피조 세계에까지 평화와 정의를 가져오기 위해서 인간의 소우주적인 역할을 강조한다.52) 다른 해설들은 동물의 고유한 권리 그리고 / 또는 피조 세계의 모든 사물들이 지닌 본래적 가치를 강조하는 보다 평등주의적인 접근방식을 다양하게 강조한다.

래리 라스무센은 자연의 과정에 대한 과학적 이해에 근거해서 전개한 부가적인 장점에 덧붙여서, 창조 질서의 보존에 대한 가장 완벽하고 적절한 해석들 가운데 하나를 제시한다. 그는 창조 질서의 보존은 여섯 가지 차원을 지닌 것으로 정의한다. (1) 그것은 모든 자연이 살아

가는 구체적인 교환과 순환을 포함하고 있는 생태계와 지구계 속에서 끊임없이 발생하는 자연적 교류에서 절대로 필요한 기능을 기술한다. (2) 그것은 자연의 쉬지 않는 자기 조직화의 역동성을 지칭한다. (3) 그것은 지구상의 재화들이 우리 삶의 방식으로 인해서 위태롭게 되어가고 있는 일회적 선물이라는 점을 강조한다. (4) 이것은 사회정의와 환경정의 사이에 있는 내적 관련을 강조한다. (5) 그것은 창조가 신적 기원과 본래적 존엄성을 지니고 있다는 신앙적 헌신에 신학적 목소리를 부여한다. (6) 그것은 공동의 도덕적 시민직(citizenship)을 수용해야 한다는 것과, 존재가 서로 공존하고 있다는 견해를 구체화한 것이다.53) 많은 공헌에도 불구하고, 라스무센은 다음 단계로 나가거나, 그 차원의 어떤 것을 측정하거나, 또는 적어도 창조 질서의 보존으로부터 구체적인 정책이나 발의권(initiative)이 어떻게 공헌하거나 또는 떨어뜨리는가를 평가하기 위한 기본적인 지침 역할을 할 수 있는 표준적이거나 구체적인 척도를 제시하는 데 실패한다. 라스무센이 내가 여기에서 제시하고 있는 것과 같은 방식으로 완벽하게 '작동하는' 창조 질서의 보전을 연구과제로 택하지 않았다는 라스무센의 변호를 언급해야만 하지만, 이러한 연구과제는 실제적인 방식에서 "무엇이 가능하고 무엇이 이루어져야 하는가를" 설명하려고 하는 그의 노력과 완전히 일관된 것처럼 보인다.54)

(e) 중간 공리를 형성하는 것. 덧붙여서, 중간 공리들을 형성하는 것은 신학적이며 윤리적인 개념들과 보편적 규범들을 구체적인 맥락들, 문제들, 정책들에 적용하는 것을 용이하게 할 수 있다. 테드 피터스(Ted Peters)는 근본적인 신학적 개념들을 실증적 자료로 해석하고 적용하고, 그럼으로써 환경위기와 경제적 불평등과 같은 문제들을 평가하는 데 지침을 제공할 수 있는 하나의 방식으로서 중간 공리들의 사용을 주장하는 몇몇 신학자들과 윤리학자들 가운데 한 사람이다. 그는

현대 세계의 맥락에서 사랑에 대한 기독교의 명령을 이해하고 공동의 창조적인 표현을 제시하기 위해서 예정 원리(proleptic principles)라고 부르는 일곱 가지 중간 공리를 구성한다.55) 무엇이 옳은 것인가를 결정하는 방식은 이미 확립된 법이나 도덕적 계율과의 일치 또는 불일치의 정도를 측정하는 것이라고 생각하는 대신, 그는 예정 윤리의 역할은 목적론적이라고 제안한다. 그것들의 진화하는 본질은 우리로 하여금 동의된 목적에 일관된 새로운 지침과 실제적인 법들을 만들 수 있게 한다. 피터스에 따르면, 그렇게 함으로써 신의 미래를 선택하고 있는 것인데, 우리는 신의 미래에 특정하게 구체화된 정책을 위해 최선의 것이 무엇인가를 선택하는 것을 상호 관련시킨다.

추상적인 신학적 개념들과 과학연구 사이의 연결로서 중간 공리를 발전시키는 것은, 오직 공리들이 사용될 수 있을 때에만 아주 중요한 의미를 갖게 된다. 피터스의 예정 원리들을 포함해서 많은 경우에, 공리들이 적절히 사용되기에는 너무 넓고 모호하며 추상적이다. 특정한 개념들을 사용하기 위한 노력과 아주 유사하게, 더 진전된 두 단계가 필요하다. 첫째로 많은 공리들은 좀더 구체적인 개념적 구성요소로 분산될 필요가 있다. 둘째로 개개의 개념적 구성요소를 사용 가능한 기준으로 변형하는 것이 필요할 것이다. 이 단계들은 구체적인 사례들에 대한 논의에서 좀더 분명해질 수 있다.

『자연을 사랑하기: 생태학적 보존과 기독교의 책임성』(*Loving Nature: Ecological Integrity and Christian Responsibility*)56)에서 제임스 내쉬는, 내가 생각하는 구체적인 수준에 근접한 중간 공리와 비슷한 원리들을 제공한다. 내쉬는 환경과 발전에 대한 세계 위원회(the World Commission on Environment and Development)에 의해 "모든 인간은 그들의 건강과 안녕을 위해 충분한 환경을 요구할 근본적인 권리를 지니고 있다"고 선언되었던 규범에 동의한다.57) 그 일반적인 권리를 의미 있는 것으로 만들기 위해서, 그는 그것을 일곱 가지 구체적인 환경 권리들로 다시 나눈다.58) 그렇지만 이러한 구성 권리들은 여전히 매우 광범위하고 모호하지만, 그는 현재와 미래의 세대를 위해 동반해야 할 지속 가능한 생산물로서 그런 원리들이 무엇인지에 대해서는 정의하지 않는다.

모든 생명체의 본래적 가치를 강하게 의식하고 있는 내쉬는 또한 권리의 개념들이 인간 이외의 피조 세계까지 확장되어야만 한다고 주장하며, 마침내 개개의 구성원들과 전체 종들(species) 모두에게 적용되는 것을 의미하는 생명윤리헌장을 제시한다. 그가 제시하는 일반적인 권리는 다음과 같다. (1) 생존을 위해 자연 경쟁에 참여할 수 있는 권리, (2) 기본적인 필요를 충족하고, 그들의 개인적 또는 생태계의 기능을 수행하기 위한 기회를 충족하는 권리, (3) 건강과 완전한 거주의 권리, (4) 자기 종을 번식할 수 있는 권리, (5) 자신의 진화론적 잠재성을 자유롭게 성취할 수 있는 권리, (6) 인간의 학대, 극악한 남용, 또는 어리석은 사용으로부터의 자유로울 권리, (7) 인간의 행위로 인해 혼란하게 된 자연 조건들의 외관을 회복하기 위해서 인간의 개입을 통해서 균형을 회복하려는 권리, (8) 한 종의 지속 가능성을 위해 필수적인 산물들을 공평하게 공유하기 위한 권리.59) 이러한 생명 권리들은 더욱 구체적이며, 과학적 자료의 적용을 통해서 실행될 수 있고 평가될 수 있다. 그렇지만 내쉬는 다음 단계로 나가지 않으며 그것을 시도하지도 않는다.

생명 권리에 대한 논의에 덧붙여서, 내쉬는 공공 정책이 생태학적으로 건전하며 도덕적으로 책임성이 있는가를 평가할 수 있는 일련의 원리들을 제시한다.60) 몇 가지 사례들에서 이런 원리나 규범들은 보다 구체적인 규범들로 분할된다. 예를 들면, 미래 세대를 위한 책임은 일곱 개의 하위 규범으로 나뉘어진다. 그러나 내쉬 자신이 인식하고 있지만 그렇게 함으로써, 이렇듯 중복되는 규칙들이나 원리들 가운데 많은 것들이 "역기능적으로 모호하다." 그렇지만 적어도 이 지침들 가운데 일부를 실행하기 위해서는, 이런 규범들이 지닌 정책적 함축성에 대한 내쉬의 논의를 넘어서는 것이 가능할 수 있을 것이다. 예를 들어, 회복할 수 없는 자원들을 우리가 "공평하게 나누는 것"을 단순하게 이용하는 원리를 위한 지침들을 발전시키고, 생태계를 우리가 물려받은 상태로 건강하게 후손들에게 물려주기 위한 규범을 위해서 좀더 구체적이고 알맞은 내용을 발전시키는 것이 가능할 것이다. 만약 이런 원리나 다른 원리들이 정책 수립을 위한 지침이나 특정한 공공 정책들에 대한 윤리적 적합성을 평가하는 기준으로 봉사한다면, 그것들은 구체적이며 적절한 기준들로 변화될 수 있을 것이다.

결론

이 장에서 언급한 여러 이유들로 인해서, 우리들은 과학적 지식을 갖춘 생태신학과 생태윤리학의 발전으로부터 여전히 멀리 떨어져 있다. 그렇지만 우리는 생태학적 패러다임과 과학적 방법론과 관련된 자료의 통합을 강조해야 한다고 권고하고 싶다. 과학적 이해와 연구를 신학적 개념과 윤리적 규범에 통합시키는 각 학문 분야를 넘어서는 관점은 생태신학과 생태윤리학에 대한 개념적 명료성, 정밀함, 구체성과 관련성에 공헌할 수 있다. 이 논문의 권고들 가운데 일부가 이러한 노력에 유용한 것으로 드러나길 희망한다. 비록 이 작업이 추상적으로 신학화하는 것보다 어렵고 확실히 매력도 덜하지만, 이것은 신이 창조한 세계를 보호하고 양육하는 능력을 강화할 것이다.

(신재식 옮김)

주

1) Lynn White, Jr., "The Historical Roots of Our Ecological Crisis," *Science* 155 (1967), pp. 1203-1207. 이 논문은 많은 저작에 다시 수록되었다.

2) Daniel C. Maguire, *The Moral Core of Judaism and Christianity: Reclaiming the Revolution* (Minneapolis: Fortress Press, 1993), p. 13.

3) Peter W. Bakken, Joan Gibb Engel, and J. Ronald Engel, "Critical Survey," *Ecology, Justice, and Christian Faith: A Critical Guide to the Literature* (Westport, Connecticut, and London: Greenwood Press, 1995), p. 3.

4) Janet Parker and Roberta Richards, "Christian Ethics and the Environmental Challenge," in Dieter T. Hessel, ed., *Theology for Earth Community: A Field Guide* (Maryknoll, New York: Orbis Books), p. 113.

5) 예를 들면, 1992년 5월 150명의 종교지도자들과 과학자들이 "워싱턴을 향한 임무"(the Mission to Washington)라고 명명된 학술대회에 모여, 환경 보호를 위해서 과감한 행동을 시도하려고 하는 공동의 목적과 헌신에 대한 깊은 공감을 긍정하는 공동 선언을 발표했다. "워싱턴을 향한 임무의 선언: 환경을 위한 종교와 과학의 공동 호소"는 수세기 동안 종종 다른 길을 지나왔던 여행했던 두 공동체 사이의 협력의 가능성, 실제로는 그 필요성을 주장하고 있다. "Declaration of the Mission to Washington: Joint Appeal by Religion and Science for the Environment." 이 문헌은 사본은 Roger S. Gottlieb가 편집한 *This Sacred Earth: Religion, Nature, Environment* (New York and London: Routledge, 1996), pp. 640-642에 실려 있다.

6) James A. Nash, "Ecological Ethics: Points of Engagement," 1997년 the Interest Group on Environmental Ethics of the Society of Christian Ethics 모임의 발표 논문으로, *The Annual of the Society of Christian Ethics*에 실릴 예정이다.

7) Robert Booth Fowler, *The Greening of Protestant Thought* (Chapel Hill, North Carolina: The University of North Carolina Press, 1995), pp. 175-179.

8) Chapman, "Developing Religiously Grounded Environmental Ethics from a Scientific Perspective."

9) Holmes Rolston III, "Ecology: A Primer for Christian Ethics." 1997년 the Interest Group on Environmental Ethics of the Society of Christian Ethics 모임에서 발표된 미출판 논문으로, *The Annual of the Society of Christian Ethics*에 실릴 예정이다.

10) J. Baird Callicott, "Toward a Global Environmental Ethics," in Noel J. Brown and Pierre Quiblier, *Ethics & Agenda 21: Moral Implications of a Global Consensus* (New York: United Nations Environmental Programme, 1994), p. 11.

11) J. Baird Callicott, "Toward a Global Environmental Ethics," in Mary Evelyn Tucker and John A. Grim, eds., *Worldviews and Ecology: Religion, Philosophy and the Environment* (Maryknoll, New York: Orbis Books, 1994), p. 31.

12) Rosemary Radford Ruether, *Gaia and God: An Ecofeminist Theology of Earth Healing* (San Francisco: Harper, 1992), and "Ecology in and of Theological Study," in Hessel, ed., *Theology for Earth Community*, pp. 5-7.

13) Ruether, *Gaia & God*, p. 86.

14) Sallie McFague, *The Body of God: An Ecological Theology* (Minneapolis: Fortress Press, 1993), p. ix.

15) Charles Birch and John B. Cobb, Jr., *The Liberation of Life: From the Cell to the Community* (Denton, Texas: Environmental Ethics Books, 1981, 1990).

16) Jay B. McDaniel, *Of God and Pelicans: A Theology of Reverence for Life* (Louisville: Westminster/John Knox Press, 1989).

17) John F. Haught, *The Promise of Nature: Ecology and Cosmic Purpose* (New York/Mahwah, New Jersey, 1993).

18) Roger Lincoln Shinn, *Forced Options: Social Decisions for the Twenty-First Century* (San Francisco: Harper & Row, Publishers, 1982), pp. 11-12.

19) Ian G. Barbour, *Ethics in An Age of Technology: The Gifford Lectures* (San Francisco: HarperSanFranscisco, 1993).

20) Larry L. Rasmussen, *Earth Community, Earth Ethics* (Maryknoll, New York: Orbis Books, 1996), p. 265.

21) James A. Nash, "Toward the Ecological Reformation of Christianity," *Interpretation* 50 (January 1996), p. 13.

22) Ian G. Barbour, *Religion in an Age of Science: The Gifford Lectures* (San Francisco: HarperSanFranscisco, 1990), pp. 219-220.

23) Barbour, *Religion in an Age of Science*, pp. 220-221.

24) Birch and Cobb, *The Liberation of Life*, 특히 pp. 66-96.

25) Carolyn Merchant, *The Death of Nature: Women, Ecology and the Scientific Revolution* (San Francisco: Harper & Row, Publishers, 1980).

26) Nash, "Toward the Ecological Reformation of Christianity," p. 12.

27) Nash, "Toward the Ecological Reformation of Christianity," p. 12.

28) Nash, "Toward the Ecological Reformation of Christianity," pp. 12-13.

29) 예를 들어, 과학적 방법론과 신학적/종교적 방법론의 유사점과 차이점에 대해서는 Barbour, *Religion in an Age of Science*, pp. 66-92를 참조하라.

30) Rasmussen, *Earth Community*, 특히 서문과 pp. xi-xiv를 참조하라.

31) Rasmussen, *Earth Community*, p. 51.

32) Birch and Cobb, *The Liberation of Life*.

33) Herman E. Daly and John B. Cobb, Jr., *For the Common Good: Redirecting the Economy Toward Community, the Environment, and a Sustainable Future* (Boston: Beacon Press, 1989).

34) Bruce R. Reichenbach and V. Elving Anderson, *On Behalf of God: A Christian Ethic for Biology* (Grand Rapids: William B. Eerdmans publishing Company, 1995).

35) Bakken, Engel, and Engel, "Critical Survey," p. 24.

36) James A. Nash, "In Quest of Ethical Adequacy on Global Warming," Churches' Center for Theology and Public Policy의 미간행 논문.

37) William E. Gibson, in Dieter T. Hessel, ed., *After Nature's Revolt: Eco-Justice and Theology* (Minneapolis: Fortress Press, 1992), pp. 109-121.

38) WCC Programme Unit III, *Accelerated Climate Change: Sign of Peril, Test of Faith* (Geneva: World Council of Churches, 1994).

39) David E. DeCosse, "Beyond Law and Economics: Theological Ethics and the Regulatory Takings Debate," *Environmental Affairs* 23 (summer 1996): pp. 829-849.

40) Drew Christiansen, S.J., "Ecology and the Common Good: Catholic Social Teaching and Environmental Responsibility," in Drew Christiansen, S.J. and Walter Grazer, eds., *And God Saw that It was Good: Catholic Theology and the Environment* (Washington, D.C.: United States Catholic Conference), pp. 183-196.

41) Richard Randolph와의 대화.

42) Sasan Power Bratton, *Six Billion and More: Human Population Regulation and Christian Ethics* (Louisville: Westminster/John Knox Press, 1992).

43) 예를 들면, James B. Martin-Schramm, "The State of the Debate in Christian Ethics," in Hessel, ed., *Theology for Earth Community*, pp. 132-142.

44) James B. Martin-Schramm, "Population, Consumption, and Eco-Justice: A Moral Assessment of the United Nations 1994 International Conference on Population and Development," the Society of Christian Ethics, Albuquerque, New Mexico, January 1996의 연례회의에서 발표된 미출판 논문.

45) Larry Rasmussen, "Theology of Life and Ecumenical Ethics," in David G. Hallman, *Ecotheology: Voices from the South and North* (Geneva: WCC Books, 1994 and Maryknoll, New York: Orbis Books, 1994), p .123.

46) Susan Power Bratton, "Christianity and Human Demographic Change: Towards a Diagnostic Ethics," *Biodiversity and Conservation*, 4 (1995): pp. 871-872.

47) Bratton, "Christianity and Human Demographic Change," p. 876.

48) Bratton, "Christianity and Human Demographic Change," pp. 874-876.

49) Denis Edwards, "The Integrity of Creation: Catholic Social Teaching for an Ecological Age," *Pacifica* 5 (June 1992), pp. 189, 191.

50) 이 점에 대해서는 Charles Birch, William Eakin, and Jay B. McDaniel, eds., *Liberating Life: Contemporary Approaches to Ecological Theology* (Maryknoll, New York: Orbis Books, 1990), p. 61을 참조하라.

51) Edward, "The Integrity of Creation," p. 203.

52) Stanley S. Harakas, "The Integrity of Creation: Ethical issues," in G. Limoun, ed., *Justice, Peace, and the Integrity of Creation: Insights from Orthodoxy* (Geneva: World Council of Churches Publications, 1990), p. 24.

53) Rasmussen, *Earth Community*, pp. 98-106.

54) Rasmussen, *Earth Community*, p. 5.

55) Ted Peters, *God-The World's Future: Systematic Theology for a Postmodern Era* (Minneapolis: Fortress press, 1992), pp. 357-376.

56) James A. Nash, *Loving Nature: Ecological Integrity and Christian Responsibility* (Nashville and Washington, D.C.: Abingdon Press in cooperation with The Churches' Center for Theology and Public Policy, 1991).

57) Nash, *Loving Nature*, p. 171에서 인용.

58) Nash, *Loving Nature*, p. 171.

59) Nash, *Loving Nature*, pp. 186-189.

60) Nash, *Loving Nature*, pp. 197-221.

제15장

진화, 비극, 희망

존 F. 호트

우리 동료 인간들의 세대들에게 우주는 종종 그것을 통해 초월적 의미가 명백해지게 된 책 또는 위대한 가르침과 흡사한 듯하다.[1] 고대 히브리 사상은 세계가 생겨날 당시에 이미 '지혜'(Wisdom)가 존재했다고 주장하기까지 했고, 「요한복음」은 모든 피조물이 그리스도 안에 성육한 말씀과 지혜인 영원한 로고스(Logos) 안에서 그리고 그것을 통해서 발생한다는 선포로 시작된다. 플라톤에게 있어서 영원한 관념들의 영역은 우주적 이해 가능성을 위한 형판(型板)을 제공한다. 그리고 도교, 힌두교, 불교는 모두 우주를 형성하고 인간의 삶에 의미를 주는 '진리'(Truth) 또는 '진실'(Rightness)이라는 근본적 원리를 언급한다.

그러므로 이상한 일이지만, 과학 시대는 우리에게 자연의 고유한 질서에 대한 전례 없는 통찰을 주었으나, 이와 아울러 우주가 결국 아무런 의미의 보고(寶庫)가 아닐지도 모른다는 의심과 전체로서 고려될 때 그것이 정말 어쩌면 불합리하기까지 할 수도 있다는 지나친 의심도 함께 가져다 주었다. 비록 과학적 연구가 어느 정도 깊은 인식 수준에서는 자연이 이해 가능하다고 가정해야 한다 하더라도(그렇지 않다면 그것이 발견의 항해에 착수할 수조차 없었을 테니까), 과학의 가장 훌륭하고 주목할 만한 종사자들 중 많은 이들이 우주가 어떤 궁극적이거나 총체적인 의미를 가지고 있음을 의심한다.

우주에는 목적이 있는가?

자주 반복되는 인용문을 지나치게 사용하는 것을 무릅쓰고, 우리는 여기서 우주가 현대 과학에 더 이해 가능한 것이 되면 될수록 오히려 점점 더 의미가 없어지게 되는 것 같다는 스티븐 와인버그(Steven Weinberg)의 불길한 제안에 다시 한 번 주의를 기울여야만 할 필요가 있다.2) 천문학자 샌드라 페이버(Sandra Faber)는 와인버그의 비관론에 관해 논평하면서 우주가 "인간적인 관점에서 철저히 무의미"하다는 것에 동의한다.3) 물리학자 마크 데이비스(Marc Davis) 역시 이런 견해가 '침울한' 것임에도 불구하고 이에 동의한다고 말한다. "철학적으로, 나는 우리가 확실히 어떤 목적을 보지 못한다는 와인버그의 태도를 반박할 수 있는 그 어떤 논증도 발견하지 못한다. 이와 반대로 답변하려 한다면 실제로 신의 원리에 호소해야 할 것이다. 적어도 이것이 내가 그것을 보는 방식이며, 그(He) 또는 그것(It)이 활동한다는 아무런 증거도 없다."4) 그리고 하버드의 천문학자 마가렛 겔러(Margaret Geller)는 이 주제가 이야기할 가치가 거의 없다고 생각한다. "[우주가] 왜 목적을 가져야만 하는가? 도대체 무슨 목적을? 그것은 단지 물리적 체계일 뿐인데, 무슨 목적이 있겠는가?"5)

어떻게 이러한 정서가 마치 매우 자명한 것인 양 말해질 수 있는, 영적이고 지적인 역사의 이러한 전기(轉機)에 우리 인간이 도달했단 말인가? 이 자리에서 의미 있는 우주라는 전통적인 인식으로부터 오늘날 널리 존중되는 바 우주가 무의미할 수 있다는 제안에 이르는 모든 단계들을 추적할 수는 없다. 그저 이처럼 극적인 관점 변화가 현대 과학과 나란히 나타났음을 관찰하는 것으로 족하다. 하지만 과학이 본질적으로 그러한 우주적 비관론을 수반하는 걸까? 아니면 현대의 물리학, 생물학, 천문학 같은 과학들의 성과를 그럴듯하게 달리 읽어 낼 수 있는 길이 있을까?

전에는 우리가 우호적인 우주 가운데 사는지 비우호적인 우주 가운데 사는지를 결정하는 것이 신화, 종교 그리고 철학의 역할이었다. 그러나 오늘날 우리들 대부분은 자연과학이 말하는 것 또한 고려하지 않고서는 우주에 대해 감히 말하려고 하지 않을 것이다. 그러면 과학은 우리에게 무엇을 말해 주는가? 알버트 아인슈타인은 우주의 놀랄만한 수학적 이해 가능성에 대한 과학의 발견이 우주가 비우호적이라는 어떠한 냉소적 주장도 허용하지 않는다고 생각했다. 그러나 어쩌면 그는 수학적 추상 작용의 규칙적 관념론에 너무 열중해서 자연의 실제적인 전개의 구체적인 어지러움을 보지 못했을지도 모른다. 어쨌든 진화론적 관점에서 지구상에 있는 생명의 내력을 연구하는 이들은 훨씬 더 혼란스런 그림을 그린다. 그들은 우리에게 자연이 약자에게 가하는 임의적이고 분별 없는 대우, 수십억 년 동안 생명이 전개되면서 일어난 엄청난 양의 투쟁과 소모, 과거의 측량할 수 없는 고통과 사멸의 시대들을 상기시킨다. 특히 다윈의 시기 이래로 예민한 과학사상가들은 자연의 냉담함에 깊이 영향을 받아 왔고, 이 때문에 적잖은 이들이 의미 있는 우주에 대한 고대의 종교적 초상들을 완전히 믿을 수 없게 되어 버렸다.6)

물론 다른 많은 이들은 이러한 포괄적인 결론을 이끌어내는 것을 탐탁지 않게 여길 것이다. 그들은 우리에게 자연이 명백하게 잔혹한 것은 아니고 협력적이기도 하며 주되게는 자양분을 공급한다는 것을 상기시킨다. 더욱 근본적으로 그들은 과학이 그 자체로는—— 왜냐 하면 과학은 늘 실제 세계의 충만한 복잡성으로부터 어느 정도 추출해 내므로—— 사물의 진정한 깊이를 아주 깊이 들여다 볼 수는 없다는 것을 우리에게 가르친다. 자연과학은 우주에 목적이 있는지 어떤지, 또는 그것이 우리에게 우호적인지 어떤지 하는 것과 같은 중대한 문제들에 응답하도록 갖추어져 있지 않다. 그럼에도 불구하고 아인슈타인과 와인버그 같은 과학자들이 이러한 문제들에 대해 언급하려고 한다면, 그들은 자신들의 견해가 과학의 일부가 아니라 단지 과학에 대한 추측일 뿐임을 확실히 깨달아야 한다. 위험을 무릅쓰고 그러한 추측을 할 때, 우리 각자는 과학과 무관하게 암묵적인 개인적 또는 사회적 요인들에 의해 불가피하게 영향을 받고 있으며, 우리의 좀더 철학적인 명상들 뒤에는 과학 자체의 결과들만큼이나, 이렇듯 정식화할 수 없는 특수 사항들이 놓여 있다.

과학과 신학은 공명하는가 부조화하는가?

그럼에도 불구하고, 만일 우리가 과학과 공명(consonance)을 이루지 못한다면, 우리가 우주에 대해 지닌 (비관적이든 또는 어떻든) 믿음이 오늘날 진지한 주의를 끌 것을 기대할 수는 없다. 달리 말해서, 설사 우리의 형이상학적 진술이나 신학적 진술이 과학 자체에 의해 확증될 수 없다 하더라도, 이들은 권위 있는 과학적 발견 결과들과 조화롭게 혼합되어야 한다. 그렇지만 우리의 종교들, 특히 아브라함을 자신들의 공동 조상으로 주장하는 예언적 전통들에 깔려 있는 희망의 비전들이 현대 과학의 가장 중요한 발견들에 맞추어 그 맥락에 일관성 있게 조응할 수 있는지 여부가 즉각적으로 명백해지지는 않을 수도 있다. 사실 앞서 인용한 과학자들이 와인버그처럼 우주를 비관적으로 읽는 것에 대해 지적으로 동의한 것은 과학이 비극적인 해석, 즉 물리적 우주에서는 아브라함의 신앙이 요구하는 확고한 희망을 위한 어떤 기초도 찾을 수 없다는 해석에 좀더 직관적으로 상응한다는 것을 보여 주는 듯하다. 알프레드 노스 화이트헤드(Alfred North Whitehead)가 우리에게 상기시켜 준 것과 같이, 비극과 과학은 현대의 시기를 거치면서 서로 깊이 얽히게 되었다. 그리고 수많은 현대 지성들 대부분이 우주에 대해 내렸던 비관적 해석은 과학적 통찰에 의해서 뿐만 아니라, 기계론적인 자연 모델들과 고대 그리스인들로부터 우리 자신의 시대로 전해져 온 끈덕진 비극적 사고의 계통 사이의 명백한 일치에 의해서도 이루어졌다.7)

과학과 비극적 신화의 이러한 종합, 즉 우리가 '우주적 비관론'(cosmic pessimism)이라고 부를 수 있는 그 혼합은, 실재에 대한 종말론적이면서도 희망에 찬 해석을 종교적으로 신봉하고 있는 동시에, 너무도 많은 현대 과학이 접목되어 있어서 더욱 사실주의적으로 보이는 스토아 철학에 동의하지 못하도록 금지하는 신앙을 가진 우리들에게 여전히 심각한 도전을 제기한다. 과연 우리는 어떻게 과학적으로 훈련된 현대 정신이 실재가 근본적으로 신의 약속들에 의해 형성된다는 신앙의 확신을 받아들이리라고, 그것도 과학의 결과들이 희망보다는 비극과 좀 더 부합한다고 여기는 훌륭한 지적 계통의 견지에서 그런 확신을 받아들이리라고 기대할 수 있을까?

이 물음에 대한 종교적인 한 가지 응답은 물리적 우주에 대한 절망감을 견뎌내는 것, 그저 사후에 물질적 세계로부터 분리된 영적인 천국에서 누릴 불멸의 개인적 생존의 상태를 기대하는 것일 뿐이었다. 비록 이 해결책이 상당히 비성서적이고, 그 밑에 깔린 우주적 절망의 중압감을 거의 숨기지 못할지라도, 적잖은 신자들은 초자연적으로 완전한 저 위의 영역과 여기 아래의 불완전하고 결국 무익한 자연 세계에 대한 이원론적 분리에서 상당한 위안을 발견해 왔다. 실재를 영의 영역과 물질의 영역으로—그리고 인간을 영혼과 육체로—나누는 것은 영원한 것에 대한 우리의 개인적 갈망과 강력하게 합치한다. 그리고 그것은 명백히 물질적인 우주가 최후의 재앙을 향해 나아가게 될 수도 있다는 전망을 포함하여 자연의 운명에 대한 현대 과학의 냉정한 예측들을 종교적으로 무해한 것이 되게 한다. 달리 말하면 이원론은 신학으로 하여금 종교와 현대 과학 사이의 참된 조화를 추구할 의무를 면하게 해 준다.

그렇지만 미래에 대한 성서적 희망의 비전이 마련해 주는 틀 안에 머문다고 공언하는 어떤 종교적 신앙도 그러한 해결책에 만족할 수는 없다. 왜냐 하면 성서는 분명히 물리적 우주를 포함한 모든 실재, 즉 우리가 이제 우주 진화의 전 범위로 인식하게 될 그 모든 실재가 신의 약속들에 의해 깊이 각인되어 있으며 인간들과 더불어 미래적 성취에의 추구에 참여한다고 보도록 우리를 초대하기 때문이다. 구속(救贖)을 바라며 '신음하는' 피조물 전체에 대한 사도 바울의 말이 적어도 무언가를 의미한다면, 그것은 종교적으로 우리가 이제 더 이상 자연을 공허함의 영역에 넘겨 줄 수는 없다는 것이다.

그렇지만 만약 우리가 신적인 약속을 우주에 대한 정의서 아주 근본적인 것으로 조망하고자 한다면, 이는 신학을 전에 없이 훨씬 더 지적으로 빈약한 자리에 놓는 것이 아닌가? 왜냐 하면 현대 과학은 비극적 비관론과 오랜 관계를 아직도 유지하고 있고, 또 우리가 과학 문화가 이토록 견실한 연합을 문득 포기하리라고 기대할 수도 없기 때문이다. 특히 결국 영구적인 깊은 동결로 귀착되거나 또는 또 다른 블랙 홀 속으로 붕괴되어 들어가는 우주에 대한 현대 물리학의 구상과 더불어 생명의 투쟁, 소모 그리고 고통의 시대들에 대한 다윈의 발견, 이 모두는 그 근본적인 존재가 미래에 대한 신적인 관심에 의해 인도되는 세계를 거의 떠올리지 못하게 만든다. 과연 우리는 어떻게 신학적 상상력의 날개를 펴서 자연 세계가 비극적 비관론이라는 틀거리보다는 신의 사랑과 약속이라는 틀거리 안에서 더욱 사실적으로 관찰될 수 있다고 진지하게 주장할 수 있을까?

이 물음을 다룰 수 있기에 앞서 우리는 신의 사랑과 약속이 무엇을 뜻하는지 보여 주어야 한다. 이상하게도 이 두 주제는 성서적 신앙에 중심적임에도 불구하고 과학과 신학의 공식적인 논의들에서 종종 거의 보이지 않는다. 너무나 자주, 과학과 신에 대한 우리의 대화들은 우리가 어떤 종류의 신에 관해 이야기하고 있는지에 대한 많은 동의 없이 모호하게 떠도는 경향이 있는 것 같다. 아마도 대화에 대한 개방적인 정신에 의해서, 신학자들은 너무나도 자주 과학적 회의론자들이 토론의 용어들을 정의하도록 내버려두는 것 같다. 일반적으로 그것이 신앙이 신의 이미지들에 본질적이라고 여겨지는 특징들을 삭제하는 것을 의미함에도 불구하고 말이다. 더욱이 과학적 회의론자들과 공통의 입장을 찾으려는 노력에서 신학자들은 전적으로 실제적인 종교적 경험의 유지로부터 나올 수 있는 신적인 능력과 지성에 대한 관념들을 이따금 양보하는 경향이 있다. 이 타협은 과학과 종교에 관한 많은 논문과 책으로 하여금 우주의 설계자나 입안자라는 종교적으로 창백한 신 개념들을 지루하고 재미없게 변호하게끔 만들어 왔는데, 그러는 동안 종교적 경험에 주어지는 더 풍부하고 더 미묘한 신 이미지들은 이면에서 의지할 데 없이 떠돌고 있다.

예를 들어 기독교 신학자들은 과학자들과의 대화에서, 자기를 비우는 사랑으로서의 신에 대한 신앙의 근본 경험을 잊어버리고 그 대신 지적인 설계자와 같은 훨씬 더 추상적인 신성의 표현에 집중하기 쉽다. 불행하게도 예수의 삶과 죽음에 관련하여 생겨난 신 경험, 즉 한스 큉(Hans Küng)이 신-의식(God-consciousness)에 대한 인간의 이야기 전체 속에서 '혁명'이라고 적절하게 부르는8) 궁극적인 것과의 마주침은 과학과 신학의 계약 안으로 단지 최소한도로만 받아들여진다. 특히 생명의 진화에서의 임의성, 투쟁, 고통과 종교의 양립 가능성에 대한 논쟁들에서, 신학자들은 제한되지 않고 상처 입기 쉬운 사랑 안에서 세상 속으로 자신을 쏟아 붓는 자비로운 신비에 관한 신앙의 (보다 성가신) 이미지들을 명명히 부각시키기보다 으레 신적인 능력과 합리성의 어떤 흐릿한 개념을 보위하고 있는 자신들을 발견한다.

마찬가지로, 신과 진화에 대한 우리의 조약들은 질서와 설계의 개념들에 강박적으로 집착함으로 인해 쉽게 일탈될 수 있어서, 우리는 성서적 신앙의 또 다른 근본적인 특징 즉 약속하시는 분, 그리고 우주를 과거로부터 억지로 복종시킴으로써가 아니라 생기를 돋구는 예측할 수 없는 미래를 향하여 둠으로써 우주와 관계를 가지시는 분으로서의 신에 대한 경험을 전적으로 무시할 수도 있다.9)

신의 자기-비움과 진화

스티븐 와인버그는 예민한 지각력으로 어떤 모호하게 추론되고 종교적으로 알려지지 않은 신성의 개념을 현대 과학과 조화시키는 것은 쓸모 없는 일이라고 주장한다. 그 대신에 우리는 과학이 독실한 신자들의 마음과 영혼을 사로잡는 관계적 신이라는 표상과 공존할 수 있는지 어떤지를 물어야 한다. 아무튼, 아인슈타인 자신이 그랬듯이, 신 개념을 과학적으로 입에 맞게 만들 술어들로 재정의하는 것은 늘 가능하다. 그러나 우리가 충분히 솔직해지려면, 우리는 그 대신에 실제의 종교적 의식 안에서 활동하는 분으로서의 신에 대한 인식이 현대의 과학적 이해와 조화되는지 어떤지를 물어야 한다. 와인버그는 그렇지 않다고 주장한다. 그의 논의에 의하면, 현대 물리학과 특히 진화론적인 과학은 순전히 비인격적이고 무관심한 우주를, 종교적 신앙의 관계적 신 배제하는 우주를 가리킨다.10)

과학과 종교 간의 쟁점들에 대한 우리의 생각을 철학적으로 희석된 유신론의 유형들에서보다는 실제의 종교적 경험에서 발견되는 것과 같은 그런 신에 대한 이미지들 및 확신들과 연결해야 한다는 데 와인버그에게 동의하기 위해, 우리가 그의 결론을 받아들여야 할 필요는 없다. 물론 우리는 철학적 언어나 형이상학적 언어를 사용하지 않고서는 과학적으로 이해되는 우주와 신의 관계에 관해 진지하게 이야기할 수 없다. 하지만 그러한 담론은 실제 종교 경험의 뉘앙스들에 단단히 매어져 있어야 한다. 기독교 신학에서 이것은 자연 세계를, 특히 자연의 진화적인 특성을 십자가에 못박히고 부활한 그리스도 예수의 신과 연관된 자비의 풍성함과 그에 상응하는 세계 갱신이라는 의미의 견지에서 이해하려고 애쓰는 것을 의미할 것이다.

기독교인들은 그리스도 사건에서 신의 결정적인 자기-비움, 즉 케노시스(*kenosis*)를 분명히 인식해 왔다. 그리고 동시에 그들은 이 사건에서 세계를 새롭고 예기치 않은 미래로 열어 놓는 갱신 능력의 형태를 취하는 신의 능력을 경험해 왔다. 따라서 기독교 신학자로서 과학과 종교의 관계를 숙고할 때 나는 신을 자기-비움의 사랑(kenotic love)이자 미래의 힘(power of the future)이라고 생각하지 않을 수 없다. 세계를 위해 새로운 미래를 열어젖히며 자기를 겸허하게 낮추는 사랑으로서의 이 신 관념은 그리스도 사건과의 연관 속에서만 기독교인의 의식에 구체화되었다. 따라서 우리가 진화론적 과학과 관련된 발견들의 함의를 숙고할 때, 기독교 신학자들이 자신들의 공동체가 겪는 신적 신비의 경험이 지닌 특징들을 은폐하는 것은 솔직하지 않은 일이 될 것이다. 이는 아주 단순히, 다음의 사실을 의미한다. 즉 생명에 대한 과학적 이야기를 이해하기 위한 탐구에 있어서, 기독교 신학은 자기를 비우는 신의 자비와 그에 따르는 새로운 창조의 약속에 의해 형성된다고 신앙이 주장하는 그 우주 안에 진화가 자리 매김 될 때 진화가 과연 어떻게 의미를 가질 수 있게 될지를 물어야 함을 의미한다.

물론 과학 자체에서 보면, 우리는 진화의 의미에 대한 어떤 전면적인 판단도 기대할 권리가 없다. 과학은, 관습적인 제한들을 따라, 그 어떤 것의 의미나 가치를 발견하도록 갖추어져 있지 않음을 인정해야 한다. 그러나 한편으로 생명과학을, 그리고 다른 한편으로 기독교 신앙이 상처 입기 쉽고 신실하신 신에 대한 계시적 묘사라고 이해하는 것을 모두 진지하게 받아들이는 신학적 전망의 관점에서, 자연 진화의 여정은 그러한 계시적 틀거리에 대한 이전의 헌신과 동떨어져서는 결코 밝혀질 수 없었던 의미의 차원들을 드러낼 수도 있다.

나는 많은 과학자들이 우주적 비극의 신화에 대해 갖는 동일하게 선험적인 헌신의 경우만큼이나 이러한 해석적 헌신도 객관성에 대한 방해물이 아니라고 제안하겠다. 아무튼 모종의 신앙 헌신이 지식의 한 조건이지, 불가피하게 지식에 대한 하나의 방해물은 아니라는 것은 이제 상식이다. 예를 들어 과학자는 과학적 탐구를 시작하기 위해서조차도, "우주는 이해할 수 있는 것이다" 또는 "진리는 탐구할 가치가 있다"와 같은 믿음들에 이미 헌신되어 있어야만 한다. 그리고 이 과학적으로 필수적인 신앙 헌신들은 궁극적으로 목적 없는 우주에 대해 일견 더욱 사실적인 것처럼 보이는 비극적인 현대의 전망들보다는 내가 여기에서 제시하고 있는 것과 같은 종교적 전망들에 훨씬 더 근사하게 부합한다고 나는 믿는다.

기독교 신앙의 중심에는 "하나님이 세상을 너무 사랑하셔서 그의 독생자를 주시어"(「요한복음」 3:16) 그 세상을 구속(救贖)하고 다시 새롭게 한다는 확신이 놓여 있다. 신학적으로 옮긴다면 이 본문과 이와 비슷한 다른 많은 본문들은 신적 생명의 본질이 창조 세계 안으로 부어졌고 세계는 무한히 새로운 것으로 채우는 미래를 향해 지금도 그리고 영원히 열려 있음을 암시한다. 나는 우주를 이러한 무한한 사랑과 약속이 감싸고 있는 것으로서 조망하면, 사물들에 대한 좀더 비극적인 관점이 우주적 절망에 대한 한 이유로 간주할 수도 있는 다윈 진화론의 측면들을 올바르게 인식하도록 할 수 있을 것이라고 주장한다. 사도 바울은 그리스도를 "하나님의 형체임에도 불구하고" 그의 신적인 지위에 "얽매이지" 않고 대신에 "자신을 비워서"(*ekenosen seauton*) "종의 형체"를 취하신 분으로 그리고 있다(「빌립보서」 2:5-11). 기독교 신학이 세계와 세계의 진화에 대한 신의 관계에 관해 생각할 때마다 늘 자신을 교정하고 향해야 하는 것은 바로 이 이미지이다.

신, 우리를 내버려 두시는 분

다윈 과학에서 특히 문제가 되어 왔던 것은 진화가 아무런 방향이나 고유의 의미를 갖지 않은 것처럼 보이는 방식으로 임의성과 자연선택의 비인격적 과정이 섞여 있는 세계에 대한 묘사였다. 그러한 과정을 후원하는 세계는 처음에는 사랑과 참된 능력의 신이 존재한다는 것과 모순되는 것처럼 보인다. 그러나 아마도 단지 신적 능력에 대한 우리의 관념이 보통 은연중에 그것[신적 능력]이 신적인 자기-비움이라는 근거로부터 뿌리가 뽑혀 있기 때문일 것이다. 그리하여 신적인 자기-비움의 사랑이 본성상 피조물에게 창조자에 대해 진정한 독립을 얻으려고 애쓸 권한을 부여하는 것임을 잊어버리기가 쉽다. 사랑은 바로 그 본성으로 말미암아 아무것도 강요하지 않는다. 따라서 그 참다운 본질이 사랑인 어떤 신이라도 강압적으로 지시하는 힘으로나 절멸시키는 현존으로 세상을 압도하리라고 기대되어서는 안 된다. 실로 무한한 사랑은 바로 세상을 타자로 구성하는 창조적 사랑과 세상이 구별되며 구별된 것이 되어 가는 공간을 세상에 주기 위하여, 어떤 의미에서는 스스로 부재하거나 자제해야 한다. 그러므로 우리는 한없는 사랑 안에 뿌리박은 어떤 우주라도 우리에게 임의적이고 목표가 불명한 것처럼 보이는 특징들을 갖고 있으리라고 예상해야 한다.

시초의 우주 창조에서조차 신적 무한성은 스스로를 축소하는 것으로, 피조물을 강력하게 지배하거나 또는 그것을 자신 안으로 흡수하고 싶은 어떤 충동도 앞서는 것으로—불완전한 우리 인간의 관념들로는—생각되어질 수 있다. 신 쪽에서 보여 주는 겸허한 물러섬은 우주로 하여금 혼자 힘으로 나서서 그것의 창조적 근거와는 구별되며 상대적으로 자율적인 실재로서 진화하도록 허용할 것이다. 이런 방식으로 생각한다면, 창조와 그것의 진화적 전개는 영원한 신적 계획(plan)의 결과라기보다는 오히려 신의 겸허하고 사랑에 찬 내버려 둠(letting be)의 결과일 것이다.11)

신이 본질적으로 자기를 주는 사랑이시라면, 그리고 사랑이 "타자를 내버려 두는 것"이라면, 신학적으로 말해서, 세계가 원래 존재하게 된 것과 세월을 통한 그것의 불확정적인 진화적인 변형 모두는 신에 대한 기독교인의 경험과 완전히 조화될 것이다. 무한한 현존 또는 전능함이 억제되지 않은 채 드러난다면 신 이외의 어떤 것을 위한 여지도 남지 않을 것이며, 따라서 우주 편의 어떤 진정한 진화적 자기 초월도 배제될 것이다. 신학자 위르겐 몰트만(Jürgen Moltmann)은 이렇게 설명한다.

하나님에 의해 용인된 공간을 통해, 피조물에게는 하나님으로부터의 분리와 그분을 마주한 움직임의 자유가 주어진다. 만약 하나님이 절대적인 의미에서 편재하시고 자신의 영광 가운데서 나타나신다면, 어떤 지상 피조물도 없을 것이다. "하나님을 바라보는 자는 죽을 수밖에 없기 때문에," 지상의 피조물들을 위해 스스로를 견딜 만하게 만들기 위하여, 하나님은 자신의 영광을 베일로 가려야 한다. 하나님에게서 멀리 떨어져 있음과 하나님으로부터의 공간적 거리는 하나님의 편재하심의 철회와 "자신의 얼굴을 베일로 덮음"에서 기인한다. 그것들이 창조 은총의 부분인 까닭은 그것들이 창조된 존재들의 자유를 위한 필요 조건이기 때문이다.12)

그러므로, 신의 창조적인 능력과 사랑이 일종의 자기 은폐로 이루어져 있어야만 비로소 세계는 자기 자체의 존재와 자기 자체의 진화적 잠재력을 가질 수 있다. 내가 이미 언급했듯이, 기독교 신앙이 세계와 신의 관계에 대해 이러한 실마리를 갖게 되는 것은—— 철학적인 추론으로만이 아니라—— 바로 십자가에 못박힌 인간 예수와의 만남 안에서이다. 십자가는 무한한 관대함으로부터 세계를 존재와 생성으로 부르며 결코 강요하지 않는 신의 자기 부재를 신앙에 계시한다. 신의 이러한 자기-비움의 이미지는, 그 자체로는 철학적이고 과학적인 합리성에 접근하기 어렵지만, 그럼에도 불구하고 다윈의 진화론이 매우 중요한 역할을 해 왔음이 드러나는 전체 우주에 대해 놀라운 이해 가능성을 부여한다.

주로 지적인 설계의 개념에 집중되는 신 관념들을 가진 과학적 회의론자들과 유신론자들이 다윈의 생각들을 받아들일 수 없는 것으로 여기게 된 것은 놀라운 일이 아니다. 회의론자들이 신적인 입안자를 생명 진화의 비목적적 과정과 양립할 수 없는 것으로 거부했다면, 많은 유신론자들은 진화론을 그들이 생각하는 계획자로서의 신 개념과 양립할 수 없다고 하여 이를 경멸하며 내버렸다.13) 이미 언급된 대로 오늘날 생물학자들 사이에서 지배적인 이론은 지적인 설계의 옹호자들에게 진화론이 특히 문제 거리가 되도록 만든 두 가지 특징을 가지고 있다. 첫째로 진화론은 우연, 우발, 또는 임의성이 자연의 새로움으로 진보하는 원료임을 함축한다. 그리고 만일 우연이 실재한다면, 이는 신의 능력과 지성에 심각한 의문을 제기하는 것처럼 보인다. 이러한 고도의 불확정성을 향유하는 우주는 초월적 능력 및 지성과 양립할 수 없는 듯하다. 신적 설계자로 주장되는 신은 결국 통치권이 없다. 둘째로 진화론은 우연 변이들의 배열과, 그리고 다른 우발 사건들을 엄밀히 조사함으로써 겉보기에는 생물권 안의 다량의 창조성에 대해 설명하는 듯한 비인격적인 자연선택의 과정을 단정한다. 그러나 오직 종들(species)이 우연적으로 획득한 유리한 생식적 특성들을 기초로 해서만 종들을 선택하는 과정은 합리적인 창조자와 양립할 수 없는 듯하다. 진화론은 전능한 신의 강력한 행위라기보다는 오히려 무심한 제비뽑기인 것같이 보인다.

그러나 그리스도 사건에 의해 형성된 신앙에 제시된 신은 무엇보다도 우리 인간들이 합리성과 질서로서 좁게 이해하는 것의 무한한 체현이 아니라, 열려 있고 예측할 수 없는 미래의 영역으로부터 와서 세계를 만나게 되는 더할 수 없이 비합리적이며 신비하게 겸허한 사랑이다. 궁극적인 것에 대한 이렇듯 매우 특수하고 심지어 유일무이한 이미지에 맞추어진 신학은, 보다 합리적으로 정초된 유신론으로 하여금 다윈의 이론을 거부하게끔 하고, 과학적 회의론자들로 하여금 자연에 대한 비극적 해석에 이르게 한, 바로 그 동일한 과학적 자료들을 신학적으로 의미 있는 것이 되게 하는 길을 우리에게 제안한다.

창조자의 능력(이로써 내가 뜻하는 바는 세상에 영향을 미치는 능력이다)은 역설적으로 십자가에 못박힌 한 인간의 상처 입기 쉬운 무방

비 상태에 분명히 나타나 있다. 그리고 신적 능력에 대한 이런 표현은 진화론적 과학이 지금 우리에게 제시하는 세계와 조화될 뿐만 아니라 궁극적으로 그 세계를 설명해 준다. 생명의 진화론적 이야기가 그것의 놀라운 창조성의 이면으로서 폭로하는 임의성, 투쟁, 그리고 겉보기에 목적 없어 보이는 종잡을 수 없는 이야기는 우주가 무한한 사랑의 귀결이라는 생각과 조화된다. 이러한 해석의 실마리는 참으로 유효한 능력은 자기를 비우는 자비의 형태를 취한다는 신앙의 예기치 못한 발견에 있다.

만일 신이 사물들을 강제적으로 조종하는 능력을 지니고 있다는 매우 제한된 의미에서만 능력이 있다면, 진화의 사실은 신학적으로 문제가 될 수도 있다. 그러나 무한한 사랑은, 로마 가톨릭 신학자 칼 라너(Karl Rahner)가 명확히 한 것처럼, 사랑하는 대상 —— 이 경우에는 우주 —— 을 조종하거나 무력하게 하지는 않을 것이다. 왜냐 하면 우주와의 친밀함을 추구하는 행위에서 신은 영원히 그 사랑하는 세계의 상이성과 타자성을 보존하기 때문이다. 신의 창조적인 사랑은 영원히 세계를 신과 존재론적으로 구별된 어떤 것으로 성립시키지, 신적 존재의 단순한 연장으로서 성립시키지 않는다. 따라서 최근의 물리학이 물리적 실재의 가장 기초적인 차원들에서 폭로한 불확정적인 자연의 사건들, 생물학이 생명의 진화 차원에서 발견하는 임의적인 사건들, 그리고 인간 존재와 더불어 나타나는 자유 등은 모두 세계를 근거 짓는 창조적 사랑과 구별되도록 용납되고 고무되기까지 하는 세계의 고유한 특징들이다.

세계가 신으로부터 독립하고, 그에 따라서 진화 가운데 진정한 자기 초월을 경험하도록, 사랑의 신은 세계에 그것 자체의 자율적인 작용 원리들, 이를테면 중력, 자연선택, 그리고 자기 조직화와 같은 비인격적 법칙들을 허용할 것이다. 그러나 신의 이러한 자기 거리 두기는 결코 냉담함이 아니고 역설적으로 가장 친밀한 형태의 참여이다.14) 신의 뜻은 세계가 점점 더 독립적이 되는 것이며, 진화하는 중에 그것 자체의 내적 응집력이 강화되는 것이다.15) 그러나 이 부재하는 신은 인간 자유의 진화적 출현에서 가장 분명히 발생하는 바와 같이, 세계로 하여금 훨씬 더 깊은 자율을 성취하도록 자기를 비워 허락했기 때문에 그 진화하는 세계에 현존하며 그것과 깊이 연합한다. 자기를 내어 주는 자비의 신은 사실 규범적인 기독교 신앙이 만나 왔다고 줄곧 정당하게 주장할 수 있는 유일한 신이다. 하지만 궁극적인 실재의 본성에 대한 이 기초적인 통찰은 우주가 목적을 가지고 있는지 어떤지, 또는 생명의 진화가 종교적 희망과 조화될 수 있는지 어떤지에 대한 우리의 생각들 안으로 정말 좀처럼 들어오지 않는다.

신, 우주 그리고 미래

기독교 신앙이 무한한 사랑과 동일시하는 신은—— 부활 신앙이 생생히 증언하는 대로—— 인간들과 피조물 전체를 위해 새로운 미래를 열어 놓는 분이기도 하다. 늘 새롭고 창조적인 미래의 도래에 대한 소망의 직관은 십자가에 못박히신 분의 무방비성에 분명히 나타나게 된 역설적인 신적 능력에 못지않게 기독교 신앙에 중심적이다. 따라서 우리는 바로 세계의 미래로서 이해되는 신 관념에 진화하는 자연에 대한 우리의 이해를 연결시킬 필요가 있다.16)

사실 신학의 관점에서, 진화에서의 새로움을 궁극적으로 설명하는 것은 바로 새롭게 하는 미래의 양태 안에서의 '신의 도래'이다. 우주적 비관론은 진화적 새로움을 허용하는 임의의 또는 우연적인 사건들을 순전히 의미 없는 것으로 보겠지만, 성서에 기초한 신앙에서 이 불확정적인 것들은 새로운 창조에 대해 열린 우주의 본질적인 특징들이다. 이제 신앙의 관점에서 보면, 150억 년에 걸친 우주의 진화 속에는 늘 약속의 씨가 뿌려져 왔던 것 같이 보인다. 맨 처음부터 이 엄청나게 실험적인 우주는 놀라운 미래의 결과들에 대한 잠재력으로 가득 차 있었던 것이다.17) 그리고 생명, 정신, 문화, 종교가 원시 우주의 거의 파문이 일지 않는 방사(放射)로부터 출현했다는 부인할 수 없는 사실은 우주가 비극의 틀거리 못지않게 약속의 틀거리 안에 여전히 현실적으로 자리잡을 수 있지 않을까 라고 생각할 모든 이유를 우리에게 제공한다. 우주의 최종적인 운명에 대한 전망들조차도 자연의 현존하는 불확정성들이 약속의 보고(寶庫)라는 제안을 무효화할 만큼 충분치 않다. 우주의 끝에서 기다리고 있을지 모르는 이른 바 '뜨거운 죽음'(heat death)은 전체 우주적 과정의 매 순간이, 신앙이 신이라고 이름짓는, 무한히 구속(救贖)하는 미래 안으로 영속적으로 받아들여지고 영구히 보존된다는 개념과 모순되지 않는다.18)

 자연 전체를 놀라운 미래의 결과들에 대한 개방성의 인식에 기초한 종교적 희망의 틀거리에 맞추는 것은 예전에 그렇게 생각했을지도 모르는 것처럼 그렇게 큰 무리는 아니다. 왜냐 하면 오늘날 우리는 뉴턴 이래로 현대 과학의 선형 수학(linear mathematics)적인 방법들이 얼마나 많은 자연의 구체적인 복잡성과 불확정적인 창조성을 제외했었는지 막 알아채기 시작하고 있기 때문이다. 과학적인 추상 개념들은 주로 데카르트적인 완전하고 직접적인 명증성의 이상에 호소했으며, 우리에게 우리의 자연 환경을 분석하고 조작할 엄청난 힘을 부여했다. 그러나 그러는 동안 자연 세계의 충만한 현실성은 과학자들의 기계론적 그물의 넓은 그물코들 사이로 미끄러지듯 빠져 나갔던 것이다.19) 그리고 우리는 겨우 최근에야 우주적 비관론에 대한 지적인 호소가 자연 자체에 의해서 지지된다기보다는 오히려 우주에 진정으로 새로운 미래를 개방하는 포착하기 어려운 복잡성과 불확정성을 불가피하게 간과하는 추상적인 수학적 설명들에 의해서 지지된다는 것을 깨닫기 시작했다.

현대 과학이 간과했던 것이 이른바 카오스와 복잡성의 과학들에서 지금 명백하게 드러나고 있다. 자연은, 우리가 이제 그것을 그릴 수 있는 바와 같이(특히 컴퓨터 영상의 도움으로), 단지 그 요소가 되는 법칙에 묶인 세목들로 분석하는 것만으로는 적절히 이해될 수 없는 복잡하게 뒤얽힌 적응 체계들로 이루어져 있다. 우주의 짜임새는, 거대한 은하계의 성단들로부터 미소한 양자 사건들(quantum events)에 이르기까지, 기계론적 과학의 선형 수학이 설명할 수 없는 예측할 수 없이 자기 창조적이고 자기 조직적인 성격을 나타낸다. 유물론의 꿈들이 아직 곳곳에 있긴 하지만, 이전에 우리의 운명론을 부추겼던, 자연을 읽는 추상적인 방법들에 대한 의미심장한 회의가 이제 과학 공동체 안에서 퍼지기 시작하고 있으며 대중의 인식으로 흘러나오고 있기까지 하다. 우주의 마지막 파국에 대한 정밀한 과학적 예언의 전망은 전에 없이 흔들리고 있다. 물리학자 존 휴턴(John Houghton)이 주목하듯이, 만약 과학이 우주 공간 속 전자들의 운동을 고려하지 않고는 당구공이 지금부터 1분 후에 어디에서 멈출지 우리에게 말할 수조차 없다면,20) 우주의 운명에 대한 물음 또한 해결할 처지가 못되는 것 같다.

비록 카오스와 복잡성의 새로운 과학들에서 곧장 어떤 신학적 결론들을 끌어 내는 것이 신중하지 못한 일일 수도 있지만, 우리는 그것들이 비인격적인 물리학적 법칙들이 우주를 파국으로 몰고 가고 있다거나 우주적 과정의 최종 결과에 대해 비관적인 예언들만을 하도록 운명 지워져 있다는 기묘한 주장들에 얼마나 격심하게 도전해 왔는지 주목하지 않을 수 없다. 현대 과학의 우주가 비관론보다는 약속에 좀더 어울린다는 사실은 전적으로 그럴 듯한 것 같다.

이야기와 약속

분명히 과학도 신앙도 우주적 미래의 실제적인 세부 내용들을 기획할 처지가 못되지만, 과학이 지금 우주를 전적으로 충분히 예측할 수 없는 미래를 향해 열린 이야기 무대 안에 두는 것은 매우 흥미롭다. 우주는, 그것이 드러나는 바와 같이, 영원하지도 않고, 추상적인 법칙들의 집합도 아니며, 인간 역사의 단순한 배경이기만 한 것도 아니다. 오히려 우주는 아직 완성되지 않은 창조적인 기획이며, 미완성이기 때문에 아직 미래를 가지고 있는 것이다.

오늘날 대부분의 과학자들은 우주의 진화가 뜨거운 빅뱅에서 시작했고 그 후에 우주가 팽창하고 식으면서 원자, 별, 은하 등을 발생시켰다는 데 동의한다. 마침내 이제 몇몇 식은 별 화덕들에서 만들어진 원소들과 합성물들이 함께 모여 우리 자신의 행성을 형성했다. 다시 10억 년쯤 후에 지구의 표면은 원시 생명체들이 나타날 수 있을 만큼 충분히 식었다. 지구상의 생물학적 진화는 가장 최근의 추정에 따르면 약 38억 년 전에 시작되었으나, 우주적 과정의 다른 대부분의 에피소드들처럼 그것은 서둘러 이루어지지 않았다. 그 전개상 그것은 종종 머뭇거렸고, 이따금 폭발적이었으며, 거의 언제나 엉뚱했다. 덜 복잡한 생명체들로 실험을 거친 뒤, 그것은 발전하여 마침내 식물들, 파충류들, 새들, 포유동물들이 되었다. 불과 얼마 전에, 우리 자신의 종에서 진화는 자의식을 부여받았다.

이 이야기는 직선으로 진행되어 오지 않았다. 광대한 시기를 거치는 동안 아주 적은 일이 일어났고, 생명 진화의 역사 가운데 많은 부분은 임의로 가지를 내는 관목의 이미지로 포착될 수 있다. 그러나 모든 위대한 이야기들에는 고요한 막간(幕間), 막다른 골목, 급속한 발전이 있다. 그리고 우주 진화에 대한 더욱 포괄적인 조망은, 적어도 알아차리고자 하는 이들에게는, 점점 복잡해지는 자연 질서의 형태들을 향한 이야기의 방향을 보여 준다. 지나친 어려움 없이 우리는 자연이 하찮은 것에서 좀 더 복잡한 것으로 그리고 마침내 지각 능력이 있고 의식이 있으며 자의식이 있는 존재 상태들로 움직여 가는 일종의 줄거리를 작성할 수 있다. 비록 신다윈주의 생물학자들이 그들이 진화의 무목적성이라고 간주하는 바를 종종 강조할지라도, 우리가 한 걸음 물러나서 생명 과정을 더 큰 우주적 맥락 안에서 바라본다면, 가장 확고한 비관론자조차 단순성으로부터 복잡성으로 전개되는 우주의 전체적인 움직임에서 회고적으로 볼 수 있는 명백한 지향성을 전적으로 도외시하기는 힘들다. 그리고 모든 사물들에서 약속의 표지를 찾도록 신앙으로 격려 받아 온 우리들에게, 우주가 어떻게 지나간 역사의 어느 순간에도 놀랍도록 아름다운 미래의 결과들을 향해 열린 채로 존속해 왔는지에 관해 언급하지 않는 것은 지독히 자의적인 것처럼 보인다.

예를 들어, 천체물리학은 생명이 마침내 출현하고 진화하기 위하여 믿을 수 없을 정도로 엄청나게 많은 놀라운 물리적인 우연의 일치들이 우주의 초기 극소 순간에 존재했어야 했다고 최근 우리에게 가르쳐 주었다. 그리고 신학이 초기 우주에 관한 물리학을 새로운 자연신학을 위한 기초로 간주하는 것은 경솔하겠지만, 지금의 과학적 정보는 물리적 우주가 적어도 생명의 출현에 대한 '약속'을 늘 품어 왔었다는 신앙의 확신과 현저하게 조화된다.21) 겨우 회고적으로 우리에게 알려졌을 뿐이지만, 우주의 초기 단계들은 생명, 정신, 그리고 심지어 영성 같은 불확정적인 결과들을 향해 진화할 전망을 분명히 담고 있었다. 그러므로 우주적 비관론은 오늘날 우주에 대한 우리의 과학적 이해를 구성하기 위해 충분히 포괄적인 형이상학적 체재(體裁, format)를 제공하지 못하는 것처럼 보인다. 몇 년 전까지는, 물리적 우주가 본래 생명에 적대적이라고 생각하는 것, 그리고 생명과 진화가 우리의 작은 행성 위에 우연히 출현한 것에 대해, 자연이 본래 비우호적이었던, 불합리하며 있음직하지 않은 우발적 사건으로 보는 것이 과학적으로 받아들일 만한 것으로 여겨졌을 수도 있다. 그러나 오늘날에는 물리적 실재가 생명과 의식의 출현을 향해 늘 긍정적으로 정위(定位)되어 왔다고 인정하는 것이 훨씬 더 과학적이다. 오늘날 과학적 우주론의 출현에 앞서 우리가 줄곧 어렴풋이 감지해 왔던 것 이상으로 훨씬 더 그러하다.22)

따라서, 모호한 우주의 과거가 생명과 정신의 출현과 같은 거대한 약속을 품고 있었다는 것이 이제 명백하다면, 우주적 이야기의 '현재' 상태 역시 훨씬 더 풍부한 새로운 피조물을 꽃 피울 잠재력을 내포하고 있지 않다고 우리가 자신 있게 주장할 수 있을까? 과학만으로는 신앙에 가장 중요한 물음들에 대해 답변할 수 없다. 그러나 과학에 의해 드러나는 우주 진화의 파노라마는 우주가 한층 더 새로운 존재 방식으로 부름을 받고 있다고 생각하도록, 여전히 우리의 신앙을 허용하며 나아가 고무하기조차 한다.

한편, 비극적 관점은 세계의 미래 상태들이 언제나 운명적으로 먼 과거에 뿌리를 틀었으며 그것이 펴지기 위한 시간의 경과만을 필요로 해 왔다고 단순히 가정할 것이다. 그러나 화이트헤드가 역설하듯, 참으로 새로운 결과들을 위한 가능성들은 다만 과거만이 아닌 다른 어딘가에 존재해야 한다.23) '새로운'이라는 술어의 가장 깊은 의미에서, 새로운 사건들이 오직 고정된 과거로부터만 일어날 수 있다는 것은 생각할 수 없는 일이다. 새로움은 당연히 존재하는 것 및 존재해 온 것과 관련하여 일어나야 한다. 그렇지 않으면 우리는 그것이 참으로 새롭다고 파악하지 않을 것이기 때문이다. 그렇지 않고 그것이 단순히 전적으로 결정론적인 과거의 연산 방식이 전개된 것이라면, 그것은 진정으로 새롭지는 않을 것이다.

새로운 가능성들은 우리가 미래라고 부르는 시간의 영역으로부터만 일어날 수 있다. 그리고 미래는 참으로 무한한 새로움의 저장소이므로, 우리는 (희랍 철학과 현대 과학이 종종 암시한 대로) 단지 그것이 지금 우리에게 충분히 현존하지 않기 때문에 비존재로 환원시킬 수 있는 것이라고 단순히 가정할 수는 없다. 그 충실하고 고갈되지 않는 자원의 풍부함 때문에 우리는 미래에 대해 어떤 존재의 양식을 인정해야 한다. 실로, 실재의 약속에 대한 성서적 비전은 '미래의 형이상학'과 같은 것을 암시하기까지 하는데, 그것에 따르면 (분명히 아직 충분히 현실화되지는 않았지만) 미래는 시간의 모든 차원들 중 가장 실재적이다. 미래는 모든 현재적 순간들이 과거 속으로 사라져 버린 후에도 항상 나타나기 때문만이 아니라 궁극적으로 신이 세상을 다시 새롭게 하시려고 오시는 출처가 되는 영역이기 때문에 탁월하게 실재적인 존재론적 위상을 요구한다.24)

그렇지만 넘치는 풍부함 가운데 있는 미래는 언제나 숨겨져 있다. 정의에 의하면, 그것은 순식간에 지나가는 현재 경험 안에 온전히 포착되거나 고정된 과거 속에서 온전히 소진될 수 없는 것이다. 그것은 과거와 현재에 대한 끊임없는 초월 안에서 불가피하게 스스로를 숨긴다. 그러므로 우리는 손에 넣을 수 없는 미래 안에 있는 신의 자기 은폐를 역설적으로 친밀하고 참여적인 신적 부재와 일치하는 것으로 그려 볼 수 있는데, 그것은 우리가 일찍이 자기-비움의 개념과 관련시켰던 것이다. 바꾸어 말하면, 신의 겸허한 자기 물러남은 신이 소진되지 않는 미래성이 되는 형태를 취하는데, 이 미래성이 끊임없이 현재로 도달하는 것은 언제나 우주로 하여금 자체적으로 독립적인 진화를 성취하도록 허용할 만큼 충분히 제한적이다. 성서적 신앙이 명백히 하듯이, 신의 영광은 현재 자기-비움의 베일에 가려져 있는데, 적어도 요한복음에 따르면, 이 영광이 전형적으로 계시되는 곳은 '들리워지고' 십자가에 못박힌 그리스도의 모습에서이다.

성서적인 관점에서는 당연히 우주의 전 목적이 신의 영광을 나타내는 것이지만,[25] 현재로서는 신의 영광이 세상에 놀랄만한 정도의 자율을 부여하는 자기-비움 안에서 특징적으로 계시된다. 자기를 비우는 신은 절멸케 하는 신적 현존으로 우주를 압도하는 것을 삼가시지만, 그럼에도 불구하고 미래성의 양태 안에서 세계에―― 진화론적 과학에 의해 묘사되는 것과 같은―― 일정한 범위의 적절한 새로운 가능성들을 제공함으로써 세계를 끊임없이 육성한다. 동시에 신의 자비에 찬 포용은 우주 진화 이야기의 매 순간을 구속적으로 감싸 안고 영구히 보존한다.

결론

그러므로 현대 과학과 신학의 대화에서, 신을 막연히 먼 과거의 어떤 지점으로부터 세계의 계획을 아주 상세히 세우는 설계자 또는 입안자라기보다는 생성되어 가는 세계를 향한 새로운 가능성들의 무한히 관대한 근거로서 생각하는 것이 좀더 유익하다. 세계에 대한 계획의 개념에 함축된 근본적인 어려움은 그것이 세계를 어떠한 실제적인 미래로부터도 차단시킨다는 것이다. 루이스 영(Louise Young)은 종종 간과되곤 하는 앙리 베르그송(Henri Bergson)의 생각들을 인용하면서 미래에 대한 진화의 개방성에 관해 통찰력 있는 논평을 하고 있다.

> 그 과정의 암중모색적인 탐험적 본성많은 유망한 돌연변이들―― 비극적인 기형들―― 을 고찰할 때, 우리가 미리 구상된 계획의 세부적인 성취를 목격하고 있지 않은 것은 분명하다. 앙리 베르그송은 "자

연은 실현 중인 계획 그 이상이며 더 훌륭하다"고 보았다. "계획이란 노동에 해당되는 용어이다. 계획은 미래의 형태를 지시함으로써 미래를 차단한다. 이에 반하여, 생명의 진화 앞에서 미래의 입구는 여전히 넓게.26)

우리 역시 신이 어떤 입안자 그 이상이며 더 훌륭하다고 말할 수 있을 것이다. 세계의 열린 미래를 참다운 본질로 가진 신은 입안자나 설계자가 아니라 무한히 자유롭게 하는 새로운 가능성과 새로운 생명의 원천이다. 신다원주의 생물학은 그러한 궁극적 실재의 전망이라는 지평 안에서 제법 안락하게 존속할 수 있다.

(윤철호 옮김)

주

1) Jacob Needleman, *A Sense of the Cosmos: The Encounter of Modern Science and Ancient Truth* (New York: E. P. Dutton & Co., 1976), pp. 11-13을 참조하라.
2) Steven Weinberg, *The First Three Minutes* (New York: Basic Books, 1977), p. 144.
3) Alan Lightman and Roberta Brawer, *Origins: The Lives and Worlds of Modern Cosmologists* (Cambridge: Harvard University Press, 1990), p. 340.
4) Lightman and Brawer, *Origins*, p. 358.
5) Lightman and Brawer, *Origins*, p. 377.
6) Richard Dawkins, *River Out of Eden: A Darwinian View of Life* (New York: Basic Books, 1995), p. 131.
7) Alfred North Whitehead, *Science and the Modern World* (New York: The Free Press), p. 10: "오늘날 존재하는 그런 과학적 상상력의 순례자적 조상들은 아에스퀼로스(Aeschylus), 소포클레스(Sophocles), 에우리피데스(Euripides) 같은 고대 아테네의 위대한 비극 작가들이다. 비극적 사건의 불가피한 현실화를 가져오는 가차없고 냉담한 운명에 대한 그들의 상상력은 과학에 사로잡힌 상상력이다. 그리스 비극에 나타난 운명은 현대 사상에서 자연의 질서가 된다."

8) Hans Küng, *Does God Exist*, trans. by Edward Quinn (New York: Doubleday & Co., 1980), p. 676.

9) 나는 *Mystery and Promise: A Theology of Revelation* (Collegeville, Minnesota: The Liturgical Press, 1993)에서 신적인 자비와 약속 그리고 이들과 자연 세계의 관계라는 주제를 훨씬 더 조직적이고 상세하게 발전시켰다.

10) Steven Weinberg, *Dreams of a Final Theory* (New York: Pantheon Books, 1992), pp. 244-245.

2. 11) 이 자기-비움의 창조관은 특히 카발라(kabbalistic) 유대교에서 발견된다. 마찬가지로 그것은 Geddes MacGregor의 *He Who Lets Us Be* (New York: Seabury Press, 1975)에서 상세히 설명된 것처럼 시몬느 베이유(Simone Weil)의 저작들에도 종종 등장한다. 그것은 기독교 신학자 위르겐 몰트만의 저작들에 훨씬 더 두드러진다. 이를테면 *God in Creation, Margaret*, trans. by Kohl (San Francisco: Harper & Row, 1985), p. 88을 참조하라. 창조가 신의 자기 물러남에 근거하고 있다는 견해에 대한 유대인의 재긍정은 Michael Wyschogrod의 *The Body of Faith* (New York: Harper & Row, 1983), pp. 9-10에서 발견할 수 있다. 위쇼그로드가 신의 인간 창조에 대해 말하는 바를 우주 창조에 적용하는 것은 아마도 계몽적인 듯하다. "신적인 빛이 모든 것을 꿰뚫고 채우는 세상은 신 이외에 아무 것도 없는 세상이다. 그런 세상에서는 어떠한 유한성도 따라서 어떤 인간 존재[우주]도 가능하지 않다. …… 인간[우주]의 창조는 신이 자신의 존재의 힘으로부터 인간[우주]을 보호할 필요성을 포함한다. 이 보호는 일정한 신적 물러남, 카발라 신봉자들의 *tsimtsum*을 포함하는데, 이들 역시 신 이외의 사물들이 신의 절대적 존재의 빛 안에서 어떻게 존재할 수 있는지에 대해 고심하였다. 이 물음에 답하기 위해 그들은 자신의 존재가 모든 존재를 채우는 절대적인 신이 일정한 영역으로부터 물러나는 것을 뜻하는 *tsimtsum*의 개념을 가져왔는데, 이 일정한 영역은 이렇게 그것 안에 신적 존재가 엷어진 채로 남으며, 이 엷어진 영역에서 인간[우주]은 존재하는 것이다." 이러한 개념은 신학적 난관들, 특히 신의 창조성을 효과적 인과성이라는 다소 결정론적인 관념에 기초하여 모형화하는 전통적인 습관에 젖어 있기에 진화와 인간의 자유에서 나타나는 불확정성을 해결하지 못하는 난관들을 해결하기 위해 필수적인 것으로 보인다.

12) Jürgen Moltmann, *The Coming of God*, trans. by Margaret Kohl (Minneapolis: Fortress Press, 1996), p. 306.

13) 예컨대, Phillip Johnson, *Darwin on Trial* (Washington, D.C.: Regnery Gateway: 1991)을 참조하라.

14) 달리 말하면, 이러한 신은 이신론의 한가한 신과 전혀 다르다. 왜냐 하면 신이 세상에 어떠한 절멸케 하는 임재라도 삼가는 것은 세상과 깊이 관계 맺고자 하는 열망으로부터 나왔기 때문이다. 그렇지만 이 임재의 철회야말로 대화적인 친밀함의 참다운 조건이다.

제15장 진화, 비극, 희망 411

15) Wolfhart Pannenberg, *Systematic Theology*, Vol. 2, trans. by Geoffrey W. Bromiley (Grand Rapids: Eerdmans, 1994), pp. 127-136. "신학적으로, 우리는 우주의 확장을 독립적인 형태를 띤 피조물적 실재의 산출을 이루는 수단으로 간주할 수 있다"(p. 127). "피조물의 독립은 신 없이 또는 신에게 대항하여 존재할 수 없다. 그것이 신에게서 쟁취되어질 필요는 없다. 왜냐 하면 그것이 신의 창조적 사역의 목표이기 때문이다"(p. 135). 또한 Elizabeth Johnson, "Does God Play Dice? Divine Providence and Chance," *Theological Studies* 57 (March 1996), pp. 3-18을 참조하라.

16) Moltmann, *The Coming of God*, 그리고 Ted Peters, *God – The World's Future: Systematic Theology for a Postmodern Era* (Minneapolis: Fortress Press, 1992)을 참조하라.

17) Louise Young의 책 *The Unfinished Universe* (New York: Oxford University Press, 1986)는 이러한 해석의 훌륭한 보기이다.

18) 철학자 알프레드 노스 화이트헤드와 찰스 하트숀(Charles Heartshoren)의 생각을 따르는 과정신학은 어떻게 시간적인 우주적 과거의 경험들이 신의 영원한 공감(everlasting empathy) 안에 그럴듯하게 보존되고 의미 있게 만들어질 수 있는지를 그리는 데 있어서 특히 효과적이다.

19) 화이트헤드는 17세기의 과학이 "단순 정위(simple location)의 가설"에 의해 지배되었다고 주장하는데, 이 가설에 따르면 우리는 모든 사물들을 다 함께 묶는 유기체적 연관의 구체적이고 복잡한 그물망에 대한 고려를 제외함으로써만 사물들을 이해할 수 있다. 이 가설은 수학적인 추상 개념들을 구체적인 현실로 착각하는 논리적 오류, 잘못 놓여진 구체성의 오류의 결과였다. *Science and the Modern World*, pp. 51-57; pp. 58-59를 참조하라.

20) John T. Houghton, "A Note on Chaotic Dynamics," *Science and Christian Belief*, 1:1 (April 1989), p. 50.

21) 그리고 (상대적으로 말해) 우리가 아직 우주의 새벽에서 그리 멀리 떨어져 있지 않을 수도 있으므로, 어떤 다른 놀랍고 예측할 수 없는 결과들이 이 전도 유망한 창조 안에 들어 있는지 누가 알겠는가?

22) 이러한 주장은 이른 바 강한 인본 원리(Strong Anthropic Principle)의 위상과 관계없이 독자적으로 변호할 수 있는 듯하다.

23) Alfred North Whitehead, *Process and Reality*, Corrected edition, ed. David Ray Griffin and D. W. Sherbourne (New York: The Free Press, 1978), p. 46.

24) Moltmann, *The Coming of God*, pp. 259-295를 참조하라.

25) Moltmann, *The Coming of God*, p. 323.

26) Young, *The Unfinished Universe*, pp. 201-202.

지은이

프란시스코 J. 아얄라(Francisco J. Ayala) 미국 어바인 캘리포니아 주립대 생명과학 및 철학 도날드 브렌 석좌교수. 주요 연구분야는 집단유전학, 진화유전학, 종의 기원, 집단에서의 유전적 다양성, 인식론, 윤리학, 과학과 신학 간 상호작용에 관한 철학적 문제 등이다. 미국과학진흥협회 전임 회장 및 위원장, 과학과 기술에 관한 미 대통령 자문위원회 위원 등을 역임했다. 600여 편의 논문과 12권의 저서를 집필했으며, 주요저서로 *Tempo and the Mode of Evolution* (1995); *Modern Genetics*(2nd ed., 1984); *Studies in the Philosophy of Biology*(1974) 등이 있다. CTNS–템플턴 재단 강좌의 강의를 한 바 있으며, 종교와 과학 연구자에게 수여하는 템플턴상을 수상하였다 (1997).

오드리 채프먼(Audrey R. Chapman) 미국 워싱턴 D.C. 소재 미국 과학진흥협회 산하 '종교와 과학 간 대화 프로그램' 소장. 주요 저서로 *Faith, Power and Politics* (1991), *Health Care Reform: A Human Rights Approach* (1994) 등이 있다.

앤 M. 클리포드, C.S.J. (Anne M. Clifford, C.S.J.) 미국 피츠버그 맥커니티대학 신학 조교수. 뒤퀘스대학 교양대학원 교수. Francis Schussler Fiorenza와 Jon P. Galvin이 편집한 *Systematic Theology: Roman Catholic Perspective* (1991)의 "Creation" 부분을 집필했으며, 진화론과 기독교 신학의 상호작용에 대한 다수의 논문을 발표했다.

조지 V. 코인, S.J. (George V. Coyne, S.J.) 1978년 이후 바티칸 천문대 소장으로 재직 중. 천체물리학 분야에 관한 방대한 연구 업적을 출판해 왔으며, *The Galileo Affair: A Meeting of Faith and Science* (1984); *John Paul II on Science and Religion: Reflections on the New View from Rome* (1990) 등을 비롯하여 신학과 과학에 관한 다수의 책을 편집하였다.

폴 데이비스 (Paul Davies) 호주 아델라이데대학 수리물리학 학과장. *God and the New Physics* (1983); *The Cosmic Blueprint* (1987); *The Mind of God* (1992); *Are We Alone* (1995)를 비롯한 다수의 저서가 있다.

존 F. 호트 (John F. Haught) 미국 조지타운대학 랜디거 석좌 신학 교수. 조지타운 종교와 과학 센터 소장. *The Promise of Nature: Ecology and Cosmic Purpose* (1993), *Mystery and Promise: A Theology of Revelation* (1993); *Science and Religion: From Conflict to Conversation* (1995) 등의 저서가 있다.

필립 헤프너 (Philip Hefner) 미국 시카고 루터교 신학대학 조직신학 교수. 시카고 종교와 과학 센터 소장. 종교와 과학 학술지 *Zygon* 편집위원장. 주요 저서인 *The Human Fator* (1993)로 템플턴상을 수상했다.

낸시 머피 (Nancey Murphy) 미국 캘리포니아주 파세네다의 풀러신학대학 기독교철학 교수. *Theology in an Age of Scientific Reasoning* (1990); *Beyond Liberation and Fundamentalism* (1996); *Anglo-*

American Postmodernity: Perspectives on Philosophy, Science, and Religion (1997) 등의 저서와 *The Moral Nature of the Universe* (with George Ellis, 1996) 등의 공저가 있다.

볼프하르트 판넨베르크 (Wolfhart Pannenberg) 독일 뮌헨대학 조직신학 명예교수. 동대학 에큐메니컬연구소 소장. *Theology and the Philosophy of Science* (1976); *Toward a Theology of Nature* (1993); *Systematic Theology*, 3 volumes (1991~1998) 등의 저서가 있다.

아서 피콕 (Arthur Peacocke) 영국 버밍엄대학, 옥스퍼드대학, 캠브리지대학 등에서 생물물리학 및 화학 교수 역임. 옥스퍼드대학 내 종교와 과학 연구소인 이안 램지 센터 명예소장. '워든 성직과학자 한림원' 소장. *The Molecular Basis of Heredity*(1965) 등의 공저가 있으며, 신학과 과학 간의 본격적인 대화를 시도한 선구적 업적으로 *God and the New Biology* (1986); *Theology for a Scientific Age* (1990, 1993) 등의 저서가 있다.

테드 피터스 (Ted Peters) 미국 태평양 루터교 신학대학 및 버클리 연합신학대학원 교수. 버클리 신학과 과학 센터 프로그램 소장. 주요 연구 및 교육 분야는 기독교 교리, 문화신학, 신학과 자연과학의 상호관계 등이다. *Dialog, a Journal of Theology*의 편집에 참여하고 있으며, 주요 저서로 *Playing God? Genetic Determinism and Human Freedom* (1997); *For the Love of Children: Genetic Technology and the Future of the Family* (1996); *GOD ―The World's Future: Systematic Theology for a Postmodern Era* (1992) 등의 저서가 있다.

존 폴킹혼 (John Polkinghorne) 영국 캠브리지대학 수리물리학 교수 역임. 퀸즈대학 총장. *The Faith of a Physicist* (Princeton, 1994), the Gifford Lectures 1993~1994); *Scientists as Theologians* (1996) 등의 저서가 있다.

교황 요한 바오로 2세 (Pope John Paul II) 1979년 이후 현 교황. 교황청 과학원과 바티칸 천문대를 설립하여 신학과 자연과학 간의 대화를 후원해 오고 있다.

로버트 존 러셀 (Robert John Russell) 미국 버클리 연합신학대학원 신학과 과학 교수. 버클리 신학과 과학 연구소 소장. 물리학과 신학에 관한 다수의 논문을 발표하였으며, *Physics, Philosophy and Theology: A Common Quest for Understanding* (1988); *Quantum Cosmology and the Laws of Nature: Scientific Perspective on Divine Action* (1993) 등의 책을 편집하였다.

찰스 H. 타운즈 (Charles H. Townes) 미국 버클리 연합신학대학원 물리학 명예교수. 마이크로파 분광기, 핵 및 분자 구조, 영자 전자기학, 전파 천문학, 적외선 천문학 등을 연구해 오고 있으며, 레이저와 메이저 개발에 기여하여 노벨 물리학상을 수상한 바 있다.

옮긴이

김흡영 서울대학교 공과대학 항공공학과를 졸업하고, 미국 프린스턴 신학대학원을 거쳐 버클리의 Graduate Theological Union에서 철학박사 학위를 받았다. 미국 하버드대학 세계종교연구소 선임연구원, 샌프란시스코 신학대학원 객원교수를 지냈다. 강남대학교 조직신학 교수이며, 제1대학장, 신학대학원장, 우원사상연구소장을 역임했고, 현재 교목실장으로 일하고 있다. "Toward a Christotao: Christ as the Theanthropocosmic Tao," "A Tao of Asian Theology in the 21st Century," "신인간우주(天人地): 신학, 유학, 그리고 생태학" 등 다수의 논문이 있으며, 저서로는 *Wang Yang-ming and Karl Barth: A Confucian-Christian Dialogue* 및 『道의 신학』 등이 있다. 또한 『기독교사상』에 「현대과학과 기독교 신앙」이라는 칼럼을 2년간 연재하고 있다.

배국원 연세대 철학과를 졸업하고 미국 남침례신학교에서 석사 학위를, 그리고 하바드대 신학부에서 석사 및 박사 학위를 받았다. 현재 침례신학대 신학과 교수로 있다. 「비트겐슈타인적 신앙 가능성」「신학 교육에 있어서 종교학의 의미」「종교학에서의 비교연구방법론」 등의 논문이 있으며, 저서로 『현대 종교철학의 이해』와 역서로 『신의 역사』(1, 2) 등이 있다.

윤원철 서울대 종교학과에서 학부와 석사를 마치고, 미국 스토니브룩 뉴욕주립대에서 박사학위를 받았다. 서울대 종교학과 교수로 재직

중이다. 주요 논문으로「선문정로의 수증론」「불교와 영성」「한국 불교의 수행 전통과 그 현대적 의미」 "The Non-Duality doctrine of Songch'ol's Radical Subitism" 등이 있으며, 역서로는『종교학: 방법론의 제 문제와 원시종교』등이 있다.

윤철호 장로회신학대에서 학부와 석사를 마치고, 미국 프린스턴 신학 세미너리와 노스웨스턴 대학에서 각각 석사와 박사 학위를 취득했다. 현재 장로회신학대학 조직신학 교수로 재직중이다. 저서로『예수 그리스도』(상하)『성서신학 설교』『기독교 인식론과 해석학』등이 있으며, 역서로『현대 기독교 조직신학』등이 있다.

신재식 서울대 종교학과를 졸업하고 장로회신학대학과 미국 드루대학에서 각각 석사와 박사 학위를 받았다. 현재 호남신학대 조직신학 조교수로 재직 중이다. 논문으로 "Change, Rhythm, and Spontaneity: Revisioning the Reality of God from a Nondual Perspective" 등이 있으며,『생태학과 기독교 신앙의 미래』,『근대신학의 이해』등의 역서가 있다.

김윤성 서울대 영문과를 졸업하고 종교학과 석사 및 박사과정을 수료했으며, 한신대학교 교수, 한국종교문화연구소 연구원으로 활동중이다.「개신교 선교와 문화 제국주의」 "The Predicament of Modern Discourses on Gender and Religion in Korean Society" 등의 논문과『종교 다시 읽기』등의 공저,『종교와 세계관』『페미니즘과 종교』등의 역서가 있다.

수록지면

1장은 *Dialog*, 34:4 (Fall 1995)에 "Theology and Science: Where Are We?"라는 제목으로 실렸던 글을 고친 것이다. 이 글은 *Zygon* 31 (1996)에도 수록되었으며, *The Modern Theologians*, ed. David F. Ford, rev. ed. (Oxford, UK: Basil Blackwell, 1996), pp. 649-688에 "Theology and the Natural Sciences"라는 제목으로 다시 수록되었다.

2장은 1996년 3월 19일에 캘리포니아대학 물리학과에서 열린 CTNS－템플턴 재단 대학 강좌 시리즈의 기조 강연으로 발표되었던 글이다.

3장은 본래 *Dialog* 35:2 (Spring 1996)에 수록되었던 글이다.

5장은 *Theology Today* (April 1997)에 수록되었던 글이다.

6장은 1996년 4월 12일에 베일러대학에서 열린 CTNS－템플턴 재단 대학 강좌에서 발표되었던 글로서, *Dialog* 36:3 (Summer 1997)에 수록된 바 있다.

8장은 1997년 4월 24일에 펜실바니아대학의 위원회 강좌의 일환으로 시행된 CTNS－템플턴 재단 대학 강좌에서 발표되었던 글이다.

9장은 1996년 10월 22일에 진화에 관한 교황청 과학원에서 행한 연설로, *L'Ossevarore Romano*, 주간 영문판, no. 44 (October 30, 1996), pp. 7-8에 수록되었다. 여기 실린 글들은 젠더 포괄적인(gender inclusivity) 표현으로 조금 다듬은 것이다.

11장은 *Dialog* 36:3 (Summer 1997)에 수록되었던 글이다.

12장은 *Dialog* 36:3 (Summer 1997)에 수록되었던 글이다.

14장은 *Dialog* 36:4 (Fall 1997)에 수록되었던 글이다.

그림 13.2는 Arthur Peacocke, *Theology for a Scientific Age: Being and Becoming-Natural, Divine and Human* (London : SCM Press, 1990; and Minnieapolis: Fortress Press, 증보판, 1993)에서 따온 것임. ⓒ 1990, 1993 Arthur Peacocke. Augsburg Fortress의 허락하에 수록함.

찾아보기

(ㄱ)

가설 260
가설로서의 신 51
가설적 공명 13, 15, 16, 30, 31, 32, 41, 42, 43, 45, 47
가정법 신학 20, 184, 207
가치판단 226, 228, 229, 232, 233
가톨릭 36, 37, 80, 102, 103, 105, 144, 279, 377, 400
간극의 신 123, 124, 170, 172, 289
갈릴레오 72, 80, 117, 121, 123, 267, 271, 273
개연성 89, 156
개입주의 19, 20, 142, 143, 150, 151, 164~167, 169, 170, 173, 277
결정론 22, 25, 89, 95, 98, 111, 140, 145, 149, 155~159, 169, 171, 172, 179, 180, 187, 335, 338, 341, 367, 406
겸손도 42
경계선 질문 190, 196, 201, 207
경제 성장 236
계몽주의 20, 36, 80, 145, 194
계속적 창조 247
계속적인 창조 25, 60, 62, 110, 163, 164, 168, 176, 276, 313
계시 24, 27, 28, 274, 275
고릴라 215

고어, 찰스 242
고주파 요법 241, 243
고통 당하는 신 Theopaschism 60
공동창조자 25, 66, 67, 299~301, 308~314, 316, 317, 319, 320
공리주의 199
공명 14
과정사상 363, 368
과정신학 62, 112, 147, 151, 168, 172~174, 411
과학 제국주의 34, 35, 36, 39
과학의 위계 153
과학적 창조론 37, 39, 71, 166, 177
과학주의 32, 33, 71, 318, 322, 324, 356
광자 89
괴델, 쿠르트 84
교권주의 71
교육 305
교황 레오 13세 267, 281, 295
교황 무오류설 36
교황 비오 12세 24, 259, 260, 262, 269~272, 275, 281
교황 비오 9세 36
교황 요한 바오로 2세 15, 23, 24, 37, 80, 81, 265, 266, 270~272, 275, 276, 284~286, 289, 293
교황청 과학원 23, 258, 259, 266, 270, 272, 273, 277, 281, 283

교회 권위주의 36, 37
국제 천문학 연합 총회 270
굴드, 스티븐 제이 38, 40, 97, 335
그로스, 로라 343
근대 184
근본주의 21, 37, 38, 51, 177, 274
금성 94
기도 91
기독교 현실주의 197
기술 236, 300, 303, 308
기억 255
기적 20, 123, 139, 143~145, 148, 149, 175
기포드 강연 71, 113, 114
기하학 55, 118
길키, 랭던 32, 40, 48, 73, 139, 143, 146, 148, 295
깁슨, 윌리엄 373
깅그리치, 오웬 73

(ㄴ)

나르, K.J. 257
내쉬, 제임스 365, 368, 369, 373, 379, 380
내재성 141, 145
네안데르탈인 217
논리실증주의 185, 190, 231
뇌 97, 214, 218
뉴에이지 영성 45, 47
뉴턴 물리학 55, 95, 145, 150, 367
뉴턴, 아이작 267, 270, 402
니버, 라인홀드 197, 198
니케아 신조 113

(ㄷ)

다 우주 이론 135
다면발현 224
다양성 103, 114, 127, 261, 287, 363, 369, 373
다윈, 찰스 38, 133, 177, 240~242, 244
다윈주의 38, 39, 145, 240, 241, 243, 247
다이슨, 프리먼 71, 72, 94, 100
데이비스, 마크 387
데이비스, 폴 17~19, 22, 34, 48, 71, 203
데일리, 허만 372
데카르트, 르네 61, 267, 297, 402
도교 386
도구 219, 220, 227, 228, 230, 255, 288
도구주의 50
도킨스, 리차드 322
돌연변이 21, 37, 133, 165, 168, 190, 223, 232, 408
두 권의 책 41
두 언어 이론 31, 39~41, 45, 47, 56, 58, 64, 71, 80, 81, 177
두뇌 97, 218, 287, 290, 337
드 브로글리, 루이 180
드리스, 윌리엄 32, 64
드코스, 데이빗 373
등뼈 218, 219
디랙, P.A.M. 180
디트리히, 본회퍼 170

(ㄹ)

라너, 칼 298, 400

라보아지에 208
라스무센, 래리 364, 371, 377
라이트, 로버트 35
라카토스, 임레 64~66, 152
라투르, 부르노 188
라플라스, 피에르 시몽 145
랜돌프, 리차드 12, 373
러셀, 로버트 존 16, 19, 32, 63, 65, 189, 204
러셀, 버트란드 33
레슬리, 존 192, 207
레이저 17, 87, 88
로고스 242
로빈슨, 존 108
로젠버그, 알렉산더 199
롤스톤, 홈스 362
루즈, 마이클 35
『룩스 문디』 242
류터, 로즈마리 363
르메트르, 조르쥬 269
리차드슨, 마크 12, 71

(ㅁ)

마르크스주의 318
마이어 에른스트 97
마틴-슈람, 제임스 373
만유재신론 62
매콰이어, 다니엘 359
맥다니엘, 제이 363
맥멀린, 어난 41, 74
맥스웰, 제임스 클럭 122
맥킨타이어, 알레스데어 153, 194, 195, 200, 205
맥페이그, 샐리 167, 178, 363
머천트, 캐롤린 368
머피, 낸시 16, 20, 31, 32, 40, 51, 64, 152, 154, 157, 168, 169, 172
메이저 17, 87
멘델의 법칙 202
모노, 자크 33, 96, 127, 130, 182
모리아, 피터 347, 352
목적 17, 19, 83, 137, 147, 308
몰트만, 위르겐 106, 181, 397, 410
무로부터의 창조 37, 57, 60, 62, 64, 65, 136, 176, 313
무신론 42, 121, 123, 134, 136, 137, 166, 204~206, 266, 267
무신론자 33
문화 25, 26, 81, 214, 220, 221, 254, 256, 257, 271, 300~302, 304, 306, 327, 347, 350
문화적 진화 214, 221, 225, 349
미 항공우주국 (NASA) 273
미국가톨릭협의회 373
미국과학진흥협회 15, 22, 26
미래 309, 310, 314, 324, 349, 362, 401, 403
밀맹크, 존 205

(ㅂ)

바르트, 칼 54, 56, 146
바버, 이안 32, 50, 63, 64, 71, 110, 114, 168, 174, 178, 364, 366, 367
바빌로니아 245, 314

찾아보기 423

바티칸 23
바티칸 천문대 23, 24
반 델 레우, 게라르두스 314
반 호이스텐, 벤첼 16, 31, 49, 50
반(反)교권주의 266~268
반증 38, 52, 66, 135, 235
발생설 (영혼의) 24, 289~291, 293, 294
배로우, 존 192
밴스톤, W.H. 110
버거, 피터 197
버치, 찰스 363, 368, 372
버클리, 마이클 267
버트하임, 마가렛 29, 34
범신론 181, 314
베나드 불안정성 129
베네딕트 수도회 생활 103
베르그송, 앙리 408
베리, 토마스 46, 71
베버, 막스 196, 199
벤슨, 허버트 91
벤젠 86
벨, 알렉산더 그레이엄 88
벨의 정리 89, 161, 180
보나벤추라 314
보든, 마가렛 340
보스—아인슈타인 통계 158, 159
보어, 닐스 180
복음주의 40, 71, 102, 103, 274
복잡성 18, 82, 83, 129, 130, 132, 133, 165, 168, 169, 185, 191, 277, 312, 389, 402, 403, 405
본회퍼, 디트리히 170
볼츠만 통계 154

봄, 데이빗 46, 180, 181
부활 23, 27, 34, 57, 58, 64, 68, 253, 284, 285, 316, 401
부활, 예수의 23, 57, 144, 253, 261, 394
분자생물학 21, 323, 333, 334, 370, 372
불교 386
불트만, 루돌프 148
불확정성 84
불확정성의 원리 180
브래튼, 수잔 파워 373, 375, 376
블뢰쉬, 도날드 148
비결정론 19, 59, 88, 153~157, 159, 164, 165, 167, 169, 170, 172, 173, 180, 182
비엔나 학파 185
비판적 실재론 18, 48~51, 60, 74, 75
비환원주의적 물리주의 153
빅뱅 62, 64, 92, 93, 124~126, 128, 142, 192, 269, 270, 335, 404
빅뱅 우주론 17, 33, 34, 42, 46, 61, 63~65, 124, 150, 269, 270
빛 88

(ㅅ)

사도 도마 91
사도 바울 68, 253, 391
사실과 가치의 구분 20, 185, 187
사이비—과학 39, 72, 166
사회생물학 26, 34, 35, 230, 231, 233, 234, 322~324, 337, 340~342, 356
삭개오 102
산소 93, 94, 223
삼위일체 61, 162, 168, 173, 181, 315

상대성 이론 17, 55, 65, 95, 96, 100, 150, 160, 180, 312
상대주의 119, 188
상상력 45, 68, 292
상응적 진리론 50, 51
상징 48, 50, 300, 302, 305, 306, 315
상향식 인과율 113, 115, 142, 151~154, 169, 375
생기론 177, 333
생명 127, 129, 131, 249, 250, 251
생명문화적 진화 25, 66, 299, 300
생물학적 진화 24, 165, 214, 225, 230~232, 281, 282, 284, 286, 289, 294, 326, 336, 404
생태 위기 43, 44
생태권 26
선택 우주 이론 134, 135
섭리 112, 144, 145, 147
성공회 18, 101~103, 105~107, 191
성서 243, 246, 259
성서신학 146
성서의 책 41
성십자회 103
성육신 57, 69, 242, 244
성화 254
세계교회협의회 373
세계보건기구 232
세이건, 칼 28, 33, 204
솔로, A.L. 87
수반 151, 153, 179, 202, 207
수학 84, 117, 118~121, 123, 125, 132, 326, 388, 402
순교자 유스티누스 284

숨 249, 250, 253, 254
숨은 변수들 89, 90, 169, 180
쉐넌, C.E. 326
슈웨버, 실반 153
슐라이어마허 145
스웜, 브라이언 71
스코프스 재판 177
스타이너, 조지 350
스퇴거, 윌리엄 R. 178
스페리, 로저 338, 339, 345, 346
스펜서, 허버트 231
시 17, 81, 82
시간 33, 52, 55, 112
시지포스 319
시카고 과학과 종교 센터 25, 66
신 존재 증명 14, 15
신, 로저 364
신다윈주의 생물학 27, 405, 409
신경전달물질 186
신경체계 203, 337, 354
신비 14, 292, 293, 347, 393, 395
신비주의 46, 119, 293, 294
신앙 31, 37, 47, 48
신에 대한 물음 30, 31, 42, 59
신의 말씀 55, 244, 315
신의 배제 188, 189
신의 영 23, 250, 253
신의 왕국 44, 52, 69, 141, 198
신의 의지 35, 98, 193
신의 통치 140
신의 형상 Imago Dei 67, 248, 281, 285, 293, 294, 315, 347
신적 행위 24, 63, 112, 141, 144, 146~

149, 151~153, 159, 163~171, 173~175, 177, 182
신적 행위 주체 144, 150, 172, 175
신정론 168, 175, 182, 183
신정통주의 40, 141, 146, 150
신토마스주의 173
신플라톤주의 207
신학과 자연과학 센터 19, 23
실존주의 141, 148, 149, 231, 318, 319
실증주의 50, 55, 73, 186, 187, 189
실험 79, 80, 84, 90, 92, 95, 104, 330

(ㅇ)

아담과 이브 257
아름다움 17, 68, 83
아리스토텔레스 154, 283, 284, 285, 290
아브라함 144, 389, 390
아얄라, 프란시스코 J. 22
아우구스티누스 125, 126, 285, 297, 347
아이슬리, 로렌 142
아인슈타인, 알버트 39, 55, 86, 89, 119, 125, 133, 150, 180, 203, 270, 388, 389, 393
아퀴나스 261, 282, 283, 285, 286, 290, 293, 296, 297
악 62, 141, 144, 168, 175, 199
양자물리학 17, 20, 59, 88, 90, 95, 98, 100, 150, 152, 154~157, 159~166, 168, 169, 171, 173
양자 장 이론 156
양자 중력 156
양자 통계 156, 157, 159, 164

양자적 혼돈 163
언어 220, 225, 255, 292
엄지 손가락의 대칭 219
『에누마 엘리쉬』 314
에릭슨, 밀라드 148
에이즈 232
엔트로피 64, 254
엘리스, 조지 F. 182, 204
엘리아데, 미르치아 246
여성신학 115, 363
연결주의 338
연소 208
열역학 34, 42, 87, 150, 173
영, 루이스 408
영, 토마스 88
영원 60, 112, 168, 261
영혼 18, 24, 35, 45, 61, 81, 82, 248~251, 262, 265, 275, 279~286, 289, 291~293
예산관리처 236
예수 그리스도 23, 25, 57, 59, 61, 62, 68, 69, 91, 102, 139, 144, 242, 244, 249, 253, 284, 310, 315, 316, 320, 393, 394, 398
예술 214, 220, 256
오랑우탄 215
오만 hubris 59, 237
와인버그, 스티븐 308, 387, 389, 390, 393, 394
와일드만, 웨슬리 43
와일즈, 모리스 148
와임샷, W.C. 329, 330, 348
왓슨, 제임스 177, 323

외계 생명체　131, 204
외행성　273
우연　19, 60, 89, 93, 94, 96, 97, 120, 127, 128, 130, 154~157, 164, 171, 247, 277, 335, 367, 399, 405
우연성　57, 98, 123, 127, 128, 135, 136, 154~156, 163, 171, 246, 247, 251, 269, 277, 291
우연한 이해 가능성　121
우주의 암호　121
우주의 진화　192
워딩턴, C.H.　231
워즈워드, 윌리엄　81
원죄　257, 297
월리스, A.F.C.　238
웨딩턴, C.H.　231
윌리암스, 버나드　205
윌슨, E.O.　35, 231, 233, 322, 323
윌킨스, 모리스　323
유대교　33, 74, 123, 207, 284, 410
유물론　32, 35, 38, 140, 186, 261, 274, 280, 281, 346, 403
유신론　62, 63, 135, 136, 137, 162, 242, 336, 342
유심론　261, 274, 338, 339, 345
유전　221, 224, 301, 302, 304
유전학　21, 29, 34, 143, 152, 182, 218, 291, 322, 324, 329, 332, 339, 342, 353, 356
유클리드 기하학　55
유한성　65, 343, 352, 410
윤리　214, 220~223, 225, 226, 228
윤리적 중첩 (과학과 종교 간의)　43, 45

윤리학　184, 185, 187, 189, 190, 193, 195, 196, 199~201, 205, 207
융, 칼　346
의미　17, 19, 83, 137, 147, 308
의식　255, 256, 279
이기적 유전자　35, 322
이레네우스　242
이론들　261
이브스, 린든　343
이산화탄소　94
이스라엘　68, 69, 245
이슬람　123, 207
이신론　62, 63, 172, 243
이야기　300, 301, 404, 408
이원론　45, 61, 276, 290, 294, 297, 301, 318, 346, 367, 391
이중 행위 주체　168, 172, 175
이해 가능성　19, 20, 48, 53, 110, 141, 161, 386, 387, 388, 398
인간 행위 주체　150, 175
인간의 존엄성　24, 134, 262, 281, 282, 294, 376, 377, 378
인간중심주의　312, 317, 318, 377
인공지능　338, 340
인류　214, 218, 260
인류의 번성　234
인본 원리　92, 93, 100, 132, 411
인종차별　303
인지과학　26, 202, 337, 345, 351
일반섭리　148
일원론　61

(ㅈ)

자가 촉매 과정 254
자기 규정 25, 309, 310
자기 제한 60
자기 조정 345
자기 조직화 252, 254, 378, 400, 403
자기 지시 58
자기-비움 27, 393, 394, 396, 398, 407, 408, 410
자연계시 41
자연법칙 20, 34, 68, 85, 86, 93, 95, 110, 124, 125, 131, 134, 147, 149, 151, 153, 165, 177, 188, 192, 193
자연선택 21, 23, 24, 37, 240, 241, 251, 252, 279, 287, 307, 396, 399, 400
자연신학 55, 59, 110, 113, 115, 123
자연의 책 41
자연주의 32, 38, 47, 68, 73, 162, 208, 231, 238, 310, 316, 358
자연철학 156, 159, 161, 177, 260, 281
자유의지 72, 97~99, 169, 186, 187, 203, 229, 230
자의식 220, 248, 252, 255, 256, 334, 335, 338~340, 342, 352, 404, 405
장(場) 이론 86, 156
전자 93, 135, 157, 163
전쟁 (과학과 종교의) 13, 16, 28, 29
전체-부분 인과율 142, 151, 152, 167, 173
전체론 25, 45, 51, 141, 143, 151, 152, 157, 158, 173
점성술 307
정신분석학 344
정의(正義) 198

제1차 바티칸 공의회 36
제2차 바티칸 공의회 36
존 템플턴 재단 209
존슨, 필립 E. 38
존엄성 45
종교개혁 144
종말론 21, 23, 27, 44, 47, 52, 53, 62, 63, 69, 72, 115, 147, 253, 280, 284, 285, 294, 390
종형 곡선 154, 157, 158, 159
주의 기도 140
죽음 23, 62, 64, 68, 69, 144, 168, 220, 249, 253, 280, 285, 297, 336, 343
중간 공리 378, 379
중력 93, 96, 119, 121, 158
중추 신경계 300
지구의 날 360
지브스, M.A. 346
직립보행 215, 219, 227, 230
진리 307, 308
진스 경, 제임스 118
진화론적 심리학 324
진화생물학 22, 35, 141
질병 107, 168, 232
질서 119

(ㅊ)

창발 325, 332
창발적 진화 243, 247, 251
창세기 37, 80, 207, 213, 241, 245, 246, 248~250, 274
창조 64, 65, 92, 115, 126, 136, 163, 184,

241, 242, 244, 248, 269, 274
창조된 공동창조자 299, 300, 320
창조설 (영혼의) 282, 283, 289, 290, 291, 294
창조의 보존 375, 376, 377
채프먼, 오드리 26
천연두 232
초월 14, 15, 30, 33, 42, 49, 57, 59, 118, 205, 282, 286, 292, 298, 299, 308, 310, 312, 313, 325, 348~351, 353, 386, 397, 399, 400
추기경단 273
출산 35
출애굽 69, 144
침팬지 215, 218, 219, 287, 334

(ㅋ)

카뮈, 알베르 319
카오스 111, 113, 114, 123, 127, 128, 150, 154, 163, 164, 168, 170, 179, 312, 314, 403
카우프만, 고든 D. 139, 143, 148
카우프만, 스튜어트 127
카프라, 프리초프 46
칸트, 임마누엘 141, 145, 187, 199
캅, 존 363, 368, 372
캘리콧, J. 베어드 362
캠벨, D. 333, 334, 338
캠벨, 닐 A. 153
케노시스 27, 394, 396
케쿨레 86
코인, 조지 24

코페르니쿠스 72, 80, 133, 271
코펜하겐 해석 180
콤프턴, 아서 90
콰인, W.V.O. 152
쿼크 104
큉, 한스 393
크로마뇽인 288
크리스찬슨, 드루 373
크릭, 프란시스 72, 177, 279~281, 293, 323
클레이튼, 필립 49, 153, 157
클로저, 존 90
키이츠, 존 81

(ㅌ)

타운즈, 찰스 H. 17
테니슨, 알프레드 로드 68
테이야르 드 샤르댕 151
템플턴, 존 42
토렌스, 토마스 16, 32, 53, 58
토마스, 오웬 172
통일장 이론 86
트레이시, 토마스 170, 171, 172
특별계시 41, 59, 68
특별섭리 19, 142, 144, 148, 149, 151, 161, 162, 165, 166, 170, 173, 174
특이점 64, 65
『티마이오스』 314
티블러, 프랭크 34
티플러, 프랭크 71, 72, 192

(ㅍ)

파동 59, 88, 89, 180
파스퇴르, 루이 80
판넨베르크, 볼프하르트 16, 22, 32, 51, 53
페르미-디랙 통계 157
페미니즘 141, 368
페이글스, 하인즈 121
페이버, 샌드라 387
폐쇄우주 112
포스트모더니즘 20, 71, 141, 150~152, 185, 187, 188, 307, 366
포앙카레, 앙리 83
포와티에의 힐라리 282
포우, 에드가 알란 82
포이에르바흐, 루드비히 146
포퍼, 칼 52, 152
포프, 알렉산더 82
폰 노이만, 유진 180
폴킹혼, 존 16, 18, 32, 60, 163, 167, 178
표준 모델 105
프랑크 상수 179
프로이트 146
프톨레마이오스 271
플라톤 118, 250, 284, 286, 386
플랑크 상수 158
피콕, 아서 16, 25, 32, 51, 58, 60, 63, 110, 114, 115, 153, 167, 178, 191, 204
피타고라스 학파 118
피터스, 테드 189, 378

(ㅎ)

하이데거, 마틴 318

하이젠베르크, 베르너 83, 163
하이젠베르크의 불확정성의 원리 89, 90, 180
하향식 인과율 111, 142, 151, 153, 167, 169, 189, 190, 334
함축적 질서 180
핫지, 찰스 148
행동생태학 337
행동유전학 26, 337, 341, 342, 343
허만, 로버트 L. 42
헉슬리, J.S. 231
헤프너, 필립 16, 25, 32, 66, 67
현실화 343, 376
형이상학 17, 19, 61, 71, 109, 111, 124, 126, 137, 145, 157, 158, 159, 160, 162, 165, 168, 173, 186, 195, 262, 270, 280, 283, 294, 307, 394, 405, 407
호모 사피엔스 21, 24, 120, 130, 215~218, 226, 230, 284, 286, 289, 291, 293, 299, 300, 302, 303, 307, 309, 310, 313, 315, 316, 335, 336, 344
호모 파베르 302
호미니드 215, 216, 287
호일, 프레드 33
호킹, 스티븐 33, 34, 62, 117, 126, 192
호트, 존 27, 71, 363
홀로코스트 106
홉스, 토마스 196
화성 94, 131, 273
화이트, A.D. 29
화이트, 린 359, 361
화이트헤드, 알프레드 노스 62, 173, 363, 390, 406

환원주의 20, 25, 140, 143, 145, 147, 149,
  151, 157, 185, 187, 202, 261, 274, 280,
  281, 318, 322~325, 329, 341
휴먼 게놈 프로젝트 324, 331
휴턴, 존 403
흄, 데이빗 20, 145, 238
흑인신학 115
흰개미 333
힌두교 46, 386